Tempo de mágicos

Wolfram Eilenberger

Tempo de mágicos

A grande década da filosofia
1919-1929

tradução
Claudia Abeling

todavia

Para Eva

O melhor da história é o entusiasmo que ela suscita.

Johann Wolfgang von Goethe, *Máximas e reflexões*

I. Prólogo — Os mágicos 13

A chegada de Deus · Obstinados · Manter a compostura · O mito de Davos · Os seres humanos perguntam · Sem fundamento · Duas visões · Diante da escolha · Onde está Benjamin? · Fracassar melhor · Minha vida precisa de um objetivo? · O "homem-Weimar"

II. Saltos — 1919 43

O que fazer? · O refúgio · Dias críticos · Teses românticas · Nova autoconsciência · Fugas · A metamorfose · Arquivo ético · Infelicidade total · Outras circunstâncias · Flancos abertos · Mundo sem visão · O cientista originário · Sem álibi · O novo império · Fidelidade ao acontecimento · Virtudes alemãs · O desprezado · No bonde

III. Linguagens — 1919-1920 79

Falar por metáforas · Pontes vienenses · Precisão poética · Contra o mundo · Três pontos em Haia · Figurações de fatos · O barbeiro · Russell em cima da escada · Por que o mundo não existe · Em meio ao fluxo · O olhar embaçado · Em solitária companhia · Dois excêntricos · Mundos circundantes · A irrupção do autêntico · Algo com os meios de comunicação · Alçando voos · A tarefa · Tradução radical · Figuras cult · Goethe em Hamburgo · O fenômeno básico · O desejo da multiplicidade · Avante · Existe "a" linguagem?

IV. Formação — 1922-1923 137

O idílio no chalé · Vocações inquietantes · Pesquisas preliminares sobre o *Dasein* · Coragem para enfrentar a tempestade · Lutas de posições · Vizinhança ruim · Boa vizinhança · Utopia na estante · Partindo do mito · O novo Iluminismo · Por sobre o rio · No turbilhão · Terceiro na liga? · Goethe em Weimar · Mais luz · Liberdade ou destino · Escolha ou decisão · A República dissolvida · O salto da redenção · Transcendência salvadora · Sem piedade · Três quartos compreendidos · Em terapia · De cima para baixo

V. Você — 1923-1925 189

O idiota · É complicado · Hospitalidade · De Hamburgo a Bellevue · Experimento-chave com serpente · O túnel e a luz · Weimar cambaleia · Fortalezas · Ser a sensação · Você, demônio · Em meio ao ser · O pensamento mais difícil · *Amor mundi* · Ameaça de fome · Adeus, Alemanha · Uvas e amêndoas · Despertar

VI. Liberdade — 1925-1927 247

Estrelas vermelhas · Introdução crítica · Um caso para Adão · Elaboração do luto · Percepção reminiscente · Tristes trópicos · Álbum crítico · Palestina ou comunismo · Estar próximo · Ao trabalho · Revelar a questão · O tempo do *Dasein* · O que é um martelo? · Tempestade e angústia · Algo certo: adiantar-se para a morte · A escola de Hamburgo · A origem oculta · Pluralidade em expansão · Autoformação · Escrito nas estrelas · Baboseiras de criança · Engenheiros da linguagem · Lista da razão · O princípio da responsabilidade · Um desmaio

VII. Passagens — 1926-1928 **309**

Aptidão técnica · Apenas para deuses · Círculo sem mestre · Vocês ainda têm muito a aprender · Na corda bamba · Estação final, Moscou? · O inferno dos outros · Homem sem estrutura · Festa particular · Alto-mar · No olho do furacão · Frankfurt: um caso sério · Indivíduo e República · Em construção · Tempo do demônio · Depois do ser · Fundamento e abismo · De volta à origem · Volta para casa · Jornada para o alto

VIII. Tempo — 1929 **365**

Esquiando · Entre pessoas · Véspera em Munique · Relaxem! · Tempestade de palavras — A disputa de Davos · Lamber feridas · Sentimentos primaveris · A ópera dos trezentos vinténs · As portas da percepção · Sem fôlego à noite · Iluminação a gás · O caráter autodestrutivo · Tudo ou nada · O andarilho · Livre de escolas · Problemas internos · De volta ao cotidiano · Nápoles em Cambridge · Acumular recordações · A cidade das palavras · Contra a parede

Epílogo **413**

Agradecimentos **415**

Notas **417**

Lista de obras **427**

Referências bibliográficas **431**

Índice onomástico **439**

Créditos das imagens **445**

I.
Prólogo
Os mágicos

A chegada de Deus

"Não se preocupem, eu sei que vocês nunca vão entender." Em 18 de junho de 1929 essa frase encerrou, em Cambridge, na Inglaterra, a talvez mais insólita defesa de doutorado da história da filosofia. Diante da banca avaliadora, composta por Bertrand Russell e George Edward Moore, estava um ex-miliardário austríaco de quarenta anos que durante os dez anos anteriores havia trabalhado como professor do ensino fundamental.[1] Seu nome era Ludwig Wittgenstein. Ele não era desconhecido em Cambridge. Ao contrário, entre 1911 e até pouco antes do início da Primeira Guerra Mundial, fora aluno de Russell e rapidamente se transformara numa figura venerada entre os estudantes da época, tanto pela sua patente genialidade como também por sua obstinação. "Deus chegou, encontrei-o no trem das cinco e quinze", escreve John Maynard Keynes numa carta de 18 de janeiro de 1929. Keynes, à época provavelmente o economista mais importante do mundo, deparara-se com Wittgenstein por acaso no primeiro dia do regresso do austríaco à Inglaterra. E o fato de G. E. Moore, velho amigo de Wittgenstein, também se encontrar nesse trem de Londres para Cambridge revela muito sobre o ambiente notoriamente restrito e, portanto, dado a boatarias do círculo acadêmico de então.

Não devemos imaginar o clima do vagão muito descontraído. Pois ao menos Wittgenstein não era dado a conversas amenas nem a abraços calorosos. O gênio de Viena pendia mais para súbitas explosões de raiva e, além disso, era extremamente rancoroso. Uma única palavra fora do tom ou um comentário político irônico podiam resultar em anos de ressentimento, até na quebra do vínculo — como chegou a acontecer várias vezes também com Keynes e Moore. Apesar dos pesares: Deus estava de volta! E a alegria era grande.

Já no segundo dia após a chegada de Wittgenstein, o chamado grupo dos "apóstolos" — um grêmio de estudantes explicitamente elitista, extraoficial, famoso em especial pelos relacionamentos homossexuais mais ou menos secretos de seus integrantes — é convocado para a casa de Keynes a fim de dar as boas-vindas ao filho pródigo.[2] Durante o jantar festivo, Wittgenstein é promovido a membro honorário ("anjo"). Para a maioria, quinze anos haviam se passado desde o último encontro. Desde então, muita coisa aconteceu, mas Wittgenstein passa a impressão de não ter mudado praticamente nada. Não apenas porque naquela noite ele estivesse usando sua combinação sempre igual de camisa de botões sem colarinho, calças de flanela cinza e sapatos pesados de couro, como de camponês. Mas também porque os anos parecem ter passado sem deixar marcas em seu corpo. À primeira vista, ele mais se assemelha a um dos inúmeros alunos de elite presentes, que até então conheciam o homem estranho da Áustria apenas pelos relatos de seus professores. E também, é claro, por ser autor do *Tractatus logico-philosophicus*, a lendária obra que nos anos anteriores tinha marcado de maneira decisiva — se não dominado — as discussões filosóficas em Cambridge. Ninguém ali cogitaria afirmar nem ao menos ter chegado perto de entender o livro. Algo que instigava ainda mais a fascinação pelo *Tractatus*.

Na condição de prisioneiro de guerra dos italianos, Wittgenstein concluiu o livro em 1918 com a firme convicção de "ter resolvido no geral, de maneira definitiva", todos os problemas do pensamento, decidindo-se em seguida a dar as costas à filosofia. Apenas poucos meses mais tarde, como herdeiro de uma das famílias de industriais mais ricas do continente europeu, ele transferiu toda sua fortuna aos irmãos. Como explicou a Russell por carta, ele — à época atormentado por uma depressão severa e pensamentos suicidas recorrentes — queria ganhar a vida "com trabalho honesto". Concretamente, isso significava lecionar no ensino fundamental no interior da Áustria.

Era esse o Wittgenstein que estava de volta a Cambridge. De volta, diziam, para filosofar. Entretanto, o gênio, que havia completado quarenta anos de idade, não tinha nenhum título acadêmico ou dinheiro. O pouco que ele conseguiu poupar ao longo dos anos foi consumido na Inglaterra depois de algumas semanas. Os questionamentos cautelosos sobre se os irmãos ricos não estariam dispostos a ajudá-lo financeiramente são rechaçados com a maior virulência: "Aceite por favor minha declaração por escrito de que não apenas tenho alguns parentes abonados como também que eles me dariam dinheiro caso eu lhes pedisse. MAS NÃO VOU PEDIR NEM UM CENTAVO A ELES",[3] Wittgenstein avisa a Moore na véspera da arguição da sua tese.

O que fazer? Ninguém em Cambridge duvida do talento excepcional de Wittgenstein. Todos, entre eles as figuras mais influentes da universidade, querem mantê-lo ali e ajudá-lo. Mas a falta de uma titulação acadêmica, mesmo na atmosfera familiar de Cambridge, é um obstáculo institucional intransponível para garantir ao ex-aluno uma bolsa de pesquisa ou um cargo fixo.

É assim que surge o plano de apresentar o *Tractatus logico-philosophicus* de Wittgenstein como tese de doutorado. Russell, que havia se empenhado pessoalmente pela publicação em 1921-1922 e redigira um prefácio a fim de viabilizá-la, considerava a obra do ex-pupilo muito superior às próprias, não menos excepcionais nos campos da filosofia da lógica, da matemática e da linguagem.

Desse modo, não é de estranhar que, ao entrar na sala da defesa, Russell praguejou "nunca ter visto nada tão absurdo em toda sua vida".[4] Mesmo assim: uma defesa de tese é uma defesa de tese, motivo pelo qual Moore e Russell, depois de alguns minutos de amigável conferência, se decidiram por fim apresentar algumas questões críticas. Elas se referiam a um dos enigmas centrais do *Tractatus* de Wittgenstein, não carente de aforismos obscuros e místicas sentenças curtas. Já a primeira frase da obra, rigidamente organizada segundo um elaborado sistema decimal, oferece um exemplo notável:

1. O mundo é tudo o que é o caso.*

Mas registros como os seguintes também eram enigmáticos para os adeptos de Wittgenstein (e os são até hoje):

6.432. *Como* seja o mundo, é completamente indiferente para o Altíssimo. Deus não se revela *no* mundo.
6.44. O místico não é *como* o mundo é, mas *que* ele é.

Apesar do caráter enigmático, a intenção básica do livro é clara. O *Tractatus* de Wittgenstein filia-se a uma longa tradição de obras modernas como *Ética demonstrada segundo a ordem geométrica* (1677, póstuma), de Baruch de Espinosa, *Investigações sobre o entendimento humano* (1748), de David Hume, e *Crítica da razão pura*, de Immanuel Kant (1781). Todas essas obras ambicionam estabelecer um limite entre as proposições da linguagem que são propriamente sensatas, e portanto capazes de expressar uma verdade, e aquelas que apenas parecem fazer sentido e

---

* A tradução brasileira dos trechos citados do *Tractatus* é de Luiz Henrique Lopes dos Santos. In: Ludwig Wittgenstein, *Tractatus logico-philosophicus.* 3ª ed. São Paulo: Edusp, 2017. [N. T.]

induzem nosso pensamento e nossa cultura ao erro por conta dessa exterioridade enganosa. Em outras palavras, o *Tractatus* é uma contribuição terapêutica à problemática do que podemos — e do que não podemos — falar como seres humanos. Não por acaso o livro termina com o enunciado:

7. Sobre aquilo de que não se pode falar, deve-se calar.

E numa posição decimal anterior, sob a entrada 6.54, Wittgenstein apresenta seu próprio processo terapêutico:

6.54. Minhas proposições elucidam desta maneira: quem me entende acaba por reconhecê-las como contrassensos, após ter escalado através delas — por elas — para além delas. (Deve, por assim dizer, jogar fora a escada após ter subido por ela). Deve sobrepujar essas proposições, e então verá o mundo corretamente.

Russell se atém exatamente a esse ponto durante a defesa da tese. Como podia ajudar alguém a alcançar uma visão de mundo, a única correta, por meio de uma sequência de proposições desconexas? Afinal, Wittgenstein não havia declarado explicitamente no prefácio da obra que "a verdade dos pensamentos aqui comunicados" lhe parecia "intocável e definitiva"? De que maneira isso era possível, numa obra que segundo suas próprias declarações continha exclusivamente frases sem sentido?

A questão não era nova para Wittgenstein. Principalmente vinda da boca de Russell. Ao longo dos anos e de uma ativa troca de correspondências, ela se tornou um clássico daquela tensa amizade. Então, mais uma vez, *for old times sake*, Russell formulou sua boa pergunta.

Infelizmente não sabemos qual foi a réplica exata de Wittgenstein. Mas podemos supor que, como sempre, ele gaguejou um pouco, com os olhos injetados e uma entonação muito peculiar, que se assemelhava menos a um sotaque estrangeiro do que à fala de alguém que percebe nas palavras da linguagem humana significado e musicalidade especiais. E em algum momento, depois de minutos de um monólogo de balbucios, sempre à procura da exata formulação esclarecedora — parte da idiossincrasia de Wittgenstein —, ele chegará mais uma vez à conclusão de ter falado e explicado o suficiente. É simplesmente impossível tornar tudo compreensível a cada ser humano. É o que ele havia escrito no prólogo do *Tractatus*: "Este livro talvez seja entendido apenas por quem já tenha alguma vez pensado por si próprio o que nele vem expresso — ou, pelo menos, algo semelhante".

O problema (e Wittgenstein estava consciente disso) era apenas que havia muito poucas pessoas, possivelmente nenhuma, que tivessem refletido e formulado pensamentos semelhantes. Certamente nem mesmo seu outrora muito venerado professor Bertrand Russell, autor do *Principia Mathematica*, que Wittgenstein considerava, a bem da verdade, filosoficamente limitado. E muito menos G. E. Moore, que se tinha na conta de um dos mais brilhantes pensadores e lógicos de seu tempo, e sobre o qual Wittgenstein reservadamente declarou que "era o maravilhoso exemplo de quão longe pode chegar uma pessoa que não dispõe de inteligência nenhuma".

Como ele haveria de explicar a essa gente a ideia da escada de pensamentos sem sentido, que primeiro é preciso subir e depois empurrar para longe a fim de ver o mundo corretamente? O sábio da alegoria da caverna de Platão também não tinha tido uma revelação e acabou fracassando em passar suas ideias aos outros presos na caverna?

Basta por hoje. Explicação suficiente. Wittgenstein se levanta, caminha até o outro lado da mesa, dá uns tapinhas amistosos no ombro de Moore e Russell e profere a frase que povoa os sonhos de todos os doutorandos em filosofia na noite anterior à defesa de suas teses: "Não se preocupem, eu sei que vocês nunca vão entender".

A encenação tinha terminado. Moore redigiu o relatório da defesa: "De acordo com minha avaliação pessoal, a tese de doutorado do sr. Wittgenstein é obra de gênio; e, seja como for, ela preenche com certeza os requisitos exigidos em Cambridge para o título de doutor em filosofia".[5]

Logo em seguida, a bolsa de pesquisa foi deferida. Wittgenstein estava de volta à filosofia.

Obstinados

Ao entrar no salão de festas do Grand Hôtel & Belvédère de Davos, em 17 de março do mesmo ano, Martin Heidegger provavelmente também teve a sensação de ter, literalmente, chegado aonde queria. Pois esse é, sem dúvida, o grande palco filosófico que o pensador de 39 anos, oriundo da Floresta Negra, sentia ter escolhido para conquistar desde o início da mocidade. Por esse motivo, nada em sua apresentação deve ser considerado casual. Nem o terno de corte justo, esportivo, que destoava dos fraques clássicos dos dignitários, nem o cabelo penteado para trás, muito assentado, nem o rosto moreno feito o de um camponês, queimado pelo sol, nem a chegada muito atrasada àquele lugar e muito menos o fato de, em vez de tomar assento nas primeiras fileiras, no seu lugar reservado, ter escolhido sem maiores titubeios misturar-se no centro do salão à horda de estudantes e jovens pesquisadores igualmente recém-chegados. Curvar-se às convenções vigentes sem quebrar algum tabu era impensável. Pois para alguém como Heidegger não havia algo como um filosofar certo no errado. E nesse tipo de reunião de eruditos num elegante hotel suíço, quase tudo deveria lhe parecer errado.

No ano anterior, Albert Einstein tinha sido o conferencista a proferir a palestra inaugural dos "encontros universitários de Davos". Em 1929, Martin Heidegger foi convidado para ser um dos oradores principais. Ele daria três palestras nos dias seguintes, bem como participaria, no final, de um debate com Ernst Cassirer — o segundo peso pesado filosófico do evento. Embora as circunstâncias possam tê-lo desagradado profundamente, o prestígio e o reconhecimento relacionados àquele debate despertaram os desejos mais profundos de Heidegger.[6]

Apenas dois anos antes, no início de 1927, ele publicara *Ser e tempo*, uma obra que em poucos meses foi considerada um novo marco do pensamento. Por meio de seu grande êxito, o filho de um sacristão, nascido em Meßkirch, sul da Alemanha, confirmou uma fama que nos anos anteriores — e nas palavras de Hannah Arendt, sua aluna (e amante) à época — o elevava a "rei secreto" da filosofia de língua alemã. Heidegger escrevera a obra em 1926, sob enorme pressão de tempo; na verdade, deixou-a pela metade. Com *Ser e tempo*, um livro extraordinário, ele criou as condições formais para sair da detestada Marburg e retornar à sua alma mater Freiburg. Em 1928, Martin Heidegger assume ali a prestigiosa cadeira de seu antigo professor e patrocinador, o fenomenologista Edmund Husserl.

Enquanto John Maynard Keynes usou a imagem transcendente de "Deus" por ocasião do retorno de Wittgenstein a Cambridge, a escolha de Arendt, "rei", aponta para uma vontade de poder e, portanto, de dominância social, que Heidegger exprimia claramente à primeira vista. Onde quer que se apresente ou apareça, Heidegger nunca é apenas mais um entre tantos. No salão de eventos de Davos, ele reforça essa pretensão com a recusa, carregada de simbolismo, de se enfileirar com os outros professores de filosofia num lugar marcado. As pessoas cochicham, murmuram, se viram: Heidegger chegou. O evento pode começar.

Manter a compostura

É mais do que improvável que Ernst Cassirer também tenha feito coro ao burburinho do salão. Permanecer impassível, manter a conduta — e, principalmente, a pose. Eis o credo de sua vida. E também o núcleo de sua filosofia. A bem da verdade, o que havia a temer? Afinal, não há lugar onde o professor de 54 anos da Universidade de Hamburgo se sinta mais à vontade do que em meio a um evento acadêmico de grande porte. Ele é titular da cadeira há exatos dez anos. No semestre de inverno de 1929-1930 ele se tornaria reitor da universidade — apenas o quarto judeu na história universitária alemã. E como filho de uma abastada família de comerciantes de Breslau, ele devia estar habituado desde a infância com a etiqueta de luxuosos hotéis suíços. Seguindo os costumes de seu círculo, ele e a mulher costumavam passar, ano após ano, os meses de verão em estâncias termais nas montanhas suíças. O mais importante, porém, é que em 1929 também Cassirer está no zênite de sua fama, no ápice de sua produção. Na década anterior, ele redigiu os três volumes de *A filosofia das formas simbólicas*. A abrangência enciclopédica e a sistemática originalidade da obra — cujo terceiro e último volume fora lançado apenas poucas semanas antes do encontro em Davos — consagraram Cassirer como o incontestável mentor do neokantismo e, consequentemente, da corrente acadêmica mais proeminente da filosofia alemã.

Ao contrário do que ocorreu com Heidegger, a ascensão de Cassirer a pensador de primeira linha não foi meteórica. Sua fama foi crescendo continuamente durante décadas por meio de trabalhos editoriais e estudos sobre a história da filosofia. Ele organizou tanto uma edição das obras completas de Goethe como também de Kant e, nos anos em que atuou como livre-docente em Berlim, publicou um trabalho abrangente sobre a história da filosofia na modernidade. Seu comportamento era marcado não por uma personalidade carismática ou pela ousadia linguística, mas principalmente por uma impressionante erudição e uma memória que por vezes parecia sobre-humana, que lhe permitia, quando necessário, citar de cabeça páginas e mais páginas de extratos centrais dos grandes clássicos filosóficos e literários. Seu estilo equilibrado, sempre inclinado à mediação e à moderação, é notório. Em Davos, ele personifica (e sabe muito bem disso) tanto a forma de filosofar quanto o establishment acadêmico que Heidegger — com sua tropa de choque de alunos e doutorandos presentes quase na totalidade graças a generosos auxílios de viagem — faz questão de sacudir. A foto da festa de abertura do evento mostra Cassirer, na segunda fila à direita, sentado ao lado da mulher, Toni. O cabelo cheio é de um grisalho honrado, o olhar concentrado dirige-se ao púlpito do orador. O assento à sua esquerda está vazio. Um papel preso ao encosto indica: "*reservé*". O lugar era de Heidegger.

O mito de Davos

Registros posteriores mostram que os ataques certeiros de Heidegger contra a etiqueta de Davos não passaram em branco. Toni Cassirer ficou de tal maneira incomodada com o encontro que, em suas memórias publicadas no exílio nova-iorquino em 1948 com o título *Mein Leben mit Ernst Cassirer* [Minha vida com Ernst Cassirer],[7] erra a data em dois anos. Ela se recorda de um "homem pequeno, sem nada a chamar a atenção, cabelo preto, penetrantes olhos pretos". A filha de um comerciante da alta sociedade vienense lembrou-se imediatamente de "um operário do sul da Áustria ou da Baviera", impressão logo "reforçada por seu dialeto" durante o jantar de gala que se seguiu. Naquela época ela já tinha uma clara noção de com quem seu marido haveria de lidar: "A inclinação de Heidegger pelo antissemitismo", ela acrescenta às lembranças de Davos, "não nos era estranha".

O debate de Davos entre Ernst Cassirer e Martin Heidegger é tido hoje como um acontecimento decisivo na história do pensamento. Nas palavras do filósofo americano Michael Friedman, trata-se da "bifurcação determinante da filosofia do século XX".[8] Todos os presentes ao evento tinham consciência de ser testemunhas de uma mudança de época. Dessa maneira, o aluno de Heidegger, Otto F. Bollnow (que nos anos após 1933 se tornou um assumido filósofo nazista), registrou em seu diário o "sentimento sublime… de ter acompanhado um momento histórico, como Goethe afirmou em *Kampagne in Frankreich* [Campanha na França]: 'Aqui e agora se inicia uma nova época na história do mundo' — neste caso, na história da filosofia —, e vocês podem dizer que estiveram presentes".[9]

Verdade. Se Davos não tivesse acontecido, historiadores das mentalidades haveriam de inventá-lo posteriormente. Acham-se espelhados nesse evento fundamental até mínimos detalhes dos contrastes que marcam a década como um todo. O descendente de industriais judeus de Berlim topa com o filho de um sacristão católico do interior; a compostura cosmopolita depara com o estilo rústico e franco, sem firulas. Cassirer é o hotel. Heidegger, o chalé. Sob o luminoso sol da montanha, eles vão de encontro um ao outro num lugar onde os mundos que representam se sobrepõem de maneira irreal.

A atmosfera onírica, insular, de um hotel termal em Davos também foi a inspiração de Thomas Mann para o romance *A montanha mágica*, de 1924. O debate de Davos de 1929 poderia inclusive parecer aos participantes a materialização de um modelo ficcional. Cassirer e Heidegger encaixaram-se com assustadora precisão nos moldes ideológicos de um Lodovico Settembrini e um Leo Naphta, que o romance de Thomas Mann elaborou para toda aquela época.

Os seres humanos perguntam

O tema da reunião de Davos escolhido pelos organizadores também foi inesquecível: "O que é o ser humano?". Uma questão que já compunha o leitmotiv da filosofia de Immanuel Kant. O conjunto do pensamento crítico de Kant parte de uma observação tão simples quanto incontornável: O ser humano é um ser que se faz perguntas às quais não consegue responder. Essas perguntas referem-se principalmente à existência de Deus, ao enigma da liberdade humana e à imortalidade da alma. Ou seja, numa definição kantiana, o ser humano é um *ser metafísico*.

Mas o que resulta daí? Para Kant, esses enigmas metafísicos, justamente por não poderem ser respondidos de maneira inequívoca, abrem ao ser humano um horizonte de possíveis realizações. Eles nos guiam no afã de adquirir o máximo possível de experiência (conhecimento), de agir da maneira mais livre e autônoma possível (ética), de se mostrar digno de uma possível imortalidade da alma (religião). Nesse contexto, Kant fala de uma função regulatória ou também diretiva do questionamento metafísico.

As diretrizes do projeto kantiano foram determinantes para a filosofia de língua alemã até os anos 1920 — assim como para a moderna filosofia em geral. Filosofar significava, também para Cassirer e Heidegger, seguir a trilha dessas questões. E o mesmo valia para as experiências já citadas de Ludwig Wittgenstein, orientadas prioritariamente pela lógica, nas quais estabelecia um limite rígido entre aquilo que se pode falar como ser humano sensato e sobre o que é preciso calar. A intenção terapêutica de Wittgenstein com o *Tractatus* superou decisivamente Kant na medida em que ele parecia considerar o impulso tido por essencialmente humano, o de formular questões metafísicas — e portanto, de filosofar —, como passível dessa terapia com os meios da filosofia. Lemos no *Tractatus*:

6.5. Para uma resposta que não se pode formular, tampouco se pode formular a questão.

O enigma não existe.

Se uma questão se pode em geral levantar, a ela também se *pode* responder.

6.51. [...] pois só pode existir dúvida onde exista uma pergunta; uma pergunta só onde exista uma resposta; e esta só onde algo *possa* ser *dito*.

6.53. O método correto da filosofia seria propriamente este: nada dizer senão o que se pode dizer; portanto, proposições da ciência natural — ou seja, algo que nada tem a ver com filosofia; e então, sempre que alguém pretendesse dizer algo de metafísico, mostrar-lhe que não conferiu significado a certos sinais em suas proposições [...].

A esperança típica daquele tempo ligada à obra de Wittgenstein de finalmente deixar para trás as questões metafísicas sob orientação do espírito da lógica e das ciências naturais animou também inúmeros participantes da conferência de Davos — por exemplo, o livre-docente Rudolf Carnap, à época com 38 anos, autor de obras com títulos tão programáticos como *Der logische Aufbau der Welt* [A construção lógica do mundo] ou *Pseudoproblemas na filosofia* (ambas de 1928). Depois de sua imigração para os Estados Unidos, em 1936, Carnap se tornou uma das principais cabeças da chamada "filosofia analítica" relacionada ao trabalho de Wittgenstein.

Sem fundamento

Não importa a quais escolas ou correntes os participantes da conferência de Davos pertenciam — idealismo, humanismo, filosofia da vida, fenomenologia ou logicismo —, os filósofos presentes concordavam num ponto central: o fundamento ideológico e principalmente científico sobre o qual Kant erguera seu impressionante sistema filosófico estava solapado ou, pelo menos, necessitava de uma grande reforma. A *Crítica da razão pura*, de Kant, em sua concepção de tempo e espaço como formas da intuição, baseava-se de modo evidente na física do século XVIII. Mas a imagem newtoniana de mundo tinha sido revolucionada pela teoria da relatividade de Einstein (1905). O tempo e o espaço não podem ser analisados de maneira independente entre si, nem podem ser pressupostos a priori, ou seja, anteriores a toda experiência. A teoria da evolução, de Darwin, já havia diminuído de maneira significativa a plausibilidade da ideia de uma natureza humana eternamente determinada, invulnerável ao devir temporal. A valorização que Darwin deu ao acaso para o desenvolvimento de todas as espécies sobre o planeta — transposta de maneira poderosa por Nietzsche para o campo da cultura — enfraqueceu sobremaneira a perspectiva de um transcorrer histórico sustentado ou mesmo conduzido pela razão. No mais tardar com Freud, a transparência total da consciência humana sobre si mesma — ponto de partida do método de investigação transcendental de Kant — pareceu não ser mais inquestionável. Mais do que tudo, porém, foi o horror do massacre de milhões de anônimos na Primeira Guerra Mundial que roubou toda e qualquer credibilidade da retórica iluminista a respeito de um progresso civilizatório da humanidade por meio da cultura, da ciência e da técnica. À luz das crises políticas e econômicas daquela década, a questão do que é o ser humano mostrava-se mais premente do que nunca. A antiga fundamentação de sua resposta tinha se tornado definitivamente discutível.

O filósofo Max Scheler, morto inesperadamente em 1928 e autor da obra *Die Stellung des Menschen im Kosmos* [A posição do ser humano no cosmos], assim definiu em palavras esse sentimento de crise numa de suas últimas palestras: "Pela primeira vez em uma história de mais ou menos 10 mil anos, vivemos numa época em que o ser humano se tornou completamente problemático, visto que ele não sabe o que é, mas ao mesmo tempo sabe que não sabe".[10]

Eis o horizonte de questões diante do qual Cassirer e Heidegger se encontram em Davos. Esse horizonte foi a inspiração de ambos os pensadores durante dez anos para suas principais obras. Entretanto, em vez de tentar oferecer uma resposta direta e substancial à questão de Kant, "O que é o ser humano?" — e aí está a originalidade do pensamento de cada um deles —, Cassirer e Heidegger concentraram-se em uma questão tácita por trás da pergunta.

O ser humano é um ser que precisa formular a si mesmo perguntas a que não consegue responder. Tudo bem. Mas quais condições devem estar dadas para que alguém esteja apto a se formular tais questões? Quais são as condições para a possibilidade desse questionamento em si? Em que se baseia a capacidade de indagação das questões? Em que se baseia a capacidade desse impulso? As respostas ecoam nos títulos de suas principais obras. No caso de Cassirer, *Filosofia das formas simbólicas*. No caso de Heidegger, *Ser e tempo*.

Duas visões

Segundo Cassirer, o ser humano é basicamente um ser que usa e produz símbolos — um *animal symbolicum*. Em outras palavras, trata-se de um ser que produz sentido, apoio e orientação para si e para seu mundo por meio do uso de símbolos. O mais importante sistema simbólico do ser humano é sua língua materna. Entretanto, há inúmeros outros sistemas simbólicos — na terminologia de Cassirer: *formas simbólicas* —, por exemplo, dos mitos, da arte, da matemática ou da música. Essas simbolizações, sejam linguísticas, figurativas, acústicas ou gestuais, via de regra não são compreensíveis por si mesmas. Elas requerem a interpretação dos seres humanos. O processo contínuo de colocação dos símbolos no mundo, sua interpretação e transformação por outros seres humanos é o processo da cultura humana. Apenas essa capacidade de utilização de símbolos possibilita ao ser humano formular questões metafísicas sobre si e sobre o mundo. A crítica da razão pura, de Kant, torna-se para Cassirer o projeto de uma investigação dos sistemas simbólicos formais com que emprestamos sentido a nós mesmos e ao mundo. E se torna uma *crítica da cultura* em toda sua dimensão e diversidade, necessariamente contraditórias.

Heidegger também realça a importância do meio linguístico para a existência do ser humano. Mas ele não enxerga a base real para seu ser metafísico num sistema de símbolos compartilhado por todos, mas num sentimento altamente individual — a angústia. Mais especificamente, a angústia que assola o indivíduo quando ele se dá conta da finitude de sua existência. O conhecimento da própria finitude, que caracteriza o ser humano como uma *"existência lançada"* [*geworfenes Dasein*] ao mundo, transforma-se — através da angústia — na tarefa de captar e reconhecer as próprias possibilidades de ser [*Seinsmöglichkeiten*]. Heidegger chama esse objetivo de *autenticidade*. O modo de ser [*Seinsweise*] do ser humano define-se ainda por sua inevitável dependência do tempo. De um lado, pela situação histórica única na qual sua existência se encontra lançada arbitrariamente; de outro, pelo saber de sua finitude.

Segundo a interpretação de Heidegger, a esfera da cultura e o uso universal de símbolos, identificados por Cassirer, têm como tarefa distrair o ser humano de sua angústia, de sua finitude e, portanto, da autenticidade; ao passo que o papel da filosofia é justamente manter o ser humano aberto à experiência abissal da angústia, a fim de libertá-lo verdadeiramente.

Diante da escolha

Ao se seguir as tentativas de resposta de Cassirer ou de Heidegger, é possível imaginar em que medida a antiga pergunta de Kant sobre o ser humano conduz a dois ideais completamente opostos relativos ao desenvolvimento cultural e político. A afirmação de uma humanidade igualitária formada por todos os seres que fazem uso de símbolos vai de encontro à coragem elitista da autenticidade; a esperança de uma domesticação civilizadora das angústias humanas mais profundas vai de encontro à reivindicação do enfrentamento mais radical possível dessas angústias; uma vinculação ao pluralismo e à diversidade das formas culturais vai de encontro à ideia de uma necessária perda de individualidade em meio à multidão; a continuidade moderadora vai de encontro à vontade da ruptura total e do recomeço.

Desse modo, em 26 de março de 1929, quando Cassirer e Heidegger se encontram às dez horas da manhã, é justo que tenham a pretensão de personificar, com suas filosofias, imagens de mundo completas. O que estava em jogo em Davos era uma escolha entre duas visões fundamentalmente divergentes entre si sobre o processo de desenvolvimento do ser humano moderno. Visões cujas forças de atração opostas até hoje marcam e determinam de dentro para fora nossa cultura.

Os estudantes e jovens pesquisadores presentes no congresso já tinham chegado a um veredicto bem antes da disputa de Davos, que aconteceu no décimo dia do evento. Como é de esperar em um clássico conflito de gerações, o juízo foi amplamente favorável a Heidegger. Isso se deu também pelo fato de Cassirer ter passado grande parte da conferência com febre no quarto do hotel — como que sofrendo no próprio corpo a desesperançada obsolescência de seu ideal burguês de cultura —, enquanto Heidegger, a cada minuto que tinha livre, pegava seus esquis para descer com os alunos audaciosos as mais difíceis pistas alpinas do Cantão dos Grisões.

Onde está Benjamin?

Nos dias primaveris do mágico ano de 1929, enquanto os professores Ernst Cassirer e Martin Heidegger se encontram nas alturas de Davos a fim de projetar o futuro da humanidade, o jornalista freelancer e escritor Walter Benjamin tem preocupações bem diferentes na grande cidade que é Berlim. Sua amante, a diretora teatral letã Asja Lācis, despejou-o do recém-alugado ninho de amor na Düsseldorfer Straße, e ele se vê obrigado — mais uma vez — a retornar para a casa dos pais, a poucos quilômetros de distância, na Delbrückstraße. Lá é esperado tanto pela mãe moribunda como pela esposa, Dora, e o filho de onze anos, Stefan. A situação grotesca não é nova. Há anos que todos os envolvidos conhecem o padrão: inebriante recomeço do amor, descontroles financeiros que vêm a reboque e um repentino fim do relacionamento. Nesse momento, porém, a situação se agrava ainda mais, pois Benjamin põe Dora a par de sua irrevogável decisão de se divorciar... para poder se casar com a amante letã, que se separara dele pouco antes.

Há um fascínio todo especial em imaginar Benjamin como mais um participante da conferência universitária de Davos. Por exemplo, como enviado do jornal *Frankfurter Zeitung* ou da revista *Die literarische Welt*, veículos dos quais era resenhista regular. Imaginamos Benjamin, sempre um outsider, puxando seu bloquinho preto num dos cantos mais afastados do salão de eventos ("Mantenha sua caderneta de anotações com o mesmo rigor que as autoridades mantêm o registro de estrangeiros"), ajeitando os óculos redondos de lentes fundo de garrafa e começando a descrever, com a caligrafia miúda, as primeiras observações, digamos, da padronagem do papel de parede ou do revestimento das poltronas, passando por uma breve crítica do traje de Heidegger, para depois reclamar da pobreza espiritual básica de uma época na qual filósofos festejam a "vida simples" e, principalmente no caso de Heidegger, prezam um "estilo rústico da língua", marcado pelo "prazer nos arcaísmos mais rudes", e assim acreditam ter "asseguradas as fontes da vida linguística". Possivelmente ele teria então se dirigido às poltronas nas quais Cassirer, o "homem-estojo" — ou seja, isolado da modernidade —, mais tarde confortavelmente tomaria assento, e esses móveis burgueses representariam todo o bolor de uma filosofia que com sua presunção burguesa ainda acredita conseguir meter a diversidade do mundo moderno no espartilho de um sistema único. Se observadas apenas as manifestações físicas, Benjamin se pareceria como um híbrido perfeito de Heidegger e Cassirer. Também ele era propenso a súbitos ataques febris, tão pouco esportivo que beirava o ridículo, mas, apesar da pequena estatura, tinha uma presença, uma força de atração e um savoir-vivre que impressionavam já à primeira vista.

Os temas tratados em Davos ocupavam um lugar central em seu trabalho: a transformação da filosofia kantiana diante do cenário de uma nova era da técnica, a essência metafísica da língua ordinária, a crise da filosofia acadêmica, o conflito interno da consciência moderna e da sensação de tempo, o crescente caráter de mercadoria da vida urbana, a procura por redenção numa época de completa decadência social... Quem, senão Benjamin, tinha escrito sobre essas teses nos anos anteriores? Por que ninguém o enviou a Davos? Ou uma pergunta ainda mais dolorosa: Por que ninguém o convidou como orador?

A resposta é a seguinte: do ponto de vista da filosofia acadêmica, em 1929 Walter Benjamin é uma não entidade absoluta. Embora no passado ele tivesse tentado ingressar na carreira docente em inúmeras universidades (em Berna, Heidelberg, Frankfurt, Colônia, Göttingen, Hamburgo, Jerusalém), sempre fracassou: em parte devido a circunstâncias adversas, em parte devido a preconceitos antissemitas, mas principalmente por sua própria hesitação.

Em 1919, quando sua tese intitulada *Conceito de crítica de arte no romantismo alemão* foi aprovada *summa cum laude* na Universidade de Berna, todas as portas ainda pareciam abertas. Seu orientador, o germanista Richard Herbertz, lhe propõe uma atividade docente remunerada. Benjamin fica em dúvida, ao mesmo tempo que está em pé de guerra com o pai, o que mina todas as suas perspectivas de viver na cara Suíça; logo em seguida, decide exercer a função de crítico sem vínculo empregatício. Ao longo dos dez anos seguintes, as recorrentes tentativas de se estabelecer em universidades foram devidas principalmente à percepção cada vez mais clara da dificuldade em se trilhar um caminho freelancer quando alguém escreve, vive e também consome como Benjamin. Naqueles anos loucos, ser ele mesmo é dispendioso demais. Isso não se deve apenas à sua predileção quase indomável por restaurantes, clubes noturnos, cassinos e casas de tolerância, mas também à sua paixão pelas coleções, entre outras, de livros infantis antigos, que ele busca em toda a Europa e adquire de maneira quase compulsiva.

Depois do rompimento definitivo com a casa dos pais, a vida do articulista — ao qual não faltava trabalho, pois o mercado jornalístico alemão e a consequente demanda por matérias de cunho cultural tinham explodido nos anos 1920 — foi marcada por constantes dificuldades financeiras. E sempre que as coisas começavam a apertar muito, Benjamin resolvia olhar para a universidade. Afinal, um cargo acadêmico proporcionaria à jovem família, em constante deslocamento, segurança financeira básica e equilíbrio existencial, as duas coisas que o pensador, profundamente dividido, tanto desejava quanto temia.

Fracassar melhor

O catastrófico e agora lendário momento de virada das ambições acadêmicas de Benjamin aconteceu em 1925, quando sua tese de livre-docência, necessária à habilitação como professor universitário, foi rejeitada pela Universidade de Frankfurt. Encaminhado pelo seu único intercessor na instituição, o sociólogo Gottfried Salomon-Delatour (um dos organizadores das posteriores conferências universitárias de Davos), Benjamin entregou um trabalho intitulado *Origem do drama barroco alemão*. À primeira vista, seu objetivo era inserir a tradição do drama barroco no cânone da literatura alemã. A obra é considerada atualmente como um marco da filosofia e da teoria literária do século XX, principalmente devido às suas "Questões introdutórias de crítica do conhecimento". Na época, entretanto, o processo nem ao menos foi aberto oficialmente, visto que os examinadores recrutados pela faculdade, muito aquém da pujança da obra, após uma primeira revisão solicitaram com insistência que o autor desistisse de sua demanda pela habilitação. Caso contrário, o fracasso diante da banca de defesa seria incontornável.

Mesmo depois dessa máxima humilhação, Benjamin não consegue largar totalmente a universidade. No inverno dos anos 1927-1928, por intermédio de Hugo von Hofmannsthal, amigo e apoiador, ele procura se juntar ao círculo de Hamburgo da chamada escola de Warburg, da qual faziam parte Erwin Panofsky e Ernst Cassirer. Também essa investida resultou num fiasco. O retorno dado por Panofsky é tão negativo que Benjamin precisa pedir desculpas a Hofmannsthal por tê-lo envolvido na questão. É impossível não imaginar que também Ernst Cassirer estivesse ciente dessa tentativa de aproximação especialmente amarga para Benjamin, que nos anos 1912 e 1913 tinha sido um ávido participante de suas aulas. Os grupos são fechados; os apoiadores, fundamentais. E Benjamin era considerado por todos um caso perdido: seu enfoque, muito independente; o estilo, muito pouco convencional. Nos textos que ganhava para escrever, acabava sendo por demais raso; nas teorias, tão original que beirava o indecifrável.

Na qualidade de jornalista correspondente, Benjamin não deixaria de notar que o salão de eventos de Davos era como uma galeria de antepassados de todas as suas humilhações acadêmicas — em primeiro lugar estava Martin Heidegger, absolutamente odiado por Benjamin. Em 1913 e 1914, em Freiburg, ambos ainda frequentaram juntos a sala de aula do neokantiano Heinrich Rickert (que mais tarde se tornaria orientador de Heidegger). Desde então, Benjamin acompanhava a ascensão de Heidegger com atenção e muita inveja. Em 1929 ele planeja, mais uma vez, fundar uma revista (título provisório: *Crise e Crítica*), cuja missão seria nada menos do que a "destruição de Heidegger", como confia ao seu novo melhor amigo Bertolt Brecht, cogitado para ser cofundador da revista. Mas esse projeto também não daria em nada. Mais uma tentativa, mais um plano malogrado nos seus primórdios.

Aos 37 anos de idade, Benjamin já tem dúzias deles nas costas. Pois na década anterior, como filósofo, articulista e crítico autônomo, ele foi principalmente uma fonte inesgotável de grandes projetos fracassados. Seja a criação de revistas ou de editoras, periódicos acadêmicos ou projetos monumentais de tradução (a obra completa de Proust e de Baudelaire), séries de livros policiais ou peças teatrais ambiciosas... Via de regra, tudo chega apenas a grandiosos anúncios e materiais informativos. Uma minoria alcança o estágio do rascunho ou do desenvolvimento parcial. Afinal, enquanto isso é preciso ganhar dinheiro, o que ocorre principalmente com a faina diária da redação de comentários, colunas e resenhas. Até o início de 1929, ele havia publicado centenas deles em jornais de grande circulação. Seu espectro temático vai da numerologia judaica, passando por "Lênin como missivista", até chegar a brinquedos infantis; relatos de feiras de alimentos ou de artigos de costura vêm na sequência de ensaios de fôlego sobre o surrealismo ou sobre os castelos no Vale do Loire.

Mas por que não? Quem sabe escrever pode escrever sobre qualquer coisa. Principalmente quando o método de aproximação do autor é interpretar o objeto em questão como um tipo de mônada, ou seja, como algo em cuja existência se possa apresentar não menos que o universo do presente, do passado e do futuro como um todo. Exatamente aí estão o método e a magia de Benjamin. Sua visão de mundo é profundamente simbólica: para ele, cada ser humano, cada obra de arte, cada objeto, por mais trivial que seja, é um símbolo a ser decifrado. E cada um desses símbolos está numa relação altamente dinâmica com todos os outros símbolos. Dessa maneira, segundo suas convicções, a interpretação orientada à verdade de um tal símbolo resulta necessariamente em mostrar sua integração ao grande todo simbólico, em constante transformação, e analisá-lo intelectualmente: ou seja, resulta na filosofia.

Minha vida precisa de um objetivo?

A dispersão temática de Benjamin, que parece tola, na realidade segue um método de conhecimento próprio. Esse método de aproximação acaba sendo intensificado por sua crescente convicção de que justo as mais absurdas manifestações, objetos e pessoas — que, via de regra, são deixados de lado — carregam em si a verdadeira marca do todo social. Por esse motivo, as "imagens do pensamento" de Benjamin, celebradas até hoje em obras como *Rua de mão única* (1928) ou *Infância em Berlim por volta de 1900*, apresentam-se tão claramente marcadas pelos poemas do flâneur de Baudelaire, pela predileção pelos marginais dos romances de Dostoiévski ou pela luta de Proust pela memória. Elas testemunham uma inclinação romântica tanto ao provisório e ao labiríntico quanto às técnicas esotéricas de interpretação da cabala judaica. Tudo isso sublinhado à vontade com materialismo marxista ou com o idealismo das filosofias da natureza de Fichte e Schelling. Os textos de Benjamin atestam o nascimento de um novo modo de conhecimento a partir do espírito de desorientação ideológica típica de seu tempo. As primeiras linhas de sua obra autobiográfica *Infância em Berlim por volta de 1900* (publicada postumamente) podem ser lidas como uma introdução lúdica ao seu método:

> Saber orientar-se numa cidade não significa muito. No entanto, perder-se numa cidade, como alguém se perde numa floresta, requer instrução. Nesse caso, o nome das ruas deve soar para aquele que se perde como o estalar de um graveto seco ao ser pisado, e as vielas do centro da cidade devem refletir as horas do dia tão nitidamente quanto um desfiladeiro. Essa arte aprendi tardiamente; ela tornou o sonho cujos labirintos nos mata-borrões dos meus cadernos foram os primeiros vestígios.[11]

É justamente na indecisão crônica, na diversidade extrema e na contradição absolutamente realista de sua escrita que ele reconhece o único caminho ainda disponível para o verdadeiro conhecimento do mundo e, dessa maneira, de si próprio. Usando as palavras tortuosas de sua introdução à *Origem do drama barroco alemão*, "Questões históricas de crítica do conhecimento": quem filosofa deve permitir "a emergência, a partir dos extremos mais distantes e dos aparentes excessos do processo de desenvolvimento, da configuração da ideia enquanto Todo caracterizado pela possibilidade de uma coexistência significativa desses contrastes". Mas essa representação da ideia, segundo Benjamin, "não pode de maneira alguma ser vista como bem-sucedida enquanto o ciclo dos extremos nela possíveis não for virtualmente percorrido".[12]

Trata-se, claramente, de muito mais do que apenas uma insólita teoria do conhecimento. É também um projeto de existência que converte diretamente a questão kantiana primordial "O que é o ser humano?" na questão "Como devo viver?". Pois, para Benjamin, aquilo que na arte filosófica da representação vale para uma ideia, vale também para a arte de viver. O ser humano livre, sedento por conhecimento, deve se "lançar aos extremos mais distantes" e sua existência "não pode ser vista como bem-sucedida" se não tiver passado em revista todos os extremos, ou ao menos tentado.

O caminho do conhecimento de Benjamin, assim como seu projeto de existência, constituem-se em mais um extremo tipicamente carregado de tensão da época, que também incentiva e estimula Wittgenstein, Cassirer e Heidegger nos anos 1920. No lugar do ideal de uma construção do mundo logicamente explicada, seu modo de pensar aposta na exploração da simultaneidade contraditória. Onde Cassirer pretende a unidade de um sistema polifônico baseada num conceito simbólico produzido cientificamente, Benjamin advoga por uma constelação de conhecimento rica em contradições, eternamente dinâmica. E no lugar da angústia heideggeriana da morte, ele estabelece o ideal de inebriação e de excesso que celebra o instante como momento do sentir verdadeiro. Tudo sublinhado por uma filosofia histórica carregada de religiosidade, que se mantém aberta para a possibilidade da redenção, sem criar, nem ao menos prever, esse momento de salvação no sentido marxista vulgar.

O "homem-Weimar"

Nessa ambicionada harmonia entre ação e pensamento, Benjamin passa os anos 1920 oscilando, emocional e fisicamente, pelo eixo Paris-Berlim-Moscou, no aguardo quase depressivo de um colapso total. Durante poucos meses, ou apenas em dias esparsos, sua tendência constante à autodestruição — mulheres, cassinos, drogas — cede espaço a fases de imensa produtividade e manifestações de genialidade. Assim como a República de Weimar, Benjamin não busca o equilíbrio no caminho do meio. Para ele, a verdade a ser encontrada — inclusive a sua própria — está sempre nos tensos subúrbios da existência e do pensamento.

Nesse sentido, a primavera de 1929 é exemplo de uma constelação que havia determinado a vida de Benjamin nos dez anos anteriores:[13] tudo é como sempre foi, apenas um pouco mais intenso. Ele se encontra dividido entre ao menos duas mulheres (Dora e Asja), duas cidades (Berlim e Moscou), duas vocações (jornalista e filósofo), dois melhores amigos (o erudito judaico Gershom Scholem e o comunista Bertolt Brecht), dois grandes projetos (fundação de uma revista e início de uma nova obra principal, a futura *Passagens*), assim como um sem-número de adiantamentos que tinham de ser quitados com trabalho. Se há um intelectual cuja situação biográfica espelha ao máximo as tensões da época, esse é Walter Benjamin no início de 1929. Trata-se de um "homem-Weimar". Ou seja, não teria como dar certo. E não deu. Afinal, estamos falando aqui de um homem que, segundo suas próprias palavras, não estava em condições nem "de se servir uma xícara de chá" (pelo que culpou a mãe, naturalmente).

A decisão de Benjamin de renegar e abandonar a única pessoa com quem ele podia contar irrestritamente até então é o decisivo ponto de virada em sua biografia. Algo que a pessoa em questão percebe de maneira muito mais clara do que o filósofo. Por essa razão, em maio de 1929, Dora Benjamin escreve uma carta muito preocupada ao amigo em comum, Gershom (Gerhard) Scholem:

> As coisas andam muito mal com Walter, querido Gerhard, não consigo falar mais pois meu coração dói. Ele está totalmente sob influência de Asja e faz coisas que a pena se recusa a escrever e que impedem que eu volte a trocar uma única palavra com ele nesta vida. Ele é só cabeça e membro, e você sabe, ou consegue imaginar, que nesses casos não demora muito para a cabeça ser subjugada. Isso sempre foi um grande perigo, e quem sabe o que o futuro reserva [...]. Visto que as primeiras negociações da separação malograram, pois ele não quer usar da sua herança (120 mil marcos, a mãe está muito doente) para me devolver o dinheiro emprestado, nem pagar algo a Stefan, ele me acusou de culpada [...]. Dei-lhe todos os livros, no dia seguinte ele exigiu também a coleção de livros infantis; no inverno, ele morou por meses comigo sem pagar [...]. Depois de nos permitirmos as maiores liberdades durante oito anos [...] agora ele me acusa; agora as desdenhadas leis alemãs lhe são boas o suficiente.[14]

Dora sabia com quem estava lidando. Apenas cinco meses mais tarde, no fim do outono de 1929, quase simultaneamente à quebra da bolsa na "Quinta-Feira Negra" de Wall Street, em Nova York, Benjamin sofre um colapso. Incapaz de ler, falar, muito menos escrever, ele se interna num hospital. Com o grande crash a humanidade ultrapassou o limiar de uma nova era, tão escura e tão mortal que nem Walter Benjamin poderia ter imaginado.

II.
Saltos

1919

*O dr. Benjamin foge do pai, o tenente Wittgenstein
comete suicídio financeiro, o livre-docente Heidegger
renega a fé e monsieur Cassirer trabalha a
própria iluminação dentro do bonde elétrico*

O que fazer?

"Se, por um lado, o caráter de um ser humano — quer dizer, sua maneira de reagir — fosse minuciosamente conhecido, e se, por outro lado, os eventos do mundo fossem conhecidos nos lugares onde se confrontassem com tal caráter, preveríamos com exatidão tanto o que se passaria com esse caráter quanto as ações capaz de realizar. Ou seja, seu destino seria conhecido."[1] Correto? A constituição de um percurso de vida é realmente condicionada, determinada, previsível dessa maneira? Inclusive a própria biografia? Quanto espaço um ser humano teria para manobrar sua vida? Em setembro de 1919, essas perguntas instigam Walter Benjamin, então com 27 anos de idade, a escrever um ensaio chamado "Destino e caráter". Como a primeira frase do texto faz supor, sua intenção de saber o que as cartas do baralho lhe dizem nessa época fala por toda uma geração de jovens intelectuais europeus que está diante da exigência de reexaminar, após o término da Grande Guerra, as bases da própria cultura e da própria existência. A escrita era um meio de autoesclarecimento.

No primeiro verão depois da guerra, também por motivos muito pessoais, Benjamin se encontra no limiar de uma nova situação. A transição à assim chamada vida adulta ficara para trás. Ele se casou (1917), se tornou pai (1918) e no fim de junho de 1919 recebeu o título de doutor em filosofia. No que se refere à Primeira Guerra Mundial, tinha conseguido manter os terrores da hecatombe a uma relativa distância de sua vida. Esquivou-se da primeira convocação em 1915 ao passar a noite anterior ao alistamento em claro, juntamente com o melhor amigo Gerhard Scholem, tomando inúmeras xícaras de café, de maneira que sua pulsação na manhã seguinte estava tão irregular que ele foi considerado inapto. Um truque habitual da época. O segundo ardil para evitar o serviço militar, em 1916, foi muito mais criativo e elaborado. Várias semanas de sessões de hipnose ministradas por sua futura mulher Dora acabaram por convencê-lo — com sucesso! — de que sofria de dor ciática. Os sintomas, de acordo com o protocolo da medicina militar, eram evidentes. Mesmo que não fossem suficientes para manter Benjamin afastado do front, ao menos lhe ofereceram uma permissão oficial para que as complexas queixas relativas à moléstia fossem examinadas mais detalhadamente numa clínica especial na Suíça. Uma vez na Suíça, estava a salvo do alistamento compulsório durante a estada no país. No outono de 1917, Dora e Walter resolveram permanecer por lá.

O refúgio

A primeira providência é se instalar em Zurique, que nos anos de guerra se tornou um tipo de local de reunião da intelligentsia jovem alemã, ou melhor, europeia. De lá, por exemplo, Hugo Ball e Tristan Tzara anunciam em 1916 o dadaísmo. Um certo Vladímir Ilitch Uliánov está instalado a poucos metros de distância do Cabaret Voltaire e sob o pseudônimo de Lênin planeja a Revolução Russa. Sem lograr um contato mais próximo com esses grupos, e nem ao menos tentá-lo, os jovens recém-casados — acompanhados pelo amigo da casa, Scholem — seguem até Berna, no centro da Suíça, onde Walter se inscreve na universidade local para o doutorado em filosofia.

Na maior parte do tempo, os dois (isto é, os três) exilados berlinenses vivem isolados da vida cultural dessa cidade conhecida até hoje por sua lentidão. A posição de Benjamin e Scholem em relação ao nível das aulas locais é marcada pelo desprezo. Sentindo-se pouco desafiados, eles inventam não só uma universidade fictícia, chamada "Muri", como concebem ofertas de cursos tão absurdos como "O ovo de Páscoa — suas vantagens e seus perigos" (teologia), "Teoria e prática do insulto" (jurisprudência) ou uma "Teoria da queda livre com treinamento prático" (filosofia).[2] Eles aproveitam o tempo em Berna para leituras e estudos particulares, por exemplo, das obras do neokantiano Hermann Cohen, das quais analisam frase por frase em longas sessões noturnas.[3]

Era uma situação de vida cuja indefinição básica e ambivalência erótica correspondiam ao caráter de Benjamin. Com o nascimento do filho Stefan, em abril de 1918, sua produção cresce enormemente, e em menos de um ano ele conclui a tese de doutorado. O previsível final da guerra torna necessário um planejamento mais concreto do seu futuro profissional. E, além disso, o pai de Benjamin — cujas posses diminuíram bastante com a guerra — força o filho a finalmente andar com os próprios pés.

Dias críticos

No verão de 1919, quando a jovem família se recolhe a uma pensão no lago de Brienz para descansar, ficaram para trás meses de intenso trabalho. "Dora e eu estamos absolutamente no limite de nossas forças", Benjamin escreve a Scholem em 8 de julho de 1919, resultado também do estado de saúde do pequeno Stefan, que há meses "tem febre intermitente" de modo "que não conseguimos ficar tranquilos".[4] Principalmente Dora padece dos "mais exaustivos esforços durante meses", resultando em uma "anemia e acentuada perda de peso". Nesse meio-tempo, Benjamin ainda tem de lutar — e de maneira dolorosa — com as consequências de sua dor ciática autoimposta por hipnose; além disso, o relato ao amigo prossegue com a informação de que ele desenvolveu "intolerância ao barulho no decorrer dos últimos seis meses". Perto da síndrome de Burnout, como diríamos hoje em dia.

Ou seja, a família está mais que necessitada das férias de verão na pousada com o lindo nome Mon Repos. Com vista para o mar, refeições incluídas e babá — sim, a situação podia ser complicada, mas no aspecto financeiro não estava perdida —, eles queriam comer bem, dormir bastante, ler um pouco; Walter provavelmente gostaria de traduzir de vez em quando um poema do amado Baudelaire para o alemão. Tudo poderia ser muito aprazível.

Mas como de costume nos planos de Benjamin, não deu certo. O motivo era o próprio filósofo. Para não ameaçar a ajuda financeira recebida do pai, ele achou por bem não informar tão cedo à família em Berlim que tinha passado no doutorado.

Benjamin pai já não confia mais no filho, e por essa razão decide fazer uma visita surpresa à Suíça, juntamente com a mulher. A chegada dos pais ao local das férias acontece em 31 de julho de 1919.

O estilo das personalidades em questão, assim como as circunstâncias concretas em que se encontraram, não deixam dúvidas quanto ao transcorrer da reunião entre pai e filho. Em 14 de agosto de 1919, Benjamin relata a Scholem sobre "os dias *terríveis* que passamos" e acrescenta, contido: "Meu doutorado já pode ser divulgado".

Ou seja, o pai tomou ciência da situação e exige categoricamente que nessa época mais do que incerta o filho encontre o quanto antes um trabalho decente, de preferência fixo, mas principalmente pago. Nada muito simples para Benjamin, pois a única resposta que consegue dar com sinceridade à imperiosa pergunta sobre o que quer fazer com sua vida é: "Crítico, pai. Quero ser crítico".

O significado concreto dessa atividade e sua relevância são exatamente o assunto de seu doutorado. Uma obra de trezentas páginas intitulada *O conceito de crítica de arte no romantismo alemão*.[5] Nos primeiros dias de agosto de 1919, não deve ter sido nada fácil para Walter Benjamin explicar ao pai — comerciante, ignorante da filosofia e depressivo crônico — a importância desse conceito de crítica, o que ele significava para a cultura e para sua própria pessoa e, acima de tudo, como poderia se transformar numa atividade bastante recompensadora financeiramente.

Valia ao menos uma tentativa. Pois por trás do título engessado dessa obra acadêmica escondia-se um ponto de vista altamente independente: dar um novo embasamento teórico à ideia do devir individual e da cultura em geral como um processo fundamentalmente aberto. No doutorado, Benjamin chama de *crítica* a atividade central que possibilita essa abertura e a renova eternamente. Ele está convencido de que as obras de Fichte, Novalis e Schelling que sucederam a Kant refletem sobre uma forma específica de atividade intelectual, cuja relevância particular para a vida e para a cultura ainda não tinha sido descoberta até então.

Teses românticas

Para Benjamin, o impulso decisivo desses primeiros pensadores do romantismo está no fato de a atividade da crítica — se compreendida corretamente — não manter inalterada em sua essência nem o sujeito que critica (ou seja, o crítico de arte) nem o objeto criticado (ou seja, a obra de arte). No processo da crítica, ambos passam por uma transformação; idealmente, em direção à verdade. Essa tese do enriquecimento constante da essência da obra de arte pela atividade crítica baseia-se, segundo Benjamin, em dois princípios teóricos fundamentais do romantismo alemão:

1. Tudo o que existe não existe apenas numa relação dinâmica com outras coisas, mas também consigo mesmo (tese da autorrelação de todas as coisas).

2. Quando um sujeito critica um objeto, ele ativa e mobiliza em ambas as unidades participantes tanto suas relações externas quanto as próprias (tese da ativação de todas as relações pela crítica).

Em sua tese, Benjamin parte dessas colocações para chegar a conclusões que revolucionam tanto sua própria autoimagem como crítico quanto a autocompreensão da crítica de arte no século XX e XXI. Em primeiro lugar, isso é válido para a tese de que a função da crítica de arte é "não julgamento, mas antes, por um lado, acabamento, complemento e sistematização da obra".[6] Em segundo lugar, o crítico recebe o status de um semicriador da obra de arte. Em terceiro, essa concepção da crítica faz com que uma obra de arte nunca seja estável em sua essência, mas seu ser e seu possível significado possivelmente sejam modificados e dinamizados no transcorrer da história. Em quarto, finalmente — como consequência da tese da autorrelação de todas as coisas —, cada crítica a uma obra de arte também deve ser entendida como crítica da própria obra de arte.

Crítico e artista estão ambos, portanto, num nível criativo. A natureza de uma obra não é fixa, mas está em constante modificação. Sim, na realidade são as próprias obras de arte que se criticam constantemente.

É fácil imaginar o grau de perturbação e incompreensão que as teses de Benjamin deviam provocar em pessoas como seu pai.

Nova autoconsciência

A plausibilidade do projeto de Benjamin depende fundamentalmente de quão válidos consideramos os dois princípios básicos da teoria romântica, o da autorrelação e da heterorrelação de todas as coisas. Mas as teses talvez não sejam tão absurdas quanto parecem à primeira vista. Walter Benjamin poderia ter chamado a atenção do pai para pelo menos um fenômeno humano básico, inquestionável e concretamente perceptível, que não permite qualquer dúvida razoável: a autoconsciência humana. Afinal, todo ser humano possui uma capacidade muito especial, maravilhosa. Trata-se de se referir aos próprios pensamentos com os próprios pensamentos. Todos podemos, e cada um por si, "pensar o próprio pensamento". Nesse sentido, cada um de nós traz sua experiência particular de um processo de conhecimento, em cujo transcurso tanto o objeto criticado (o pensamento em questão) quanto o sujeito crítico (o pensador que pensa) não apenas sofrem uma mudança mas se percebem, de fato, como um. Para os românticos, essa relação reflexiva básica da autoconsciência é o exemplo definitivo para toda forma de relação crítica com o objeto. Ou seja, um exemplo geral para o que acontece quando "o ser-conhecido de uma essência através de uma outra coincide com o autoconhecimento do que se conhece".[7]

Benjamin deveria ter conseguido explicar ao pai que, na verdade, esse milagre da autorrelação dinâmica acontece de maneira permanente. E de modo bem visível e eficiente quando um ser humano reflete sobre as bases de sua própria autorrelação e dela com o mundo. Na realidade, grandes obras de arte não passam de concretizações desse processo de reflexão. Portanto, trata-se de obras ricas, múltiplas, instigantes, peculiares e, em suas relações imaginadas, estimulam o conhecimento:

Crítica é, então, como que um experimento na obra de arte, através do qual a reflexão desta é despertada e ela é levada à consciência e ao conhecimento de si mesma. [...] Na medida em que a crítica é o conhecimento da obra de arte, ela é o autoconhecimento desta; na medida em que ela a julga, isto ocorre no autojulgamento da obra.[8]

Aí está, para Benjamin, o núcleo filosófico do conceito da crítica de arte no romantismo, ainda que os próprios românticos não tenham conseguido compreender isso com a clareza suficiente. Para tanto, foram necessárias uma distância temporal clarificadora (150 anos) e uma interpretação sagaz. Ou seja, crítica. Benjamin queria dedicar o restante da vida a essa atividade. Pois essa prática também teria um efeito com ele e nele, com a "obra" em constante formação que ele havia reconhecido em si mesmo. Na verdade, cada ser humano que consegue pensar seu pensamento — ou seja, todo ser humano — é obra de si mesmo. Todo ser humano pode se exercitar na autocrítica e no autoconhecimento. Todo ser humano pode, em determinada medida, acompanhar e formatar criticamente seu devir. Dessa maneira, todo ser humano pode se tornar aquilo que é na verdade. A isso, podemos chamar de crítica. Ou, simplesmente, de filosofia.

Fugas

Nesses termos, ou quase assim, Benjamin poderia ter explicado ao pai (que ficou por duas semanas no lago Brienz) os planos para o caminho futuro como crítico independente. Deve tê-lo feito. Apenas não conseguiu convencer o progenitor, como era de esperar. Sobretudo porque em meio a tudo isso, a questão verdadeiramente candente continuava sem resposta: como e quem poderia financiar aquele estilo de vida.

Como concretizar o projeto pessoal sem se submeter ao "destino", por exemplo, desenhado pelos pais? O que fazer?

De acordo com sua personalidade, Benjamin resolve fazer o que sempre faz e fará quando não há solução à vista: ele viaja de supetão, muda-se repetidas vezes e se engaja simultaneamente em diversos projetos de grande porte.

No outono, o caminho passa por Klosters e Lugano até Breitenstein, na Áustria, onde a jovem família, no limite de suas forças e de seus recursos, finalmente encontra abrigo numa casa de repouso gerenciada pela tia austríaca de Dora. "Aqui estamos completamente exauridos", Benjamin relata ao amigo Scholem em 16 de novembro de 1919. Apesar disso, há boas notícias do orientador em Berna: "Herbertz me recebeu com extrema amabilidade e aventou a perspectiva de uma livre-docência, eventualmente até uma contratação extraordinária como docente. Meu pais estão muito aliviados, é claro, e não têm nada contra uma livre-docência por ali, mas ainda não conseguem se comprometer financeiramente".[9]

Ou seja, ainda não está tudo perdido. Apenas a questão financeira precisa ser resolvida. Um problema que também ocupa intensamente Wittgenstein por aquelas semanas e meses, ainda que de um jeito bem diferente.

A metamorfose

Você está ciente do peso de sua resolução? Conversou com seus irmãos a respeito? Quer repensar tudo mais uma vez? Não, ele não queria. "Tudo bem", suspirou o tabelião, "então o senhor está decidido a cometer um suicídio financeiro."[10] Realmente. A decisão de Wittgenstein está tomada. Em vez de hesitar, ele — ainda envergando o uniforme branco de tenente — insiste em saber se não há mesmo nenhum subterfúgio, nenhuma cláusula especial, se não há como voltar atrás, se com sua assinatura ele estaria livre, de maneira irrevogável, de todo seu patrimônio. Suicídio financeiro, como já fora dito.

Não faz uma semana que Wittgenstein está de volta a Viena. Regressou como um dos últimos oficiais que haviam sido presos pela Itália na guerra. Em 31 de agosto de 1919 ele está sentado num elegante escritório vienense e transfere toda sua fortuna — em valores de hoje, centenas de milhões de euros — para seus irmãos mais velhos, Hermine, Helene e Paul. Viena, a antiga orgulhosa capital do império, é então a capital de uma república alpina minúscula e falida, e nesse primeiro verão depois da guerra seguia inexoravelmente rumo ao caos. Tendo em vista a catástrofe, a maioria da população austríaca decidiu-se pela anexação à Alemanha, também à beira da autodesintegração. Entretanto, as forças vencedoras impedem isso. Por essa época, 96% das crianças austríacas sofrem de subnutrição. Com a inflação, o preço dos alimentos alcança a estratosfera. A moeda está em queda livre — e, com ela, os modos na cidade. As antigas hierarquias do império dos Habsburgo estão totalmente destruídas, mas as novas instituições ainda não se encontram aptas a funcionar plenamente. Nada é como antes. Ludwig Wittgenstein, então com trinta anos, também se tornou outro com os anos de guerra.

No verão de 1914, apenas alguns dias após a irrupção da guerra, Wittgenstein se alistou voluntariamente como cabo, torcendo para uma mudança radical na sua vida. Ele, filho da melhor sociedade vienense, descendente de uma das grandes famílias de industriais da Europa, o pupilo de Cambridge, já à época considerado o talento do século para a filosofia, de quem seus incentivadores Bertrand Russell e Gottlob Frege não esperavam menos do que "o próximo grande passo". Se observarmos com atenção, a guerra havia cumprido todas as expectativas pessoais de Wittgenstein: ele demonstrou coragem, viu a morte à sua frente por mais de uma vez enquanto estava lotado na Galícia, na Rússia e na Itália, atirou para matar, voltou-se para a fé cristã a partir da leitura de um livrinho de Tolstói, e nas longas noites de guarda ainda terminou seu livro filosófico, uma obra com a qual até ele estava convencido de que não apenas dava o próximo grande passo na filosofia como também o último e definitivo.

Mas o que exatamente ele havia alcançado? No fundo, nada. Ao menos não para si, e os ataques de inutilidade ainda o torturavam diariamente. Como ele registrou no prefácio de *Tractatus logico-philosophicus*, que passava pelos derradeiros retoques durante umas férias em casa antes da última campanha no front no verão de 1918.

> Portanto, é minha opinião que, no essencial, resolvi de vez os problemas. E se não me engano quanto a isso, o valor deste trabalho consiste, em segundo lugar, em mostrar como importa pouco resolver estes problemas.

Em outras palavras: a filosofia não tem nada a dizer nem a discutir sobre tudo aquilo que condiciona a vida humana, que lhe dá sentido, valor e esperança diária. Mas por que ela é absolutamente incapaz disso? Por que nenhuma conclusão lógica, nenhum argumento e nenhuma teoria do significado não conseguem nem ao menos tocar as perguntas fundamentais da vida? Com sua obra, Wittgenstein acreditava ter respondido definitivamente a essas perguntas.

Arquivo ético

Na verdade, explicou Wittgenstein ao editor Ludwig von Ficker cerca de dois meses após seu retorno da guerra, o "sentido do livro é ético…", visto que a obra se constitui de duas partes: "daquilo que está aqui e de tudo aquilo que eu *não* escrevi. E justo essa segunda parte é a importante. O ético é, por assim dizer, limitado a partir do interior pelo meu livro".[11]

O espaço do dizível, que a obra de Wittgenstein limita "a partir do interior" com os meios da análise lógica da linguagem, refere-se unicamente ao mundo dos fatos e, assim, é a única área sobre a qual é possível falar de maneira coerente. Esse mundo dos fatos pode ser compreendido com a maior exatidão possível, mas é tarefa da ciência natural. De acordo com as convicções de Wittgenstein, "algo que nada tem a ver com filosofia" (T 6.53). Na sua opinião, diante desse cenário, o problema — ou muito mais a solução filosófica — está nessa convicção, ou melhor, nessa *sensação*:

> 6.52.: Sentimos que, mesmo que todas as questões científicas possíveis tenham obtido resposta, nossos problemas de vida não terão sido sequer tocados. É certo que não restará, nesse caso, mais nenhuma questão: e a resposta é exatamente essa.

Enquanto o espírito da época, impregnado do positivismo, partia do pressuposto de que apenas as coisas sobre as quais era possível falar de maneira coerente e comprovar indubitavelmente sua existência — ou seja, os chamados fatos — deviam ter significado para nossa própria vida, Wittgenstein demonstrou a partir da utilização do fundamento metodológico próprio dessa percepção de mundo puramente científica (a análise lógica) que justamente o inverso era verdadeiro. Tudo aquilo que dá o verdadeiro *sentido* à vida e ao mundo em que vivemos encontra-se para além dos limites do que pode ser dito de forma direta. Apesar de o método de análise filosófica de Wittgenstein ser estritamente científico, sua moral era existencialista. Uma vida boa não se baseia em motivos objetivos, mas em decisões radicalmente subjetivas. Algo a respeito do que não se consegue *falar* com coerência, mas que deve ser *mostrado* em ações concretas, diárias. Eis o objetivo de Wittgenstein em 1919.

Um retorno ao antigo mundo vienense lhe seria impensável mesmo se esse mundo ainda existisse. Nem a guerra nem a filosofia o haviam libertado do enigma e da infelicidade dos quais ele se constituía. Ele retornara da guerra transformado, mas de modo algum resolvido. A fim de combater o caos constante em seu interior, ele arquitetou um plano radical durante os longos meses passados como prisioneiro de guerra em Monte Cassino: primeiro, transferir todo seu patrimônio aos irmãos; depois, dar um basta à filosofia; por último, levar uma vida de trabalho honesto e de permanente pobreza.

Infelicidade total

A obstinação com a qual Wittgenstein se dedica à realização desse plano, apenas alguns dias após seu regresso, deixa os irmãos muito preocupados, principalmente a irmã mais velha, Hermine. Naqueles últimos dias de agosto, ela teme perder um quarto irmão por suicídio, depois de Johannes (que falecera em 1902), Rudolf (1904) e Kurt (1918) terem seguido esse caminho.

Enquanto o irmão mais velho, Johannes, fugira do pai despótico para os Estados Unidos e se "afogara" em circunstâncias nunca devidamente esclarecidas durante um acidente de barco na Flórida, o terceiro filho, Rudolf (nascido em 1888), envenenou-se com cianureto de potássio aos 22 anos num restaurante em Berlim. Na carta de despedida, Rudolf justificou o ato mostrando-se pesaroso pela morte de um amigo. De acordo com outras teorias, ele se viu exposto por um estudo de caso anônimo do cientista sexual Magnus Hirschfeld sobre um "estudante homossexual" e temia ser identificado e humilhado.[12] E o suicídio de Konrad, chamado de Kurt, tinha sido marcado por uma especial tragédia heroica. Nos últimos dias de guerra, durante a retirada da Itália em outubro de 1918, ele atirou contra a própria cabeça — provavelmente para escapar da prisão pelos inimigos.

Baseando-se nos parâmetros internos da família, o quarto dos cinco irmãos Wittgenstein, Paul, tinha se saído bastante bem. Dotado de extrema musicalidade, como todos os filhos da família, ele investira numa carreira de pianista já bem antes da guerra. As soirées que o pai oferecia no palácio da família eram consideradas um dos pontos altos da vida social vienense durante a virada do século. O jovem Paul era visto por todos como um talento excepcional. Nos primeiros meses de guerra, porém, ele é ferido com tamanha gravidade que seu braço direito tem de ser amputado. Além disso, foi feito prisioneiro de guerra russo e consegue ser libertado apenas em 1916, mediante pagamento de resgate. Depois de voltar para casa, ele também cogita o suicídio, mas acaba encontrando um novo sentido para a vida ao aprender, de maneira autodidata e com incontáveis horas de exercício, a tocar piano em alto nível com apenas uma mão e uma particularíssima técnica de pedal. Isso lhe possibilita prosseguir com a carreira de concertista e festejar sucessos internacionais a partir de então.

Agora é "Luki", como o caçula Ludwig é chamado em família, que está na berlinda. Tendo em vista as experiências passadas, todos acharam mais prudente não o contrariar. Principalmente quando, em retrospecto, a atividade militar de Ludwig como um todo se parecia com uma longa tentativa de suicídio, já que Wittgenstein, em sua rápida ascensão hierárquica no Exército, sempre fez questão de combater no front mais avançado e perigoso possível.

Como que obrigado pelas circunstâncias, Wittgenstein retoma em seu diário de guerra a ideia de que apenas na situação-limite da imediata proximidade da morte, na capitulação total da existência, se mostra o verdadeiro rosto do próprio eu, principalmente a verdadeira fé em Deus e a capacidade de ser feliz. Os registros dos meses de verão de 1916, no front da Galícia, revelam como o programa de uma análise lógica da linguagem e uma ética cristão-existencialista no sentido de Kierkegaard e Tolstói estão entrelaçados no pensamento de Wittgenstein durante os anos de guerra.

> Para viver feliz, tenho de estar em concordância com o mundo. E isso *quer dizer*: "estar feliz".
> Destarte estou por assim dizer em concordância com aquele desejo alheio, do qual me sinto dependente. Isso quer dizer: "sigo a vontade de Deus".[13]

> O medo da morte é o melhor sinal de uma vida falsa, ou seja, ruim.[14]

> Bem e mal aparecem primeiro pelo *sujeito*. E o sujeito não faz parte do mundo, mas é um limite do mundo...
> Bem e mal são essencialmente apenas o eu, não o mundo. O eu, o eu é o profundo misterioso.[15]

Em agosto de 1919, Wittgenstein certamente não tem mais medo da morte. Ele é torturado por dúvidas apenas em relação à questão fundamental — se uma vida boa, cheia de sentido, feliz, é almejável para alguém como ele. Em 5 de setembro de 1919 ele inicia a execução do segundo passo de seu programa de sobrevivência e começa, na condição de homem absolutamente sem recursos, a formação de um ano no instituto de docentes, em Viena, com o intuito de se tornar professor do ensino fundamental. Filosofia, nunca mais! Nunca mais!

Naquela época, Martin Heidegger não sabia nada a respeito do novo projeto de vida de Wittgenstein. Caso contrário, isso poderia tê-lo abalado em seus novos alicerces. Pois ele também era recém-chegado da guerra — e daquele momento em diante, queria apenas uma coisa: filosofar!

Outras circunstâncias

Em 9 de janeiro de 1919, Martin Heidegger, que havia regressado da guerra, escreve para seu paternal amigo e incentivador Engelbert Krebs: "É difícil viver como filósofo". Pois "a veracidade interior em relação a si mesmo e a todos para os quais temos de ser professores exige sacrifício, renúncias e batalhas que sempre serão estranhas ao artesão da ciência".[16] Sem dúvida. Ele está falando sério. Consigo, com seu pensamento, com seu caminho. "Acredito", Heidegger prossegue, "ter a vocação profunda à filosofia."

Dispensado nos primeiros anos da guerra devido a uma doença cardíaca (autodiagnóstico: excesso de esportes na juventude), Heidegger serviu nos últimos meses do combate, de agosto a novembro de 1918, como meteorologista no observatório meteorológico de fronteira 414. Durante a batalha Marne-Champagne, o Exército alemão baseava-se em prognósticos climáticos realizados a partir de observatórios ligeiramente elevados para o uso de gás venenoso. Heidegger não participa diretamente dos embates. No máximo, deve ter assistido com binóculo a milhares de soldados alemães saindo das trincheiras ao encontro da morte certa. Em suas anotações e cartas pessoais não há menção aos terrores da guerra. Quando Heidegger fala de "sacrifício", "renúncia" e "batalhas" nessa época, está se referindo à sua situação acadêmica e pessoal.

Desde o inverno de 1917, seu verdadeiro front não está nas Ardenas, mas entre as próprias quatro paredes. Não é um front nacional ou geopolítico, mas confessional. Afinal, como filósofo católico, apoiado pela Igreja, é muito difícil "viver" — em outras palavras, fazer carreira — quando alguém, como Martin Heidegger, se casa com uma protestante (ainda que secretamente) e, sobretudo, quando essa mulher, contrariando uma proposição anterior, não quer se converter à fé católica nem permitir que o filho, que está sendo gerado, venha a ser batizado católico.

Flancos abertos

Atualmente é quase impossível imaginar o escândalo causado em 1919 pelo casamento inter-religioso de Heidegger no seu círculo mais íntimo, familiar e profissional, principalmente aos olhos de seus pais, católicos fervorosos, aos quais vez ou outra durante aqueles meses Martin assegura por carta que, a bem da verdade, a salvação da alma do filho e do neto deles ainda não está perdida para sempre.

Ou seja, o casamento é um problema — e logo a relação também se torna problemática. Mas, do ponto de vista econômico, Heidegger, o filho de sacristão, escolheu um excelente partido com Thea Elfride Petri. Afinal, a jovem que chegou a Freiburg em 1915 para estudar economia nacional vinha de uma família afluente de altos círculos de oficiais prussianos, de modo que os pais dela puderam oferecer ajuda financeira constante ao jovem casal durante os últimos anos de guerra. Com o fim da guerra, porém, também os Petri (como milhões de outros alemães que tinham investido sua fortuna em empréstimos de guerra) sofreram grandes perdas e se veem incapazes de continuar sustentando a casa de Freiburg.[17]

Também por essa razão, em novembro de 1918, com o retorno do front, Heidegger está diante de um abismo financeiro. Se quiser continuar vivendo como filósofo, vai precisar urgentemente de uma entrada regular, quer dizer, um emprego, ou seja: um novo patrocinador. Entretanto, o livre-docente, que tinha estudado com uma bolsa vinculada à Igreja, não podia esperar mais nada da faculdade de teologia da Universidade de Freiburg. Já em 1916, era considerado pelos círculos eclesiásticos como imaturo e inseguro, e foi preterido às claras em processos internos de nomeação, apesar do apoio do decano Krebs. Este último elo tinha também se rompido.

Por essa razão, as esperanças acadêmicas de Heidegger em Freiburg estão integralmente depositadas no ocupante da cátedra I, fundador propriamente dito e maioral da fenomenologia: Edmund Husserl. Entretanto, para Husserl — filósofo de orientação explicitamente científica —, pensadores com ligações confessionais são altamente suspeitos. Eis que Heidegger se depara com dificuldades para levar a cabo suas pretensões. Nos anos 1916 e 1917 o velho mestre não mostra interesse algum pelo jovem aprendiz de feiticeiro. Apenas no inverno de 1917-1918 há uma experiência mais intensa, e logo também um apoio direto. Na citada carta de 9 de janeiro de 1919, quando Heidegger diz ao amigo eclesiástico Engelbert Krebs, com o páthos adequado, que devido a "noções epistemológicas... o *sistema* do catolicismo" tinha se tornado "problemático e inaceitável" para ele, é possível que com essas frases o jovem pensador quisesse expressar uma mudança decisiva em sua biografia. Observando-se mais friamente, essa carta é uma manobra confessional realizada com precisão por um filósofo profissional, que após um exame minucioso do clima reinante chega à conclusão de que seu afastamento explícito do catolicismo representa sua última chance acadêmica. Apenas dois dias após a redação da carta a Krebs, Edmund Husserl dirigiu-se pessoalmente ao ministério em Karlsruhe a fim de solicitar para Heidegger um novo cargo de assistente com remuneração fixa anual, pois senão aquele talento excepcional ameaçava se perder em "uma profissão de subsistência".[18]

O afastamento de Heidegger do "*sistema* do catolicismo" se parece, a partir do espartilho biográfico benjaminiano de "caráter" e "destino", "disposição interna" e "circunstâncias externas", um ato essencialmente lógico. Ou, quem sabe, sistemático.

O pedido de Husserl em Karlsruhe é atendido, como esperado. Embora o ministério hesite com a abertura de uma vaga de assistente pleno (que foi aprovada apenas no outono de 1920), fica garantido um contrato remunerado de docência. Dessa maneira, a vocação de Heidegger para a filosofia está a salvo por enquanto. A partir de então ele poderá pensar sem toda a obrigação católica. O semestre emergencial de guerra começa em Freiburg em 25 de janeiro de 1919. Heidegger tem exatas três semanas para se preparar. Seu primogênito Jörg nasce quatro dias antes da primeira aula.

Mundo sem visão

Em comparação com as grandes cidades como Munique e Berlim, as coisas não vão mal em Freiburg. Os camponeses dos arredores fazem com que a escassez de alimentos não seja tão aflitiva, e a cidade também permanece incólume nos meses de revoltas burguesas e conflitos de rua. Apesar disso, a visão de Heidegger a partir de seu lugar de professor não deve ter sido das mais animadoras em 1919. À sua frente, um apanhado de homens em sua maioria alquebrados, muitos já além da idade de frequentar a escola, obrigados a fazer de conta que estavam enxergando um futuro para si. Como tocá-los? Como dirigir-se a eles? Como despertá-los? Por meio da fuga à torre de marfim com as perguntas mais abstratas e distantes possíveis? Ou pela interpretação colada à experiência do aqui e agora? O jovem docente decidiu-se a fazer as duas coisas ao mesmo tempo. Estava dando à filosofia um de seus grandes momentos.[19]

De acordo com o programa dos seminários, Heidegger haveria de discorrer sobre Kant, mas no último segundo ele se decide por uma mudança de tema. O novo título é: "A ideia da filosofia e o problema da concepção do mundo".[20] Em outras palavras, trata-se da autocompreensão da filosofia como disciplina autônoma do conhecimento: para além dos métodos e explicações da ciência natural empírica e, principalmente, para além das abrangentes obras com visões histórico-universais dominantes na época — por exemplo, a grandiosa interpretação das civilizações de Oswald Spengler, *A decadência do Ocidente*. Está claro o bastante que os objetivos e os métodos da filosofia não são idênticos aos da ciência natural. Mas onde ela se diferencia do exercício de se construir uma visão de mundo fundamentada? Existe uma diferença essencial?

Se seguirmos a formulação fenomenológica de Husserl, a resposta é sem dúvida afirmativa. Pois o que distingue a fenomenologia é um procedimento rigidamente metódico da compreensão do mundo. Este se diferencia do procedimento da ciência natural à medida que não pretende explicar ou prever o desenrolar dos fenômenos, mas apreendê-los — da maneira mais objetiva e imparcial possível — em sua realidade dada para a consciência humana. Sob o lema "De volta às coisas!", a fenomenologia busca se estabelecer como uma "ciência originária pré-teórica": como fundamento exato da experiência anterior a qualquer ciência natural e anterior também a todas ideologias e visões de mundo distorcidas por preconceitos.

O cientista originário

É exatamente esse caminho que Heidegger, como novo assistente de Husserl em Freiburg, vai trilhar em seu primeiro seminário. De acordo com a visão de Heidegger, a pergunta básica da fenomenologia, formulada da maneira mais simples possível, é a seguinte: Existe alguma coisa? E, se sim, como "essa coisa" aparece em nosso consciente? Como ela se apresenta? Certamente não sem um amargo duplo sentido, o professor Heidegger chama essa questão primordial pelo "há" [*gibt es*] de "vivência da pergunta" [*Frageerlebnis*], fazendo uma referência à assustadora "vivência de agosto" do início da guerra em 1914. Mas vamos ouvi-lo:

§ *13. A vivência da pergunta: Há algo?*

Já a pergunta "há algo?" contém algo. *Toda* nossa problemática desembocou num ponto decisivo, embora sua insignificância não passe tal impressão. Tudo depende de rastrearmos interpretativamente essa insignificância e nos aferrarmos a ela [...]. Estamos diante da encruzilhada metodológica que decide sobre a vida ou a morte da filosofia. Diante de um abismo: ou conseguimos saltar para o nada — isto é, o nada da objetividade absoluta — ou conseguimos saltar para um outro mundo; ou melhor, o primeiro salto para o mundo [...]. Suponhamos que não estivéssemos aqui. Nesse caso, essa pergunta não existiria [...].[21]

E apenas um pouco depois, precisa mais uma vez o decisivo ímpeto questionador:

O que significa "*há*" ["*es gibt*"]?
Há números, *há* triângulos, *há* quadros de Rembrandt, *há* submarinos; digo também hoje *haverá* chuva, amanhã *haverá* assado de vitela. Muitas formas de dizer "*há*", a cada vez com outro significado e a cada vez com um momento significativo idêntico. [...] Mais: perguntamos se há *algo* [*etwas*]. A pergunta não é sobre se há mesas ou cadeiras, casas ou árvores, sonatas de Mozart ou forças religiosas, mas se *há algo em geral* [*etwas überhaupt gibt*]. O que é "*algo em*

geral"? Algo bastante universal; talvez a coisa mais universal de todas que pode afetar todos objetos possíveis. O mínimo que se pode dizer de um objeto é que ele é algo. Estou diante dele sem pressuposições.[22]

Lá está um homem de 29 anos, dando seu primeiro seminário como filósofo acadêmico, exigindo, com a voz agitada pela determinação, que seus ouvintes reconheçam a pergunta decisiva da filosofia numa das formulações supostamente mais pobres da língua alemã. Quem está falando? Um palhaço? Um mágico? Um profeta?

Vale a pena nos alongarmos um pouco nessa passagem decisiva de seu primeiro seminário pós-guerra, visto que ela representa nada menos que a célula-tronco de toda filosofia do ser-aí [*Dasein*]* de Heidegger. Se seguirmos a sugestão de Heidegger em nos fixarmos um pouco mais na formulação do "há" ["*es gibt*"] — como que submergindo em seus possíveis usos e sentidos —, surge um enigma de especial profundidade: O que esse "há" quer mesmo dizer? Qual é seu verdadeiro sentido? Afinal, em sua forma geral é aplicável para tudo e todos. Serve basicamente para tudo que *é*.

Exatos dez anos mais tarde, Heidegger vai afirmar, no mesmo lugar, que toda sua filosofia gira em torno do sentido da palavra "ser" [*Sein*]. E o catedrático de Freiburg se considera a primeira pessoa, passados 2500 anos, a redescobrir e ressuscitar o sentido dessa pergunta, principalmente seu significado para a vida concreta e o pensamento de todos os seres humanos. Um drama presente já em 1919, quando ele classifica

---

* Os diversos tradutores de Heidegger optam, via de regra, por uma ou outra tradução. Usei-as livremente, dependendo do contexto, liberdade que tomei pelo caráter informativo da obra. [N.T.]

a pergunta sobre o "há" como a "verdadeira ferramenta" a decidir pela "vida ou morte da filosofia".

Se, na encruzilhada, optarmos pela "objetividade absoluta", deixando dessa maneira a questão sobre o "há" para as ciências naturais, a filosofia estará ameaçada pelo mesmo destino vaticinado também por Wittgenstein: ela se tornará supérflua, no melhor dos casos alçada à auxiliar das ciências naturais. No pior dos casos, porém, ela decairá para aquele tipo de falatório barato falsamente fundamentado em valores, cheio de preconceito, que Heidegger relaciona com o conceito da filosofia como visão de mundo. Ou seja, tudo depende da possibilidade de um "salto" bem-sucedido para um outro mundo, para um outro filosofar e, consequentemente, para um outro entendimento do ser. Rumo a uma terceira via.

Sem álibi

O conceito de *salto* escolhido por Heidegger — um conceito central da filosofia da religião de Søren Kierkegaard — insinua que essa alternativa (a bem da verdade) salvadora não pode se referir a uma escolha puramente lógica, argumentativa ou mesmo apenas racional. Não se trata de uma escolha dessas, mas de uma *decisão* que, por esse motivo, exige ser complementada. Naturalmente não por algo que se baseie primeiro em razões, mas em vontade e coragem, em experiência concreta própria, comparável a uma experiência religiosa de conversão: a uma vocação.

E uma segunda figura de pensamento, absolutamente decisiva para o pensar posterior de Heidegger, aparece nessa passagem da "vivência questionadora". Ela se esconde atrás da suposição de que "nós" — como seres humanos — não estamos "aí". Ou seja, não no mundo. E então?

Então, diz Heidegger, não existe também a questão "há algo?". Em outras palavras, nós humanos somos os únicos seres que podemos fazer a pergunta sobre o "há" — e, portanto, sobre o sentido de ser. É por essa razão que tudo aquilo que existe está "aí" [*da*] apenas para nós; e, nessa condição, de maneira questionável. Somente para nós "há" um mundo. E logo Heidegger vai trocar o termo "ser humano" pelo conceito "ser-aí" [*Dasein*].

O novo império

Logo no seu primeiro seminário, Heidegger anuncia para o auditório profundamente traumatizado pela guerra nada menos que a possibilidade de um "outro mundo" — o mundo e a forma de vida do *verdadeiro* questionamento filosófico. Isso está necessariamente implícito quando ele se refere ao *salto*. A conquista desse novo império só pode ser realizada individualmente. No caminho da filosofia não há álibis. Aquilo que guia o salto e o torna possível não pode ser transmitido de maneira abstrata ou puramente anunciado do alto da cátedra, trata-se de algo que deve ser experimentado e compreendido de dentro para fora, para então se mostrar na condução da vida concreta.

A "ciência originária pré-teórica", cujo caminho a vivência questionadora de Heidegger quer aplainar, não é mais ciência no sentido clássico. Seu objetivo é maior do que descrever o que está dado; é compreender essa condição de "dado" de maneira fundamentalmente diferente. E, com isso, o estar dado do próprio eu. Na primavera de 1919 fica patente como o pensamento de Heidegger está impregnado de um entrelaçamento indissolúvel de "questões sobre o ser" (ontologia) e "questões sobre o ser-aí" (existencialismo). Essas são as considerações finais de seu seminário:

A *filosofia*, porém, só avança por meio da imersão absoluta na vida como tal [...]. Ela não finge, é a ciência da honestidade absoluta. Nela não há conversas inúteis, apenas *passos ponderados*; nela as teorias não brigam entre si, somente ponderações autênticas diante das inautênticas. Mas só se chega às ponderações autênticas por meio da imersão honesta e sem reservas na autenticidade da vida em si, quer dizer, apenas pela imersão no caráter autêntico da vida *pessoal*.[23]

Um entrelaçamento que aparece simultaneamente, com igual radicalidade e incondicionalidade, também no pensamento do veterano de guerra Ludwig Wittgenstein.

Fidelidade ao acontecimento

É possível resumir o desafio específico em meio ao qual jovens filósofos de 1919 se encontram também da seguinte maneira: trata-se de justificar um projeto de vida para si e para a própria geração que se movimente para além da "estrutura" determinante do "destino e caráter". De maneira biográfica, concreta, significa ousar um escape das estruturas até então condutoras (família, religião, nação, capitalismo). Além disso, encontrar um modelo existencial que possibilite processar a intensidade das experiências de guerra e transportá-las ao campo do pensamento e da existência cotidiana.

Benjamin quer realizar a renovação com os meios românticos da crítica que tudo dinamiza. Wittgenstein persegue o objetivo de fazer perdurar no dia a dia o total apaziguamento místico e a reconciliação com o mundo que sentiu nos momentos de angústia extrema diante da morte. A tarefa que Heidegger se impõe relativa à sua própria situação em 1919 poderia ser descrita assim: diante do cenário de sua autoimagem como "pensador independente", Heidegger procura por uma maneira que lhe permita conciliar a intensidade da experiência de guerra — que, para ele, mostra semelhanças básicas com a intensidade do pensamento — com a demanda por uma desejada trivialidade. Ou seja, por um lado uma vida no turbilhão do pensamento, por outro uma reconciliação com o cotidiano. Trata-se de uma atividade cujo caráter extremo reivindica tudo. Em 1º de maio de 1919 ele escreve para Elisabeth Blochmann (amiga de longa data da esposa):

> Temos de conseguir aguardar pelas intensidades extremas que tornam a vida plena de sentido — e temos de viver com esses momentos de modo contínuo —, não tanto desfrutar deles, mas antes encaixá-los na vida — carregá-los com o progresso da vida e incorporá-los no ritmo da vida futura.[24]

Dificilmente um homem comprometido se explicaria de maneira mais filosófica sobre a manutenção de um relacionamento extraconjugal que tinha de se limitar a poucos encontros de "intensidades extremas". Mas o que vale para Heidegger como erótico, vale também para o Eros de seu pensamento: ele quer se manter aberto para os grandes momentos, os verdadeiros momentos de epifania, e viver o resto da existência numa espécie de fidelidade a essas grandes iluminações. Para essa fidelidade — a única que lhe interessa em sua existência — era preciso necessariamente ser livre. No pensamento. No agir. No amor. Na primavera de 1919 ele começa por fim a quebrar suas amarras: aquelas do sistema do catolicismo, da casa paterna, do casamento e, se observarmos bem, também as da fenomenologia de Husserl.

Virtudes alemãs

O primeiro semestre pós-guerra na Universidade Friedrich Wilhelm em Berlim (hoje Universidade Humboldt) também apresenta desafios especiais a Ernst Cassirer, então no seu 13º ano ali como livre-docente. Pois nas primeiras semanas de janeiro de 1919, como lembra sua mulher, "ainda havia muitos tiros nas ruas de Berlim, e Ernst muitas vezes andava em meio ao fogo das armas [do levante espartaquista] até a universidade, a fim de dar suas aulas. Certa vez, a fiação elétrica do prédio da universidade foi atingida durante essas batalhas de rua enquanto Ernst falava. Ele adorava contar mais tarde que tinha perguntado aos alunos se deveria parar ou continuar com a aula e, como eles tinham votado, unânimes, para 'continuar com a aula' […], então Ernst terminou a palestra num auditório escuro feito breu, enquanto lá fora se ouviam incessantes ruídos de tiros".[25]

Não estamos diante de um homem em meio a uma situação tensa e que personifica exatamente aquilo que Heidegger e Wittgenstein valorizam como resultado ideal de seu pensamento: uma crença profundamente enraizada do valor da própria ação, de postura inabalável e autodeterminação (resumindo: um caráter verdadeiro, autêntico, à altura do próprio destino)? Sem dúvida. Entretanto, Cassirer seria o último a descrever seu comportamento dessa maneira. Pois a começar por motivos políticos, ele não queria muita proximidade com o conceito de "caráter", central sobretudo entre círculos ideologicamente conservadores ao redor de filósofos populares como Oswald Spengler, Otto Weininger ou Ludwig Klages. De acordo com Cassirer, a carga filosófica do conceito de caráter — em especial na forma de caráter popular — favorecia a retórica do chauvinismo nacional bem como um culto reacionário da "autenticidade" e do "verdadeiro traço distintivo". E incentivava assim justamente aquelas forças político-intelectuais que na Europa haviam pintado a guerra mundial como uma batalha fatal e incontornável pela sobrevivência dos diversos países europeus. Para Cassirer, as pessoas que falavam do verdadeiro "caráter de um ser humano" ou do "traço distintivo de um povo" como algo que, emergindo das maiores profundezas, é capaz de determinar todas suas ações — ou de se libertar em situações-limite, sem reservas —, eram antes de mais nada muitíssimo mal esclarecidas. E no mundo de Cassirer isso significa notadamente não alemãs.

Em 1916, quando a guerra chegava ao ápice, ele aprontou uma obra chamada *Freiheit und Form: Studien zur deutschen Geistesgeschichte*. [Liberdade e forma: Estudos sobre a história intelectual alemã]. Num trecho central, lemos ali:

> É preciso estarmos cientes de que, no instante em que levantamos a questão sobre a peculiaridade da "natureza" intelectual de um povo, estamos tocando nos problemas mais profundos e difíceis da metafísica e da crítica geral do conhecimento. [...] "Na realidade", consta no prólogo da *Doutrina das cores*, de Goethe, "em vão tentamos expressar a essência de uma coisa. Percebemos efeitos, e uma história completa desses efeitos haveria de abranger certamente a essência daquela coisa. Inutilmente nos esforçamos para descrever o caráter de um ser humano; antes, apresentemos suas ações, seus feitos, e uma imagem do caráter nos ocorrerá."[26]

Averiguações carregadas de juízo de valor sobre o "verdadeiro caráter" e o "interior" do ser humano apontam para fatídicos pressupostos metafísicos. Mas o pensamento de Cassirer — quando segue suas duas eternas estrelas guias, Kant e Goethe — prefere evitar a hipótese de um traço distintivo interno substancial predefinido. Sua comedida sugestão é nos mantermos como seres racionais sensíveis, finitos, mais sensatos em nossos julgamentos sobre aquilo que se revela abertamente: o que é uma coisa ou quem é um ser humano transparece na totalidade de suas ações e efeitos em relação a outras coisas e outros seres humanos. Em outras palavras, não é possível determinar abstratamente de antemão sua essência, defini-la de maneira definitiva ou invocá-la por mágica, pois ela vai se revelar e reafirmar a cada vez no contexto dado do momento.

Na opinião de Cassirer, o que levara à grande guerra e à sua catástrofe foi também a metafísica ruim e uma resposta falsa, absolutamente "não alemã", à questão sobre a essência do ser humano. Assim, é fácil imaginar por que ele haveria de relembrar continuamente aquele episódio do pós-guerra na sala de aula. De seu ponto de vista, ressalta-se aí a capacidade humana básica de se manter fiel aos próprios ideais filosóficos, mesmo nas mais tensas situações, e concretizá-las de modo possivelmente evidente aos outros. E, para Cassirer, esse ideal é simples: mostrar-se autônomo. Ou seja, que o indivíduo cultive, para si e para os outros, formas e capacidades que lhe permitam se tornar um arquiteto autônomo da própria vida, em vez de ser seu acompanhante estritamente passivo. Autoformação no lugar de determinação externa. Motivos objetivos no lugar da autenticidade particular. Segundo sua convicção, essa é a real contribuição da cultura alemã para a ideia universal do ser humano, brilhantemente personificada nas suas estrelas guias filosóficas: Kant e Goethe.

O desprezado

Entretanto, no inverno de 1919 não era possível afirmar que essa sua cultura alemã o teria colocado sob uma luz especialmente favorável como erudito. Em seu 13º ano como docente na Universidade de Berlim, Cassirer é um intelectual internacionalmente reconhecido; na condição de "professor extraordinário", porém, ele não é funcionário de carreira, não pode aplicar exames, a filosofia é como uma ocupação secundária. No registro no catálogo telefônico de Berlim, ele aparece simplesmente como "estudioso".[27] "Não posso obrigá-los a gostar de mim, e eles realmente não gostam", Ernst costuma dizer à mulher quando é mais uma vez preterido para uma posição de docente pleno. Nos anos anteriores ele publicara várias obras de peso, em especial *Substanzbegriff und Funktionsbegriff* [Conceito de substância e conceito de função] (1911),[28] e, depois da morte de seu professor de filosofia e incentivador Hermann Cohen, em 1916, se tornou líder inconteste da "Escola de Marburg" neokantiana e um dos maiores especialistas (se não o mais destacado) em Kant de sua época. Em relação às chances na carreira, essa qualidade era mais um obstáculo do que uma vantagem ao longo dos anos de guerra, pois os círculos nacionalistas conservadores passaram a suspeitar cada vez mais abertamente que o grupo de Marburg ao redor de Cohen e Cassirer, como "eruditos judeus", estaria distanciando e desviando a verdadeira teoria de Kant das suas raízes "genuínas" e, portanto, "alemãs". Durante a guerra, a consolidação do discurso nacional tinha continuado a incitar o antissemitismo no país — a "contagem de judeus" no Exército alemão, em 1916, é exemplar. Uma atmosfera que só fez piorar com a entrada dos Estados Unidos na guerra e que se manteve após seu término. Nesse contexto, o sobrenome "Cassirer" é representativo de famílias de judeu-alemães inseridas na grande burguesia, cujos membros bastante numerosos assumiam posições centrais tanto na vida econômica quanto cultural de Berlim: eram fabricantes, industriais e engenheiros, editores, médicos, colecionadores de arte e também filósofos.[29] Os Cassirer são exemplarmente "integrados", e exatamente por isso, a partir dos específicos "motivos internos" da lógica de uma essência nacionalista alemã, muito suspeitos.[30]

No bonde

E a guerra? Visto que Cassirer sofre de psoríase e o uso do uniforme militar resulta em pruridos muito dolorosos, já no primeiro ano da guerra ele é classificado como inapto permanente para o Exército. Em 1916, porém, ele serve no setor "França" do departamento de imprensa do Reich. Sua tarefa, além da redação de textos curtos e folhetos, é ler artigos da imprensa francesa, organizá-los e, quando necessário, resumi-los, alterando seu sentido para que possam ser úteis à propaganda de guerra alemã. Uma atividade intelectual nada exigente, mas particularmente humilhante para um europeu convicto como Ernst Cassirer.

Ao menos essa ocupação lhe dá espaço suficiente para dedicar as tardes a projetos e trabalhos próprios e contragolpear o serviço de fake news com a redação do já citado livro *Freiheit und Form* ou do ensaio "Über Europäische Reaktionen auf die deutsche Kultur" [Reações europeias diante da cultura alemã]. Independentemente do que o futuro lhe reservasse, Kant e Goethe deveriam se orgulhar dele. Essa é sua máxima em todas as circunstâncias, da qual não se afasta nem um passo enquanto tem o domínio da situação. Nem mesmo durante o trajeto com o bonde sempre lotado da sua residência na zona de Westend em Berlim até o centro da cidade, que lhe consome uma hora e meia na viagem de ida pela manhã, uma hora e meia para voltar à noite. Sua mulher se recorda:

Algumas vezes o acompanhei no trajeto e pude observar como ele era capaz de trabalhar mesmo naquela situação tão grotesca. Ele nunca tentava conseguir um lugar para se sentar, pois sabia que logo teria de cedê-lo a mulheres, idosos ou inválidos de guerra. Ele procurava chegar até a traseira do veículo e ficava lá, apertado num espaço mínimo, apoiando-se com uma das mãos e segurando com a outra o livro que lia. Barulho, iluminação ruim, ar viciado — nada disso era obstáculo.[31]

Eis como Cassirer realiza ativamente sua autoformação no transporte público. O primeiro esboço de *Filosofia das formas simbólicas* em três volumes, que ele queria concluir no período de dez anos a partir de 1919, realmente foi rascunhado no bonde. A primeira versão data de 13 de junho de 1917 e, em oito folhas estreitas, atesta o genial lampejo que o filósofo deve ter tido durante suas viagens por Berlim — e também o volume sobre-humano de leituras que ele fez nos dois anos seguintes, também em trânsito.[32] No inverno de 1919, ao retornar — sob tiroteios do levante espartaquista — novamente à universidade (em vez de ao departamento de imprensa), ele está trabalhando em um primeiro manuscrito sobre os fenômenos da linguagem humana como base de todas as formas simbólicas. Por essa época, Cassirer tem a convicção de estar lidando com algo de vulto, a grande ideia de sua vida. E como um chamado do destino, em maio de 1919 — o corpo de Rosa Luxemburgo, assassinada, é retirado por esses dias do Landwehrkanal —, chega uma carta da recém-inaugurada Universidade de Hamburgo. A resposta de Cassirer é a seguinte:

Carta a William Stern, 30 de maio de 1919

Prezado senhor colega,

Agradeço sua carta de 22 de maio que me foi entregue apenas há pouco pela universidade e para cuja resposta delonguei-me um tanto, visto que nestes dias estive acamado com gripe. Muito obrigado por seu amável intento. A indefinição da espera não me inquieta, não se preocupe. No fundo, estou como que escaldado — devido a experiências recentes — em relação a promessas e decepções nessa área. Também não posso negar que a insegurança do futuro próximo torna a possibilidade de um cargo acadêmico fixo algo especialmente desejável e que lhe serei muito grato por qualquer providência nesse sentido.[33]

Por fim, o tão aguardado chamamento para uma cátedra própria. Medida pelas regras do gênero, a carta de resposta que Cassirer envia a Hamburgo é tão inequívoca que quase chega a ser comovente: é claro que aceito! E, aliás, também farei bom uso do dinheiro! A guerra reduziu sensivelmente os recursos da família. A grande fábrica de celulose da família originária de Breslau ficou fora das antigas fronteiras do império e caiu em mãos polonesas. Acima de tudo, porém, Cassirer está mais do que disposto filosoficamente ao salto para o novo ambiente. Numa segunda carta de resposta, ele informa ao fundador da psicologia diferencial, William Stern, chefe da comissão de nomeações de Hamburgo, que nos últimos tempos vem se dedicando mais a estudos linguístico-filosóficos. As negociações chegam a um bom termo rapidamente. Em agosto ele efetua a compra de uma casa no elegante bairro de Winterhude e, em outubro, Cassirer — com a mulher e os três filhos — está a caminho de uma nova vida.

III.
Linguagens
1919-1920

*Wittgenstein aparece em meio à tempestade,
Heidegger descobre toda a verdade, Cassirer
procura por sua forma e Benjamin traduz Deus*

Falar por metáforas

"Não conseguimos prescrever para qual expressão *podemos* usar um símbolo. Tudo o que ele CONSEGUE expressar lhe é permitido",[1] escreve Ludwig Wittgenstein nos últimos dias de agosto de 1919 para o amigo e antigo professor Bertrand Russell. Por essa época, aos olhos de Wittgenstein, Russell é a única pessoa que havia restado sobre a Terra que eventualmente conseguiria compreender sua obra.

O problema concreto de filosofia da linguagem que Wittgenstein procura elucidar em sua resposta refere-se à objeção levantada por Russell após uma "segunda, minuciosa", leitura do manuscrito. Na essência, trata-se das regras que determinam a permissão de uso de um símbolo dentro daquele simbolismo lógico que, segundo Wittgenstein, se constitui na base de toda formulação dotada de sentido. Mas é tentador ler essas frases como uma defesa obstinada da própria situação de vida. Afinal, por esses dias Wittgenstein está decidido a abrir caminhos para o símbolo que ele próprio personifica, distante das diretrizes, expectativas e contextos significativos para sua existência. Amigos íntimos e parentes podiam até entender que desprezasse a fortuna da família para se tornar um homem livre para o recomeço radical. Mas a intenção de Wittgenstein de negar o próprio talento num segundo passo gerou muita estranheza entre seus irmãos. Hermine, a irmã mais velha e mais próxima dele, recorda:

A princípio, não consegui compreender sua segunda decisão, a de escolher uma profissão muito modesta e se tornar, se possível, professor numa escola de ensino fundamental no interior, e como nós, irmãos, nos entendemos muitas vezes por meio de comparações, eu lhe disse por ocasião de uma longa conversa à época: imaginá-lo com sua mente filosoficamente educada como professor do ensino fundamental era, para mim, como se alguém quisesse usar instrumentos de precisão para fabricar caixotes. Ludwig replicou com uma comparação que me fez emudecer. Ele disse: "Você me lembra alguém que olha através de uma janela fechada e não consegue explicar os movimentos estranhos de um passante; esse alguém não sabe do vento que sopra lá fora nem que talvez o passante esteja fazendo muito esforço para se manter em pé".[2]

O irmão genial numa imagem. Nessa lembrança concentram-se todos os problemas e também possíveis soluções decisivas para a existência de Ludwig.

Primeiro, e desde o início da juventude, Ludwig tem a sensação de estar separado do mundo dos seus semelhantes por uma parede invisível ou por uma vidraça. Uma noção de alteridade que gera insegurança, e que as experiências dos anos de guerra fizeram intensificar e aprofundar. Em fases agudas, ela chegava à sensação de uma exclusão mental (ou, melhor, um trancamento mental), marcando a própria vida com uma suspeita de falta de sentido que alcançava às raias do insuportável. Consequentemente, há uma total incapacidade de ação do lado de fora, enquanto do lado de dentro as tempestades estrondeiam.

Pesquisas recentes levantaram a hipótese de Wittgenstein ter sofrido de um transtorno do espectro autista de grau leve,[3] que desde 1992 é conhecido por "síndrome de Asperger": um distúrbio de desenvolvimento na primeira infância, não raramente acompanhado de aptidões específicas na área matemática-analítica ou musical, e que no cotidiano se distingue pela fixação em padrões de comportamento e pela severa limitação das competências sociais. É uma possibilidade. Em todo o caso, porém, a fala metafórica sobre uma "parede", uma "janela" ou até um "muro" separando a sua vivência do mundo dos outros é típica das autodescrições mais reveladoras de pessoas que sofrem de depressão. Anotações de Wittgenstein e cartas dos anos 1919 até 1921 — com pensamentos recorrentes do suicídio libertador — não deixam dúvida: por esses meses e anos, ele passou por fases de depressão aguda.

Suspeitas clínicas à parte, o pressentimento de que o acesso pessoal ao chamado mundo exterior bem como a todas as pessoas "do lado de fora" pudesse estar basicamente perturbado ou obstruído constitui a dúvida fundadora da filosofia ocidental: existe algo a nos separar da natureza das coisas? Das experiências e sensações dos outros? E, se sim, quem ou o que seria?

A parábola da caverna de Platão se serve da suposição de que o mundo, como o compreendemos diariamente, é na verdade apenas um mundo de sombras e de aparências. Ou, a fim de entender melhor a parábola de Wittgenstein da pessoa atrás da "janela fechada", pensemos no documento fundador da moderna filosofia do conhecimento e do subjetivismo moderno, as *Meditações*, de René Descartes, de 1641.

Nessa obra que marcou época, Descartes inicia seu experimento filosófico da dúvida com uma visão a princípio inocente da sua sala com lareira para a rua do lado de fora, questionando se todas as pessoas que ele vê diante da janela, na chuva, são realmente pessoas ou talvez apenas "máquinas" com casacos e chapéus na cabeça.[4] Na qualidade de sujeitos pensantes, fechados atrás da janela de nossa mente, o que sabemos daquilo que realmente se passa com as outras pessoas? Que tempestades se agitam em seu interior? Ou talvez não esteja acontecendo nada, e na verdade reina a bonança perfeita, permanente?

Pontes vienenses

Com sua resposta a Hermine, Wittgenstein ativa uma das imagens filosóficas mais respeitáveis para o problema fundamental da epistemologia: em que medida nós, como seres supostamente presos no interior de nossa própria experiência subjetiva, podemos almejar um conhecimento confiável do mundo exterior ou até das experiências interiores das outras pessoas? Como já foi dito, trata-se de uma questão cujo significado para Wittgenstein superava em muito um mero exercício de ceticismo. Essa dúvida representa um problema constante e pujante em suas mais cotidianas ações e interações; de toda sua relação com o mundo. Falamos aqui de um sobrevivente da guerra, que passara os sete anos imediatamente anteriores empenhando quase a totalidade de sua energia mental no intuito de dar ao próprio pensamento, *também em relação a esse problema*, a formulação mais clara e inequívoca possível: na forma de seu tratado lógico-filosófico.

No outono de 1919, Wittgenstein tem de reconhecer o fracasso definitivo dessa tentativa. A obra continua sendo em larga medida incompreensível mesmo para seus melhores e mais estudiosos amigos — Gottlob Frege, Bertrand Russell e o arquiteto Paul Engelmann —, aos quais Wittgenstein enviou um exemplar do manuscrito.

Por outro lado, a imagem lembrada por Hermine revela não só a problemática existencial básica com a qual Wittgenstein se confrontou durante toda a vida mas também sua possível terapia. Pois a partir da metáfora altamente precisa do homem atormentado "diante da janela fechada", Wittgenstein conseguiu "abrir sua janela"; quer dizer, conseguiu construir com sucesso uma ponte para o outro você, abrindo uma saída do isolamento mental em que se encontrava rumo à liberdade de ser compreendido.

A partir das respostas de Wittgenstein, inclusive leitores atuais estão informados com bastante precisão do estado de sua vida interior à época, possivelmente até com a mesma precisão e clareza do próprio filósofo nesse momento de 1919. Não mais existe — graças ao milagre da língua — nenhum vidro separador. Não para ele. Não para nós.

Observando atentamente, a totalidade da obra filosófica de Wittgenstein, também a mais tardia, é perpassada por metáforas e alegorias de libertação, da saída indicada e da evasão. Não apenas em suas famosas disposições posteriores: "Qual o objetivo da filosofia?", "Mostrar à mosca a saída da redoma!".[5]

A atividade de filosofar, então a esperança da vida inteira de Wittgenstein, abre a janela à liberdade de uma existência ativa, perpassada de maneira direta pelos sentidos, vivida com os outros, ou seja, ao que ele chama no *Tractatus* de "felicidade". Ela abre a janela de um "outro mundo", pois: "O mundo do feliz é um mundo diferente do infeliz" (T 6.43).

E ele aponta o caminho a outro mundo através do meio que, sem a atividade esclarecedora do filosofar, ameaça obstruir, escurecer, distorcer, bloquear constantemente tal caminho: o meio da própria linguagem.

Precisão poética

O tratado de Wittgenstein tornou-se tão absurdamente difícil para seus primeiros leitores (e em décadas posteriores, de fato) devido à sua decisão de proceder ao esclarecimento definitivo de seus pensamentos com dois modos de utilização da linguagem que se parecem excludentes entre si: de um lado, com a linguagem da lógica matemática, baseada em seu caráter unívoco e inequívoco, e seus símbolos totalmente abstratos. De outro, com a linguagem ricamente imagética, poética, da metáfora, da alegoria e do aforismo paradoxal. Essa peculiaridade estilística se explica, por sua vez, pela constituição única do instrumento de precisão que era a mente filosófica de Wittgenstein. Pois se trata de um autor profundamente versado — tanto por seus estudos de engenharia em Berlim e Manchester quanto especialmente pelo período passado em Cambridge com Russell — na construção de cálculos lógicos e abstratas relações simbólicas. E as lembranças de Hermine deixam perceber que, na mesma medida, sua mente foi moldada pela característica predominante na família Wittgenstein de se comunicar "por comparações": ou seja, pelo processo poético da metáfora, da figura de linguagem e da alegoria.

Exatamente essa segunda característica é muito mais do que apenas uma especificidade interna da família Wittgenstein. A era moderna vienense da virada do século foi, antes da Primeira Guerra, o ambiente cultural europeu por excelência da busca pela precisão lógico-analítica *e* pela representação poética no uso da linguagem como duas marcas distintas, mas vinculadas entre si, de uma mesma aspiração estética por clareza.[6] Tratava-se de uma cultura cujo pressuposto básico era a existência de uma ligação estreita entre o grau de clareza do próprio uso da linguagem com o estado do próprio eu e o da própria cultura. São os laços tácitos que ligam entre si obras de orientações tão diversas como a música de Mahler, a literatura de Hugo von Hofmannsthal, Robert Musil e Karl Kraus, a filosofia de Ernst Mach e Fritz Mauthner e ainda a psicanálise de Sigmund Freud. E não por acaso num tempo em que a distância entre o que sai das entranhas políticas da monarquia austro-húngara e aquilo que realmente acontece no espaço externo da vida cotidiana do império multiétnico se amplia num verdadeiro abismo de absurdos. Com suas soirées regulares, visitas de artistas e reuniões institucionais, o palácio Wittgenstein, no qual Ludwig passa os primeiros catorze anos de sua vida e recebe aulas de professores particulares, é um dos centros desse meio cultural. Tudo isso é oferecido como que misturado ao leite materno para o jovem Wittgenstein.

Contra o mundo

Ao lado do *Tractatus* de Wittgenstein, os aforismos cáusticos do poeta e jornalista Karl Kraus são até hoje exemplos modelares das peculiaridades intelectuais desse meio. Na época já considerado incontestável rei da modernidade vienense, Kraus se queixava, por exemplo, de que a psicanálise freudiana era "na verdade a doença que se faz passar por sua terapia". Com esse estilo paradoxal, Kraus expressa ceticismo em relação a um novo procedimento terapêutico que se baseia no esforço de, com os meios da linguagem, alcançar clareza e autocompreensão onde antes dominavam confusão e desesperança atravancando a vida (ou seja, na mente dos pacientes). Mas é evidente que, ao mesmo tempo, o ceticismo de Kraus mira também o questionável valor da linguagem para o ser humano como ser moldado pelo conhecimento: a bem da verdade, a questão vienense quer saber se, afinal, a linguagem é a doença a ser combatida em si? Ou se trata da única terapia imaginável? Ela obstrui o caminho para o verdadeiro conhecimento do mundo e de si mesmo? Ou será que, ao contrário, é o que o torna possível?

No prefácio ao livro escrito em 1918, quando Wittgenstein escreve que "a verdade dos pensamentos aqui comunicados" lhe parece "intocável e definitiva", motivo pelo qual ele acredita que "no essencial, resolvi de vez os problemas", ele está se referindo não apenas aos problemas deixados em aberto por Russell e Frege na construção de um cálculo lógico sem contradições, mas também aos problemas centrais e às dúvidas linguísticas dos protagonistas artísticos de seu mundo vienense. Com a perda da guerra mundial, aquele mundo vienense se mostrava tão definitivamente derrotado quanto o império do qual era o centro intelectual. O que resta dele em 1919 recebe a obra de Wittgenstein não somente com total incompreensão, mas, pior, com absoluta indiferença.

A lista das editoras que recusaram a obra desde seu regresso até o fim do outono de 1919 pode ser lida como um "quem é quem" da vanguarda vienense da época: primeiro ele abordou Ernst Jahoda, o editor dos escritos de Karl Kraus, depois Wilhelm Braumüller, que editara *Geschlecht und Charakter* [Sexo e caráter], de Otto Weininger, que Wittgenstein tinha na mais alta conta. Por fim, ele procurou por Ludwig von Ficker — o editor da revista vanguardista *Der Brenner*, que Wittgenstein apoiava financeiramente antes da guerra por meio de doações —, assim como o poeta Rainer Maria Rilke. Von Ficker, com a chancela de Rilke, encaminhou o manuscrito à editora Insel — também sem êxito.

A única oferta de publicação que Wittgenstein recebe por aqueles meses está condicionada ao próprio custeio de impressão e distribuição do livro, algo que ele recusa peremptoriamente. Primeiro, já não tem mais nenhum centavo. E, mais importante, ele considera "indecoroso do ponto de vista burguês impingir uma obra ao mundo dessa maneira", como ele escreve a Ludwig von Ficker numa carta de outubro de 1919: "A escrita foi uma empreitada *minha*; entretanto, deve vir ao mundo de maneira useira e vezeira". Mas o mundo não a quer, ao menos não Viena. E não havia oportunidades em outros lugares. Não é de espantar que Wittgenstein esteja tomado pelo desespero enquanto divide diariamente os bancos escolares no instituto de formação de docentes, na Kundmanngasse, com pessoas ao menos dez anos mais jovens e sem nenhum ponto significativo em comum quanto ao seu contexto de vida.

O outono de 1919 está marcado também por episódios que até hoje são os mais controversos de sua biografia. Registros de seu diário dessa época sugerem que Wittgenstein procurava, e achava, contatos de ocasião numa área conhecida por encontros homossexuais no parque Prater.[7] As evidências desses episódios são controversas, visto que essas anotações foram franqueadas a um biógrafo, mas ainda não foram publicadas, e tampouco estão acessíveis ao público em geral. Incontestes, porém, são as tendências homossexuais de Wittgenstein, propositalmente mantidas em segredo durante décadas pelos administradores de seu espólio. Além disso, registros posteriores do diário deixam claro que Wittgenstein manteve, durante toda a vida, uma relação moralmente tensa com sua sexualidade, considerando-a depravada e suja. A seus olhos, isso valeria em grande medida para episódios como os do Prater. Dessa maneira, os encontros no parque parecem plausíveis num estado de espírito que, no outono de 1919, empurra Wittgenstein a um novo ponto baixo, autodestrutivo, de sua existência.

Por esses meses, a última esperança de ao menos ser compreendido como filósofo atende por Bertrand Russell. Nas cartas, Wittgenstein insiste no pedido por um encontro o mais breve possível a fim de lhe explicar pessoalmente os pontos essenciais do seu trabalho. Enquanto isso, o continente continua destroçado. Wittgenstein não tem dinheiro e o passaporte de Russell — que, como pacifista, acabou na prisão durante a guerra — perdeu a validade. Apesar de tudo, eles conseguem se encontrar em meados de dezembro de 1919 na Holanda, meio do caminho entre a Áustria e a Inglaterra. Lugar para onde também fugiu Guilherme II, ex-imperador da Alemanha, que passa seus dias temendo ser extraditado pelo governo holandês para as forças da Entente.

Três pontos em Haia

Os quatro dias que passaram juntos num hotel em Haia se desenrolaram assim: logo cedinho, Wittgenstein bate à porta do quarto de Russell, que tem todo seu tempo tomado com conversas e explicações sobre o livro. O suposto ápice do debate aconteceu quando Russell, esforçando-se em compreender a diferença entre *o dizer* [*Sagen*] e *o mostrar* [*Zeigen*] — para Wittgenstein fundamental no entendimento da sua obra —, toma uma folha de papel e faz três pontos. Com essa folha na mão, ele se dirige a Wittgenstein e pede que, tendo em vista os três inequívocos pontos no papel, ele afirme que a sentença "Há pelo menos três coisas no mundo" é significativa e verdadeira.[8] Mas Wittgenstein se nega terminantemente. Pois, segundo suas convicções filosóficas, não se pode dizer nada significativo a respeito da constituição do mundo como um todo.

Aquilo que pode ser dito *significativamente* a respeito da relação concreta da folha com os três pontos é, segundo Wittgenstein, o seguinte: "Há três pontos no papel". Pois se trata de uma asserção que se refere à existência de um fato no mundo. Ela não apenas é significativa, como a folha na mão de Russell mostra de modo indubitável, mas também é verdadeira.

Figurações de fatos

Segundo o *Tractatus* de Wittgenstein, *proposições* significativas — e eventualmente verdadeiras — são mais bem interpretadas como *figurações de fatos*, cujo conteúdo, enquanto entendemos essas *figurações/proposições* linguisticamente, oferece uma imagem precisa daquilo que deve ser um tipo de fato no mundo, a fim de que possam ser *proposições/figurações* verdadeiras.

2.221. O que a figuração representa é seu sentido.

2.222. Na concordância ou discordância de seu sentido com a realidade consiste a sua verdade ou falsidade.

4.016. Para entender a essência da proposição, pensemos na escrita hieroglífica, que afigura os fatos que descreve.

Ou seja, uma proposição é verdadeira quando a figuração dos fatos, cuja existência afirma, se encontra como realmente dada no mundo. Em outras palavras: Quando aquilo, o que a proposição afirma, também é o caso. De acordo com as primeiras duas proposições do tratado de Wittgenstein:

1. O mundo é tudo que é o caso.
1.1. O mundo é a totalidade dos fatos, não das coisas.

O barbeiro

E qual é o problema de uma proposição como "Há três pontos no mundo?", Russell pode ter insistido naquele quarto de hotel, balançando a folha na mão. Bem, o caso é que a proposição 1.1 do livro afirma que "o mundo" como totalidade não é um fato em si, mas apenas "a totalidade dos fatos".

O motivo básico para Wittgenstein se negar a aceitar como significativas proposições sobre o mundo como totalidade é o seguinte: se o mundo fosse um fato, então — como um fato entre outros — ele deveria se conter a si mesmo como fato, por assim dizer. Então ele, como mundo, seria definido, por um lado, como um conjunto de *elementos definidos* (aqui: a totalidade dos fatos) e, ao mesmo tempo, como um *elemento em si desse conjunto* (ou seja: um fato). Mas um formalismo lógico que permite que um conjunto contenha a si mesmo como elemento leva — como, segundo a convicção de Wittgenstein, ninguém menos que Russell demonstrou de modo irrefutável — a desdobramentos lógicos diabólicos e, por fim, a contradições incontroláveis.

O exemplo favorito de Russell para paradoxos teóricos de conjuntos foi criado por ele em 1918: o caso de um barbeiro, digamos que na cidade de Chiswick. Russell apresentou esse barbeiro como sendo a única pessoa em Chiswick que corta o cabelo de todos aqueles em Chiswick que não cortam o próprio cabelo. A pergunta decisiva é: então quem corta o cabelo do barbeiro?

Não é possível responder sem contradições. Pois se o barbeiro não corta o próprio cabelo, isso o coloca, segundo a definição, no conjunto das pessoas das quais ele corta o cabelo. Mas caso ele corte o próprio cabelo, estará infringindo a definição do conjunto "corta o cabelo de todos aqueles em Chiswick que não cortam o próprio cabelo". Nesse contexto, torcer para que o barbeiro de Chiswick seja careca é uma saída engraçadinha, mas não soluciona os desdobramentos e as contradições da teoria de conjuntos que necessariamente estão presentes.

Numa explicação filosófico-linguística à guisa de corte de cabelo, seriam esses, então, os motivos de Wittgenstein para o mundo, uma vez definido como "totalidade dos fatos", não ser um fato em si. Mas se o mundo não for um fato, ele também não pode — de acordo com o *Tractatus* — enunciar proposições significativas sobre o estado do mundo como totalidade, nem mesmo proposições como "Há três coisas no mundo". E tampouco proposições do tipo: "O mundo existe" ou "O mundo não existe".

Por essa razão, não é possível *dizer* de maneira significativa que há no mundo ao menos três coisas, apesar do tanto que Russell tenha sacudido a folha no quarto de hotel. Entretanto — e esse é o pulo do gato de Wittgenstein —, a proposição é *mostrada*, no caso citado, de maneira muito clara e inequívoca, pelo fato de haver três pontos no papel. Onde, meu caro Bertrand, está seu problema? Ou qual a limitação que você sente? Tudo o que pode ser dito, pode ser dito com clareza e sem contradições.

Russell em cima da escada

Em Haia, Russell não quer aceitar justamente o limite do sentido. Em sua relutância, ele consegue apresentar um contra-argumento totalmente óbvio e supostamente conclu-sivo — o de que o tratado filosófico de Wittgenstein, de acordo com os limites demarcados pelo próprio autor, só pode ser composto por proposições significativas e outras que apenas parecem significativas, e depois, em grande parte, apenas por proposições não significativas.

Pois bem, meu caro Ludwig, agora eu lhe pergunto: uma proposição como "o mundo é tudo o que é o caso" seria diferente de uma proposição sobre o *mundo como totalidade*? Wittgenstein poderia ter respondido com toda tranquilidade ao amigo: "Você está coberto de razão, caro Bertrand, e as duas últimas proposições da minha obra referem-se explicitamente a essa contradição".

6.54. Minhas proposições elucidam desta maneira: quem me entende acaba por reconhecê-las como contrassenso, após ter escalado através delas — por elas — para além delas. (Deve, por assim dizer, jogar fora a escada após ter subido por ela.) Deve sobrepujar essas proposições, e então verá o mundo corretamente.

7. Sobre aquilo de que não se pode falar, deve-se calar.

Você compreende, meu caro Bertrand? A bem da verdade, meu livro não *diz* nada significativo, mas *mostra* algo. Como obra, não passa de uma única ação de apontar, apontar para um "outro mundo", ou seja, outra visão de mundo: mais clara, mais honesta, menos manipulada e surpreendente, mais humilde, menos fundamentada, mais significativa. Acima de tudo, porém, mais livre, mais livre porque nesse novo mundo não será preciso mais argumentar refletindo sobre determinadas perguntas, principalmente perguntas filosóficas — visto que elas serão tidas como sem sentido, terão sido *vivenciadas* como sem sentido. Trata-se, por exemplo, de um mundo sem afirmações do tipo "na realidade" o mundo como um todo é ou não é. Também é um mundo sem ideologias e suspeitas ideológicas, se você preferir assim.

Meu livro sugere ao leitor essa visão de mundo mais livre. Meu caro Bertrand, um pouco como se eu agora apontasse com o dedo para essa nuvem lá fora no céu e perguntasse se você também enxerga um leão na sua forma e, olhe bem, agora ela se parece mais com um dragão. Ali a garganta, o rabo... você está vendo, não está? Lá, as asas, ambos os buracos dos olhos, que estão sendo fechados pelo vento... Mas em algum momento naturalmente chegará a hora em que todas as informações e explicações hão de acabar, à medida que você enxergá-lo, você terá de compreender, o dragão se mostrará a você... Foi nesse sentido que escrevi no meu prefácio: este livro só será entendido "por quem já tenha alguma vez pensado por si próprio o que nele vem expresso — ou, pelo menos, algo semelhante".

Em vão. Russell simplesmente não enxergava assim. Não compreendia. Sua visão era diferente, substancialmente diferente da de Wittgenstein. Armado com o que lhe pareciam bons motivos, ele parou já nos primeiros degraus da escada de Wittgenstein e de lá não quis continuar, de jeito nenhum. "Wittgenstein se tornou completamente místico",[9] Russell define numa carta as discussões de Haia. Não estava errado. Referia-se inclusive a algo importante. Wittgenstein, de volta a Viena no Natal de 1919, ficou com a impressão de ter aproximado de Russell alguns aspectos conteudísticos da obra. Porém, o mais importante era que Russell — na qualidade de autor de livros filosóficos de renome internacional e de boa vendagem — havia se disposto a redigir uma breve introdução à obra do antigo aluno. Mesmo sem ter conseguido esclarecer ao amigo a importância filosófico-linguística central da diferença entre o "dizer" e o "mostrar", novas esperanças brotaram em Wittgenstein. Um prefácio saído da pena de Russell aumentaria exponencialmente as chances de venda e de publicação de sua obra, como ele comunicou de imediato ao editor Von Ficker. Não funcionou. Este último continuou achando o livro absolutamente invendável.

Por que o mundo não existe

Essa opinião também pode ter sido motivada pelo fato de o editor duvidar que a questão da significância ou não das proposições sobre o mundo como totalidade tivesse alguma importância, exceto para o interesse especializado de um punhado de lógicos e teóricos dos conjuntos. No fim das contas, não dá tudo na mesma? Não se trata de uma discussão vaidosa em torno de palavras vazias? Se usarmos nosso dia a dia como referência, essa suposição pode parecer verdadeira. Mas, ao menos para a compreensão da filosofia moderna (e inúmeros de seus problemas considerados centrais), muita coisa depende dessa questão; em certo sentido, tudo. Vamos nos lembrar de Descartes e seu ceticismo, que marcou toda filosofia moderna, querendo saber se este mundo que vivenciamos cotidianamente e cuja constituição descrevemos existe de verdade ou se pode ser uma ilusão de um demônio todo-poderoso. O mundo existe mesmo?

Soa importante. Soa absolutamente existencial. Entretanto, com o *Tractatus* de Wittgenstein, essa dúvida básica da teoria do conhecimento se revela uma questão puramente ilusória — o problema levantado na verdade é um clássico problema sem sentido — e, por isso, algo de que as pessoas de pensamento atilado deveriam se abster. Pois:

6.5. Para uma resposta que não se pode formular, tampouco se pode formular a questão.
O *enigma* não existe.

Se uma questão se pode em geral levantar, a ela também se *pode* responder.

6.51. O ceticismo *não* é irrefutável, mas manifestamente um contrassenso, se pretende duvidar onde não se pode perguntar.
Pois só pode existir dúvida onde exista uma pergunta; uma pergunta só onde exista uma resposta; e esta só onde algo *possa* ser *dito*.

O problema está encerrado para Wittgenstein. Não solucionado ou refutado. Encerrado no sentido de deixado de lado, porque já seu questionamento foi considerado errôneo. Ou, para citar um outro exemplo muito próximo dessa época, pensemos em Martin Heidegger fazendo os ouvidos dos seus alunos arderem no inverno de 1919 com a questão mais imprescindível de todas. Não se trata de saber se alguma coisa existe (por exemplo os três pontos no papel), mas se existe "*qualquer coisa no geral*". Possivelmente mais uma dessas formulações que parecem significativas a princípio, mas que, no fim das contas, não são. O que não quer dizer que Wittgenstein fosse completamente surdo ao ímpeto transformador do mundo que se esconde atrás desse questionamento heideggeriano. Ao contrário, ele escreveu em sua obra:

6. 522. Por certo há o inefável. Isso se *mostra*, é o Místico.

6. 44. O Místico não é *como* o mundo é, mas *que* ele é.

Assim como Heidegger, Wittgenstein também não se liberta mais do assombro originário de que qualquer coisa exista. Nem do assombro que essa "qualquer coisa" apareça a nós como imediatamente significativa, até possível de ser verdadeira, assim que abrimos os olhos. Porém Wittgenstein, ao contrário de Heidegger, não acreditava haver na pergunta totalmente genuína sobre a mera existência de "qualquer coisa no geral", sem falar na existência do mundo, um enigma extremamente profundo, cujo sentido autêntico tinha de ser trazido à linguagem. Segundo sua convicção, toda tentativa nesse sentido haveria, cedo ou tarde, de acabar num contrassenso linguístico — se não em algo pior.

Em meio ao fluxo

Naqueles dias de setembro de 1919, quando as tempestades da depressão sacodem Ludwig Wittgenstein e ele se sente separado das outras pessoas como por uma "janela fechada", Martin Heidegger experimenta um jorro de inventividade criadora: "As visões, horizontes de problemas — autênticos passos para soluções férteis —, pontos de vista absolutamente novos, possibilidades de formulações e criações as mais surpreendentes, junção de verdadeiras combinações... a abundância é tanta, simplesmente excessiva, que é quase impossível, tanto física quanto temporalmente, acompanhar o fluxo, retê-lo, utilizá-lo totalmente de modo sistemático",[10] ele escreve em 9 de setembro de 1919 à esposa em Freiburg. Heidegger encontrava-se então numa pequena propriedade rural nas proximidades de Constança, para onde se retirara por algumas semanas a fim de escrever. Mesmo assim, o pensador da Floresta Negra era assediado por graves preocupações de cunho pessoal. O casamento está em crise. Apenas poucos dias antes, Elfride havia lhe confessado por carta o relacionamento com um antigo colega de faculdade. Friedel Caeser trabalha como médico no hospital da Universidade de Freiburg. Em sua resposta por escrito à confissão, Heidegger se mostra a princípio impassível e conciliatório. Mais adiante, vai interpretar a situação como um desafio filosófico, cuja resolução lhe foi imposta, e somente a ele: "Hoje cedo pela manhã chegou sua carta e eu já sabia o conteúdo. Desfiar muitas palavras a respeito e detalhar tudo não levam a nada. É suficiente você ter me dito com sua maneira simples, segura [...] que Friedel ama você, eu sabia havia tempos [...] por vezes estranhei você não ter me dito nada antes [...]. Seria idiota de minha parte e desperdício de energia maldizê-lo o mínimo que fosse [...]. Estou voltado ao problema das relações em si, que me ocupou especialmente nestes dias, quando conheci novas pessoas. E percebo: no fundo, todas me são indiferentes — passam como se estivessem do lado de fora, diante da janela —, as acompanhamos com o olhar e talvez delas nos recordemos alguma vez. [...] À grande vocação para uma tarefa atemporal é sempre também necessária uma condenação à solidão, e faz parte de sua essência os outros não saberem disso — ao contrário: o solitário é tido como alguém rico, honrado, admirado, respeitado e famoso, e depois todos se espantam quando ele lhes reserva um desdém imenso (ou melhor, uma desconsideração)".[11]

Lá estão elas novamente: pessoas que passam "do lado de fora como se estivessem diante da janela"! Todas as pessoas comuns, gente demais, com as quais Heidegger não consegue ou simplesmente não quer estabelecer um contato verdadeiro. Pessoas que não fazem ideia das tempestades mentais que se agitam dentro dele, pessoas que ele tem de afastar e, portanto, machucar devido a essa assimetria intelectual básica. Eis a imagem romântica do grande solitário, condenado pelo destino a solucionar sozinho (e necessariamente incompreendido) seu problema sobre-humano, tarefa que lhe é exclusiva: o formidável antissocial. Eis como Heidegger se vê. E será assim por toda a vida.

O olhar embaçado

Não é por acaso que em sua resposta a Elfride, Heidegger faça uso da imagem cartesiana do filósofo por detrás da janela, que no processo do seu pensamento tem de duvidar até da humanidade dos semelhantes ao redor. A influência de Descartes na filosofia moderna — que naquele ano se torna cada vez mais evidente para Heidegger — é absolutamente fatal: Descartes e seu experimento mental cético, Descartes e o estabelecimento do sujeito que pensa, que calcula, como base primordial de toda certeza ("penso, logo existo"), Descartes e seu estreitamento da filosofia para uma pura teoria do conhecimento, Descartes e sua divisão geral do mundo em espírito e matéria... Descartes é o inimigo filosófico por excelência. Seu pensamento marca um ponto de inflexão no qual definitivamente a filosofia ocidental malogrou.

A "tarefa atemporal", cujos contornos Heidegger vislumbra diante de si nos conturbados dias do início de setembro de 1919 — a arte dos "pontos de vista absolutamente novos" e do avançar em novos "horizontes de problemas" —, não é outra coisa além de libertar seu país, sua cultura, toda sua tradição, enfim, do maligno feitiço moderno da filosofia do sujeito e da teoria do conhecimento, de sua pura racionalidade calculadora e sua fixação nas ciências naturais. Ele enxerga os ocidentais, como totalidade, presos em uma abordagem do mundo e uma autoimagem fundamentalmente falsas. O olhar para a realidade lhes está desfocado por uma apropriação sem questionamentos de concepções erradas. Eles só conseguem perceber a si, ao mundo e uns aos outros de maneira muito nebulosa, como se olhando por um vidro leitoso.

Mas não basta dizer que esse embaçamento crescente da visão não tenha sido percebido por mais ninguém. Não, esse olhar para a realidade se infiltrou tão profundamente ao longo dos séculos em nossa autocompreensão cultural que agora é entendido como a mais alta e única forma verdadeira do conhecimento do mundo; olhando retrospectivamente, é festejado inclusive como verdadeiro despertar à luz do Iluminismo. Ou seja, um pesadelo tornado realidade!

Entretanto, se algo é um pesadelo, então é possível despertar dele. E no outono de 1919, ao menos Heidegger se acha definitivamente desperto. Ele começa a filosofar de maneira independente e fora do arcabouço dado por Descartes da moderna teoria do sujeito e do conhecimento. Heidegger passa a pensar "fora da caixa", como diríamos hoje em dia. E sua primeira e fundamental ideia é "a caixa não existe"! Não existe um espaço interno, isolado da experiência, que separe como que por meio de uma vidraça o sujeito pensante da chamada realidade. O ceticismo em relação ao mundo exterior de Descartes, assim como a questão relacionada diretamente a ele — de como a realidade deve ser constituída "na verdade" —, sua separação absoluta do sujeito e do objeto do conhecimento, são, como Heidegger vai mostrar a partir de uma precisa observação fenomenológica e, portanto, imparcial, falsos problemas e falsas colocações.

É muito compreensível que nesse momento de inflexão Heidegger escreva para Elfride: "Como você percebeu corretamente antes, estou na frente dele (Husserl) certamente, com horizontes e problemas muito mais amplos",[12] e num momento crítico do casamento, se dirige à mulher como uma ilustre iniciada num novo caminho. Apenas algumas poucas linhas depois, ele se coloca novamente como solitário sábio e visionário. As cartas de Heidegger de setembro de 1919 podem ser lidas, de um lado, como esperançosas profissões de fé à mulher, com a qual, entretanto, ele não está mais certo se consegue se relacionar de maneira verdadeiramente íntima, quer dizer, amorosa. E se ela já estiver do outro lado? E se o burguês

Friedel Caeser, mais bem situado financeiramente, levá-la de volta a um relacionamento convencional, ou seja, que se curva à etiqueta e às aparências? Ele não pode ter certeza de nada.

Dessa maneira, nesses dias ele procura (e encontra) a única certeza que se lhe oferece como ser humano: a certeza do seu trabalho, de sua criação, de seu pensamento. Pois nada está separado, não há mais dúvidas em aberto. Tudo é uma coisa só. Tudo é um borbulhar criador! Infelizmente, porém, não é possível ficar para sempre nesse lugar mágico do Eros absoluto — em algum momento, é preciso retornar ao mundo de Friedel & companhia: "[...] essa produtividade absoluta também tem seu lado sinistro: ela produz e, apesar disso, é experimentada absolutamente — em especial quando esse estado se dissipa, o cansaço vem e nos voltamos ao mundo que nos rodeia — então sei que eu estava totalmente comigo mesmo e, principalmente, com o mundo objetivo dos problemas e do espírito — aqui não há estranhamento — aqui nada passa por fora — mas participamos e fazémos andar — na vida criativa, toda estranheza desaparece — por isso é mais dilacerante e conturbado estar na outra margem, no mundo ordinário [...]."[13]

Assim é que alguma coisa se passa em Heidegger por esses dias, algo que se cria vigorosamente dentro dele, que chega a acompanhá-lo. Do que trata esse "alguma coisa"? Certamente não é o "isso/id" (*es*) que, de acordo com a ainda recente teoria do inconsciente de Sigmund Freud, formava o degrau mais baixo da tríade "superego — ego — id" e que fornece o dinamismo criativo às profundezas guiadas pela pulsão. Não, o "alguma coisa" de Heidegger, numa primeira fase de seu pensamento, significa um modo e um tipo de agir muito diferentes. Trata-se do mesmo "alguma coisa" enigmático (ou, melhor, segundo Wittgenstein, "alguma coisa" místico) que aparece na pergunta sobre "alguma coisa". Trata-se de "alguma coisa" para além do dualismo de sujeito e objeto ("totalmente comigo mesmo e com o mundo objetivo"), de atividade e passividade ("participamos e fazemos andar"), de dentro e fora ("aqui nada passa por fora"). Trata-se de "alguma coisa" difícil de ser definida. Mesmo para alguém como Heidegger. Mas, dali em diante, a experiência desse fundamento criativo originário de todo sentido e do ser se tornará imperiosa para ele. Durante toda sua vida, ele estará à procura de uma linguagem adequada para isso.

Em solitária companhia

A correspondência de Heidegger em setembro oferece um testemunho marcante da seriedade com que o pensador enfrenta sua fusão entre filosofia e cotidiano. Tão seriamente que ele resolve realizar um paralelismo absoluto entre seu desafio conjugal e seu projeto filosófico. De uma maneira talvez inédita para qualquer filósofo antes dele, ele equipara os desvios conjugais que sua moderna esposa está trilhando aos desvios nos quais a própria filosofia moderna se encontra. Naquele outono de ouro para o pensamento, ambos se revelam a Heidegger como exigências extremas, quiçá as maiores. Exigências descabidas que o tornam ainda mais forte e produtivo, visto que a dureza absoluta do confronto lhe possibilita fazer o que ele considera ser sua verdadeira tarefa: avançar inexoravelmente e com objetividade irrestrita ao essencial, afastando tudo que é inautêntico, puramente imaginário e artificial. Em 13 de setembro de 1919, ele escreve: "Não fiquei bravo com sua revelação — como poderia, eu que tenho de vivenciar diariamente as inexorabilidades e acerbidades do conhecer numa atitude de objetividade absoluta [...] a vida em sua força primordial é mais profunda e plena do que o conhecimento, e toda nossa filosofia sofre pelo fato de seus problemas ainda serem ditados por conhecimentos — de modo que desde o início estão desfigurados e presos a paradoxos."[14]

Reconhecer superficialidades, abandonar convenções, combater falsidades, avançar inexoravelmente ao âmago da questão, permitir que o autêntico aflore em todos os lugares. Certo, depois de 1919 muitos falam assim. E não só filósofos. Afinal, todos esses termos (superficialidade, convenção, aparência, deformação) também fazem parte de um antissemitismo culturalmente muito enraizado e que se fortalecerá ainda mais após o final da guerra.

Nessa época, a missão de Heidegger ainda não era explicitamente política. A princípio, seu radicalismo limitava-se, como no exemplo da "vivência da pergunta" [*Frageerlebnis*], ao interior de noções filosóficas. No caso citado, o resultado foi a questão geral libertada de todas as predeterminações pelo verdadeiro sentido de "há" [*es gibt*].

Tudo indica que não há como se perguntar de maneira mais simples, não convencional, mais geral e menos preconcebida. Nem como se responder. Sim, "aí" há algo, como é indubitável. Há até um mundo inteiro. Apesar disso, o espanto duradouro de seu mero ser aí (de sua existência) é muito diferente de uma postura natural e desimpedida diante do mundo. Ele exige, como Heidegger reforça explicitamente, uma forma especial de aprofundamento ou de mergulho meditativo que nada tem a ver com o modo cotidiano, em larga medida irrefletido, com o qual costumamos atravessar a vida e o mundo.

Dois excêntricos

Vamos tentar imaginar dois jovens circulando pela cidade. De repente, um diz ao outro: "Não é curioso que exista algo? Que estranho: Ali! E ali! Você também está vendo?". O outro balança a cabeça e diz: "Sim, também estou vendo. A coisa se mostra também para mim. Sabe, sempre penso: místico não é o fato de o mundo ser como é, mas sim que ele seja".

Que gente excêntrica! Entretanto, esse seria um diálogo muito possível entre Martin Heidegger e Ludwig Wittgenstein em 1919. E podemos assumir, com grande certeza filosófica, que eles teriam se entendido às mil maravilhas. Contudo, Heidegger iria querer continuar conversando sobre o sentido desse "há algo". Coisa que Wittgenstein, por sua vez, se recusaria peremptoriamente. Pois exatamente onde um deles (Heidegger) supõe reconhecer justo a questão de abertura, a conquista de um conhecimento verdadeiramente genuíno do Ser, o outro (Wittgenstein) só enxerga absurdos previsíveis e pseudoproblemas gerados pela linguagem.

Mundos circundantes

A partir de 1919, Heidegger reconhece o erro básico da filosofia — pelo menos a partir de Descartes — em aceitar o modo da teorização como primordial e autêntico. Mas é exatamente isso que coloca a situação de ponta-cabeça e gera de modo inevitável um ninho de falsos problemas relativos à teoria do conhecimento; sendo o primeiro o ceticismo cartesiano sobre a existência ou não da realidade — "a" realidade. Pois a pergunta em si só pode ser feita a partir de uma noção teórica e, por essa razão, segundo a convicção de Heidegger (e de Wittgenstein também), está colocada de maneira errônea no espaço da filosofia:

> Perguntar pela realidade do mundo circundante, perante o qual toda realidade representa uma dedução transformada e dessignificada, significa virar de ponta-cabeça toda verdadeira problemática. O mundo circundante tem em si mesmo sua genuína autoidentificação [*Selbstausweisung*]. A verdadeira solução do problema da realidade do mundo exterior está em compreender que não se trata de um problema, mas de um contrassenso.[15]

Dessa maneira, para Heidegger, aquilo que está dado primordialmente não é *a* realidade, mas *um* mundo circundante. Esse mundo circundante que "mundeia" [*weltende*] sempre é uma totalidade originalmente significativa de referências que, se forem seguidas de maneira coerente, apontarão ao mundo inteiro do significado. Segundo Heidegger, esse tipo específico de circunstância do mundo deve ser focalizado novamente sob um olhar filosófico. Pois na realidade esse olhar foi desaprendido e esquecido, assim como as compreensões existenciais ligadas a ele — com consequências fatais para o próprio eu e para a cultura como um todo. Quem, como existência humana, considera apenas o acesso derivado do teórico como sendo primordial distanciou-se, em todo seu acesso ao mundo, da força que "mundeia" aquilo que realmente é significativo. Em 1919, Heidegger chama esse afastamento do que é genuíno e primordial, que abarca a cultura em geral, de "*evanescimento da significância*": do mundo, dos outros seres humanos, do próprio eu. Todos eles, para retomar mais uma vez a metáfora de Descartes, só serão percebidos através da vidraça opaca da teoria. Ou seja, a vida falsa, num mundo falsificado e numa companhia falsamente fundamentada.

Torna-se claro mais uma vez quanto a agenda de Heidegger por uma reconquista fenomenológica do mundo carrega traços existenciais concretos: nesse estágio precoce de seu pensamento, ele já produz uma crítica ideológica fundamental à era moderna da técnica e de sua lógica universal da coisificação e da exploração que, a partir de então, ecoa até as teorias críticas dos séculos XX e XXI: a crítica de que "não há vida correta na falsa" — para usarmos talvez a frase mais famosa de Theodor Adorno; e ninguém está tão convencido disso quanto Heidegger a partir de 1919. No seu ponto de vista é necessário, como ideal de existência, um "estar-aí" absolutamente primordial e autêntico, verdadeiro! (Uma reivindicação terapêutica que Adorno e os seus, claro, não fizeram.) Olhando em retrospecto, a partir dos dias de hoje, podemos distinguir claramente em que medida Heidegger, com seu programa filosófico, deve ser considerado o intelectual precursor e formativo do movimento ecológico alemão do pós-guerra: integralidade, consciência ecológica, crítica à tecnologia, vínculo com a natureza... Todos são temas básicos enunciados em 1919 de um pensamento que, em seu apelo à autenticidade e à não dissimulação em todas as camadas da vida, também clama enfaticamente ao enraizamento e ancoramento orgânico num mundo circundante vivenciado como próprio, absolutamente próprio, ou melhor: à terra natal, à própria paisagem, a seus usos, costumes, dialetos e tudo o mais relacionado. O ser humano só pode ser verdadeiramente interiorizado e completamente autêntico no lugar onde está entranhado, em seu mundo circundante. No caso de Heidegger, trata-se, como bem se sabe, da Floresta Negra.

Tudo isso aparece aqui no sentido do autêntico caráter nacional-popular [*völkisch*] e do radicalmente essencial. E, com isso, vislumbram-se também algumas trevas.

A irrupção do autêntico

Exatamente um ano mais tarde, em setembro de 1920, vemos Heidegger ainda (ou de novo) envolvido num êxtase criativo — e mais uma vez afastado da família. Dessa vez ele se abrigou junto ao irmão Fritz na cidadezinha natal, Meßkirch. De lá, envia pacotes com comida para casa, pois a crise do abastecimento tinha chegado também a Freiburg:

> [...] o que me deixa feliz: estou trabalhando tão bem e com tanta segurança [...]. Agora trabalho [...] de modo sistemático e com a satisfação do "avançar" e "enfrentar". Pela manhã, das sete ao meio-dia, e depois de um pequeno "lanchinho", das duas às sete, absolutamente livre de aulas e seminários e

de interrupções de visitantes — e, principalmente, com um vigor crescente [...]. Quando estou relaxado à noite jogo — não se assuste — "66" com papai e Fritz e fico muito concentrado [...] acabo me distraindo do sono — fora isso, a filosofia me ocupa demais.

Muitos beijos amorosos, minha querida — fique boa logo e divirta-se com nossos garotos. Mande beijos meus aos dois.

Seu moreno[16]

Lá estão eles reunidos — Martin, Fritz e o pai —, jogando cartas. Do seu jeito, uma autêntica e tranquila família da Floresta Negra. Também naquele setembro o êxtase intelectual de Heidegger tem um momento compensatório. Não só sua produção é vultosa como também há mudanças. Em Freiburg, no dia 20 de agosto de 1920, Elfride ainda está de cama, muito debilitada pelo nascimento do segundo filho, Hermann. Heidegger passa tanto o momento do parto quanto agosto inteiro em Meßkirch. Nas primeiras semanas, Elfride e o pequeno Jörg são cuidados por uma boa amiga. Apenas em 2005 virá à luz o segredo que Elfride e Martin mantêm desde o início de 1920. Heidegger não é o pai legítimo de Hermann, que nasceu da relação de Elfride com Friedel Caeser. Para Heidegger, à época, isso não é motivo para separação, nem para desconfiança, pelo contrário: ele interpreta a situação como uma chance para um casamento verdadeiro — livre das convenções falsas e hipócritas da burguesia que tanto odeia. Três dias depois do nascimento, ele tinha encontrado as palavras certas para essa convicção: "Penso com frequência de que maneira apática, falsa e sentimental se fala, via de regra, sobre o casamento. Não podemos criar uma nova forma em nossa vida — sem programação nem intenção —, apenas permitindo que a autenticidade se revele em tudo?".[17]

Podemos dizer com segurança que o dr. Walter Benjamin, da grande cidade de Berlim, estaria orgulhoso dessa vontade por parte de Heidegger de manter um casamento livre, sincero, mas por essa época ele não fazia ideia disso; pelo contrário, antes tinha — ainda — preocupações muito diferentes.

Algo com os meios de comunicação

Um ano após o doutorado de Walter, o casal Benjamin continua na mesma situação desalentadora de insegurança existencial na qual tinha entrado com a visita inesperada do pai em agosto de 1919. Aos jovens — sem casa própria, sem trabalho, sem dinheiro — não restou alternativa, no início de 1920, senão se mudar para a casa paterna na Delbrückstraße em Berlim. Como era previsível, a situação piorou.

A recusa inicial de Benjamin em se instalar definitivamente no palacete espaçoso foi a deixa para o pai cortar a ajuda de custo mensal. Acuado, o filho exige o pagamento antecipado de pelo menos parte de sua herança. Uma ideia não muito inteligente num tempo em que a inflação já se anunciava. Mas Walter, a despeito de todos os conselhos, insiste no pagamento. Em maio de 1920, chega-se a uma espécie de acordo. Benjamin descreve a situação ao amigo Scholem em carta de 26 de maio de 1920:

> Terminou o desentendimento total [...]. Saí de casa, isto é, eu a deixei sem que tivesse sido enxotado, com um adiantamento de 30 mil marcos da minha parte na herança, mais 10 mil e nenhum móvel [...]. É claro que o estado provisório dessas coisas é assustador e não dá para prever o futuro. A única certeza é que *em algum lugar* temos de conseguir uma casa, para a partir dela começar a pensar no nosso sustento [...]. Você sabe de *alguma* coisa? [...] Agradeço muitíssimo se você

me comunicar *tudo* o que ouvir dizer nesse sentido: casas na cidade ou no campo, de preferência mobiliadas e baratas, casas geminadas etc. [...] Então, somente então, quando estiver vivendo em circunstâncias mais ou menos humanas, terei de enfrentar a "tese de livre-docência", [...] embora as perspectivas para um cargo de docente em Berna tenham sido dizimadas. No máximo será possível conseguir a permissão por mera formalidade. Meus sogros — o único apoio material que nos restou, embora não muito grande —, que se dispõem aos sacrifícios mais extremos, fazem questão que eu me torne livreiro ou editor. Meu pai se recusa a me dar capital para tanto. Mas é muito provável que tenha de abdicar, para manter as aparências, a perseguir meus antigos objetivos de trabalho, não poderei ser docente, e até segunda ordem seguirei com meus estudos às escondidas, de noite, ao lado de uma ocupação burguesa qualquer. Por outro lado, não sei qual. (Este mês ganhei 110 marcos com análises grafológicas) [...] Estou me esforçando muito para achar uma vaga de editor. Fui indicado por Bloch para S. Fischer, que está à procura de alguém, mas ele ainda não me procurou. Você sabe de algo? Eu teria uma extensa programação editorial.

Saudações cordiais, escreva logo.

Walter[18]

Se deixarmos de lado o tom de superioridade, essas linhas poderiam muito bem ter sido escritas por um recém-doutor dos anos 1997, 2007 ou 2017: o mercado imobiliário está uma catástrofe, os pais fazem uma pressão terrível, as universidades sofrem com constantes cortes no orçamento (merda de capitalismo!), não há creches à vista; se nada dá certo, então uma comunidade criativa no interior é uma opção... E a perspectiva profissional? Não se sabe muito bem. Algo com os meios de comunicação, de preferência na área editorial.

Diante dos olhos do leitor forma-se a imagem quase caricatural de um sujeito inteligentíssimo de 28 anos, sem quaisquer planos, financeiramente mimado, que aos poucos vai percebendo que o mundo não estava exatamente à espera do gênio que ele, sem sombra de dúvida, se considera. Por essa época, a única fonte concreta de renda de Benjamin são as análises grafológicas. Sua versão atual seria consultor de feng shui ou de ações ecológicas.

Em 1920, Benjamin parece estar no caminho direto para a supervalorizada precária vida acadêmica. Apenas três anos mais tarde, os consideráveis 30 mil marcos que ele exigiu em 1920 para um início rápido de uma nova vida não comprarão nem mais um sanduíche para si e para a família. Se a partir daí houve um padrão constante na vida de Benjamin, foi o de tomar as decisões erradas nas horas erradas. E nessa carta fica patente um outro costume, que marcará toda sua vida: trata-se do relacionamento de Benjamin com as pessoas que ele chama de amigos. Pois a partir de 1920 não é muito fácil identificar uma única carta de sua pena na qual os amigos não são instados a ajudá-lo financeiramente de uma maneira ou de outra — pedidos esses acompanhados de desculpas bastante abrangentes, justificativas ou explicações dos motivos pelos quais alguns acordos anteriores ou promessas de contrapartidas infelizmente não podem ser cumpridos. A amizade com Scholem — os dois começam a se tratar com maior informalidade apenas no outono de 1920 — é a amizade de Benjamin por excelência, também porque vem sempre acompanhada de pedidos e até de aproveitamentos constantes. Além disso, Benjamin tem alguns anos a mais que Scholem, o que lhe dá desde o início uma espécie de vantagem no quesito maturidade e conhecimento. Também um padrão típico, visto que Benjamin prefere amizades reguladas por uma hierarquia de conhecimento reconhecida por ambas as partes.

Alçando voos

A total insegurança vital tida como torturante após o fim dos estudos — a sociologia alemã atual chama essa fase da vida, inquieta e desamparada, de "fase do linguado" (o peixe que se agita o tempo todo para se enterrar na areia) — pode ser encarada ou com o foco total num único projeto principal ou como uma abertura proativa diante de novos caminhos profissionais. Benjamin não escolhe, como esperado, nenhuma das duas estratégias. Embora a perspectiva por um cargo remunerado em Berna esteja fora de cogitação — também sua mulher procura em vão por um emprego fixo na cara Suíça —, ele mantém o plano de uma tese de livre-docência. Independentemente de quão mirradas são suas chances de uma cadeira docente, naqueles anos a universidade continua sendo para ele um lugar de desejo. Seguindo sua tendência acadêmica e principalmente filosófica, ele vislumbra para a tese um "tema especial da teoria do conhecimento", que "se insere na grande área temática da palavra e do significado (língua e logos)". E Benjamin pretende investigar esse assunto, na época intensamente pesquisado, de maneira própria e inovadora, usando a filosofia da linguagem da escolástica medieval. Benjamin supõe haver menções a temas que se aproximam de suas próprias intuições sobre a filosofia da linguagem em especial nos escritos de Duns Escoto, como ele já as registrara num texto de 1916, "Sobre linguagem em si e sobre a língua dos seres humanos".[19] A ideia é legitimar as próprias teses remontando a uma tradição há muito esquecida e disseminar lampejos sistemáticos a partir da suposta falta de ligação entre a moderna filosofia da linguagem e as especulações medievais, realizadas sob a influência da teologia. Um plano brilhante. Só que ele já havia sido pensado por outro e apresentado em 1915-1916 como uma tese de livre-docência. E exatamente pelo antigo colega de Freiburg, e desde cedo odiado, Martin Heidegger. Benjamin soube da existência da obra de Heidegger em fevereiro de 1920 por intermédio de Scholem. "Não sabia nada a respeito do livro de Heidegger", Benjamin confessa em sua resposta a Scholem depois de meses em silêncio, em dezembro de 1920:

> Li o livro de Heidegger sobre Duns Escoto. É inacreditável que alguém possa se habilitar à livre-docência com um trabalho desses, cuja realização se resume a *nada* além de um grande esforço e domínio do latim escolástico e que, apesar de todo ornamento filosófico, no fundo não passa de um pedaço de um bom trabalho de tradução. O rastejar indigno do autor diante de Rickert e Husserl não torna a leitura mais agradável. Filosoficamente, a filosofia da linguagem de Duns Escoto permaneceu sem ter sido trabalhada nesse livro, que portanto não deixa legado.[20]

"Rastejar indigno", "nada além de um grande esforço" "permaneceu sem ter sido trabalhada"... conhecemos essa dicção — assim a pena de Heidegger avalia qualquer obra de qualquer colega bem-conceituado na proteção de uma carta confidencial. A postura de Benjamin em relação ao negócio acadêmico e seus textos para concursos é, inclusive no que tange à escolha de vocabulário, a de Heidegger: reina a mesma arrogância agressiva, a mesma malevolência, o mesmo desejo de total destruição pessoal. Dois colegas de geração são inimigos figadais e se mostram altamente afins tanto na sua disposição intelectual quanto no caráter, por vezes como gêmeos bivitelinos que, percebendo mutuamente semelhanças em suas marcas e interesses quando adultos, conseguem se odiar profundamente.

De fato as reflexões que deveriam formar a estrutura sistemática da tese de habilitação de Benjamin também constavam no centro do texto heideggeriano de 1916, intitulado

"A doutrina da categoria e da significação de Duns Escoto".[21] Baseando-se em Duns Escoto, ambos pensadores estão interessados na relação da linguagem humana (e, portanto, do pensamento) com a linguagem de Deus. A maneira como Deus pensa, descreve e conhece o mundo é comparável com a dos seres humanos? Se sim, como seria possível categorizar melhor essa suposta relação? E se na verdade não houvesse a menor semelhança entre as duas maneiras? Então como o ser humano, na qualidade de criatura de Deus, poderia conhecer verdadeiramente o mundo?

Em seu trabalho, Heidegger — com uma bolsa da Igreja católica — investigou em detalhes essas questões. Exatamente as mesmas que Benjamin queria tratar em seu estudo, relacionando-as inteiramente com a tradição judaica da cabala e da Torá — assim como fizera em 1916 no seu primeiro trabalho relativo à filosofia da linguagem, "Sobre a linguagem em geral e sobre a linguagem humana". Mas, ao contrário do seu primeiro julgamento, após uma leitura atenta do livro de Heidegger, ele foi tomado por dúvidas crescentes sobre a validade do próprio projeto. Apenas algumas semanas após a destruição total de Heidegger na mencionada carta, ele se volta mais uma vez a Scholem, mas num tom bem diferente:

Depois do que estudei até agora, tornei-me cuidadoso e estou pensando se é correto usar o acompanhamento das analogias escolásticas como fio condutor ou então fazer um desvio, visto que o escrito de Heidegger talvez reflita, sim, o essencial do pensamento escolástico para o meu problema — aliás, de maneira totalmente obscura —, e logo em seguida também faz menção ao problema verdadeiro. De modo que talvez eu vá antes pesquisar entre os filósofos da linguagem [...].[22]

Pesquisar entre os filósofos da linguagem — em 1920, essa afirmação requer explicações: exatamente entre quem? Cassirer? Wittgenstein? Russell? Moore? Husserl? Frege? Peirce? O motivo da rápida desistência do projeto como um todo possivelmente tenha sido a noção de que se enfronhar no estado da pesquisa da época, que explodia criativamente em todas as direções, excederia tanto aos recursos quanto aos interesses de Benjamin. Mas também talvez tenha sido apenas a mera existência do trabalho prévio de Heidegger. De todo modo, desde novembro de 1920 Benjamin está vivendo de novo com os pais na Delbrückstraße. Torturado por fortes depressões, durante aquelas semanas ele se sente inapto ao trabalho e mentalmente enfraquecido. E desiste em definitivo do plano de uma tese de livre-docência no âmbito da filosofia da linguagem. Afinal, existem outros projetos em sua vida, como por exemplo a tradução dos "Tableaux parisiens", de Charles Baudelaire.[23] Usando de uma alegação benjaminiana típica — a de que a tarefa estava totalmente pronta —, no outono de 1920 ele havia persuadido o editor Richard Weißbach de sua publicação. Isso lhe renderia até um pouco de dinheiro. Em 4 de dezembro de 1920, Benjamin escreve a seu editor, entrementes um tanto impaciente: "Constrangido, quero tornar compreensível meu longo silêncio em relação à tradução de Baudelaire. Meu desejo era lhe entregar de preferência todo o material nas suas versões definitivas. Isso se alongou por semanas porque estive várias vezes doente nos últimos tempos [...]. Quero acrescentar [...] que eu estaria inclinado a escrever um prefácio, teórico e absolutamente genérico 'Sobre a tarefa do tradutor', para minhas traduções — caso isso seja compatível com seu projeto de edição".[24]

Por que antes das próprias traduções simplesmente não apresentar os trabalhos intelectuais preparatórios à planejada tese de livre-docência sobre "Linguagem e logos"? Esse prefácio não vai ter relação com a lírica de Baudelaire nem com as próprias traduções de Benjamin, mas nem todo o trabalho teórico foi em vão. Uma típica ideia benjaminiana e certamente não a pior delas. O ensaio "A tarefa do tradutor" figura até hoje entre os textos mais famosos e também mais claros e sistemáticos de Benjamin, e contém o cerne de sua própria filosofia da linguagem.

A tarefa

Todas as tentativas de criar uma relação sistemática interna entre as traduções de Baudelaire feitas por Benjamin e o texto "A tarefa do tradutor" estão fadadas ao fracasso. Pois não há qualquer relação, mesmo que os leitores, que podiam ser contados com os dedos, da primeira edição devessem supor necessariamente sua existência devido ao título explícito, "Prefácio". De acordo com sua proposta previsivelmente básica, no fim das contas metafísica, o texto poderia prefaciar qualquer outra tradução, mas de preferência nenhuma. Além disso, trata-se de um texto que, apesar do título, não traz nenhuma orientação própria de cunho tradutório e nem ao menos um exemplo concreto. A única relação com a tradução de Baudelaire que vem na sequência é que, segundo Benjamin, a verdadeira essência da linguagem está na poesia. E também a verdadeira tarefa do tradutor. Na lírica, a linguagem tem suspensas suas funções comunicativas cotidianas e concretas. Segundo Benjamin, disso resulta um sério paradoxo para a tarefa do tradutor:

Que coisa "diz", afinal, uma obra literária? Sobre que realidade informa? Diz e informa muito pouco àquele que a compreende. O que nela há de essencial não é da ordem da informação [comunicação: *Mitteilung*] nem do enunciado. E no entanto, uma tradução que pretendesse servir de meio de comunicação não poderia fazer passar mais do que a informação — ou seja, algo de inessencial.[25]

Se o essencial da linguagem é mostrado mais claramente na poesia, mas esse essencial não é a capacidade de um ser humano comunicar algo a outro ser humano — ou seja, avisar algo a alguém (por exemplo: "Você esqueceu seu guarda-chuva na minha casa", "O cachorro tem de dormir na sala") —, então a tarefa do verdadeiro tradutor também não pode ser transpor o conteúdo da obra a ser traduzida da maneira mais fiel possível de uma para outra língua. Mas então é o quê?

Em outras palavras, a tarefa do tradutor interessa a Benjamin, na qualidade de tradutor filosófico, apenas na medida em que é possível vislumbrar nessa atividade um fenômeno que tem significado para a *filosofia da linguagem*.

Para apreender a autêntica relação entre original e tradução teremos de encetar uma reflexão cujo propósito é em tudo análogo à argumentação pela qual a crítica do conhecimento demonstra a impossibilidade de uma teoria da imitação. Nesta, mostra-se que no processo de conhecimento não poderia haver objetividade, nem sequer a pretensão disso, se ele consistisse em captar cópias do real; do mesmo modo podemos demonstrar que nenhuma tradução seria possível se a sua aspiração, a sua essência última, fosse a da semelhança com o original.[26]

A atividade do tradutor é análoga à do crítico moderno, cuja verdadeira tarefa Benjamin tinha apresentado no seu doutorado de 1919 — tornar-se o coautor criativo da obra. Num primeiro passo argumentativo, traduzir com propriedade uma obra não quer dizer traduzir sua informação nem produzir a cópia mais fiel possível na língua de chegada.

Encontramos uma formulação um pouco mais clara disso no lema habitual de qualquer curso de tradução: "Tão fiel quanto possível, tão livre quanto necessário". Mas onde está o ganho epistemológico, onde está o novo impulso filosófico?

Ele se baseia numa diferenciação da filosofia da linguagem existente já na Idade Média, que na época foi revalorizada tanto pela escola fenomenológica de Husserl como pela filosofia da linguagem lógico-matemática de Gottlob Frege. Para Frege, trata-se da diferença entre "significado" [*Bedeutung*] e "sentido" [*Sinn*]. Na terminologia fenomenológica de Husserl, a diferenciação é entre a "intenção do designado" [*Intention des Gemeinten*] e o "modo de designar" [*Art des Meinen*].

Um exemplo clássico é a diferenciação entre a "estrela da manhã" e a "estrela da tarde". Ambas expressões referem-se à mesma coisa no céu, o planeta Vênus. Na terminologia de Frege, ambas têm a *mesma referência*, mas *sentidos diferentes*. Pois os nomes diferentes para a mesma coisa realçam diversos aspectos: uma vez seu brilho no céu da manhã, outra no céu da tarde. A "intenção do designado"— no sentido da coisa que os nomes se referem — é a mesma nas duas vezes. Mas o "modo de designar" é outro.

Para Benjamin, essa relação entre duas denominações na mesma língua que se referem de maneira ligeiramente diferente a uma mesma coisa é um exemplo da relação na qual diversas línguas, como por exemplo o alemão e o francês, referem-se uma à outra e, principalmente, ao mundo.

> O parentesco supra-histórico entre línguas reside antes no fato de, em cada uma delas como um todo, se querer dizer uma e a mesma coisa, qualquer coisa que, no entanto, não é acessível a nenhuma delas isoladamente, mas apenas à totalidade das suas intencionalidades que se complementam umas às outras: à língua pura. De fato, enquanto todos

os elementos isolados — as palavras, as frases, os contextos — de línguas estranhas umas às outras se excluem, essas línguas completam-se nas suas próprias intencionalidades. Para compreender com exatidão esta lei, uma das leis fundamentais da filosofia da linguagem, é necessário distinguir, nessa intencionalidade, o que se quer dizer (*das Gemeinte*) do modo como se quer dizer (*die Art des Meinens*). Nas palavras "Brot" e "pain" o que se quer dizer é o mesmo, mas não o modo de o querer dizer. É devido a esse modo de querer dizer que ambas as palavras significam coisas diferentes para um alemão e um francês, que elas não são permutáveis, que, em última análise, tendem para a exclusão mútua; e é por via do que querem dizer que elas, tomadas em absoluto, significam algo que é o mesmo e idêntico.[27]

Benjamin toma emprestado de Herder e Wilhelm von Humboldt o pensamento de que línguas diferentes não são diferentes apenas nos "sons e sinais", mas são modos independentes de ver o mundo. Poderíamos também dizer que são modos independentes de realçar em uma mesma coisa (o pão) aspectos ligeiramente diferentes ou até totalmente novos. Elas se referem à mesma coisa, mas não na mesma maneira de designar. E aqui Benjamin, como filósofo da linguagem, se defronta necessariamente com um problema que já o ocupara intensamente em 1916 no ensaio "Sobre a linguagem em geral e sobre a linguagem humana". De um lado, é elegante e correto afirmar que duas palavras de línguas diferentes se referem a uma mesma coisa, cada qual de uma maneira diferente — digamos, por exemplo, um pão —, entretanto, aquilo a que se referem, por sua vez, também somente é verdadeiramente determinado e dado pela língua: como pão; ou seja, pelo termo "pão". No caso da estrela da manhã e da estrela da tarde, ambas as expressões designam Vênus, que também é identificado como tal só pelo nome "Vênus". Em outras palavras: a real identidade da coisa à qual ambas as palavras (ou, segundo Benjamin, sistemas linguísticos) se referem baseia-se num pré-requisito tácito de uma única e verdadeira língua na base de todas as línguas: a língua do "nome verdadeiro". Para Benjamin, essa verdadeira língua ideal é a língua de Deus no Velho Testamento.

Esse tema de reflexão a respeito de uma língua primordial unificadora, fundadora, na base de todas as línguas e de todo o sentido, como vimos, também persegue intelectualmente Wittgenstein e Heidegger, cada qual a seu modo. Qual a proposta de Benjamin? Em vez de apontar, como Wittgenstein, que o mundo tem a mesma forma lógica da linguagem, e em vez de afirmar, como Heidegger, que o mundo sempre nos esteve previamente dado (por meio da linguagem) permeado de sentidos, Benjamin resolve a questão de modo histórico-teológico ao afirmar que a "língua pura" ou também a "língua verdadeira" é a língua de Deus. Assim, o verdadeiro objetivo e a tarefa do ser humano como ser falante, investigador, é aproximar-se o máximo possível da imediata unidade do nominar e do falar, com a qual Deus capta a essência das coisas — Deus sempre encontra a expressão adequada, a Ele nunca escapa nenhum aspecto possível de qualquer coisa que seja. Isso se dá por meio da criação de uma linguagem que capte e nomeie linguisticamente os muitos aspectos possíveis do mundo de maneira mais precisa possível.

Exatamente por isso — e aqui como que se abre a cortina teórica — os poetas se empenham cada qual em sua própria língua: para nomear a essência das coisas no que lhes é intrínseco e expressá-la. A atividade sagrada do tradutor pode fazer justiça a esse objetivo quando é criada uma equivalência possivelmente exata na sua própria língua para o modo de designar que o poeta escolheu em sua língua materna. Permanece tarefa do tradutor enriquecer a língua de chegada, para a qual traduz, com os modos de designar da língua a ser traduzida e, dessa maneira, adensar a própria língua de chegada. Em outras palavras, a tarefa do tradutor é pelo menos aproximar a densidade da própria língua com a da verdadeira língua de chegada — a verdadeira língua de Deus. Pois uma boa tradução de um grande poeta é sempre um enriquecimento substancial e um ganho para a capacidade de diferenciação da própria língua. Ela lhe abre novos modos de designar, novos pontos de vista, transmitidos linguisticamente, sobre o "mesmo". Nas palavras de Benjamin:

> Essa tarefa consiste em encontrar a intencionalidade, orientada para a língua da tradução, a partir da qual nesta é despertado o eco do original. [...] A tradução nunca se vê, como a criação poética, por assim dizer no interior da floresta da língua, mas fora dela; perante ela e sem nela entrar, ela atrai o original para o seu interior, para aquele lugar único onde o eco é capaz de fazer ouvir, na sua própria língua, a ressonância da obra na língua estrangeira [...]. E isto porque o grande motivo que preenche o seu trabalho é o de uma integração das várias línguas numa única e verdadeira.[28]

A língua verdadeira é, por assim dizer, o objetivo ideal de todo falar: um falar no qual cada coisa em si se revele em toda sua clareza, diferenciação e determinação. Esse seria, como Benjamin afirmou em seu ensaio de 1916, um estado em que a palavra ou o nome que Deus dá às coisas estariam descobertos. A tarefa do tradutor é a tarefa do ser humano.

> O homem é aquele que nomeia, nisso reconhecemos que por sua boca fala a pura língua. Toda natureza, desde que se comunica, se comunica na língua, portanto, em última instância, pelo homem.[29]

Eis então a proposta de Benjamin para solucionar a procura pela linguagem que fundamenta todo o falar humano (a procura na qual, exatamente no mesmo período, Wittgenstein, Heidegger e Cassirer estavam empenhados). Trata-se da linguagem de Deus. Cada falar significativo movimenta-se na trilha dessa língua verdadeira, está por assim dizer no caminho até ela. Eis algo que não é possível dizer ou inferir de cada uma das línguas, mas é *mostrado* com muita clareza em algumas conjunturas do uso da língua: principalmente na tradução de obras poéticas.

Tradução radical

Entendido isso, a descoberta da verdadeira tarefa do tradutor — que para Benjamin se estende à totalidade da linguagem humana — pode ser ampliada para todos os atos da fala: afinal, cada um de nós tem, de modo bastante reconhecível, sua própria linguagem, que é distinta. Cada um de nós faz associações muito individuais e próprias à palavra "pão": dessa maneira, não apenas o falar significa traduzir sempre, mas também toda a forma de compreensão. Segundo o raciocínio de Benjamin, cada indivíduo concreto, diferente de nós, é um "poeta francês", cuja linguagem e articulações fazem parte de um objetivo maior em si, que é o ser humano compreendido como um ser cultural. Esse objetivo é levar o mundo à sua maior articulação linguística. A "língua verdadeira" ideal, aperfeiçoada a partir de um número infinito de traduções atentas ao detalhe, seria para Benjamin um tipo de mônada, na qual todo aspecto possível do mundo se espelharia em sua nitidez e precisão máximas. Ela seria — tal como imaginamos ser o falar e o pensar divinos — indistinguível do mundo como ele é de verdade.

Se Wittgenstein, como filósofo da linguagem, é levado da poética à lógica, encontrando para ambos os impulsos uma forma muito própria, unificadora, Benjamin deriva da poética a teologia e o messianismo judaico, passando pela lógica. E, sim, por aqueles dias Benjamin está bastante isolado, incompreendido e muito deprimido em seu quarto na Delbrückstraße, e em sua existência concreta, mal consegue construir uma relação significativa com aquele mundo que o estimula, como filósofo, aos mais elaborados voos do pensamento. O ensaio de Benjamin "A tarefa do tradutor" é exemplar por sua característica de vincular, muito particularmente, pensamentos da estética e da literatura com os da teologia e da epistemologia. Mas o texto incorpora mais um traço de seu pensamento, bem menos notado. Trata-se da capacidade ou do impulso de usar problemáticas ou experiências sempre muito concretas, cotidianas, totalmente profanas no sentido biográfico, como ponto de partida para esboçar uma teoria sempre peculiar e sofisticada. Assim, como em 1920 e 1921, Benjamin está traduzindo Baudelaire, ao mesmo tempo que interrompe um projeto de tese de livre-docência no seu estágio inicial, mas aproveita diretamente os pensamentos desenvolvidos ali para criar uma teoria da tradução, que por sua vez não quer senão estabelecer a tarefa de traduzir como a tarefa filosoficamente importante, a mais decisiva de todas. Independente daquilo que está fazendo, fará no futuro ou daquilo que lhe acontece, Benjamin logo transforma a situação numa (mini)teoria; uma teoria com o efeito encantador de notabilizar justo o que está fazendo como a atividade verdadeiramente relevante, como uma experiência potencialmente redentora do mundo. Trata-se de algo muito narcisístico, e não só à primeira vista. Mas também de uma sagacidade enorme, vigorosa, existencial. E que absorve toda a energia criativa de seu pensamento — sempre até o limite máximo da possibilidade de compreensão e, portanto, da tradução. Ernst Cassirer, nesse meio-tempo já em Hamburgo, ocupa-se com os mesmos questionamentos. Contudo, seu jeito de pesquisar e de pensar são bem diferentes.

Figuras cult

Como vimos, para filósofos perspicazes, as perguntas "O que posso saber?" e "Como devo viver?" são inseparáveis. Disso também nascem a influência e o fascínio duradouros dessas personalidades, sua potencial condição de ícones e figuras de proa de épocas inteiras.

O ideal de uma implementação na vida prática do próprio pensamento — em sua forma mais pura personificado pela figura fundadora de Sócrates — diferencia ainda o filosofar de outros caminhos do conhecimento, como por exemplo os das ciências naturais ou o da arte. Ser filósofo é uma maneira de conduzir a própria vida de maneira consciente, dando-lhe forma e direção a partir de questionamentos contínuos e críticos. Essa característica coloca o filosofar numa perceptível tensão com os objetivos de uma matéria de estudo puramente acadêmica, com suas orientações de caráter institucional, comprovações de desempenho e trajetórias profissionais. Dessa maneira, uma das poucas constantes básicas da disciplina são o ceticismo escancarado, quase rebelião e desdém, contra algo que ninguém menos que Heidegger definiu pela primeira vez como o "filosofar acadêmico". Realmente, até o fim do século XX, a maioria dos grandes dessa guilda — como Espinosa, Descartes, Mill, Hume, Kierkegaard, Nietzsche — não trabalhava com a matéria nas universidades. Mas, quando era o caso, os filósofos costumavam manter a maior distância interior possível da Academia, como por exemplo Schopenhauer ou, nos anos 1920, Heidegger, Wittgenstein e também Benjamin. A recusa explícita do papel de filósofos acadêmicos é um elemento essencial na imagem que tinham de si mesmos. Cuidadosamente mantida, ela gera uma tensão teatral que gostamos de chamar de "cult". Heidegger, Wittgenstein e Benjamin são exatamente isso para seus contemporâneos: verdadeiras figuras cult.

Ernst Cassirer não era isso. Desde o início dos anos 1920 ele aparece num registro bem diferente. Por exemplo, fala-se bastante do homem "olímpico" de aparência distante ou também do fenômeno de um "homem enciclopédico" no que diz respeito a debate, formação e conhecimento, do "último gênio universal" ou pelo menos do "erudito universal". Descrições menos generosas dão conta da personificação quase paradigmática de um "filósofo escolar" acadêmico e servidor do pensamento, que nas palavras do seu colega Max Scheler escrevia "belos compêndios gerais, em parte também verdadeiros e profundos".[30] Ou seja, um homem e pensador notável, mas a bem da verdade não um dos grandes.

Na realidade, Cassirer nunca considerou sua profunda ancoragem na cultura da filosofia universitária como um obstáculo ou como uma deturpação alienante. O que fica patente também no estilo e na forma de suas obras, que se alinham perfeitamente às normas reinantes das publicações acadêmicas da época. Também nisso Cassirer é um contraponto a Wittgenstein, Heidegger e Benjamin, que sempre procuram formas linguísticas extremamente livres (ou não convencionais) a fim de expressar suas ideias. Pois, na opinião dessas mentes, o liame da relação filosófica entre pensamento e vida serve também para a relação entre pensamento e linguagem, pensamento e estilo. A forma concreta na qual os próprios pensamentos são expressos não é de modo algum exterior aos conteúdos, mas os organiza e influencia desde o começo e de dentro para fora. Nesse sentido enfaticamente individualista, os escritos de Cassirer não apontam para um "tom" pessoal nem singular.

Também é verdade que o cotidiano burguês de Cassirer, tanto nos bairros de Winterhude, em Hamburgo, como antes, de Grunewald, em Berlim, não é muito diferente daquele de seus vizinhos — médicos, diretores de banco, comerciantes. Os filhos frequentam o internato (aqui ele mostra um lado progressista, pois se trata da lendária Odenwaldschule), pela manhã ele tem por hábito ler o jornal (a parte de esportes sempre primeiro!), discute com a mulher os assuntos mais importantes da casa e em seguida ruma ao escritório ou à universidade para o trabalho intelectual. Quando volta, é hora do jantar; depois os membros da família gostam de tocar ou de ouvir música juntos. Uma leitura de boa qualidade acompanha-o na cama, às vezes pode ser um romance policial. Até onde é possível reconstruir o passado, os Cassirer mantêm um casamento harmonioso e formam uma "família feliz" com os filhos Heinz, Georg e Anne; ou seja, nada muito emocionante.

Entre os quatro filósofos, Cassirer é o único para quem a própria sexualidade não se transforma num sério problema existencial, o único que não sofre nunca um ataque de nervos. Ao longo de sua biografia, não são conhecidas crises duradouras no trabalho produtivo nem depressões profundas. No máximo, sua mulher diagnostica uma "leve melancolia matinal" nos primeiros anos do casamento. Em fases estressantes, ele tende a resfriados acompanhados de febre. Isso é tudo. No mais, Cassirer consegue pensar criativamente e sem fazer muito alarde a respeito. A mulher, Toni, lembra que ele não fazia questão que "ninguém entre as pessoas mais próximas tomasse conhecimento do seu trabalho. Alguém desinformado poderia conviver meses, talvez anos em nosso círculo sem saber que Ernst era filósofo e que trabalhava de manhã à noite nos seus problemas filosóficos".[31] O único traço realmente radical de Cassirer é seu desejo por equilíbrio. Naquela década politicamente mais que turbulenta, ele é o único entre os quatro mestres pensadores a apoiar de modo explícito a República de Weimar, nascida em 1919: sim, o único democrata convicto.

Goethe em Hamburgo

Com o início de sua atividade docente em Hamburgo, o recém-nomeado professor de filosofia entra numa duradoura fase de altíssima produtividade intelectual. Cassirer inaugura o semestre de outono de 1919 com uma palestra sobre "Kant e a vida intelectual alemã". Eis um ser humano que está bem no melhor sentido da palavra: totalmente à vontade consigo mesmo, com os seus e com o lugar onde atua. Em outras palavras, também para Cassirer a forma que ele confere à vida pessoal, o estilo de seu pensamento e a linguagem de seus livros são representações convincentes de um único anseio de expressão. No caso de Cassirer, porém, esse anseio não aparece na forma de uma eterna e renhida batalha, mas em uma concretização duradoura e produtiva. Cassirer personifica o ideal de uma vida filosófica bem resolvida. Trata-se de um pensador que realmente honra na sua vida concreta a promessa que sua filosofia lhe oferece.

Conseguimos avaliar a força desse desempenho quando compreendemos que toda a filosofia de Cassirer está sob o signo de uma mediação produtiva entre dualismos profundamente enraizados e contradições aparentes, como: dentro e fora, corpo e alma, sentimento e razão, espírito e matéria, pensamento e palavra, mito e ciência, empirismo e metafísica, unidade e multiplicidade, ser humano e Deus, linguagem e cosmos.

A inspiração central que lhe veio durante suas viagens de bonde por Berlim acometida pela guerra — e para cujo desenvolvimento ele dedicou toda sua energia mental e curiosidade — faz parte do ensejo básico para tal mediação criativa. Essa noção aparece nas palavras finais do esboço do projeto trabalhado durante esses deslocamentos:

Conhecemos essa "vida" apenas em suas "exterioridades": mas essa é a quintessência de toda nossa observação precedente, a de que a "exterioridade" não é casual, desnecessária, "externa", mas é a manifestação necessária, a verdadeira e a única, do "interior" e do ser em si. Comprovamos esse entendimento desde o gesto mais simples, do fonema às atividades intelectuais mais elevadas e até a mais pura "metafísica".[32]

Ou seja, no outono de 1919, Cassirer imagina um programa de pesquisa que compreende o espaço total da mente como um continuum de expressões humanas em constante evolução. Quais os meios e os métodos para concretizá-lo? E quais "atividades intelectuais" deveriam ser analisadas mais detalhadamente em primeiro lugar? Vamos acompanhar os primeiros anos do projeto de Cassirer a partir de seus temas principais.

O fenômeno básico

A ideia central do projeto de Cassirer é a noção de que aquilo que chamamos de "espírito humano alcança sua verdadeira e completa interioridade apenas ao se *manifestar exteriormente*. A forma que o interno se dá determina também retroativamente sua essência e seu conteúdo".[33]

Os primeiros balbucios e, mais tarde, as frases de uma só palavra das crianças pequenas (por exemplo "dadada", "bola") são, a partir dessa perspectiva, manifestações figurativas de uma vivência interior, que não apenas reproduzem ou espelham o vivenciado, mas lhe conferem estrutura e forma concretas (aqui, sonoras) que, em sua primeira forma estável e repetível, retroagem sobre a própria vivência interior e a estruturam.

Por meio do constante esforço do ser humano de emprestar às experiências sensoriais uma expressão significativa usando de símbolos externos, representados materialmente, inicia-se uma dinâmica que oferece uma estrutura concreta tanto ao próprio eu quanto ao mundo.

Para onde quer que olhemos, manifesta-se, segundo Cassirer, "o fenômeno básico de que nossa consciência não se satisfaz em receber a impressão do que é exterior, mas associa e permeia cada impressão com uma livre atividade da expressão".[34]

Cassirer chama de cultura o processo contínuo, reciprocamente dependente, dessas configurações criativas em geral, do gesto mais simples à pura metafísica. E apesar da inegável diversidade e da multiplicidade interior desse processo, ele acredita reconhecer o espaço assim aberto como sendo único e unificado: o espaço do simbólico ou daquilo que é formado simbolicamente.

O desejo da multiplicidade

A ideia de que nosso espírito não simplesmente reproduz ou espelha a realidade mas a formata de maneira autônoma é central na filosofia crítica de Kant e de sua "revolução copernicana": não é nosso espírito que se guia pela lei das coisas, mas as coisas que se guiam pelas leis do nosso espírito. Dessa maneira, o projeto de Cassirer está fundado numa base kantiana e, portanto, também idealista. Entretanto, *A filosofia das formas simbólicas* de Cassirer aprofunda a ideia de Kant de que há muito mais do que apenas um único modo de conferir estrutura, forma e sentido ao mundo em que vivemos. As categorias básicas de criação de mundo em *Crítica da razão pura*, de Kant, orientam-se essencialmente pela imagem científica de mundo baseada na física newtoniana: um mundo cujas "condições de possibilidades" tinham de ser compreendidas e descritas.

Vem da ciência linguística de Wilhelm von Humboldt o impulso epistemológico decisivo à abertura do projeto de Cassirer para múltiplas formas de acessos ao mundo *em si não hierarquizadas*. Pois as obras de Humboldt investigaram as mais diversas línguas naturais dos povos (alemão, francês, finlandês, sânscrito...), no sentido da revolução copernicana de Kant, como diferentes meios de dar ao mundo da experiência uma estrutura mediada por símbolos. Cassirer explica seu ponto de partida com Humboldt da seguinte maneira:

> A cada forma de observação subjacente a toda formação de palavras e de línguas, corresponde, segundo Humboldt, uma forma particular de espírito, uma maneira particular de conceber e compreender. A diversidade de cada uma das línguas não é de sons e sinais, mas uma diversidade de visões de mundo. Quando a lua, por exemplo, é descrita em grego como aquela que mede (μήν), mas em latim como aquela que brilha, ou quando numa mesma língua, no sânscrito, o elefante é chamado ora de aquele que bebe duas vezes, ora aquele de dois dentes, ora aquele que tem uma mão, fica evidente que a língua nunca designa simplesmente os objetos, as coisas percebidas como tais, mas os conceitos criados automaticamente pelo espírito, enquanto o tipo desses conceitos depende sempre da direção da reflexão intelectual.[35]

Cassirer então transfere a ideia da multiplicidade das línguas naturais para outras grandes áreas da cultura que tornam o mundo visível de uma maneira específica, conferindo-lhe uma forma orientadora da ação. Ao lado do mundo das ciências naturais, trata-se — em sua opinião — dos mundos das línguas naturais, do mito, da religião, da arte e da matemática ou, melhor, da lógica. Todos são, ainda de acordo com o entendimento de Cassirer, "formas simbólicas" com estruturas gerais próprias e leis morfológico-construtivas. O núcleo epistemológico de sua filosofia está no seguinte entendimento:

Nenhuma dessas configurações [das formas simbólicas] se reduz sem mais a outra ou dela se deriva, mas cada uma delas indica uma determinada maneira de compreensão espiritual e se constitui nela e por ela um aspecto próprio do "real".[36]

Assim como não faz sentido perguntar se o latim "luna" representa mais corretamente a "lua em si" do que o grego (μήν), tampouco faz sentido perguntar se a "realidade em si" é apreendida de maneira mais correta na forma do mito, da arte ou da ciência natural. Assim como o latim "luna" acentua um determinado aspecto da lua e o destaca (sua luminosidade), o grego enfatiza sua possível função na medição do tempo.

Trocando em miúdos: os processos das configurações simbólicas não são criativos apenas à medida que superam uma pura reprodução ou cópia da experiência sensorial, mas também seguem em cada uma de suas formulações criativas interesses específicos e ênfases que nos orientam e guiam como seres ativos e passivos neste mundo.

As formas simbólicas do mito, da religião e da arte simplesmente seguem outras orientações de interesses distintos dos das ciências naturais: o que importa a cada um é diferente. Desse modo, fazem com que o mundo se nos mostre de outra maneira; lhes dão forma e, portanto, sentido de outra maneira.

Mas em relação à pergunta do que possa ser o absolutamente real fora deste conjunto de funções espirituais, o que possa ser a "coisa em si" nesse sentido — o espírito não recebe mais resposta [...] o verdadeiro conceito de realidade não pode ser comprimido na mera forma abstrata do ser, mas ele se dissolve na multiplicidade e plenitude da vida espiritual [...].[37]

Dessa maneira, a questão sobre o porquê e o como de uma determinada coisa não pode ser colocada sensatamente prescindindo-se de todas as formas simbólicas, mas apenas *nelas* e *com* elas. E de acordo com as formas simbólicas em vista, essa questão — medida pelas regras internas dessas formas que condicionam e limitam sua colocação — será *diferente* a cada vez. No mundo da física, por exemplo, o conceito de "vida" não aparece, assim como o de "perdão" ou de "destino". Para a biologia, por sua vez, o conceito de "vida" é absolutamente central, como os de perdão e de destino importam para a maioria das religiões. Segundo Cassirer, a sóbria objeção científica de que na "realidade" não existe perdão porque o conceito não pode ser reduzido a nada no mundo físico revela unicamente o não entendimento da forma simbólica da religião — e de todas as formas vivas que a carregam. O que por vezes chega a acontecer. Entretanto, não devemos cometer o mal-entendido de empregar nossas próprias limitações e preconceitos como medida de toda "realidade", como se dá até hoje nas conhecidas incorporações dos "ismos", por exemplo, na forma do fisicalismo, economismo, materialismo, biologismo... Pois todos esses "ismos", de acordo com Cassirer, estão baseados num erro básico da capacidade do conhecimento humano, em última análise, da ânsia narcisista de poder. Trata-se de considerar a própria perspectiva de conhecimento e o próprio acesso à realidade como sendo os únicos verdadeiros e produtivos. Ou, melhor, de transfigurá-los.

Avante

A suposta questão epistemológica central sobre a constituição da "realidade" está, a partir do ponto de vista de Cassirer, colocada simplesmente de maneira errada, ou seja, sem direção e desorientada. É como perguntar se um determinado estilo de cadeira ou uma determinada padronagem de papel de parede "combina". Como responder? "Combinar" é uma circunstância relacional: só conseguimos avaliar se alguma coisa combina tendo em vista uma ordem geral, na qual quer se introduzir algo. E essa ordem também faz parte de uma relação de propósito específico: um salão, um quarto de estudos, um consultório médico...

Nos primeiros anos de seu projeto, Cassirer desenvolve não apenas uma filosofia nova, independente, como principalmente uma nova maneira de filosofar. Pois, segundo seu enfoque, o filósofo primeiro precisa estudar com atenção as formas simbólicas dadas a cada vez, bem como suas lógicas morfológicas específicas. Visto que é impossível ao filósofo ser ativo em todas essas áreas ao mesmo tempo — e que isso nem é de sua alçada como filósofo —, ele tem de se voltar de ouvidos abertos aos cientistas que lhe podem dizer como esses mundos simbólicos são construídos, quais leis e princípios morfológicos básicos são seguidos. No caso da linguagem, os linguistas empíricos. No caso dos mitos, os antropólogos e os etnólogos. No caso da física, os físicos teóricos. Pois:

> Se toda cultura aparece ativa na criação de determinados mundos de imagens espirituais, de determinadas formas simbólicas, o objetivo da filosofia não é recorrer a todas essas criações, mas compreendê-las em seu princípio formativo básico e torná-las conscientes.[38]

Ou seja, a filosofia como o contínuo trabalho de verificação dos conceitos centrais que dão sentido e sustentação à nossa vida em toda sua multiplicidade torna-se filosofia da cultura. E, portanto, uma atividade que — caso ela não queira se rebaixar à tentativa, necessariamente inútil, segundo Cassirer, de "recorrer a todas essas criações" para agarrar a suposta "vida pura, genuína" ou a "realidade pura, genuína" — só será compreendida e poderá ser legitimada num *diálogo ativo* com outras ciências e áreas de conhecimento. Desde os primeiros anos, a casa de Cassirer se torna um lugar que hoje seria chamado de centro interdisciplinar. No inverno de 1921, por exemplo, Albert Einstein dá uma palestra sobre sua teoria da relatividade (sobre a qual Cassirer escreve, em 1920, de maneira casual e, nas suas próprias palavras, "apenas para pura autocompreensão", uma pequena obra — aliás, tida em alta conta por Einstein).

Existe "a" linguagem?

Este é o conteúdo programático de *Filosofia das formas simbólicas* de Cassirer. No caminho, embora Cassirer analise os resultados individuais das pesquisas científicas com uma formulação simbólico-filosófica própria, no caso de controvérsias é preciso levar em conta tais resultados e reconhecê-los, mesmo quando eles ameaçam comprometer toda sua própria formulação geral.

Dessa maneira, segundo Cassirer, a linguagem humana — que se tornará objeto do primeiro volume de seu projeto — representa uma forma simbólica própria. Mas como existem muitas e muitas línguas humanas diferentes, ele tem de partir do pressuposto (a partir de um ponto de vista abstrato) de que as gramáticas e os princípios fonéticos de todas as línguas humanas dividem uma mesma estrutura profunda com os mesmos princípios formativos. Cassirer chama essa hipotética forma básica de todas as línguas de "forma pura da língua". (Aliás, uma suposição que, a partir da teoria da "gramática generativa" de Noam Chomsky, haveria de dominar a linguística como ciência durante várias décadas a partir de 1960.) Porém, um pouco mais tarde, no outono de 1919, quando Cassirer se aprofunda mais e mais nos estudos existentes de linguística — de acordo com uma lista de leitura, eram mais de duzentas obras originais —, essa hipótese fundamental e básica de seu projeto lhe parece duvidosa. Possivelmente ele precisa aceitar que não existe uma estrutura unificadora na base de todas as línguas nem uma "forma pura da língua", mas apenas diversas estruturas profundas totalmente incompatíveis entre si. (Uma suposição que hoje em dia ganha mais e mais aceitação na linguística posterior a Chomsky). Possivelmente não existe *aquela única forma de língua* pura e, consequentemente, tampouco existe a forma simbólica *dessa* língua. Mas e então? No seu prefácio ao primeiro volume das formas simbólicas, "Fenomenologia da forma linguística", ele se refere a essa crise precoce de maneira aberta:

> Era preciso obter um panorama amplo, não apenas sobre as manifestações de uma esfera linguística em particular, mas sobre a estrutura de esferas linguísticas diferentes e muito divergentes entre si no que se refere ao seu tipo básico de pensamento. A abrangência da bibliografia da linguística [...] foi então muito ampliada, de modo que o objetivo que norteava essa pesquisa em seu começo foi se afastando cada vez mais.[39]

Quanto mais Cassirer se aprofundava nos resultados das pesquisas linguísticas, mais frágil se tornava o solo filosófico sob seus pés. Mesmo assim — ou exatamente por essa razão — ele continua em frente. Ele o faz na esperança de que essa estrutura unificadora na base de todas as línguas se torne mais clara no decorrer de pesquisas linguísticas posteriores.

Afinal, ele bem sabe que um filósofo que em 1919 não tem nada a dizer sobre o papel da linguagem para o conhecimento humano e a vida prática não tem mesmo nada a dizer. Se houvesse uma convicção partilhada sem ressalvas por Wittgenstein,

Heidegger, Benjamin e Cassirer nesse (e em outros) estágios de seu pensamento, era então a de que a forma de vida do ser humano é uma forma da linguagem. Nesse sentido, a língua não é uma forma simbólica entre outras, mas a mais importante e a mais elementar. Ela é o verdadeiro solo de compreensão que temos de nós mesmos e do mundo. Além do mais, é a forma na qual o filosofar, como inelutável "atividade discursiva", se desenrola e se reconhece. Nas palavras de Cassirer de 1919:

> Ela [a linguagem] está num lugar central da existência espiritual, ao qual convergem raios de diversas procedências e do qual partem diretrizes rumo às mais diversas áreas. O momento mítico e o lógico — a direção da intuição estética e a do pensamento discursivo: tudo isso está contido nela, mas sem que ela se misture com um deles.[40]

Como vimos, a pergunta sistematicamente decisiva para os quatro filósofos é: há uma língua única, unificadora e uniforme na base de todas as diferentes línguas naturais? E, caso positivo, qual sua morfologia? Seu sentido é baseado em quê? O que cada língua faz conosco? Somos nós que conferimos significado e sentido às nossas palavras ou é a força cosmogônica das palavras e dos símbolos em si que nos acorda, como seres inquiridores, para a vida, o pensamento, o questionamento? Quem forma quem? De que modo? E o principal: com qual objetivo?

IV.
Formação
1922-1923

Heidegger está pronto para a luta, Cassirer está fora de si, Benjamin dança com Goethe e Wittgenstein procura por alguém

O idílio no chalé

No outono de 1922, multiplicam-se também na casa de Heidegger os sinais da crise que assola a vida cotidiana. As dificuldades de abastecimento se tornam ameaçadoras inclusive para sua família, que mantém excelentes relações com o meio rural de Breisgau. Como para a grande maioria da população alemã, o cotidiano assume traços de batalha de vida ou morte pelo básico. No contexto de inflação galopante, o tempo se torna um fator decisivo. É preciso tomar precauções perspicazes tendo-se em vista o inverno que se aproxima, principalmente no que diz respeito à lenha e aos alimentos de primeira necessidade. "Mamãe pergunta se eles têm de mandar batatas ainda antes de 1º de outubro; respondi que sim e já mandei o dinheiro. O que devo fazer assim que as batatas chegarem?",[1] Heidegger pergunta em 27 de setembro de 1922 à mulher Elfride, que se encontra com os dois filhos no recém-construído chalé da família em Todtnauberg, enquanto Heidegger, em Freiburg, trabalha sob muita pressão num novo original.

O que fazer com as batatas? Estocá-las? Se sim, onde? Comê-las? Dividi-las com os Husserl? Revendê-las? Questões concretas de sobrevivência, para cuja resposta Elfride se tornará responsável durante toda a vida. Também para livrar de maneira duradoura o marido pensador das exigências da lida cotidiana, em fevereiro de 1922, após uma excursão de inverno, ela tomou a decisão de comprar um terreno nas encostas solitárias do sul da Floresta Negra e erguer um chalé de madeira. Para financiar o empreendimento, no início do ano ela adiantou parte da sua herança (cerca de 60 mil marcos). Elfride projeta o chalé, organiza e supervisiona a construção. O tempo também urge nesse cenário. A fim de conseguir moedas fortes e valiosas, os Heidegger resolvem alugar, a partir de 1º de agosto de 1922, seu endereço em Freiburg por algumas semanas a um casal de americanos. O chalé tem de estar pronto até essa data. Quase dá certo.

Em 9 de agosto de 1922, os então quatro membros da família (um dos filhos levado pela mão, o outro carregado nas costas) chegam pela primeira vez ao seu refúgio localizado a 1200 metros de altitude. Hoje em dia um lugar quase mítico da história da filosofia, no qual Heidegger passa quase que cada minuto livre até o fim da vida. Lá, no isolamento rústico da Floresta Negra, ele verdadeiramente desperta como ser humano e filósofo e, consequentemente, para o pensar. Eis o que importa. Ao menos quando se enxerga o mundo como ele.

Vocações inquietantes

Já nas primeiras semanas de agosto nas alturas surgem resultados espetaculares. "Devo dizer que se olho para os manuscritos que estão comigo no chalé, eles são tudo menos malsucedidos", Heidegger informa à mulher em 11 de setembro de 1922; ele está em Heidelberg, hospedado na casa de Karl Jaspers para uma troca de ideias. Jaspers, originalmente médico e psiquiatra, escrevera um best-seller filosófico em 1919, *Psicologia das concepções do mundo*, cuja repercussão na academia e na opinião pública lhe assegurou uma cátedra de filosofia em Heidelberg.

Nesse livro, Jaspers deriva configurações filosófico-ideológicas a partir de estudos psicológicos de personalidades. Mais importante, ele cria uma imagem da existência humana cuja verdadeira essência, especialmente em situações-limite — por exemplo, a proximidade da morte —, se mostra e revela algum tipo de libertação. Uma aplicação terapêutica da filosofia, próxima à realidade, que valoriza especialmente o significado de experiências-limite e casos extremos rumo ao verdadeiro autoconhecimento. Um livro sob medida para a geração de soldados traumatizados que perderam a guerra e voltaram para casa.

Heidegger também se sente diretamente interessado pela grande obra de Jaspers. Eles se encontram pela primeira vez em 1920 num domingo ensolarado na casa de Husserl, na hora do café. A partir de 1921, começam a se corresponder com regularidade e ambos, igualmente frustrados com o estado da filosofia acadêmica padrão, se convencem da necessidade de trabalhar juntos na "batalha contra o tédio" (palavras de Heidegger).

Por essa razão, em setembro de 1922, Heidegger aceita sem maiores delongas outro convite de Jaspers para dialogar sobre as pressentidas afinidades e filosofar "por alguns dias em horas convenientes". Heidegger permanece por quase uma semana na casa de Jaspers, que, "tendo em vista a situação atual da nossa vida", faz questão de assumir os custos de viagem de Heidegger (mil marcos). Jaspers é professor catedrático com salário fixo e sólida estrutura financeira. O emprego mal pago de Heidegger em Freiburg se encerrará em dez meses. Uma nomeação para um cargo fixo é imprescindível. De outro modo, a situação já extremamente precária de sua jovem família ameaça se tornar insustentável. Elfride pressente o mesmo; apesar de sua debilidade persistente e do excesso de tarefas, ela retoma no início de 1922 seus estudos de economia. Afinal, alguém na casa tem de ganhar dinheiro. E tudo indica que não será o marido filosoficamente inspirado.

Ambos os pensadores avaliam os dias passados juntos em Heidelberg como muito enriquecedores, até de afetuosa felicidade. Na década seguinte, Jaspers se tornará um dos muito poucos interlocutores em que Heidegger confia tanto como ser humano quanto o respeita como filósofo. Apesar disso, um certo paradoxismo vocacional também assombra esse encontro. Justamente na fase em que ambos se conjuram numa célula de resistência antiacadêmica, a maior torcida de Heidegger é receber, num lugar qualquer da República que se desintegra, um cargo público vitalício de pensador. Nesse sentido, Husserl é um intercessor decisivo. Jaspers é outro.

"Sempre me recordo dos oito dias em sua companhia", escreve Heidegger em 19 de novembro de 1922 ao novo amigo. "O inesperado desses dias, aparentemente tidos como plácidos, a segurança do 'estilo', no qual um dia se seguiu ao outro, sem artifícios, o passo sóbrio, austero, com o qual uma amizade veio ao nosso encontro, a certeza crescente de uma segura aliança de combate de ambos os 'lados' — tudo isso me é inquietante no sentido de como o mundo e a vida são inquietantes para o filósofo."[2] No outono de 1922, Heidegger descobriu de maneira definitiva sua própria linguagem para compreender em que sentido o mundo precisa permanecer inquietante para um filósofo.

Pesquisas preliminares sobre o *Dasein*

Nas três semanas posteriores à visita a Heidelberg, sob pressão de entregar os resultados de suas pesquisas mais recentes para uma vaga de professor em Marburg, o pensamento de Heidegger — na altitude do chalé — alcança um novo patamar. A mulher de Husserl rapidamente passa a limpo o manuscrito na máquina de escrever. No início de outubro, Heidegger entrega em Marburg (e também em Göttingen) seu trabalho intitulado *Phänomenologische Interpretationen zu Aristoteles: Anzeige der hermeneutischen Situation* [Interpretações fenomenológicas de Aristóteles: Indicação da situação hermenêutica] para o concurso. Esse texto tem tanto a ver com Aristóteles como o texto de Benjamin, "A tarefa do tradutor", tem a ver com Baudelaire. Mais uma vez e de maneira singularmente aguçada e esclarecida, Heidegger está interessado na questão sobre a verdadeira tarefa da filosofia. Sua resposta, segundo o original, pode ser desenvolvida a partir de poucas sentenças-chave:

O objeto da investigação filosófica é o *Dasein humano*, na medida em que é questionado seu caráter ontológico.[3]

Pela primeira vez aparece nos escritos de Heidegger o conceito-chave do *Dasein*, compreendido como a maneira específica de o ser humano se sentir desde sempre significativamente interpelado e desafiado por este mundo.

O mundo sempre se apresenta a nós num determinado modo do nomear discursivo, de referir-se a esse mundo por meio do discurso.[4]

Nesse sentido, filosofar é um processo de perguntas, de contínua autoiluminação. Com o conceito inovador do "ser-aí" [*Da-Sein*] também está expressamente aludida a impossibilidade de se delegar essa tarefa: cada um por si, cada um em seu lugar, em seu tempo. Na existência não existem escusas. Pelo menos não na existência filosófica. Nas palavras de Heidegger:

O *Dasein* fático é, seja o que for, sempre e somente enquanto totalmente próprio, nunca enquanto uma existência geral de uma humanidade universal qualquer.[5]

Evidentemente que esse processo, incômodo e principalmente de resultados não garantidos, pode ser também rejeitado ou desviado por qualquer *Dasein*. O *Dasein* humano não seria humano — quer dizer, não seria livre — se essa possibilidade não lhe estivesse aberta. Para uma omissão mais ou menos consciente dessa possibilidade, Heidegger escolhe — como, aliás, também Wittgenstein no *Tractatus* — o conceito de coloração teológica da "queda" [*Fall*] no sentido de declínio [*Verfallen*]. Um espetáculo lamentável, ainda que, de acordo com Heidegger, muito corriqueiro:

> Deve-se à inclinação à queda o fato de a vida fática, que na verdade é a vida do indivíduo, geralmente não poder ser vivida como tal.[6]

A inclinação à queda da maioria da população deve-se, segundo Heidegger, não à carência de capacidades intelectuais. Ela se deve a uma tendência à acomodação existencial. Simplificando: a maioria das pessoas passa a vida toda evitando encontrar a si mesmas em vez de se procurar com seriedade. Essa forma de autoevitamento consciente não precisa ser especialmente sofrida ou desagradável. Pois se trata, sem dúvida, do caminho mais seguro e, num sentido raso, também o mais recompensador. Ele faz com que nunca nos tornemos aquela pessoa que somos ou que poderíamos ser; leva a uma vida de autodesencontro, cujo interesse principal se concentra, no sentido de Heidegger, em coisas que não são realmente importantes e vitais: no âmbito do material, são produtos de consumo rotineiro; no âmbito social, as carreiras profissionais; no âmbito do dialógico, amizades sem um diálogo verdadeiro, casamentos com muita rotina e sem amor; no âmbito religioso, uma crença aprendida sem verdadeira experiência divina; no âmbito da linguagem, o uso contínuo, irrefletido, de frases e expressões prontas, que qualquer um tem na ponta da língua e que, via de regra, também considera corretas; no âmbito da pesquisa, por fim, a retomada de questões cujas respostas certamente já se acredita saber.

Isso não combina com Heidegger. Ele seleciona outra demanda de seu ambiente: a crítica fundamental a todos aqueles conceitos, categorias e formulações que orientaram a reflexão do ser humano sobre sua existência específica nos 2500 anos anteriores — e, portanto, a partir de Aristóteles, mais ou menos. Ele quer finalmente enfrentar com seriedade o "questionamento do *Dasein* em relação ao seu caráter ontológico". Desse modo, em *Interpretações fenomenológicas de Aristóteles* ele entende que esse questionamento aberto deve objetivar uma total *destruição* e substituição desses conceitos e categorias.

Nesse primeiro texto verdadeiramente original, Heidegger apresenta-se como uma espécie de bola de demolição conceitual, cujo objetivo é reconquistar uma visão clara sobre o campo desesperançadamente distorcido e obstruído do questionamento do *Dasein*.

Coragem para enfrentar a tempestade

Justamente na época em que seu país estava ameaçado de ser repartido definitivamente pelas forças centrífugas da política do pós-guerra de Versalhes, Heidegger se decide, também como pensador, pela tática existencial de um retorno ao que seria essencial. Ao desesperançado caráter centrífugo do seu tempo, ele contrapõe a concentração nas raízes e origens de todo *Dasein*. No que se refere puramente à filosofia, isso se dá na forma da exposição mais transparente possível de sua verdadeira questão. Do ponto de vista conceitual, há o desejo de renovar o vocabulário da tradição — considerado velho, distorcedor e óbvio demais —, modernizando-o e fundando-o em experiências concretas do *Dasein*. No plano existencial, trata-se da personalização enfática de seu projeto de autoiluminação filosófica no sentido de um apelo à reflexão questionadora, apelo esse que no fundo cada *Dasein* sente e escuta em si. Por fim, no que se refere à aplicação concreta na vida, a retirada solene em meados do outono ao chalé do pensador, no ponto mais alto da sua Floresta Negra natal.

Nos anos seguintes, de tempos em tempos Heidegger vai equiparar a experiência da vida no chalé, principalmente das tempestades locais, com as experiências do pensamento em si. No suposto aconchego da casinha de madeira, a inquietação e a exposição fundamental do ser humano às forças primordiais da natureza são vividas mais intensamente. Entretanto, a inquietação própria do filosofar, à qual Heidegger se refere em sua carta de novembro a Jaspers, mostra-se com força e intensidade totais ao *Dasein* justo lá onde ele se sente profundamente enraizado.

Filosofar, como Heidegger quer compreender, não tem a intenção de serenar o *Dasein* ou trazer paz de espírito. Ao contrário: ele se mostra na vontade persistente de se postar em meio à tempestade do questionamento radical; na coragem investigativa de garantir um abismo sem fim onde outrora assumíamos ou esperávamos por um fundamento certeiro. O caminho desse pensamento pode não ser fácil. Nada lhe é mais bem-vindo do que momentos da mais alta tensão e perigo.

Transferido ao âmbito da política, essa postura leva a uma afirmação enfática de estados de exceção marcados por crise e perigo máximos, que exigem, sem oferecer alternativa, decisões e reflexões autênticas.

Por mais penosos que fossem os efeitos sentidos no cotidiano durante os chamados "anos da catástrofe" de 1922 e 1923, a constelação social resultante pôde ser saudada sem restrições por Heidegger como momento de abertura que promete um recomeço fundamental e uma radical mudança no modo de pensar. Eis seu estado de espírito no inverno de 1922-1923 — e também exatos dez anos mais tarde, numa época de altíssima força explosiva e radicalidade iguais, que Heidegger vai observar a partir de uma posição muito diferente, institucionalmente segura.

Lutas de posições

No aqui e agora do outono de 1922, entretanto, é preciso primeiro conquistar um cargo acadêmico fixo. Heidegger está consciente da força explosiva filosófica contida em suas *Interpretações de Aristóteles*. "Em Marburg, o trabalho também se saiu bem", ele avisa de maneira um tanto cifrada a Jaspers, em novembro de 1922. E encerra sua carta com uma afirmação com várias interpretações possíveis: "Juntei lenha com muito afinco e guardei para o inverno".[7]

Heidegger espera, reclama, com razão, do "estado miserável" em que se encontra, resultado desse "ser puxado para cá e para lá" por "semiprobabilidades, elogios falsos e coisas assim". Em março de 1923, por fim, ele recebe indiretamente a notícia de Marburg de que não foi escolhido. Ao menos, ainda não. Ao menos, muito provavelmente não. Elfride, no limite de suas forças, havia abandonado definitivamente os estudos em janeiro de 1923. A situação se tornou muito séria. "Não morreremos de fome tão cedo", Heidegger consola a mulher numa carta de março daquele ano, e apenas um mês mais tarde reduz todas as expectativas de vida a um mínimo: "Basta sobrevivermos com nossos filhos; tenho coisas mais importantes a fazer do que aspirar por uma grande carreira ou coisa semelhante".[8] Dessa maneira, a necessidade o obriga a fazer diferente, continuar sem um cargo acadêmico. Em setembro, ele acertou ao escrever: "A vida fática, enquanto preocupada com a sobrevivência, *percorre desvios*".

Enquanto isso, a inflação está na casa dos milhões. Heidegger arruma uma nova fonte de renda como professor particular de um nobre japonês, "conde Kuki". Apesar disso, a preocupação é grande. Em 18 de junho de 1823, ele é pego de surpresa com a notícia de sua nomeação como "professor extraordinário com cargo e direitos de um professor titular". "Finalmente o feitiço se desfez", Jaspers o parabeniza e em seguida lhe oferece um conselho paternal sobre expectativas importantes: "Em relação a salário, você dificilmente poderá fazer exigências". Sem problemas! Afinal, Heidegger não tem — segundo sua natureza, digamos — a intenção de se tornar "um professor metido a elegante e caprichoso, esnobando o salário". O fundamental de sua resposta de 14 de julho de 1923 ao seu colega de Marburg, o neokantiano e companheiro de Cassirer, Paul Natorp (que havia advogado firmemente pela nomeação de Heidegger), é que daquele momento em diante "com minha presença [...] esquentar o inferno; nos acompanha uma tropa de choque de dezesseis pessoas, e entre alguns correligionários inevitáveis há alguns muito sérios e capazes".

Heidegger pretende tomar Marburg de assalto. Marburg, qual nada; o mundo intelectual inteiro.

Vizinhança ruim

Como dissemos, não era tarefa fácil tirar Cassirer do sério. Sua força de trabalho e produtividade continuam absolutamente inabaláveis apesar das dificuldades dos anos de crise de 1922-1923. Ele termina a primeira parte do seu *Filosofia das formas simbólicas* e inicia imediatamente os preparativos para o segundo volume, dedicado ao fenômeno do pensamento mítico. Pois também os mitos e os rituais e tabus a eles relacionados oferecem ao ser humano dos tempos primordiais uma forma prática de orientação no mundo — como a verdadeira base primordial da formação simbólica. "Você realmente não precisa se preocupar comigo: não apenas suporto maravilhosamente bem a solidão como também a procuro, visto que é o melhor remédio, absolutamente comprovado, para meus nervos um tanto irritados nos últimos tempos",[9] ele escreve em 5 de julho de 1922 — soterrado por livros de história das religiões e etnologia em seu escritório doméstico em Hamburgo — à mulher que está com os filhos passando uma temporada junto aos parentes em Viena. Mas uma ocorrência do mês anterior não o deixou totalmente sereno. Embora seus filhos — principalmente Anna, de catorze anos — tivessem sido importunados vez ou outra por "insultos vindos da vizinhança", o incidente passava dos limites de maneira intolerável. Mesmo alguém como Ernst Cassirer não conseguia mais ficar calado.

Hamburgo, 10 de junho de 1922

Prezado senhor,

O senhor se aproveitou de minha ausência de casa ontem à tarde para se aproximar de minha mulher e de meu sogro, iniciar uma conversa com eles e, por fim, lhes proferir alguns insultos desde o outro lado do canal. Um tal comportamento em relação a uma senhora que não lhe foi apresentada e a um senhor de 76 anos de idade se define por si mesmo: desnecessário acrescentar qualquer coisa ao seu caráter. Desde que me tornei seu vizinho, delimitei nosso convívio de maneira clara e incisiva — e peço-lhe enfaticamente que não empreenda outras tentativas de avançar esses limites. Até então sempre me esforcei em evitar totalmente relações com pessoas de seu matiz, e logo exigirei aos outros pais de nossa vizinhança, também no interesse da educação de meus filhos, que todo e qualquer contato com seu filho seja interditado [...].[10]

O que tinha acontecido? Dias antes, um vizinho do outro lado do canal do rio Alster, cujo jardim ficava defronte ao terreno dos Cassirer — o nome do homem era Hachmann —, ficou furibundo com um pedido feito certamente da maneira mais educada possível pela mulher do professor Cassirer: ela lhe pedia que o filho de sete anos de Hachmann não fizesse tanto barulho ao brincar ou que brincasse em outro lugar que não no jardim, visto que seu alarido, notadamente estridente e irritante, atrapalhava tanto a leitura de verão ao ar livre da sra. Cassirer quanto incomodava o seu pai, de visita em Hamburgo. Hachmann bradou a seguinte resposta: "E a senhora acha que vocês não nos incomodam também? Olhar para vocês já basta — seu lugar é na Palestina".[11]

Em retrospecto, a partir de seu exílio americano, Toni Cassirer se recorda desse incidente entre vizinhos como um momento decisivo: "A partir desse dia começou meu desligamento da Alemanha". Na realidade, foram duas gotas d'água: a crueza desrespeitosa do ódio de Hachmann e também a percepção segura de Toni Cassirer de que uma mistura explosiva de anticapitalismo, anticomunismo e antissemitismo estava sendo gestada naqueles primeiros anos da crise da República de Weimar e que vinha ganhando mais e mais adeptos, inclusive entre a elite intelectual, além de uma aceitação popular.

No que diz respeito a Ernst Cassirer — sua carta deixa isso evidente —, ele acredita poder se livrar de maneira duradoura dos atrevimentos cada vez mais cotidianos ligados a essa dinâmica por meio de limites privados estritos, da etiqueta burguesa e do retiro voluntário do homem erudito aos próprios círculos e às quatro paredes. Mas naqueles dias de verão nada lhe devia ser mais distante do que o pensamento de uma despedida interior da sua pátria alemã, principalmente de Hamburgo. Afinal, apenas então, e provavelmente pela primeira vez, ele se sente absolutamente reconhecido, absolutamente aceito. Isso se deve ao também fato de Cassirer descobrir nessa fase da vida seu verdadeiro local de reflexão. No seu caso, não se trata de um chalé isolado numa encosta da Floresta Negra, mas a biblioteca de um pesquisador independente das ciências ditas humanas, que, como herdeiro de uma das mais influentes famílias de banqueiros do mundo, reuniu e ordenou segundo parâmetros muito particulares durante mais de trinta anos dezenas de milhares de estudos raros e originais sobre a história das ideias e da ciência. Trata-se da biblioteca de Abraham ("Aby") Moritz Warburg, na qual Cassirer entrou pela primeira vez no inverno de 1920 e que se tornará, para os dez anos seguintes, o verdadeiro lugar de inspiração de seu trabalho.

Boa vizinhança

Foi um choque: "Nunca mais poderei voltar a esse lugar, pois me perderei para sempre nesse labirinto",[12] murmura Cassirer depois de ter sido guiado pelo dr. Fritz Saxl, bibliotecário-chefe da coleção Warburg, durante uma hora por entre armários e estantes de conteúdo excelente, ainda que singularmente ordenados. De um lado, havia uma riqueza fascinante em bibliografia de pesquisa, bem como raridades incríveis entre os exemplares adquiridos cuidadosamente ao redor do mundo. Mas, para Cassirer, o milagre era a ideia dessa biblioteca em si, a patente finalidade intelectual com a qual ela é recolhida e sistematizada.

Os volumes não são dispostos nem em ordem alfabética nem por ano de publicação; Warburg classificava os livros segundo o sistema da assim chamada "boa vizinhança", inventado por ele mesmo. Esse sistema, por sua vez, baseava-se num programa de pesquisa próprio sobre o que é de fato a cultura humana, qual sua característica essencial e quais dinâmicas determinaram mais intensamente seu desenvolvimento nos últimos séculos.

Dessa maneira, todo o acervo está dividido em quatro seções, que por sua vez se baseiam em quatro conceitos filosóficos básicos, que são (até hoje):[13]

ORIENTAÇÃO   IMAGEM   PALAVRA   AÇÃO

A princípio, Warburg — como o mentor da biblioteca — aplica o conceito "orientação" apenas no sentido de que o mundo não é compreendido de imediato por nós. O ser humano não apenas chega em grande medida sem proteção nem instintos a este mundo como também chega ignorante. Essa necessidade elementar de se orientar em seu pensamento e em sua ação, em seu relacionamento geral com o mundo, está na origem daquilo que chamamos cultura. Aliás, esse foi o ponto de partida da filosofia kantiana. Ele não apenas é compartilhado expressamente por Cassirer como também representa o verdadeiro fundamento de sua principal obra, à época ainda em seus primórdios. Sob o conceito de orientação, a biblioteca Warburg seleciona obras sobre superstição, magia, religião e ciências — como produtos culturais centrais da necessidade humana básica de orientação.

Mas as seções "imagem", "palavra" e "ação" já são, no sistema de Warburg, uma resposta que explica mediante quais formas e meios esses resultados de orientação podem ser dispostos a longo prazo. Quer dizer, exatamente por aquilo que Cassirer chama em sua filosofia de "símbolo" e "sistema de símbolos".

Warburg classifica obras relativas a ornamentos, artes gráficas ou pintura sob "imagem". "Palavra" reúne fórmulas de encantamento, orações, epopeias e obras de literatura. Por fim, "ação" comporta livros que pesquisam o corpo humano como meio de formações simbólicas — ou seja, tratados sobre festas e danças, teatro ou erotismo.

Por essa razão, já em sua primeira visita Cassirer teve de superar o sentimento inquietante, quase fantástico, de que essa biblioteca tinha sido planejada e organizada exatamente de acordo com o plano e os pontos centrais que guiaram sua própria obra desde as epifanias nos bondes em 1917: a concepção básica da biblioteca Warburg corresponde, tanto em sua forma quanto em seu conteúdo, à concepção básica de sua filosofia das formas simbólicas!

Mas não só isso, ela também dá um decisivo passo adiante no que diz respeito à planejada arquitetura sistemática da obra de Cassirer. Pois em vez de a organização interna desse sistema de classificação, já tão original, se pautar de maneira cronológica e sistematizar o desenvolvimento da cultura desde os primórdios ligados ao culto do totem, do rito e do mito para chegar às ciências naturais modernas em um movimento de ascensão contínuo ao verdadeiro conhecimento do mundo, reina nas estantes da biblioteca Warburg o princípio de organização interna da "boa vizinhança". Assim, obras das mais diferentes disciplinas e épocas são dispostas lado a lado, de modo a oferecer ao pesquisador relações quase inimaginadas de possível parentesco, semelhanças de tratamento e também de influências criativas. Dessa maneira, obras fundamentais de química têm livros de alquimia como vizinhos diretos; pesquisas sobre a antiga haruspicação estão ladeadas por tratados sobre astrologia e álgebra moderna.

Utopia na estante

A coleção de Warburg baseia-se na ideia de uma contínua não simultaneidade cultural do simultâneo, na qual as mais diferentes obras das mais diferentes procedências se influenciam e se repelem mutuamente. Além disso, seu sistema de ordenamento reafirma a convicção de que existe algo como uma memória cultural inconsciente, que permanece misteriosamente efetiva e silenciosa — por assim dizer nas costas de cada uma das épocas e de seus interesses nas pesquisas — e que de maneira enigmática conduz mudanças significativas. Símbolos e seres humanos, assim era a ideia central de Warburg, interagem de modo permanente, e os símbolos usados pelos seres humanos para pensar, falar, praguejar, orar, predizer, perguntar e pesquisar — resumindo, orientar-se neste mundo — são em geral muito mais antigos e, em certo sentido, mais sábios do que os seres que deles fazem uso em seu tempo e que deles se apropriam com interesses particulares. Há ainda tanto a descobrir, fazer tantas ligações e dar voz a tantas constelações silenciosas. Dessa maneira, é natural que Warburg tenha colocado sua biblioteca sob a proteção da deusa da memória, Mnemosine.

A partir do dia em que Cassirer pisou nessa biblioteca, seu pensamento começou a se afinar à sua particular organização da visão de cultura. A princípio passo a passo, mas de modo contínuo e crescente. Nas estantes de Warburg não havia disciplinas únicas claramente delimitadas, campos de pesquisa ou mesmo círculos culturais bem definidos. Elas são uma zona totalmente livre de tabus, cuja organização enseja o visitante a se lançar com prazer à descoberta do que ainda está por ser descoberto — seja do que está no futuro, no presente ou no passado.

Como seria um mundo no qual a sra. Cassirer e o sr. Hachmann poderiam ficar lado a lado, como os livros na biblioteca Warburg, para além de todos os limites supostamente rígidos, rejeições e diferenças? Se entendemos corretamente a biblioteca, ela encarna não menos do que uma utopia de coletividade e ligação de tudo e todos, para cuja percepção e reconhecimento é preciso apenas um pequeno passo, ou um salto, sobre as águas do esquecimento.

Em 1920, Cassirer é tomado de surpresa pelo que a biblioteca de estudos culturais representou e haveria de representar para ele. Quando aceitou o chamado para Hamburgo, ele não sabia de sua existência. Mas o mesmo não pode ser dito em relação aos administradores da biblioteca. O bibliotecário dr. Saxl sabe muito bem com quem está lidando quando Cassirer adentra pela primeira vez os cômodos da casa de Warburg. Cassirer era aguardado — e, por essa razão, essa sua visita foi cuidadosamente programada. Saxl relata:

Começo então na segunda sala pelo armário do "símbolo", visto que supus que a partir dali seria mais fácil Cassirer aproximar-se do problema. Ele fica perplexo e me explica que esse é o problema que o ocupa há muito tempo e no qual está trabalhando naquele momento. Mas ele conhecia apenas uma pequena parte da bibliografia sobre o conceito de símbolo de que dispomos, e absolutamente nada sobre seu uso visual (a manifestação do símbolo na mímica e na arte). Cassirer compreendeu imediatamente, acompanhando por uma hora minha explicação de como um armário segue-se a outro, um pensamento a outro. Foi bom ter a oportunidade de guiar um homem com essas qualidades.[14]

A primeira impressão, reverente, de um labirinto ao qual ele não deveria voltar se transforma depois de poucos meses no desejo explícito de passar anos por ali.[15] É o que ele faz. Cassirer descobriu o lugar de seus sonhos intelectuais. E a biblioteca encontrou o pesquisador para a qual foi montada. Cria-se uma relação perfeitamente simbiótica, que inclui os funcionários mais graduados da biblioteca. Os pedidos certeiros de Cassirer por determinados livros passam a ampliar o acervo da coleção, enquanto o dr. Saxl e os seus encomendam a Cassirer um ensaio, de acordo com o espírito da biblioteca, toda vez que há uma nova questão em pauta. Como primeiro resultado desse trabalho em conjunto especialmente frutífero, é publicado em julho de 1922 o estudo de Cassirer *Die Begriffsform im mythischen Denken* [A forma do conceito no pensamento mítico].

Partindo do mito

Nessa obra, decisiva para seu percurso intelectual, Cassirer investiga as características específicas da construção mítica da ideia de mundo (contrapondo-se às das modernas ciências naturais).

Como Heidegger, que em suas pesquisas sobre Aristóteles se assemelha a um arqueólogo ou a um dinamitador quando investiga em que medida determinadas diferenciações conceituais formatam ou desfiguram até hoje, de maneira decisiva, todo nosso pensamento, Cassirer busca em sua pesquisa sobre a forma do conceito mítico um suposto início de nossa história cultural e revela em que medida essa original camada básica do pensamento influencia e marca nossa compreensão do mundo.

Muito distante de ser puramente irracional e arbitrário, Cassirer reconhece no pensamento mítico a marca de uma extrema rigidez, necessidade e coerência. Afinal, suas conceituações determinam um lugar estável e fixo para tudo e para cada ser no universo. Isso está baseado em diferenciações cruciais, fundamentais e absolutas, conforme uma lógica totêmica. Via de regra, inicia-se com a separação de uma comunidade social — em geral, da própria tribo — em dois grupos rigidamente diferentes, identificando essa separação com atributos e qualidades estáticas e, principalmente, tabus que não podem ser transgredidos. A partir dessa diferenciação fundamental, podem ser formados subgrupos, de modo que, por exemplo, "os homens da classe que possui determinado emblema totêmico [...] só podem se casar com as mulheres de um clã muito específico, caracterizado por um totem especial". Assim se cria uma primeira ordem. Mas não é suficiente:

> Na verdade, a diferenciação entre os clãs individuais segundo totens vai aumentando progressivamente a partir de seu círculo social mais restrito, para por fim alcançar todas as esferas da existência, tanto as naturais quanto as intelectuais. Não apenas os membros da tribo, mas o universo inteiro, com tudo o que nele está contido, é ordenado em grupos pela forma totêmica de pensamento.[16]

Esse tremendo feito de transferência — ser capaz de dar um lugar fixo e valor a tudo que existe! — é alcançado no pensamento mítico por meio de relações de semelhança. Nesse sentido, a característica determinante do pensamento mítico é que

> essa semelhança nunca seja compreendida como "mera" relação que talvez tivesse origem em nosso pensamento subjetivo, mas que logo reconduza a uma identidade real: coisas não podem *parecer* semelhantes sem ser de algum modo unas em sua essência.[17]

Quando reconhecemos que diferenciações totêmicas de valores são caracterizadas por contar com uma pesada carga de valores e, portanto, promovem lógicas absolutas de inclusão e exclusão (afinal, este é seu ato de organização), torna-se visível a natureza explosiva político-moral dessa forma de pensamento na base de nosso desenvolvimento cultural. Na linguagem cotidiana, há, por exemplo, o xingamento [em alemão] de "cão sinistro" [*linker Hund*]. Aqui são mobilizadas simultaneamente várias ênfases valorativas ocultas: o valor menor da mão "esquerda" (sinistra) em comparação com o da "direita", que perpassa toda nossa cultura ocidental como uma diferenciação básica, e a suposta heresia e sujeira do cachorro (ou também do porco), resultante das religiões abraâmicas e suas diferenciações totêmicas básicas. A força valorativa da forma do conceito mítico está presente na nossa língua. Querendo ou não, ela fala para nós usando de quase todas as palavras e, principalmente, a partir de nós mesmos.

O novo Iluminismo

Revelar tais conexões ocultas significou para Cassirer praticar o esclarecimento no melhor sentido kantiano. Quer dizer, possibilitar uma "saída do ser humano de sua menoridade pela qual ele próprio é responsável", na medida em que essa menoridade autoimposta consiste em querer manter a obscuridade e incerteza das verdadeiras conexões ocultas dos conceitos que orientam nosso pensamento e, portanto, nossas relações com o mundo.

Em 1922, ao apontar a situação hermenêutica, Heidegger está combatendo exatamente esse comodismo ou, como ele chama, despreocupação. Entretanto, Heidegger fala expressamente de uma "destruição" dos conceitos existentes, principalmente os filosóficos. Em oposição a isso, as análises de Cassirer não objetivam uma destruição fundamental de conceitos existentes — afinal, para onde isso nos levaria senão ao recomeço absoluto de uma nova linguagem necessariamente mítica? —, mas são impulsionadas pelo ímpeto radicalmente esclarecedor de uma conscientização das possibilidades e impossibilidades que toda forma conceitual, seja ela mítica, religiosa ou das ciências naturais, necessariamente carrega consigo.

Cassirer identifica aí dois perigos centrais, dos quais toda cultura moderna está à mercê a cada momento de seu desenvolvimento. Primeiro: toda cultura é notadamente vulnerável a retrocessos, cada um dos passos do seu desenvolvimento é reversível. Segundo: justamente em tempos da crise mais aguda, em momentos de tensão e falta de clareza — como nos anos 1922 e 1923 — existe a ameaça de um retrocesso abrandador a modelos explicativos absolutamente ordenadores e valorativos, como o do pensamento mítico.

Por sobre o rio

Nesse cenário, o exemplo da briga de vizinhos entre a sra. Cassirer e o sr. Hachmann serve como exemplo perfeito de um retrocesso momentâneo ao pensamento mítico: Hachmann está tomado por ocasos míticos quando, ao partir de uma distinção básica que é, em última análise, totêmica entre "os alemães" e "os judeus", percebe a mera visão e, com isso, a proximidade da sra. Cassirer como ofensiva, perturbadora, impura e, ao mesmo tempo, quase de maneira natural, acredita que todo ser humano, de acordo com o grupo a que faz parte, tem seu lugar fixo e determinado neste mundo: um "aí" que é o lugar, absoluto e individual, dessa pessoa. No caso concreto dos judeus, a Palestina.

A sra. Cassirer também entendeu assim: "Quando o sr. Hachmann disse para mim, do outro lado do canal, que todos nós devíamos estar na Palestina, era como se estivesse dizendo que todos nós deveríamos estar num monte de esterco. Naquela época, para aquela gente a Palestina era um xingamento. Para nós, era o lugar para onde imigravam judeus muito próximos da tradição, além de refugiados russos e poloneses, a fim de encontrar uma nova pátria".[18]

Os Cassirer não tinham nem sentiam uma ligação muito próxima com a tradição, quer dizer, não eram ortodoxos — e não queriam que pessoas mais primitivas lhes impingissem esse modo de pensar. Entretanto, e aqui está o verdadeiro ponto da filosofia da cultura de Cassirer, o critério para o primitivismo filosófico não depende da forma conceitual à qual alguém se sinta pertencente, mas da perseguição da ideia fixa de que deva existir algo como uma forma única e unificadora, que dê origem a absolutamente tudo o que existe.

Mas nenhuma forma conceitual é rica o suficiente para esgotar o espaço do real. Por outro lado, toda forma conceitual possui — a partir de si — uma certa tendência à expansão. Cada uma ambiciona ordem e apropriação totais e, com isso, uma aquisição hostil de todas as outras. Para Cassirer, nesse impulso está por assim dizer a fatalidade sempre possível de nossa cultura:

Uma determinada diferenciação ilustrativa, instintiva e mental não fica parada no ponto em que surgiu pela primeira vez, mas tende a avançar a partir desse ponto, traçando círculos cada vez maiores e, por fim, abarcar a totalidade do ser e "organizá-lo" de alguma maneira.[19]

Isso tanto vale para o mito quanto para a ciência moderna e suas correntes internas totalizantes (biologismo, fisicalismo, economicismo). Vale para a religião e seus fundamentalistas psicóticos. Vale para certas versões estéticas totalizantes da arte no sentido de uma compreensão unilateral da obra de arte total. Segundo Cassirer, esse afã incessável para a expansão daquelas diferenciações básicas, que em geral são as mais importantes para os indivíduos, deve ser tratado por meio da demonstração — por vezes cansativa, mas sempre elucidativa — dos parentescos ocultos e dos óbvios limites descritivos de cada forma simbólica em questão. Um trabalho infinito, labiríntico, tão infinito e labiríntico quanto o espaço da própria criação cultural.

Em 1922 e 1923, Cassirer mergulha nessa tarefa. Ele tem o apoio não só da família e da mulher, da cidade de Hamburgo e sua faculdade, mas também agora da biblioteca de seus sonhos. Ele passa a enxergar uma luz no fim do túnel até do ponto de vista financeiro. Dessa maneira, em abril de 1923 informa à esposa, também muito preocupada com o futuro da economia doméstica e com uma alimentação suficiente para os filhos:

Hoje recebi de Bruno [o editor de Cassirer] as contas do primeiro trimestre de 1923. Nesses três meses, foram vendidos 1240 exemplares do meu livro, o que me garante um honorário de mais de 1 milhão de marcos. Não só minhas dívidas estão pagas como também fico com mais de meio milhão.[20]

Lugar para morar encontrado. Casa paga. Suprimento de livros garantido. E mais meio milhão à disposição! Nada disso pode ser dito a respeito de Walter Benjamin.

No turbilhão

O ano de 1922 deveria ter sido — mais uma vez — o momento da virada de Walter Benjamin. Por sugestão do editor de Heidelberg, Richard Weißbach, que também prometera publicar sua tradução de Baudelaire, no outono de 1921 Benjamin planejou com a maior das esperanças e principalmente muita ambição a criação de uma revista chamada *Angelus Novus*. Os autores seriam convocados entre aqueles de seu círculo mais próximo de conhecidos, e o redator-chefe, dr. Walter Benjamin, explica o objetivo do projeto ao seu amigo íntimo — agora na qualidade de possível autor — Gershom Scholem:

> O plano, totalmente de minha autoria, é fundar uma revista que não levará minimamente em consideração o público *apto a pagar* por ela, a fim de conseguir servir ainda melhor ao público intelectual.[21]

No início de 1922, a primeira edição, batizada com o nome de um desenho de Paul Klee (que Benjamin havia adquirido em 1921 em Munique), está teoricamente pronta para ser impressa. Apesar da contínua insistência de Benjamin, Weißbach não a leva adiante. O risco financeiro é grande demais para o editor. Também a publicação da tradução de Baudelaire (mais o prefácio de Benjamin, "A tarefa do tradutor") vai sendo postergada durante todo o ano, de maneira torturante, sem que Weißbach defina uma data concreta para o lançamento. A inflação leva o preço do papel às alturas e obriga todo o setor editorial a manter especial cautela. Para um outsider esotérico como

Benjamin é — e quer ser a todo custo —, isso era um obstáculo ao processo, bem como a toda e qualquer probabilidade de publicação. Indagado sobre seus livros editados, a única resposta honesta possível em 1922 é: nenhum. Inclui-se aí sua tese absolutamente sem repercussão.

Autoimagem editorial e realidade continuam andando em direções contrárias. O mesmo vale para suas ambições acadêmicas. Em 1922 ele é um inquieto caixeiro-viajante no que se refere à habilitação. Quase não há uma universidade alemã de maior porte em cuja porta ele não tenha batido, de uma forma ou de outra. Ele aposta sobretudo em Heidelberg, mesmo sem saber exatamente em qual disciplina nem com quem. Filosofia, germanística, sociologia... Jaspers, Lederer, Alfred Weber? Benjamin procura se aproximar de todos eles.

No fim do outono de 1922, a situação se agrava também para ele. O vínculo com a casa dos pais parece ter sido rompido, por fim. O pai de Benjamim insiste que o filho vá trabalhar num banco, enquanto Walter se diz a princípio aberto a todo tipo de ganha-pão, desde que a atividade não estrague seus planos para a livre-docência. Sem uma perspectiva concreta de defender uma tese, essa condição fica no vazio. E sem tempo nem tranquilidade para preparar razoavelmente uma, ele está entre a vida de bancário ou a cessação definitiva da contribuição financeira dos pais. Em 1922, Benjamin não tem nenhum rendimento próprio.

O amigo Erich Gutkind (aqueles Gutkind com os quais os Benjamin planejaram, ainda em 1921, uma vida comunitária numa propriedade rural no sul da Alemanha) lhe oferece em outubro o exemplo do quão fundo é possível cair nesses tempos:

nossa situação [é] ruim. Na casa dos Gutkind, parece se tornar catastrófica. Como a situação da sua mãe ainda permanece a mesma, Erich decidiu-se há alguns dias [...] se tornar representante de margarina [...]. Mas se for para dar certo, o bom Deus há de ajudar a vender.[22]

Logo em seguida, Benjamin registra:

A iniciativa de Gutkind [...] é um fiasco total — receita de 150 marcos em quatro dias —, quer dizer, tirando o dinheiro da condução, quase teve prejuízo. Eu tomei um caminho semelhante, embora mais fácil, e tentei comprar e vender livros, de maneira que os compro no norte da cidade e os vendo no oeste, e tiro vantagem do algum conhecimento que tenho de livros antigos e do mercado [...]. Esse serviço, embora possa ser muito cativante na hora de procurar por tesouros nos vendedores de segunda mão ou nas pequenas pontas de estoque, é muitíssimo absorvente [...] então o trabalho em si começa a ser prejudicado de tal maneira que tenho de parar.[23]

Ao se referir ao "trabalho", Benjamin quer dizer o desenvolvimento por escrito de um pensamento. Independentemente do quão precária e desesperançada esteja a situação, para ele não há espaço de manobra, nenhum tipo de acordo, nenhuma escolha. Escrever uma tese de livre-docência e habilitar-se ao cargo de professor parece continuar sendo, como antes, o único caminho plausível para a sobrevivência. A disposição de Benjamin ao sacrifício e à humilhação é correspondente.

No seu caso, os obstáculos para tanto são realmente muito altos. Por um lado, há entre o professorado alemão algo como uma regra tácita de nunca orientar simultaneamente mais que um judeu para livre-docência. Do outro, o currículo de Benjamin deixa patente que ele trapaceou para escapar do serviço militar. Isso não facilita as coisas. Para muitos professores, torna-se inclusive um critério de exclusão. Simplesmente não se orienta alguém assim.

Terceiro na liga?

Em dezembro de 1922 Benjamin está batendo mais uma vez à porta de Heidelberg, dessa vez, entretanto, numa situação especialmente lastimável. Está cada vez mais difícil encontrar uma acomodação adequada tendo em vista seu orçamento. Por essa razão, ele aluga, durante todo o mês do Natal, um quarto muito simples, porém quente,

> que tem a grande desvantagem de ficar ao lado da cozinha de uma família de proletários, que tem um filho de dois meses de idade [...]. Mas estou enfrentando a situação com um estoicismo que não me é usual — apesar de 1) o bebê dorme ao meu lado durante a noite e 2) é prematuro de sete meses e por isso abre um berreiro especialmente amargurado contra a vida. Hoje, domingo, quando todos estão em casa, é o verdadeiro inferno na Terra.[24]

Como Cassirer, Benjamin também tem suas dificuldades com os filhos de vizinhos. Dada sua situação, entretanto, uma delimitação clara é tão pouco possível quanto um chamado de paz alinhavado pela etiqueta burguesa. O que não quer dizer que Benjamin e os seus realmente estivessem ameaçados, nesses tempos difíceis, à bancarrota e a ficar sem teto. Em 1922, enquanto Benjamin viaja a trabalho pelo país como redator-chefe, crítico, antiquário de livros, bem como aspirante a livre-docente, reclamando sem qualquer ironia do "redemoinho insólito de ocupações múltiplas", Dora passa meses inteiros com o filho Stefan na casa de repouso da tia aos pés do Semmering, na Áustria — muito próxima, aliás, do endereço de férias dos pais de Toni Cassirer.

Nem todas as cartas foram dadas ainda. Em setembro de 1922, enquanto Jaspers considera imprescindível financiar com mil marcos a viagem de Heidegger para Heidelberg, visto que tal dispêndio explodiria o orçamento da família do professor de Freiburg, essa é uma soma que, por aquela mesma época, Benjamin gasta sem pestanejar durante suas excursões por pontas de estoque de Berlim, Göttingen, Frankfurt e Heidelberg a fim de adquirir um ou outro livro para sua coleção particular.

Por falar em Jaspers, ele é um motivo essencial para Benjamin voltar a Heidelberg mais uma vez em dezembro de 1922. "Ainda não sei como andam as coisas da universidade", relata Benjamin em 6 de dezembro de 1922 ao amigo Scholem, "vou fazer de tudo para tentar ser apresentado a Jaspers." É altamente improvável, ainda que não de todo impossível, que naquela época Benjamin soubesse algo da recém-fundada "comunidade de luta" entre Jaspers e Heidegger. Será que isso o teria feito desistir da empreitada ou ele se sentiria apenas incomodado?

Depois das rejeições dos meses anteriores, Benjamin tinha sido ouvinte de Jaspers em 1921 num curso (naquela época, ele tinha "gostado muito");[25] em todo o caso, o recém-nomeado professor de filosofia é uma de suas últimas esperanças. Jaspers, casado com uma judia, advoga uma abordagem filosófica não convencional e mais livre, longe da estreiteza acadêmica e das pressões da tradição do menor inimigo em comum, o neokantismo, contra o qual se posicionam todos os jovens pensadores inovadores durante aqueles anos. E exatamente como Heidegger em 1922, desesperado à procura de um emprego, Benjamin carrega na bagagem naquele inverno um manuscrito, novo e extremamente ambicioso, para concorrer a um cargo docente. Um ensaio tão forte, de tese tão rica e metodologicamente refinada que, como ele percebe claramente e também afirma sem pudor, "delineia o método de seus futuros trabalhos". Trata-se de um texto crítico de cerca de cem páginas sobre o romance *As afinidades eletivas*, de Goethe.

Goethe em Weimar

Como sempre acontece quando Benjamin se aventura na filosofia, também esse texto trata basicamente de tudo. Inclusive de uma interpretação esclarecedora da situação de sua própria vida. Pois as forças centrífugas daqueles últimos anos também levaram seu casamento com Dora até o ponto do rompimento. Sem dúvida, naquela época a Universidade de Heidelberg era um dos faróis das ciências humanas do continente: lá os irmãos Max e Alfred Weber criaram o verdadeiro fundamento da sociologia moderna; lá o jovem Georg Lukács escreveu sua *Teoria do romance*; de lá Friedrich Gundolf dominava a germanística. E o jurista e filósofo do direito Gustav Radbruch era um de seus admirados luminares. No verão de 1921, Stefan George ainda passeava, perdido em pensamentos, por aquelas ruínas de castelo que inspiraram Hölderlin e Hegel aos mais altos voos intelectuais. Entre os filósofos, Karl Jaspers começa a cintilar como a nova estrela da universidade.

Mas o real motivo para Benjamin circular regularmente e por longos períodos pelas vielas da cidade velha de Heidelberg a partir de 1921 é a escultora Jula Cohn. Benjamin apaixonara-se à primeira vista e perdidamente por essa mulher durante uma reunião de amigos em Berlim. Ele não foi correspondido. Mas isso não é tudo. Por essa época, Jula está apaixonada por Erich Schön, antigo colega de escola de Benjamin, com quem a mulher deste último, Dora, mantém desde 1921 um relacionamento absolutamente público. Quase banal demais para ser verdade, ou ao menos interessante. Uma complicada constelação de quatro pessoas, de cujo exemplo clássico qualquer estudante alemão conseguiria se lembrar à época: o romance de relações profundamente complexas de Goethe, *As afinidades eletivas*.

Nos últimos dias de 1921, quando Benjamin se senta à escrivaninha em Berlim para uma nova investida no projeto de livre-docência, sua própria situação afetiva se torna o impulso decisivo para condensar o trabalho de anos com a obra e a visão de mundo de Goethe — baseado na convicção consolidada por sua tese a respeito das verdadeiras tarefas e métodos da crítica literária — num ensaio de cerca de cem páginas.

O texto extremamente denso e até hoje festejado como uma das obras principais de Benjamin, chamado *As afinidades eletivas de Goethe*,[26] aparenta ser uma clássica interpretação de um romance. Na verdade, porém, o trabalho de Benjamin realiza com o romance de Goethe — como supostamente o romance de Goethe em si — uma crítica abrangente, ou até uma meditação, sobre a instituição do casamento burguês e, assim, sobre o presumido núcleo da sociedade burguesa como um todo. Em outras palavras, desmascara as forças e dinâmicas ocultas que, na verdade, mantêm unidas uma sociedade burguesa moderna com suas promessas constitutivas de liberdade e autorrealização. Para o Benjamin das "afinidades eletivas", essas são forças, padrões de pensamento e dinâmicas *míticas*, portanto necessariamente nocivas, incapacitantes e limitadoras. A partir daí, ele responde à questão de como o sujeito supostamente livre e autodeterminado poderia se livrar com sucesso dos efeitos, em sua maioria ocultos, dessas forças e ideias e levar uma vida na qual fosse possível não somente o amor verdadeiro, mas também talvez até um casamento verdadeiro, pleno.

O ensaio de Benjamin amalgama ambos os temas centrais do pensamento e da inspiração tanto da obra de Cassirer sobre a forma mítica do conceito quanto da *Indicação da situação hermenêutica* de Heidegger numa teoria própria — sem, entretanto, ter um conhecimento consciente dos dois textos escritos simultaneamente. Essa sua teoria trata das condições da possibilidade de um casamento verdadeiro; ou, melhor dizendo: de uma forma de vida verdadeira, livre, original. Como Cassirer, no processo dessa conscientização libertadora, Benjamin também enxerga a necessidade de expor o enigmático e sempre presente efeito do padrão de pensamento mítico em meio à nossa cultura. E assim como o amigo de Jaspers, Heidegger, no mesmo ano Benjamin mira em saídas específicas de situações extremamente delicadas, que possibilitam o salto corajoso para uma outra forma de existência, mais essencial. Todos os três autores (com Kant) mostram-se absolutamente convencidos de que um ser humano, um sujeito, um ser-aí [*Dasein*] que não tem consciência das verdadeiras condições de sua orientação no mundo não consegue fazer escolhas verdadeiramente livres; não é verdadeiramente maduro. E apenas seres humanos maduros, Benjamin acrescentaria, deveriam se casar — sim, eles poderiam estar casados no verdadeiro sentido do termo.

Mais luz

Todos os três autores reconhecem, por aquela época, a necessidade filosófica de passar o sujeito racional moderno por um processo de *des-construção conceitual* consistente a fim de levar as forças linguísticas atuantes nele e através dele até o ponto em que se tornarão visíveis e, se necessário, tratáveis: à luz.

Logo no início do seu ensaio, Benjamin mira os quatro protagonistas do romance goethiano, todos altamente cultos no sentido de uma educação burguesa:

Eles, porém, submetem-se no auge de sua formação cultural a forças que essa formação considera dominadas, por mais que a cada vez se mostre impotente para subjugá-las.[27]

Ele demonstra uma suspeita que compartilha com Cassirer, Heidegger e, é claro, Wittgenstein: a enfática consciência de liberdade do sujeito moderno deve-se a processos de repressão e ocultação — exatamente onde ele se acredita totalmente livre e soberano em sua aspiração à autodeterminação —, e na medida em que não são trabalhados, levam necessariamente ao desastre ou até ao naufrágio social. Mas o principal exemplo de uma escolha livre e autodeterminada do sujeito moderno burguês é exatamente o casamento. Como o título do romance de Goethe alude, no casamento o sujeito maduro pode saltar o último limite da natureza e eleger de maneira autônoma até pessoas que lhe são absolutamente estranhas como afins.

Liberdade ou destino

Segundo Benjamin, os dois conceitos centrais entre os quais a existência moderna se movimenta são "liberdade" e "destino". Se deve haver liberdade verdadeira, os poderes do destino devem se manter inertes diante da vontade humana. Caso prevaleçam situações imponderáveis, toda liberdade e escolha são apenas aparentes — e também o conceito moralmente carregado da "culpa" é inaplicável. O destino não conhece culpa, apenas expiação. A liberdade não conhece expiação, apenas responsabilidade.

As afinidades eletivas de Goethe apresentam, segundo Benjamin, o fracasso necessário de uma forma de existência — a burguesa moderna —, que também não conseguiu se livrar totalmente da forma mítica de pensamento de um destino determinado pela natureza, e cujos indivíduos não estão em condições de assumir, em relação às consequências das próprias decisões supostamente autônomas, uma responsabilidade abrangente.

Essa forma burguesa de vida em geral, e portanto a vida moderna e também a ambivalência marcante da República de Weimar, mostra-se muito claramente no conceito do amor romântico e em sua compulsória consequência moral, o casamento. Pois de acordo com o senso comum, esse amor deve conter, por um lado, algo de sina, vagamente predestinado, inexplicável (em geral abrilhantado pelo mito de quão absolutamente improvável foi o primeiro encontro dos amantes). Por outro lado, o acontecimento do destino deve ser revertido integralmente ao âmbito da razão e da autodeterminação por meio de uma escolha consciente ao casamento, ou seja, à normatização do relacionamento. *Sim, eu quero!* Mas se enxergamos essa situação com clareza, ambas as coisas são contraditórias entre si e, portanto, existencialmente divergentes.

A consequência necessária dessa divergência é, nas palavras de Benjamin, uma forma de existência que se caracteriza pela "permanência culpada e inocente no âmbito do destino". E ela leva, como Goethe mostra exemplarmente em *As afinidades eletivas*, inevitavelmente à catástrofe. Nesse estado confuso e tragicamente indeciso, "as forças que surgem com o desmoronamento do casamento têm necessariamente de triunfar. Pois são justamente aquelas do destino".[28] De acordo com a leitura de Goethe realizada por Benjamin, trata-se de forças míticas no sentido da natureza e das forças da natureza (meio ambiente, águas, presságios, astrologia, maldições...) que superam o querer humano e, nesse sentido, subtraem a maturidade da vida humana.

A tendência a pôr a culpa do fracasso do próprio casamento — justamente no processo do fracasso — em "forças superiores" é apresentada por Benjamin como exemplo lapidar para uma comodidade existencial e uma leviana despreocupação, que também Heidegger enxerga em sua *Indicação da situação hermenêutica* como origem de todo autoengano moderno. Para Cassirer, trata-se do retrocesso (pelo qual o ser humano tem culpa) a uma forma de pensamento — a mítica —, na qual uma ação verdadeiramente autônoma e, portanto, a responsabilidade, não pode existir.

Novamente nos trilhos do pensamento mítico, no qual cada evento da natureza se torna um possível presságio ou anúncio de um plano fatalista preconcebido ou simplesmente do destino, o ser humano, na qualidade de ser livre, se perde — e, segundo Benjamin, se perde com gosto, pois assim escapa da maior das imposições: a de assumir total responsabilidade por seus atos. Uma tendência que se manifestava com força em Goethe, como ele próprio bem sabia. Benjamin descreve esse estado assim:

> O homem petrifica-se no caos dos símbolos e perde a liberdade que os antigos desconheciam. Ao agir, submete-se a sinais e oráculos. Estes não faltaram na vida de Goethe [...]. Um desses sinais apontou o caminho em direção a Weimar. Sim, em *Poesia e verdade* ele narra como, durante uma caminhada, dividido entre a vocação para a poesia ou para a pintura, utilizou um oráculo. O medo diante da responsabilidade é o mais espiritual entre todos aqueles a que Goethe, por sua natureza, estava sujeito. Esse medo é um dos fundamentos da mentalidade conservadora com que ele confronta a esfera política, social e, na velhice, certamente também a esfera literária. O medo é a raiz das omissões em sua vida erótica.[29]

Eis então o tipo de incapacitação que Benjamin revela, a partir de Goethe, no exemplo da crise conjugal: o retrocesso a descrições e visões de mundo que cedem à cômoda pressão da autoincapacitação. Um exemplar retrocesso ao pensamento mítico que, em Benjamin (assim como na análise de Cassirer), engloba todo o tipo de superstição determinista-interpretativa, principalmente a astrologia.

A omissão citada, porém — e aqui Benjamin, amante infeliz e marido infeliz, fala a si próprio —, refere-se a uma chance abandonada covardemente e, por sua própria essência, irrecuperável de uma nova experiência amorosa — de uma nova vida.

Escolha ou decisão

Mas tudo isso não está intelectualmente muito rígido e, sobretudo, pessimista? O "sim" absolutamente voluntário dos amantes não seria o exemplo lapidar de um compromisso responsável, de uma espontânea união duradoura, da disposição de assumir a responsabilidade permanente não apenas em relação à própria vida mas também à vida do outro membro do casal?

Uma primeira resposta benjaminiana é a seguinte: à medida que o casamento realmente se baseia numa escolha, ele não pode ser justificado por aquilo que deveria justificá-lo, que é o amor verdadeiro. Pois, segundo Benjamim, o amor verdadeiro não é algo passível de escolha, visto que "escolha" aqui significa uma eleição ocorrida conscientemente a partir de alternativas dadas de antemão, fixas (como, por exemplo, a escolha entre dois pares de sapato). A eliminação total do aspecto fatalista do acontecimento amoroso parece significar necessariamente a extinção do amor em si. O conceito corrente para um relacionamento desses é o casamento por conveniência — que existe e até hoje continua sendo talvez o mais difundido. Mas não corresponde ao ideal de um casamento verdadeiro. Dessa maneira, o ideal romântico do casamento burguês por amor não eliminará a estrutura do pensamento mítico. Mas o amor não pode ser tratado de maneira tão racional e autodeterminada. Quem quer ser atingido pelo cupido não pode ter encomendado a própria flechada.

Benjamin está convicto de que com o "sim" ao casamento burguês o ser humano capaz de amar entra de maneira inescapável num raciocínio de culpa e sacrifício. Afinal, o que significa o "sim" do casamento além da promessa de renunciar, no futuro e até o final da vida, àquele acontecimento único, que alarga os horizontes da vida e que é o verdadeiro motivo da promessa feita? E, ainda por cima, fazer de conta que isso é a felicidade verdadeira, sensata? Como se de fato houvesse a possibilidade de reconciliação com esse estado voluntário de permanente renúncia! Eis o ponto em que Goethe não acreditava. Como ser humano de carne e osso, como ser erótico, sua percepção foi muito diferente! Nas palavras de Benjamin:

> Na grandiosa experiência fundamental dos poderes míticos, sabendo que a reconciliação com eles não pode ser obtida senão mediante a constância do sacrifício, Goethe levantou-se contra eles.[30]

Para Benjamin, o romance de Goethe é o testemunho artístico e sobriamente elaborado de uma rebelião contra duas forças que se equiparam: o efeito mítico de Eros (o ser humano como ser natural e sofredor) e a perspectiva sempre sedutora de ser um soberano dominador dessas forças por meio da razão, do direito e da autodisciplina moral voluntária (o ser humano como ser racional e dotado de linguagem e cultura). No tempo de Goethe, essa era a dicotomia clássica entre "tempestade e ímpeto" e "esclarecimento". O exemplo do casamento mostra claramente que uma conciliação satisfatória entre essas forças é impossível. E que é também *impossível* existir algo como uma vida verdadeiramente exitosa, verdadeiramente autodeterminada, sob as premissas do projeto burguês de vida. O compromisso burguês de liberdade é necessariamente ilusório, desfigurador, fatídico. Sua liberdade, puramente imaginada:

> Pois o que o autor oculta centenas de vezes resulta de forma suficientemente simples do andamento do todo: o fato de que, segundo as leis morais, a paixão perde todo seu direito e toda sua felicidade ao buscar o pacto com a vida burguesa, a vida abastada, segura.[31]

Não existe nenhum casamento verdadeiro sob premissas burguesas, não existe amor verdadeiro no errado. O casamento burguês, na condição de estável, conduz a um estado de lastimável indefinição de "permanência culpada e inocente no âmbito do destino" e, segundo Goethe e Benjamin, essa estabilidade só pode ser aparente, pois toda forma de estagnação é apenas uma forma oculta do declínio, que por fim desencadeia as forças míticas em toda sua força destrutiva e leva a união escolhida ao ocaso.

A República dissolvida

Em 1922, todo aquele que sabia ler à época haveria de considerar aquilo mais do que uma análise e um deciframento geniais do conteúdo filosófico do romance goethiano. Se chegarmos ao entendimento de que Benjamin usa a instituição do casamento — na qualidade de suposto fundamento ou germe de toda sociedade burguesa — como metáfora para o estado da democracia burguesa, quer dizer, da República de Weimar, então seu veredicto profético-filosófico sobre o previsível destino dessa República está claramente registrado no papel. Caso continue agindo da maneira habitual em sua infinita hesitação entre pagar ou não as reparações, ou seja, na sua tipicamente weimariana "permanência culpada e inocente no âmbito do destino", ela retrocederá necessariamente à influência das formas míticas de pensamento. E, por fim, será por elas destruída.

O salto da redenção

Esse processo é mesmo inescapável? Não existe nenhum caminho fora das alternativas dadas, nenhuma possibilidade absolutamente libertadora para uma supressão da culpa, um salto à liberdade, um "casamento" feliz? Segundo Benjamin, existe.

Ao menos ele é sutilmente insinuado no romance de Goethe, ou melhor, na novela "Jovens vizinhos singulares" inserida na obra, supostamente desassociada da ação propriamente dita. Pois o casamento desses "jovens" é o único que na verdade dá certo, o que na leitura de Benjamin se explica pelo fato de se basear não numa *escolha* no sentido convencional, mas, ao contrário, numa *decisão* no sentido existencial — decisão essa tomada numa situação excepcional de concreta necessidade e de ameaça à vida.

No maior apuro devido ao poder da convenção burguesa, a jovem se decide a *saltar* do barco em movimento em águas mortais e é salva por seu futuro noivo, igualmente desejoso de morrer e decidido a isso até o último instante. Benjamin oferece — provavelmente de maneira muito direta e calculada para Jaspers como leitor ideal desse texto escrito para um concurso acadêmico — todo repertório da retórica da emergência existencial como condição da possibilidade para um verdadeiro autoencontro:

> E, no entanto, reina nessa novela luz clara. Desde o início tudo, nitidamente delineado, fica exposto como num cume. É o dia da decisão que lança o seu brilho no Hades crepuscular do romance [...]. Uma vez que esses seres não arriscam tudo partindo de uma liberdade concebida de modo falso, não ocorre um sacrifício entre eles, mas sim uma decisão dentro deles [...]. A aspiração quimérica por liberdade é aquilo que evoca o destino sobre as figuras do romance. Os amantes na novela estão além da liberdade e do destino, e a sua decisão corajosa é suficiente para romper o destino que se avoluma sobre eles e para desmascarar uma liberdade que pretendia degradá-los à nulidade da escolha.[32]

"Coragem", "dia da decisão", "aspiração quimérica por liberdade", "romper o destino", "nulidade da escolha" — eis o caminho de Benjamin, anunciado por Goethe, para sair da necessária miséria de seu próprio tempo. Em 1922, Heidegger teria assinado embaixo dessa passagem, imediata e incondicionalmente. E talvez mencionasse a Jaspers a existência de mais um candidato à comunidade de luta, um terceiro elemento, que se apresentava a ele com toda força e magia. Em outras palavras: Ah, se naquela época ele tivesse tirado um dia para ler o texto de Benjamin. Ou apenas uma hora para recebê-lo em seu gabinete.

Transcendência salvadora

Apesar de toda proximidade conceitual de Benjamin, provavelmente procurada de modo consciente, ao salto existencial à verdadeira liberdade, resta aqui uma diferença essencial. O salto de Heidegger renuncia de modo definitivo a todo Além, a uma transcendência e, portanto, a uma religião. É apenas a partir de si mesmo que o *Dasein* consegue libertar o sujeito moderno das estruturas da existência errada (burguesa), das bases erradas (aristotélico-cartesianas). Em 1922, Heidegger afirma de maneira inequívoca: "A filosofia é fundamentalmente ateísta". A autoprodução da própria faticidade é algo que deve ocorrer sob plena consciência da própria finitude; Heidegger fala em "iminência da morte". No âmbito da própria inquietação, a ela não se permite nenhum desvio à esfera que transcenda a finitude. Benjamin, por sua vez, interpreta o salto dos vizinhos enamorados — em total consonância com o verdadeiro pensador-mor do salto existencialista, Søren Kierkegaard — como o mergulho explícito na crença em Deus, na crença da possibilidade de redenção das falsas alternativas, que necessariamente condicionam e devastam a existência puramente terrena.

Goethe expressou esse fato na novela, uma vez que a disposição de ambos para a morte doa aos amantes, mediante a vontade divina, a nova vida, sobre a qual os antigos direitos perdem seu poder. Ele mostra aqui a vida de ambos salva exatamente no sentido em que o casamento preserva-a aos devotos; nesse casal Goethe representou o poder do verdadeiro amor, que ele não se permitiu expressar de forma religiosa.[33]

Para Benjamin, nesse texto toda decisão que verdadeiramente merece esse nome remete a uma esfera do Além, do transcendente: "Pois a eleição é natural e pode até pertencer aos elementos; a decisão é transcendente".[34] No caso desta última, sempre há mais coisas em jogo do que o ser humano quer e é capaz. E em 1922 isso pode ser transposto concretamente à *teologia política* de Benjamin. Ele enxerga a República de Weimar em meio àquele terrível torvelinho em que Goethe mergulhou seus casais. Eleições não resultam mais em salvação, redenção verdadeira do imbróglio. Em vez da consulta à urna de modo sistemático e mais e mais desesperançado, o que se procura é a coragem para o salto quase religioso a um novo sistema, a decisão por uma forma radicalmente nova de convivência, messianicamente resgatada.

Do ponto de vista puramente privado, essa conta não fechou com Jula Cohn. Ela não saltou na direção de Benjamin. E, em 1922, também lhe faltam tanto a força quanto o dinheiro necessários para uma corajosa autolibertação das estruturas de ambição burguesa da carreira acadêmica. Naquela época, Benjamin não soube informar com precisão qual o tipo de governo a República de Weimar poderia adotar para chegar a uma redenção duradoura do torvelinho. Aliás, tampouco Heidegger. Diante desse cenário, a vontade de Cassirer de manter o casamento exemplarmente burguês, mesmo que desapaixonado o bastante com Toni Cassirer, ganha uma nota própria, especificamente política: nada de confusas aventuras revolucionárias ou de guerra civil, ainda mais no auge do perigo e da crise. Isso só piora as coisas!

E Wittgenstein? Bem, como vimos, na trilha de Kierkegaard e Tolstói, ele ousara um salto muito próprio a uma nova vida, para viver de maneira permanente com as consequências dessa decisão.

Sem piedade

"Oremos." Devoto, o professor coloca o relógio de bolso sobre o púlpito, a bengala do outro lado. Ele junta as mãos, fecha os olhos e, diante dos quarenta alunos da sala, garotos e garotas, recita com voz grave os versos matinais:

> *Heiliger Geist, komm zu verbreiten*
> *über uns dein Gnadenlicht,*
> *dass wir immer weiter schreiten,*
> *immer lernen unsere Pflicht.*
> *Das Erlernte wohl behalten*
> *und im Guten nicht erkalten*[35]

O ritual lhe é sagrado. Vez ou outra na semana Wittgenstein vai contar histórias "nas quais a batalha por convicções religiosas levou seres humanos a situações extremamente perigosas".[36] Em seguida, começam a brilhar de satisfação aqueles olhos que ele costuma cobrir com timidez com as mãos, sulcando profundamente a testa com as unhas. Todas as crianças sabem que

---

* "Espírito Santo, vem derramar/ sobre nós a luz de Tua graça/ para que continuemos a avançar/ sempre aprendendo nossa tarefa./ Guardar muito bem a lição/ e nunca gelar o coração." [N. T.]

esse professor é diferente dos demais na escola. Num dia desses, ele bateu na cabeça de um aluno com o caderno do próprio aluno — e por tanto tempo até que o material se desfez e as folhas caíram soltas pelo chão da classe. A infração do menino foi responder "em Jerusalém" à pergunta de Wittgenstein sobre onde Jesus tinha nascido.[37]

Wittgenstein lida todos os dias com a tarefa de manter aquilo que primeiro reconheceu na filosofia e depois escolheu na religião, ao mesmo tempo sem gelar o coração, sem perder o autodomínio, sem perder qualquer possível sentido da vida.

> Eu deveria ter conduzido minha vida para o Bem e me tornar uma estrela. Mas fiquei parado na Terra e agora começo pouco a pouco a murchar. Minha vida, na verdade, perdeu o sentido, e por essa razão é composta de episódios insignificantes. Entretanto, quem me rodeia não percebe isso e tampouco compreenderia; mas sei que careço do essencial...[38]

Essas são algumas das linhas que ele escreve em janeiro de 1921 ao amigo Paul Engelmann desde seu primeiro posto como professor em Trattenbach, um vilarejo de montanha. Em novembro de 1922 ele já havia trocado duas vezes de emprego e espera — ou faz de conta que espera — encontrar na escola de outro vilarejo, Puchberg, condições minimamente suportáveis.

O ceticismo sobre o sentido da própria vida e, principalmente, da vida em geral estende-se mais e mais às pessoas ao seu redor e também aos amigos. "Para minha grande vergonha, tenho de admitir que o número de pessoas com quem posso conversar diminui regularmente", ele reconhece a Engelmann em agosto de 1922. Nessa fase, o critério decisivo para Wittgenstein é a crença resoluta na fé católica: ele teme não mais se fazer compreender por quem fracassa nisso — como, em primeiro lugar, Bertrand Russell, o futuro autor do best-seller mundial *Por que não sou cristão*.[39] Por essa razão, a amizade passa por uma grave crise. Aquela desconfiança terrível contra tudo o que é humano, da qual Wittgenstein relata ao amigo e incentivador no início da atividade docente em Trattenbach, começa a atingir o círculo de amigos: "É verdade que os seres humanos, em geral, em lugar nenhum valem muita coisa; aqui, porém, são muito mais inúteis e irresponsáveis do que em qualquer outro lugar. [...] Trattenbach [é] um lugar especialmente inferior na Áustria, e os austríacos desde a guerra descaíram num poço muito fundo, sem fim".[40] Em seus dois primeiros anos como professor, Wittgenstein está preso numa dinâmica misantrópica, na qual o ódio a si mesmo e o ódio ao outro só fazem aumentar.

Três quartos compreendidos

No outono de 1922, ao se transferir de Trattenbach para o vilarejo vizinho, Haßbach, Wittgenstein aguentou as mesmas poucas semanas; para ele, os habitantes do novo local "não parecem *nada* humanos, só larvas nojentas". Somente com a troca, em novembro de 1922, para Puchberg, na Baixa Áustria, acontece uma ligeira mudança para melhor. Não que as pessoas de lá lhe parecessem mais auspiciosas do que as de outro lugar. Também em Puchberg ele se sente rodeado por gente que, no melhor dos casos, são "três quartos seres humanos, um quarto bichos". Naquele mês, Wittgenstein — até então nomeado ajudante pedagógico — passa na prova de "habilitação definitiva à docência" e conquista maior autonomia para formatar suas aulas. Seu prestígio entre o círculo dos colegas se consolida. Mas a relativa tranquilidade da fase em Puchberg certamente também tem relação com fatos de sua vida pregressa, da qual ele abriu mão. Embora o contato com Russell tenha se tornado cada vez mais problemático no campo puramente pessoal, este último, depois de regressado da China em agosto de 1921, intensificou seus esforços para a publicação da obra de Wittgenstein, como prometido. Por fim, obteve um bom resultado. Por volta de 15 de novembro de 1922 chega a Puchberg a primeira versão impressa, em inglês e alemão, do tratado de Wittgenstein com o título que se tornaria definitivo: *Tractatus logico-philosophicus*.

Wittgenstein fica muitíssimo satisfeito com a edição. Tanto faz não receber nenhum centavo, seja em moeda austríaca ou inglesa, da sua editora Kegan Paul. O mesmo vale para o fato de ele ainda estar aguardando pela primeira boa alma que conseguiria compreender seu tratado — que ao menos foi publicado na Inglaterra, sem grandes erros, tampouco mal traduzido. A obra finalmente é parte integrante deste mundo, está acessível a todos, constitui fato público e sabido: eis o que importa. E não é absolutamente impossível que um dia alguém venha a compreender o objetivo verdadeiro, terapêutico-existencial, desse tratado de absoluta motivação ética.

Em terapia

O objetivo era apenas "ver o mundo corretamente" para, partindo desse ponto de vista de todo deslindado — que se baseia na diferenciação precisa entre aquilo que pode ou não ser dito de maneira sensata —, levar uma vida igualmente deslindada. Esse pressuposto também foi o que fez Wittgenstein aceitar a sugestão (baseada numa ideia de G. E. Moores) do título *Tractatus logico-philosophicus*. O nome faz clara referência a uma das principais obras de Baruch de Espinosa, o *Tractatus theologico-politicus*, e, com isso, a um livro que foi escrito no século XVII com o objetivo explícito de libertar seus leitores de noções falsas sobre a natureza do espírito humano, baseadas em erros de pensamento e de conceitos. Em especial, conceitos sobre a relação do espírito humano com revelações divinas, transformadas em alegado fundamento racional para práticas éticas e políticas. Para Espinosa, filosofar significava, em primeira linha: apontar para confusões existentes como tais e revelar hipóteses erradas por meio de uma análise lógica, esclarecedora, para que o ser humano finalmente possa "ver corretamente" o mundo do qual faz parte. A agenda de Espinosa era, a princípio, uma agenda destrutiva ou des-formadora — no sentido de uma libertação, por meio da linguagem, daquelas falsas suposições e confusões condicionadas linguisticamente e que, aprendidas no dia a dia, distorcem de maneira duradoura nossa visão.

No que tange a Wittgenstein, entretanto, em 1922 essas hipóteses erradas não se constituíam apenas — e nem mesmo prioritariamente — em convicções religiosas, mas eram pressupostos básicos da imagem clara que as ciências naturais modernas acreditavam ter do mundo. Justamente essa visão de mundo mostrava-se — sem o saber e, sobretudo, sem querer admiti-lo — presa a convicções muito primitivas e, segundo Wittgenstein, comprovadamente infundadas, mais involuídas do que qualquer forma de crença religiosa esclarecida. Justo a modernidade cientificamente esclarecida, com sua fé num sistema imutável de necessárias leis naturais — que acreditava erroneamente em esclarecer as causas e também prever tudo o que acontecia, tinha acontecido ou iria acontecer —, baseava-se num autoengano conceitual contínuo: não separar meticulosamente o conceito da "necessidade lógica" do conceito da "necessidade das leis naturais".

Diante do cenário da problemática que ocupava Heidegger, Cassirer e Benjamin nesses mesmos anos, seria possível dizer simplesmente: Wittgenstein, como filósofo, interessava-se em primeiro lugar por esclarecer a relação entre "culpa" e "destino", "liberdade" e "necessidade", "crença" e "conhecimento", "ser-aí"

[*Dasein*] e "ser-assim" [*So-Sein*] — como conceitos norteadores centrais de toda vida realmente responsável. No livro que Wittgenstein por fim pôde segurar, impresso, pela primeira vez, lemos com toda clareza:

6.36311. Que o Sol se levantará amanhã é uma hipótese; e isso quer dizer: não *sabemos* se levantará.

6.37. Não há coerção em virtude da qual, porque algo aconteceu, algo mais deva acontecer. Só há necessidade *lógica*.

6.371. Toda moderna visão de mundo está fundada na ilusão de que as chamadas leis naturais sejam as explicações dos fenômenos naturais.

6.372. Assim, as pessoas detêm-se diante das leis naturais como diante de algo intocável, como os antigos diante de Deus e do Destino.
E uns e outros estão certos e errados. Os antigos, porém, são mais claros, na medida em que reconhecem um termo final claro, enquanto, no caso do novo sistema, é preciso aparentar que está *tudo* explicado.

Na verdade, porém, nada está explicado, muito menos o porquê da existência deste mundo com seus padrões que sabemos descrever — e nada mais que isso. E nunca seria possível explicar, pois toda explicação teria de recorrer a algo *fora* deste mundo e assim, necessariamente, enunciar contrassensos. Uma pessoa verdadeiramente religiosa, como Wittgenstein a tinha em mente, e como ele se considerava, sem sombra de dúvida, possuía exatamente essa clareza e encontrava-se decisivamente à frente de todo ser humano moderno cuja fé é a ciência.

Isso não significa que não haja nenhum verdadeiro núcleo de significado para além dos limites do dizível, mas apenas que aquilo que gostaríamos de descobrir para além desses limites, com toda exatidão e segurança possíveis, não serviria para fundamentações ou explicações relativas a *este* mundo — fossem elas de natureza objetiva ou ética.

6.41. O sentido do mundo deve estar fora dele. No mundo, tudo é como é e tudo acontece como acontece; não há *nele* nenhum valor — e, se houvesse, não teria nenhum valor. Se há um valor que tenha valor, deve estar fora de todo acontecer e ser assim [...].

De cima para baixo

Vamos admitir que todas essas frases, segundo os critérios do próprio Wittgenstein, sejam estritamente sem sentido. Mas exatamente aí está a jogada genial de seu programa de desconstrução conceitual. Como seria possível esclarecer uma confusão gerada linguisticamente senão com os meios da própria linguagem?

Dessa maneira, no final resta apenas empurrar para longe, de maneira libertadora, aquela escada de proposições que visa promover o conhecimento e que galgamos arduamente com o *Tractatus*.

Mas o que fazer sem escada na altura recém-alcançada? Quais as alternativas do ser humano para voltar a sentir firmeza sob os pés? Na verdade, há apenas uma: a decisão de saltar! De saltar para a fé! De saltar para uma existência verdadeiramente ética, para a liberdade! Trata-se de um salto realizado com plena consciência de sua fundamental falta de proteção e de seu caráter abissal! Ou seja, um salto a partir do nada, na medida em que "algo" seria uma evidência do interior do mundo, um fundamento ou um fato. Apenas o verdadeiro salto abissal gera a verdadeira firmeza da fé, pois apenas ele renuncia, de antemão, a qualquer expectativa justificável relativa à recompensa futura de justiça, salvação d'alma, imortalidade ou a outra consequência clássica prometida pela religião. Isso também se lê no *Tractatus*, palavra por palavra:

> 6.422. O primeiro pensamento que nos vem quando se formula uma lei ética com a forma "Você deve…" é: e daí, se eu não fizer? É claro, porém, que a ética nada tem a ver com punição e recompensa, no sentido usual. Portanto, essa questão de quais sejam as consequências de uma ação não deve ter importância. — Pelo menos, essas *consequências* não podem ser eventos. Pois há decerto algo de correto nesse modo de formular a questão. Deve haver, na verdade, uma espécie de recompensa ética e punição ética, mas elas devem estar na própria ação […].

Se realmente for o caso, então o valor da decisão por uma vida livre se justifica na experiência de sua execução (e, portanto, não pode ser compreendida externamente como consequência dela). E na forma de salto para essa vida concreta; não para nenhuma outra ou posterior ou mesmo eterna:

> 6.4312. A imortalidade temporal da alma humana — ou seja, sua sobrevivência eterna ainda após a morte — não apenas não está de modo algum assegurada, mas, acima de tudo, essa suposição absolutamente não se presta ao que com ela sempre se pretendeu. Pois há enigma que se resolva por obra de minha sobrevivência eterna? Pois não é essa vida eterna tão enigmática quanto a vida presente? A solução do enigma da vida no espaço e no tempo está *fora* do espaço e do tempo.

A decisão do salto para a fé, compreendido de maneira mais abrangente — do salto para uma existência verdadeiramente ética, a qual em especial Heidegger, Benjamin e Wittgenstein sugerem aos seus leitores em 1922 com máxima força retórica e rigor conceitual —, não busca nenhuma outra garantia nem razão do que a consumação da vida em si. E quem se pergunta com seriedade por que alguém deveria se decidir por uma vida dessas (seria ela mais simples, mais agradável, mais confortável, mais despreocupada?) mostra apenas que não entendeu o ponto crucial desse salto. No fim das contas, essa pessoa mostra não ter entendido nada. Nada sobre si mesma nem sobre o mundo. Essa é a opinião de Wittgenstein — mas não só a dele.

A motivação e a expectativa explicadas por Wittgenstein esclarecem a diferença entre "escolha" e "decisão", também de importância crucial nos escritos concomitantes de Benjamin, Heidegger e inclusive de Cassirer: uma escolha elege sua justificativa entre consequências previsíveis; uma decisão, não. Nesse sentido, a escolha tem sempre um caráter condicional, enquanto a decisão é incondicional — e, portanto, livre. A escolha permanece enredada miticamente, enquanto a decisão (num caso ideal) escapa de modo libertador da lógica racional de causa e efeito, destino e necessidade, culpa e expiação, que supostamente guia nossa existência. Seu caráter sagrado vem daí. Eis a teoria (ou teologia) de libertação pedagógico-filosófica de Ludwig Wittgenstein nos anos 1920.

Wittgenstein, apesar de absolutamente consciente de seu salto a uma nova vida como professor do ensino fundamental em 1919, não foi capaz de negar que o sentido possível dessa existência não se revelava a ele na atuação diária. De todo modo, ele não o satisfazia, mantendo-o por dias e semanas naquele vazio estéril do qual ele tentou escapar com sua decisão, redimindo-se. Em Puchberg, ele está mais do que apenas muito aflito; está simplesmente farto "disso". As cartas da época narram com monotonia a impossibilidade percebida muito claramente de escapar das forças obscuras de sua personalidade e de sua natureza. Wittgenstein é atraído o tempo todo, e com força total, para as camadas mais profundas e sombrias de seu ser.

Sem dúvida, ele se esforça bastante para conseguir uma inserção social, passa a almoçar com os colegas no restaurante e encontra em Rudolf Koder* alguém à altura de suas pretensões musicais. Com ele tocará, todas as tardes, duetos para piano e clarinete de Brahms e Mozart. No final, porém, o próprio Wittgenstein e todos ao seu redor pressentem com clareza que há entre ele e o restante do mundo um tipo de vidraça invisível e portanto impenetrável, sobre a qual falou tão abertamente com a irmã Hermine. Também no inverno e na primavera de 1923, Wittgenstein está lastimavelmente solitário.

A publicação de seu livro não traz qualquer mudança para esse quadro. Pelo contrário: parece que só fez intensificar a sensação de isolamento constante e inexorável. Afinal, a visão diária da obra, em seu modestíssimo cômodo, comprova apenas que o movimento libertador de se livrar das próprias preocupações por meio da filosofia tinha limites claros e dali em diante já bem delimitados. De que adianta "enxergar corretamente" este mundo quando não há ninguém com quem se queira dividi-lo?

* Pianista que lecionava música na escola em Puchberg. [N. T.]

V.
Você

1923-1925

*Wittgenstein pragueja, Cassirer cura,
Heidegger se torna demoníaco e Benjamin, poroso*

O idiota

Em Puchberg, em momento nenhum Wittgenstein encontra a esperada paz interior, muito menos a alegria de viver. Ele permanece um outsider na acanhada escola e na comunidade social, e sobre ele circulavam as lendas mais estranhas. Afinal, de santo do vilarejo a bobo do vilarejo é só um passo. Para alguns, ele é "barão" ou "nobre rico", outros espalham que "ele abriu mão voluntariamente de toda sua fortuna". Por fim, um terceiro grupo acredita que Wittgenstein sofreu um ferimento na cabeça durante a guerra, "a bala ainda está alojada na cabeça e lhe traz grande sofrimento".[1] Nada disso está completamente certo — ou errado. Mas ninguém consegue se sentir aceito sob tais circunstâncias. À semelhança de um monge, que ele na realidade quis se tornar, Wittgenstein mora num cômodo muito modesto, sem reboco, com apenas uma cama, uma cadeira e uma mesa. Ele dá muito valor ao fato de sua acomodação ser desprovida de qualquer conforto, livre dos chamados avanços da civilização moderna. E suas roupas, que na época são um casaco de couro, uma calça de couro com grevas e pesados calçados de alpinismo, combinam perfeitamente com esse propósito. Os colegas consideram desagradável o fato de ele nunca adaptar suas roupas às condições climáticas do momento ou mesmo trocá-las. Ele exala mau cheiro. As pessoas comentam.

Se Wittgenstein pensasse nas poucas fases de felicidade que experimentou na vida durante as noites insones cada vez mais frequentes em que fica olhando o céu estrelado de Puchberg através da janela do quarto, todas as suas recordações iriam levá-lo aos anos do pré-guerra na Inglaterra, quando era estudante. Lá ele contava não só com verdadeiros amigos em sincronia intelectual, mas tinha encontrado em David Pinsent o amor da sua vida. Wittgenstein inclusive dedica o *Tractatus* à memória do amigo morto durante a guerra num voo de teste. Ele tinha andado de pônei com Pinsent pela Islândia; na Noruega, os dois foram até uma cabana isolada. Com ele, era possível encontrar um sentido para a vida.

No verão de 1920, Wittgenstein relata seu luto persistente pelo amor perdido: "Não estou mais em condições de angariar novos amigos e perco os antigos. É muito triste. Penso quase que diariamente no pobre David Pinsent [...]. Ele levou metade da minha vida embora. A outra metade o diabo virá buscar".[2] Três anos mais tarde, até a amizade com Russell está em vias de morrer, conforme ambos tiveram de reconhecer depois de um último encontro, malsucedido, no verão anterior em Innsbruck. Wittgenstein está moralmente indignado sobretudo com a separação de Russell e com seu longo relacionamento não oficial com Dora Black, legalizado apenas pouco antes do nascimento do filho em comum, enquanto Russell tem cada vez menos paciência com o misticismo carola de seu aluno genial.

É complicado

Wittgenstein sabe muito bem que está ameaçado de perder as últimas ligações de sua vida. E apesar de toda firmeza com que passou a trilhar um caminho radicalmente novo, essa perspectiva lhe é dolorosa. O medo da perda, por sua vez, faz com que ele se torne ainda mais complicado e sensível, como atesta uma carta a John Maynard Keynes datada da primavera de 1923:

Caro Keynes!
Muito obrigado por ter enviado *Reconstruction in Europe*. Entretanto, eu preferiria receber uma linha escrita pessoalmente falando de como vão as coisas etc. Ou será que está muito ocupado para escrever cartas? Creio que não. Você ainda se encontra com Johnson? Se sim, transmita-lhe saudações minhas. Também gostaria muito de ter notícias dele (*não* sobre o que ele tem a dizer sobre o meu livro, mas sobre si mesmo). Bem, quando se dignar a tanto, me escreva.

Sinceramente seu
Ludwig Wittgenstein[3]

É um tom que não desperta grande vontade de responder. Até porque, por aquela época, Keynes está muito assoberbado: como Cassandra do iminente desastre, ele se torna um dos economistas mais influentes do mundo no pós-guerra. Conforme havia alertado enquanto membro da delegação britânica nas negociações do Tratado de Versalhes e no livro de 1919, *As consequências econômicas da paz*, a hiperinflação leva a Alemanha e a Áustria à beira do colapso político. O destino do continente está em jogo mais uma vez. Há ameaças de novos confrontos entre a França e a Alemanha. Também a União Soviética revolucionária do esmorecido Lênin afunda numa guerra civil cujas consequências são imprevisíveis. Keynes assessora o governo britânico, divulga globalmente suas convicções e ainda leciona economia no King's College, em Cambridge. Enquanto Wittgenstein ensinava álgebra elementar a seus alunos em Puchberg, Keynes estava presente nas salas de reunião dos poderosos, a fim de esclarecê-los sobre dinâmicas econômicas básicas criminosamente negligenciadas. Wittgenstein luta diariamente para manter a sanidade. Keynes, por sua vez, luta para conduzir o continente a uma nova base econômica. Wittgenstein toca Mozart com Rudolf Koder no quartinho dos fundos em Puchberg. Nos fins de semana, entre morangos e a popular bebida Pimm's, Keynes discorre com os velhos amigos de Cambridge, do grupo de Bloomsbury — entre eles, Virginia Woolf e o marido, Leonard, os escritores Edward Morgan Forster e Lytton Strachey —, sobre a possível forma deste e de outros mundos imaginados.

No início de 1923, o fundo do poço existencial de Wittgenstein se torna cada vez mais próximo. Se não quiser perder em definitivo seus últimos valiosos relacionamentos, algo tem de mudar. Aliás, quem era aquele jovem matemático, incrivelmente esperto, que traduziu de maneira exemplar seu *Tractatus* do alemão para o inglês, elogiadíssimo também por Charles Kay Ogden, editor da série na qual o livro de Wittgenstein foi publicado? Qual mesmo o seu nome?

Prezado sr. Ramsey!

Há pouco recebi uma carta de Ogden informando que é possível que o senhor venha a Viena nos próximos meses. Bem, já que traduziu o *Tractatus* maravilhosamente para o inglês, sem dúvida saberá também traduzir uma carta, e por isso vou escrever o resto desta em alemão […].[4]

O restante da carta do início de 1923, escrita em alemão, não foi preservado, mas deve ter contido um convite a Ramsey para visitá-lo, em Puchberg am Schneeberg. Frank Ramsey, um jovem com vinte anos recém-completados, filho de um acadêmico importante de Cambridge, tinha recebido a chance de sua vida: desfrutar de acesso direto a Wittgenstein, discutir o *Tractatus* com o autor, aquela obra que já poucas semanas após sua publicação arrebatava e perturbava a elite intelectual da sua universidade. Em setembro de 1923, Ramsey vai a Puchberg e repassa o *Tractatus* com Wittgenstein — frase por frase, de quatro a cinco horas ininterruptas todos os dias depois do fim das aulas, durante duas semanas. A expectativa de Ramsey é fácil de ser imaginada. Muito menos clara parece ser a motivação de Wittgenstein. Ramsey relata o transcorrer da visita à mãe:

> É terrível quando ele diz "aqui está claro" e eu digo "não" e ele diz "maldição, é abominável repassar isso mais uma vez". Às vezes ele diz que eu não consigo entender e que temos de deixar para lá. Muitas vezes ele se esquece do significado do que tinha acabado de escrever, mas depois de apenas cinco minutos se lembra de novo. Algumas frases são propositalmente dúbias, visto que trazem em si tanto um significado usual quanto um mais oculto, no qual ele também acredita.

Poucos dias depois, Ramsey escreve um postal para Ogden, editor do *Tractatus*, de teor quase oposto:

> L. W. me explica seu livro todos os dias, das duas às sete horas. É incrivelmente iluminador; ele parece estar gostando e avançamos cerca de uma página por hora [...]. Ele está totalmente envolvido, embora sua mente, como afirma, deixou de ser tão ágil e nunca mais conseguirá escrever um livro [...]. Ele é muito pobre e vive uma vida triste, com um único amigo aqui — a maioria dos colegas o considera ligeiramente maluco.[5]

Com toda sua leveza, curiosidade e um patente brilhantismo intelectual, Ramsey — um jovem ligeiramente acima do peso, pálido, rosto bem redondo e óculos de aro de tartaruga — aparece aos olhos de Wittgenstein como o primeiro leitor do *Tractatus* a compreendê-lo. Trata-se, também para Wittgenstein, de experiência e oportunidade únicas, e ele deve ter percebido todo seu potencial apenas durante as duas semanas de setembro de 1923. Por fim, a recepção de sua obra nos círculos filosóficos de orientação formal e logicista está a todo vapor e, na medida em que Wittgenstein consegue avaliar, transcorre de maneira totalmente absurda.

No início de 1923, ninguém menos que C. K. Ogden — editor de Wittgenstein, literato, linguista e filósofo — publicou com grande estardalhaço um livro intitulado *O significado de significado*. A obra tenta explicar as bases da significação linguística a partir das noções centrais de Wittgenstein. Orgulhoso, Ogden envia o livro a Puchberg em fevereiro de 1923. Em março, recebe a seguinte resposta de Wittgenstein:

> [...] li seu livro e confesso francamente que, segundo minha opinião, o senhor não compreendeu de maneira correta os verdadeiros problemas com os quais — à guisa de exemplo — trabalhei (independentemente se minha solução seja correta ou não).[6]

A sugestão proposta por Ogden (até hoje popular na filosofia da linguagem) de solucionar o enigma da significação linguística por meio da categoria da causalidade e da referência consciente do falante sobre o objeto descrito tem, de acordo com Wittgenstein, um enfoque por demais improcedente para ser levada a sério como candidata a resposta. Afinal, Wittgenstein não tinha demonstrado com toda clareza que não há nada de sensato a ser dito ou investigado sobre a relação — que confere significado — entre a estrutura lógica da proposição e a construção lógica do mundo, mas que ela simplesmente deve ser admitida como dada e, na melhor das hipóteses, admirada?

4. 12. A proposição pode representar toda a realidade, mas não pode representar o que deve ter em comum com a realidade para poder representá-la — a forma lógica.

Para podermos representar a forma lógica, deveríamos poder nos instalar, com a proposição, fora da lógica, quer dizer, fora do mundo.

4. 121. A proposição não pode representar a forma lógica, esta forma se espelha na proposição.
O que se espelha na linguagem esta não pode representar.
O que *se* exprime na linguagem *nós* não podemos exprimir por meio dela.

Mas foi exatamente o que Ogden tentou fazer com sua teoria causal do significado. Ele quis exprimir aquilo que se exprime na linguagem por meio da linguagem. Além disso, segundo a convicção de Wittgenstein, não é possível assumir a causalidade ou as leis de causalidade como categorias aptas à derradeira explicação de nossa relação com o mundo.

6.36. Se houvesse uma lei de causalidade, podia formular-se assim: "Há leis naturais".
Mas isso não se pode, é claro, dizer: mostra-se.

Mais tarde, em agosto de 1923, durante suas férias em Viena, é muito provável que ele tenha escutado, com a mesma desconfiança, que seu *Tractatus* começava a incendiar também seminários e grupos de estudos da universidade local (mais tarde conhecidos como "Círculo de Viena"). O grupo de Viena pretende salvar e curar a sociedade por meio da adesão a uma visão de mundo estritamente ligada às ciências naturais. Algo que não coincide exatamente com a direção pretendida por Wittgenstein, já que ele considera uma visão de mundo estritamente científica apenas como mais um caminho equivocado de sua época, baseado em mal-entendidos perenes que se devem à sua suposta clareza e ausência de juízo de valor.

Independente de quão desconfortável para sua mente foi repassar mais uma vez o maldito livro, proposição por proposição, havia sim algumas coisinhas a serem esclarecidas. Mas o problema que mais atormentava Wittgenstein em 1923 não era ser e continuar sendo incompreendido como filósofo, mas seu crescente isolamento e a solidão de não ter amigos. A partir desse cenário, ele reconhece na visita de Ramsey a Puchberg a chance de sondar possibilidades para um retorno, fosse lá como fosse, à Inglaterra. Mesmo pagando o preço extremamente alto de se reintegrar à vida acadêmica local. De todo o modo, a partir de outubro de 1923, Frank Ramsey — aquele menino-prodígio incentivado e paparicado — fará as vezes de emissário inglês de Wittgenstein junto a todas as figuras luminares de Cambridge: Moore, Russell, Keynes. Sua primeira tarefa é descobrir se Wittgenstein, como ex-aluno e agora autor do *Tractatus*, estava apto para receber uma titulação em Cambridge. "Ainda não encontrei Keynes para perguntar sobre titulação", Ramsey escreve em outubro de 1923 para Puchberg num estilo telegráfico. Um mês mais tarde, informações muito mais concretas já estão disponíveis:

Prezado Wittgenstein!
Muito obrigado por sua carta.
Tenho boas notícias. Caso queira fazer uma visita à Inglaterra, cinquenta libras (= 16 milhões de coroas) estarão à disposição para suas despesas. Então, venha, por favor […]. Perguntei a Keynes sobre sua titulação e parece que a situação é a seguinte. As orientações foram modificadas, de modo que não é mais possível conseguir o bacharelado com seis trimestres de estudos e uma dissertação. Em vez disso, pode receber o doutorado após três anos de estudo e a apresentação de uma tese. Caso conseguisse ficar um ano por aqui, provavelmente você teria permissão de aproveitar seus dois anos anteriores e, dessa maneira, chegar ao diploma de doutor.[7]

As cinquenta libras postas à disposição de Wittgenstein, 16 milhões de coroas à época, são de Keynes. Ele prefere manter a doação anônima, pois teme que de outro modo a proposta seja imediatamente rejeitada. Como fica cada vez mais claro também para Ramsey, Wittgenstein não quer saber de caridade ou de donativos. Seu primeiro objetivo tampouco é uma conclusão oficial do curso ou algum tipo de certificação de sua competência filosófica. Keynes, depois de mais de doze meses em silêncio, também sabe disso ao se sentar à escrivaninha para convidar o complicadíssimo amigo Wittgenstein para vir à Inglaterra. A troca de cartas entre os dois justifica citar a correspondência quase na íntegra:

29 de março de 1924

46, Gordon Square
Bloomsbury

Meu caro Wittgenstein!
Já se passou um ano inteiro e ainda não respondi à sua carta. Isso me envergonha, mas não foi por não pensar em você e tampouco falta de desejo em renovar minha demonstração de amizade. O motivo foi que eu quis tentar compreender seu livro a fundo antes de lhe escrever [...]. Até agora não sei o que falar a respeito, além da sensação de que se trata de uma obra excepcionalmente importante e genial. De um modo ou de outro, desde que foi escrita, ela domina todas as discussões fundamentais em Cambridge.
Enviei-lhe, num pacote em separado, os livros que publiquei desde a guerra [...]. Gostaria muito de revê-lo e conversar. Haveria a possibilidade de você fazer uma visita à Inglaterra?

Com lealdade e afeição,
J. M. Keynes

[...] eu faria tudo o que estivesse ao meu alcance para facilitar seu trabalho.[8]

Justamente por querer se comunicar de maneira especialmente polida e cuidadosa, dessa vez Keynes não acerta o tom nem toca na questão decisiva que ocupa Wittgenstein, que respondeu em julho de 1924:

4 de julho de 1924

Meu caro Keynes,

Estou muito grato por ter recebido seus livros e sua carta de 29/3. Protelei por tanto tempo lhe escrever porque não consigo me decidir se o faço em alemão ou em inglês [...]. Bem: primeiro quero agradecer novamente pelos livros e por sua amável carta. Visto que estou muito ocupado e meu cérebro é totalmente incapaz de apreender questões de caráter científico, li apenas *um* dos livros (*As consequências econômicas* [da paz]). Fiquei muito interessado, embora não compreenda quase nada da matéria. Você escreve perguntando se pode fazer algo que me possibilite voltar ao trabalho científico: não, nesse campo não há nada a ser feito; pois eu próprio não tenho mais um estímulo interior forte para tais atividades. Tudo o que eu realmente tinha para dizer foi dito e, desse modo, a fonte secou. Isso soa estranho, mas é assim. — Seria um prazer revê-lo, um *grande* prazer; e eu sei que você foi muito generoso em me garantir meios para uma estada na Inglaterra [...]. Mas se penso que tenho mesmo de aproveitar sua bondade, surgem várias dúvidas: o que devo fazer na Inglaterra? Devo ir apenas para vê-lo e distrair-me de todas as maneiras possíveis? Quer dizer, devo ir apenas para ser agradável? Não estou de modo algum dizendo que não vale a pena ser

agradável — se eu REALMENTE pudesse ser agradável —
ou passar por uma experiência agradável, se fosse mesmo
algo MUITO agradável.

Mas ficar no meu quarto e sair para tomar chá em sua companhia a cada dois dias ou algo assim não seria *agradável o suficiente*. Esse pequeno prazer tem a grande desvantagem de eu ver minhas breves férias sumir feito um fantasma [...].
Claro que estar em sua companhia é muito mais agradável do que estar a sós em Viena. Mas em Viena eu ao menos posso ficar concentrado, e embora meus pensamentos não estejam à altura de serem ordenados, ainda são melhores do que a mera distração [...].

Há onze anos não nos encontramos. Não sei se você mudou nesse tempo, mas *eu* com certeza mudei muito. Infelizmente devo dizer que não estou melhor do que antes, mas *diferente*. E por isso, quando nos encontrarmos, é provável que você ache que aquele que o visita na realidade não é quem queria ter convidado. Mesmo se conseguirmos nos entender, não há dúvida de que uma ou duas horinhas de conversa não bastariam, de modo que o resultado do nosso encontro será decepção e desgosto de seu lado e, do meu, desgosto e desespero. — Se eu tivesse um trabalho específico na Inglaterra — varrer as ruas ou lustrar as botas de alguém —, então o visitaria com o maior contentamento, e o agradável se instalaria por si ao longo do tempo. [...]

Cordiais saudações,
Sempre seu
Ludwig Wittgenstein

P.S.: Lembranças a Johnson, caso o veja.[9]

Ou seja, a princípio Wittgenstein não regressa a Cambridge. Mas essa correspondência já expõe a contradição básica que pesará sobre as expectativas de ambos os lados nos anos seguintes até seu efetivo regresso — e, a bem da verdade, para muito além disso: Wittgenstein quer seus amigos de volta; o grupo de Cambridge, seu gênio filosófico do século. Para tanto, o grupo está disposto a mobilizar tudo o que estiver a seu alcance. E Wittgenstein também demonstra uma espantosa flexibilidade. Ele aceitaria inclusive um retorno à filosofia. Afinal, isso é melhor do que ficar esperando, no quarto de Puchberg, que sua mente cada vez mais isolada abandone-o em definitivo ou o traia sem piedade.

Hospitalidade

É questão de honra que Cassirer guie pessoalmente seu hóspede chegado de Marburg (e onde foi recém-nomeado professor) pelos recintos da biblioteca Warburg. Ainda na noite anterior, 17 de dezembro de 1923, Heidegger havia proferido uma palestra sobre as "Tarefas e caminhos da pesquisa fenomenológica" a convite da sociedade Kant, presidida por Cassirer. A visão dos tesouros raros nos armários e estantes resulta na oportunidade de aprofundar a conversa iniciada na noite anterior. Naturalmente, Cassirer concorda com uma tese central de seu hóspede, não é possível entregar totalmente as questões sobre os fundamentos da relação do ser humano com o mundo às ciências empíricas como a psicologia, antropologia ou biologia. Afinal, a forma simbólica do mito, por exemplo, culturalmente preliminar na dedução do mundo, é composta por categorias e suposições fundamentalmente distintas daquelas da imagem científica do mundo.

É verdade, assente Heidegger, são justamente tais "fenômenos primitivos" que podem ser de valia para revelar distorções existentes na autointerpretação do *Dasein*. Por outro lado, no caso de uma ênfase no pensamento mítico, há sempre também o perigo de se confundir o primitivo com o primordial. Pensando bem, mesmo o uso de símbolos no mito não se baseia numa forma de ilação do mundo que não apenas ele próprio apresenta, mas antes se constitui numa interpretação particular? Sendo esse o caso, então a descrição de um conceito de mundo [*Weltbegriff*] verdadeiramente primordial não deveria ocorrer no sentido da vida cotidiana? Ou seja, como uma orientação fundamental que deve estar dada e acessível ao ser-aí antes de toda elaboração simbólica? O ser-aí primitivo também não conhece um cotidiano, semelhante ao do ser-aí científico moderno?

"Certamente", retruca Cassirer, quando ambos param mais uma vez diante do armário com o tema "símbolo" ao final da visitação, "só que essa cotidianidade não precede nem é independente a toda simbolização. Senão, como seria possível pensar e explicar a capacidade de orientação que se mostra na cotidianidade?" Heidegger dá um sorriso: "É justamente isso que também me pergunto".

De Hamburgo a Bellevue

A primeira discussão pessoal mais longa entre Heidegger e Cassirer naquela época, nas salas da biblioteca Warburg em Hamburgo, deve ter sido assim ou muito parecida. De todo modo, esse é o contexto do encontro no inverno de 1923, do qual Heidegger vai se lembrar em sua principal obra, *Ser e tempo*.[10]

Também é muito provável que Heidegger, durante a visita, tenha feito perguntas sobre o fundador e diretor da biblioteca: Aby Warburg ainda vive? Se sim, onde e como?

Mesmo para uma pessoa de caráter sociável como Cassirer, não é uma situação muito simples de ser resolvida. Aby Warburg, o diretor e fundador da biblioteca, está há vários anos em tratamento psiquiátrico devido a um grave distúrbio do sistema nervoso, que alcançou o ponto culminante em 1918. Desde a primavera de 1921, é interno de uma instituição suíça em Kreuzlingen, às margens do lago Constança. O sanatório Bellevue, um dos mais renomados e avançados do continente, é gerenciado pela família de médicos Binswanger. Desde 1910 é dirigido por Ludwig Binswanger, primogênito de Robert Binswanger e neto de Ludwig Binswanger, o velho, que o fundou em 1857 na área de um convento abandonado. Bellevue é menos uma instituição fechada e mais uma comunidade de casas e apartamentos em meio a uma floresta, na qual os pacientes devem experimentar o máximo de liberdade e dignidade, usufruindo, em geral, de habitações de proporções generosas, bem como de cuidadores pessoais. Aby Warburg mora num apartamento com quarto, escritório e banheiro privativos, em parte devido à gravidade de sua esquizofrenia, caracterizada por mania de perseguição e transtornos obsessivo-compulsivos. Durante fases mais agudas, os sintomas são acompanhados de acessos de raiva e violência. Warburg também sente um medo constante de ser envenenado, além de suspeitar que, na verdade, é alimentado com as vísceras da mulher ou dos filhos ou que em breve toda a família será assassinada. Seus acessos de angústia são acompanhados de rituais de lavagem e repetição, geralmente ligados a organização e arrumação de determinadas partes de seu quarto. Transtornos que já tinham iniciado antes de sua autointernação, em 1918, e que dominam o seu dia a dia.

Durante os anos de estada em Kreuzlingen, fases de absoluta perda de controle se alternam com episódios de grande clareza e frescor mental, nos quais Warburg se mantém informado — principalmente devido ao contato constante com o dr. Saxl — sobre a situação de sua biblioteca de pesquisa. Ele ficou especialmente interessado na chegada de Ernst Cassirer em Hamburgo.

Experimento-chave com serpente

Warburg personifica o caso raro e clinicamente muito interessante de um paciente com distúrbio mental que sofre de alucinações, obsessões e ataques de pânico que, durante décadas anteriores, foram o centro de sua pesquisa científica e cultural. De acordo com a teoria da cultura de Warburg, que se apoia principalmente na imagem e sua representação, o impulso do ser humano de expressar simbolicamente suas angústias existenciais mais profundas — dando-lhes uma forma fixa e, dessa maneira, tornando-as manipuláveis ou exorcizáveis — é a origem de toda cultura e de todo desenvolvimento. A mente humana, mesmo em seus feitos mais sublimes e abstratos, como a arte ou a ciência, não consegue nunca superar ou mesmo negar totalmente essa origem da cultura a partir da angústia existencial e da dominação por forças naturais exteriores (sejam elas reais ou imaginárias). Essa origem está sempre presente e ativa.

A dinâmica da superação da angústia pode ser percebida com clareza a partir dos símbolos centrais de culto ou dos rituais de povos primitivos — ou, na linguagem de hoje, indígenas. E, dessa maneira, percebe-se também como esses símbolos centrais ultrapassam limites continentais e temporais, revelando semelhanças e coincidências. Uma demonstração exemplar a respeito acontece na palestra que Warburg ministra sobre "O ritual da serpente dos índios Pueblo da América do Norte", que ele escreve durante a estada em Kreuzlingen por orientação do seu médico, Ludwig Binswanger, e que por fim profere aos pacientes e ao corpo de funcionários da instituição em 21 de abril de 1923.

Aludindo ao pecado bíblico, Warburg descreve a serpente mítica "como um símbolo de resposta universal à questão: qual a origem da destruição elementar, da morte e do sofrimento no mundo?".[11]

São justamente as angústias, os demônios e as obsessões que, segundo Warburg, estão na base de toda nossa existência cultural, e em seus primeiros estágios evolutivos têm um regime mágico-ritual de compulsão, que, na forma de sua doença — da qual Warburg é absolutamente consciente nas fases lúcidas —, também tomaram posse de sua mente. Elas determinam seu pensar, seu sentir, todo seu cotidiano.

A questão decisiva para sua cura é saber se será possível se libertar dessas compulsões com os meios da reflexão e da análise científicas. Ele, por assim dizer representando a humanidade como um todo, estará apto a lograr um distanciamento libertador desses degraus primitivos, estreitos, de características mágicas e totêmicas, da consciência simbólica? Ou, no seu caso, a recaída é inevitável?

O túnel e a luz

A palestra proferida com sucesso sobre o ritual da serpente de 1923 marca, na mitologia privada de Warburg, um decisivo ponto de inflexão, pois pela primeira vez desde muitos anos os espíritos bons, libertadores, da iluminação e da análise triunfam sobre as forças mítico-mágicas da angústia e da obsessão. Cassirer é um dos poucos a quem Warburg permite acesso ao texto de sua palestra. Uma prova de confiança que fortalece a convicção do dr. Saxl de que um encontro pessoal dos dois pesquisadores poderia talvez ser o último e definitivo passo para a convalescença de Warburg e, portanto, para seu regresso a Hamburgo.

Cassirer aproveita a oportunidade de um convite para uma palestra na Suíça, no início de 1924, para visitar seu admirado colega e mecenas Warburg no sanatório Bellevue.[12] O encontro exige acompanhamento e preparativos cuidadosos. Tanto Saxl quanto Mary, a mulher de Warburg, viajaram a Kreuzlingen dias antes da chegada de Cassirer para apoiar o paciente, que está na maior das expectativas e também se sente ansioso. Para Warburg, trata-se do primeiro encontro de pesquisa prolongado com um desconhecido em anos, e nada menos do que com um pensador como Cassirer, a quem ele respeita profundamente. Warburg tem bons motivos para assumir que Cassirer seja um dos muito poucos em condições de compreender sua proposta pessoal de história das imagens em toda sua profundidade e seus possíveis efeitos.

Durante dias, Warburg se prepara intensamente para o encontro, anotando e organizando bilhetes com questões e problemas que lhe parecem especialmente importantes, apenas para, poucos minutos antes da chegada de Cassirer a Kreuzlingen, rejeitar como tabuísmos as anotações cuidadosamente espalhadas sobre sua escrivaninha. Apesar das ponderações mais pacientes dos seus acompanhantes, ele faz questão de retirar do cômodo esses e outros objetos de azar. É *imprescindível*. Enquanto isso, Cassirer espera no corredor até ser convidado a entrar no escritório.

À exceção dessas complicações iniciais, a conversa transcorre muito bem. Cassirer compreende o desenvolvimento do ser humano no âmbito do símbolo como um acontecimento contínuo de libertação, a partir das formas conceituais dominantes do pensamento mítico. Warburg concorda plenamente com essa visão, enfatizando as energias e os impulsos incessantes dos mundos das imagens míticas nesse processo de avanço. Ainda no primeiro dia do encontro, Warburg resume da seguinte maneira a impressão libertadora de finalmente ter encontrado um correligionário: "Achei que estava ouvindo alguém na outra extremidade do túnel".

A discussão de ambos se concentra de maneira quase obrigatória na época do Renascimento e no início da Idade Moderna como fase de transição do pensamento europeu. Uma época que se caracterizou por uma simultaneidade conflituosa dos modos de pensamento mágico-míticos, como, por exemplo, o da astrologia e o das abordagens matemático-lógicas da astronomia. Durante passeios no parque, as conversas se voltam principalmente à (re)descoberta por Kepler das elipses para a astronomia, tema interrompido regularmente pelas explicações e orientações angustiadas de Warburg sobre em qual dos inúmeros blocos do sanatório sua mulher — que caminha a seu lado — está presa e trancafiada.[13] A perfeita bipolaridade de toda existência, que Warburg acredita estar claramente expressa na figura da elipse como um corpo geométrico de dois focos, também não abandonou sua mente nessa memorável tarde de 10 de abril de 1924: ele ainda se considera uma mistura plástica de perfeita racionalidade e irracionalidade, de intuição científica genial e ideias fixas delirantes. Entretanto, ele renovou suas esperanças de criar uma nova comunidade de pesquisadores, de dar uma continuação ao projeto científico de sua vida, com um interlocutor que o ombreia na figura de Cassirer, capaz de seguir os impulsos de suas ideias, absorvendo-os e interpretando-os de maneira própria.

De volta a Hamburgo, Cassirer envia imediatamente a Kreuzlingen novos materiais bibliográficos e fontes relacionadas ao problema da elipse. Na mesma noite da partida de Cassirer, Warburg se senta para escrever uma carta aos "gerentes do sanatório Bellevue", na qual pede informações sobre "como meus médicos se posicionam diante do sintoma do reinício do trabalho científico como fator subjetivo de cura [...]. Talvez não seja exagero dizer — talvez Cassirer tenha conversado com os senhores a respeito — que eu ainda seria capaz de esboçar um método historiográfico realmente consistente da psicologia da cultura".[14]

Warburg não quer saber de outra coisa senão voltar à sua biblioteca, e pela primeira vez em anos se sente forte o suficiente para o regresso. Em agosto de 1924 os médicos confirmam essa avaliação. No dia da partida, 12 de agosto de 1924, Binswanger anota: "Hoje pela manhã, partiu na companhia do responsável para Frankfurt, sendo lá recebido pelo dr. Embden a fim de prosseguir viagem até Hamburgo [...]. Os preparativos para a viagem ocorreram de maneira tranquila e objetiva, também a partida foi serena. Na viagem para Frankfurt, mostra-se ostensivamente ordenado, prestativo e tranquilo [...]".[15]

Na batalha contra seus demônios, Warburg reencontrou apoio e segurança. Embora não esteja totalmente livre da profunda angústia da morte, ele não é mais seu escravo. Esse deve ser o estado de espírito de todos que reconhecem o resultado mais verdadeiro de uma análise honesta do estar no mundo. Ao menos, essa é a opinião de Heidegger no outono de 1924, pouco antes de sua vida também ser dominada por um novo demônio, por ele desconhecido até então.

Weimar cambaleia

Heidegger passa seu primeiro outono como professor em Marburg separado da família. Encontrar uma casa se mostra uma tarefa extremamente difícil, em grande parte devido à onda de refugiados vindos do Vale do Ruhr, ocupado pelas tropas francesas. Em Marburg as já escassas moradias são distribuídas compulsoriamente a famílias sem teto. Ao mesmo tempo, a crise monetária continua a se intensificar. Em poucas horas, o valor de compra de salários recém-recebidos — enquanto o setor de pagamento da universidade ainda dispõe de cédulas suficientes para fazer os pagamentos — cai pela metade. No fim de outubro de 1923, Heidegger consegue transferir "três vezes 20 bilhões" para casa. Logo em seguida ele pergunta a Elfride se o dinheiro realmente chegou a Freiburg.

Somente então muitos resolvem acreditar que a guerra estava realmente perdida. A fome reina nas cidades. Revoltas e saques são a consequência. Nesse outono, a República de Weimar está à beira do colapso. Em setembro, a Baviera proclama de maneira independente o estado de emergência e instaura uma ditadura de fato, sob a liderança do conservador Gustav von Kahr. Outras partes da República, como os ainda jovens estados da Turíngia e da Saxônia, ameaçam seguir o exemplo. Nas cidades maiores, brigadas comunistas e agrupamentos nacionalistas enfrentam-se durante dias em batalhas de rua. É mesmo uma guerra civil. O Estado está quase inoperante, perdeu o monopólio de violência.

Por sua vez, o chanceler Gustav Stresemann, do Partido Popular Alemão, nacional-liberal, conclama no fim de setembro de 1923 o estado de emergência militar. A catástrofe parece programada. A única dúvida é a forma que tomaria.

O potencial revolucionário borbulha principalmente na Baviera. Em 8 de novembro de 1923, a situação se agrava ainda mais na cervejaria Bürgerbräu-Keller, em Munique, quando Adolf Hitler, protegido por uma numerosa tropa de choque de sua milícia SA, interrompe com um tiro de pistola para o ar o discurso de Kahr, obriga-o a fugir do local e conclama os presentes para uma "marcha à capital" no dia seguinte, conforme o glorioso exemplo de Mussolini e seu movimento fascista na Itália. Milhares seguem o apelo de Hitler. Mas a revolução termina depois de poucos quilômetros no centro de Munique. Mobilizada por Kahr, a polícia local tem ordem para atirar — e dispara contra a massa em marcha. Vinte pessoas perdem a vida, Hitler consegue fugir numa ambulância.

Stresemann não se dá por vencido em Berlim. Para conter a inflação, uma semana mais tarde seu governo lança o *rentenmark*, uma moeda indexada. Uma manobra que, para a surpresa de todos, é exitosa e contribui para uma clara estabilização da situação geral. Na virada do ano, os franceses anunciam a saída do Vale do Ruhr. A República de Weimar escapou mais uma vez. Não são poucas as forças políticas que reconhecem aí a verdadeira catástrofe.

Fortalezas

A situação de Heidegger também se estabiliza claramente no início de 1924. Por fim, havia encontrado um apartamento nas proximidades de onde vivia o colega professor Nicolai Hartmann. Apesar de não ser ideal e infelizmente não ter jardim, em janeiro a família está alegremente reunida no novo endereço. A começar pelo som, "Marburg" faz lembrar "Freiburg". Mas as montanhas da primeira não são tão altas, as encostas não tão íngremes, as igrejas não tão solenes e as vielas não tão acolhedoras. Não houve amor à primeira vista pela cidade, mas ela é suficientemente familiar e provinciana para os Heidegger.

No primeiro ano, Heidegger e sua "tropa de choque" alcançam boa ressonância também na própria universidade — convertida, nas décadas anteriores, em baluarte do neokantismo da Escola de Marburg por Hermann Cohen, Paul Natorp e Ernst Cassirer. A lista dos alunos que Heidegger arrebata para a sua linha de pensamento pode ser lida como um quem é quem da filosofia e das publicações filosóficas alemãs do pós-guerra: Hans-Georg Gadamer, Gerhard Krüger, Karl Löwith, Walter Bröcker, Hans Jonas e Leo Strauss.

Nos primeiros meses caóticos, Gadamer é um apoio especial a Heidegger, pois ele é nascido em Marburg, seus pais são muito bem-vistos na cidade e, por essa razão, enormemente úteis na solução dos muitos pequenos e grandes afazeres. No que diz respeito à filosofia, Heidegger encontra no teólogo protestante Rudolf Bultmann um enriquecedor correligionário. O teólogo, influenciado por Kierkegaard e Jaspers, trabalha na reconquista da verdadeira força existencial do cristianismo — distante de todos os mitos e falsas erudições, e longe também de todas as pressões e camisas de força institucionais. Bultmann também quer desmistificar o cristianismo. Ele pretende expor a existência humana em toda sua absurdidade, desnudando-a, e dessa maneira, aguçar seus ouvidos para a força da mensagem cristã de libertação.[16] Heidegger, antigo pensador da Igreja, quer a mesma coisa — apenas sem a promessa cristã de salvação.

Ser a sensação

Durante os primeiros meses em Marburg, Heidegger reconhece de modo cada vez mais evidente que o indivíduo tem a possibilidade de examinar a falta de fundamento de sua existência principalmente pela certeza (que sempre o acompanha) da própria mortalidade. Entretanto, o ser humano não consegue encontrar sua salvação a partir de fora, não a partir de outro lugar, não como algo prometido ou até revelado, mas apenas a partir do olhar franco e, portanto, sempre angustiado, para o abismo da própria finitude. Por fim, há apenas um fato inescapável e categórico para o ser humano: a morte que o acompanha como possibilidade real, mais próxima a cada instante. A fé cristã promete redimir todos os seres humanos dessa imposição. E é exatamente por isso que ela se torna tão suspeita aos olhos de Heidegger.

Em suas lições em Marburg, tanto Bultmann quanto Heidegger querem abrir caminho ao indivíduo rumo a uma decisão no sentido mais pleno do termo — como primeiro passo rumo a um modo de existir livre, verdadeiro. A proximidade dos dois pensadores é perceptível para todos, bem como suas diferenças. Essa constelação filosófico-teológica eletriza os jovens discentes de ambas as faculdades. Em Marburg de 1924, algo se move intelectualmente. A novidade logo se espalha entre os alunos. Não apenas do entorno próximo, mas até de Berlim e de outros lugares.

A intensidade que Heidegger procura no pensar, e que sabe gerar como docente, não tolera promessas ou condescendências.

Qualquer concessão é considerada preguiça. Preguiça intelectual. A mobilização que ele realiza da "angústia", bem como do "correr antecipativo do ser-aí para o seu trânsito", como ele formula no verão de 1924 para seus alunos, pode servir também para um momento compensatório. Ele conta 35 anos de idade, é casado, tem dois filhos, está na plenitude da vida e de sua produção. E sabe muito bem que — ao contrário da grande maioria de seus companheiros de geração — nunca vivenciou no próprio corpo a experiência-limite da proximidade da morte, o correr antecipativo à morte. Apesar disso, alguma coisa brilha quando ele surge na sala de aula usando uma combinação feita sob medida de calças justas e uma jaqueta longa — meio traje típico, meio uniforme —, em silêncio, e olhando pela janela, começa a filosofar quase aos sussurros, sem roteiro ou uma preparação aparente, num crescendo cada vez mais enfático e denso. O homem é a sensação que quer ser.

Você, demônio[17]

Apenas no semestre de inverno de 1924-1925 é que Heidegger sente na própria pele, pela primeira vez, aquilo sobre o que até então apenas discorrera apaixonadamente: "Nunca passei por algo assim", ele confessa — e não apenas a si próprio — em 27 de fevereiro de 1925: "O demoníaco me atingiu".[18] Mas Heidegger não está anunciando, por exemplo, uma experiência de angústia ou da proximidade da morte como aquelas evocadas em suas aulas, tampouco um estado de exceção *puramente* relativo ao eu. Ao contrário. Trata-se da experiência de uma outra pessoa, a experiência do amor: "Que a presença do outro acabe por entrar em nossa vida é algo que sentimento nenhum dá conta", pois "nunca sabemos o que poderemos nos tornar aos outros por meio do nosso ser". Nesse estado de exceção, escreve o amante, só resta uma coisa a fazer: "Um destino humano se entrega a um destino humano, e a tarefa do amor é manter essa entrega viva como no primeiro dia". O início da carta:

10/11/1925

Prezada srta. Arendt!
Tudo deve ser simples e claro e puro entre nós. Pois só então somos dignos da possibilidade do nosso encontro. O fato de a senhorita ser minha aluna e eu ser seu professor é apenas o ensejo daquilo que aconteceu conosco.
Nunca poderei possuí-la, mas a partir de agora você pertencerá à minha vida e ela deve crescer com você [...].[19]

A "senhorita", à qual Heidegger se dirige de maneira tão vulnerável e franca, é sua aluna Hannah Arendt, de dezoito anos à época e natural de Königsberg, estudante de filologia clássica, filosofia e teologia protestante. Logo após sua chegada a Marburg, no outono de 1924, Arendt também é considerada uma espécie de sensação entre os estudantes. E não apenas por causa da beleza singular e do estilo extravagante e muito colorido de se vestir. Assim como Heidegger, que ao iniciar seu trabalho em 1923 trouxe de Freiburg para Marburg uma "tropa de choque" (como a chamava) de estudantes e doutorandos, a jovem que chamava atenção por seu brilhantismo intelectual também conseguiu convencer todo um círculo de amigos e companheiros — na qualidade de líder e chefe intelectual — a trocar Berlim por Marburg, a fim de descobrir com os próprios olhos e ouvidos o que na época os estudantes de filosofia de toda a República sussurravam: que em Marburg havia aparecido alguém novo e brilhante, com o qual era possível "reaprender o pensar". Nada menos que o profeta do ser-aí, Martin Heidegger.

Em meio ao ser

A verdadeira característica do "ser-aí" heideggeriano é não ter (nem poder ter) plural. Para ele, "ser-aí" é um único, isolado, ou — como ele também diz — "sempre-meu" [*Jemeiniges*]. Se o "ser-aí" quiser realmente se libertar e se apreender, então é preciso fazê-lo totalmente a partir de dentro de si. Mas então outro ser-aí, um você — já no primeiro encontro por ocasião de um atendimento em novembro de 1924 —, infiltra-se subitamente nele com a força de um único olhar. E ele no outro. Não espanta que, a princípio, o jovem pensador se achasse incapaz de lidar com o acontecido. Talvez também porque, como Heidegger registra nas cartas ao seu novo amor, nunca saberemos o que o você amado, infiltrado em meio ao próprio eu, pode apresentar como manifestação e efeito. O você dividiria o eu de dentro para fora? E, portanto, o eu se distanciaria de si? Ou seria envolvido de modo hostil? Ou, ainda, mais fatal do ponto de vista filosófico: o você proporcionaria ao eu uma acolhida final, eternamente segura?

De repente, tudo isso lhe pareceu possível. Pois Martin ama Hannah como nunca amou ninguém na vida. Nessa primavera, ele o confessa nas cartas quase diárias: aconteceu algo novo comigo, um grande você dentro do meu eu-mesmo, em meu ser.

Do ponto de vista puramente prático, soluções clássicas logo são postas em ação: Heidegger planeja os encontros com cautela. Em primeiro lugar visando à proteção de Hannah, é claro. A comunicação se dá por meio de sinais de luz na janela ou símbolos desenhados com giz no banco preferido do parque. Arendt assiste às palestras de Heidegger, se necessário espera dois pontos de bonde à frente ou diante de hospedarias a poucos quilômetros fora da cidade.[20] Definitivamente, tudo o que se costuma fazer nessas circunstâncias.

Desde o início, ambos sabem que "nunca vão se possuir completamente" — ao menos não no sentido conjugal burguês.

Em nenhum momento Heidegger menciona ou cogita a possibilidade de se separar de Elfride. Mas um rompimento da relação com Hannah tampouco se coloca como opção para ele. A atração é muito forte, a voltagem erótica muito eletrizante. Um furacão de amor que leva principalmente a jovem estudante Arendt à beira do autoesfacelamento. Numa longa carta confessional alegórica intitulada "Sombra", ela registra para Heidegger seu estado de jubiloso dilaceramento. Por um lado, ela diz que esse amor a faz se sentir livre do isolamento escuro e da inautenticidade; seu ser-aí é finalmente levado de uma caverna à luz do dia. Por outro lado, formula sérias dúvidas sobre se é capaz de realmente encontrar a si mesma sob a influência inebriante desse demônio.

O pensamento mais difícil

Nos dias primaveris que correm, a sensibilidade filosófica de Heidegger também oscila constantemente entre libertação e opressão: "Você sabe o que há de mais difícil para o ser humano carregar?", ele escreve para Arendt em 13 de maio de 1925: "Para todo o resto há caminhos, ajuda, limites e compreensão — só aqui tudo significa: estar apaixonado = estar forçado à existência".[21] Palavras significativas, ainda mais se comparadas com as cartas que Heidegger escreveu anos antes à mulher. Nelas, ele aponta o filosofar como o desafio mais difícil e profundo de sua existência. Agora, trata-se do amor. A relação com Arendt faz com que Heidegger se sinta forçado a uma nova forma de autenticidade, a dialógica. Mas, para que sua filosofia subsista, esse não pode ser o caso.

Por essa razão, depois de poucas semanas ele cria nas cartas um ajuste elucidativo filosófico, que também oferece a Arendt: o conflito vivenciado é a garantia de verdadeiro autoencontro. A entrada do outro, a mais verdadeira libertação. O típico sentimento amoroso do desnorteado ter-de-deixar-acontecer, afirmação da mais alta decisão. Em outras palavras: em vez de reconhecer a força máxima da invasão vivenciada, desagregadora da existência, Heidegger procura com urgência por caminhos dialéticos a fim de lhe indicar um lugar no contexto da sua filosofia do isolamento radical. Em nome do seu ideal existencial de uma autenticidade heroica, ele nega o reconhecimento à experiência do você. Ele parece satisfeito com isso. A jovem filósofa, que o ama, não. Sem avisar Heidegger previamente, no verão de 1926 ela sai de Marburg rumo a Heidelberg, a fim de começar o doutorado com Karl Jaspers. O tema escolhido: "O conceito de amor em Santo Agostinho". Arendt está especialmente interessada na questão da experiência amorosa em indivíduos cuja existência se mantém sempre, de maneira irreversível, vinculada à existência de outros. De fato, o avesso do ponto de partida heideggeriano.[22]

Amor mundi

A dissertação de Arendt, encerrada em 1928 (numa época em que ela ainda se encontrava vez ou outra com Heidegger, secretamente), marca o início de um caminho intelectual cuja autonomia e significado não são estreitados pelo fato de se manter em diálogo constante com a obra de Heidegger. Pois o filosofar de Arendt, a partir de então, se caracteriza pela capacidade de elucidar e ampliar todos aqueles aspectos existenciais ligados ao evento do "você" — para os quais Heidegger tem de se manter cego no seu domicílio mental, caso não queira arriscar banimento e desterro completos. Exatamente esse é o papel que Arendt vai ocupar durante toda sua vida: de uma "menina do estrangeiro", como escreve a Heidegger anos após o fim da guerra, cujo pensamento invade, libertador, as casas e moradias de outros, abrindo-as de dentro para fora. Rüdiger Safranski, biógrafo de Heidegger, elabora com precisão: "Arendt responderá *ao correr antecipativo à morte* com uma filosofia do nascimento; ao solipsismo existencial do *caráter de cada-vez-meu* [*Jemeinigkeit*] ela responderá com uma filosofia da pluralidade; à crítica da *decaída* [*Verfallenheit*] diante do mundo do *a gente* [*man*] ela responderá com uma do *amor mundi*. À *claridade* [*Lichtung*] de Heidegger responderá enobrecendo filosoficamente a existência pública".[23]

Ao contrário de Martin Heidegger, Hannah Arendt se mostrará, também filosoficamente, à altura do evento de seu amor dividido. Heidegger, por sua vez, não encontrará nunca um lugar essencial em seu pensamento para a invasão demoníaca do você — a quem ele invoca em suas cartas para Hannah como libertação existencial. Uma carência dialógica que pesa muito sobre sua filosofia e a limita, bem como ao existencialismo que lhe é contíguo.

Ou seja, Heidegger, enquanto amante, nunca supera Arendt. Mas, para Arendt, a partir de 1925 Heidegger se torna — exatamente como ele esperava em suas primeiras cartas — o início do seu próprio caminho.

Ameaça de fome

Em meio ao outono alemão de crise, em 1923, o candidato à livre-docência Walter Benjamin também se declara disposto a atos extremos: "De todo modo, estou decidido a preparar um manuscrito, ou seja, é melhor ser enxotado aos xingamentos e desonras do que me recolher",[24] ele escreve no fim de setembro a Florens Christian Rang. Depois de mais de dois anos de nomadismo dedicado a buscas, Benjamin dispõe agora tanto de um tema fixo quanto de uma faculdade que ao menos cogita avaliar um trabalho de suas mãos. Ele passou toda a primavera de 1923 em Frankfurt, protegido pelo tio-avô, o professor de matemática Arthur Moritz Schoenflies, bem como pelo amigo da família e sociólogo Gottfried Salomon-Delatour, a fim de manter contato com a vida universitária. Embora a esperança de Benjamin de apresentar seu ensaio já existente sobre as *Afinidades eletivas* de Goethe diretamente como tese de livre--docência logo se revele ilusória, seus esforços são exitosos à medida que consegue conquistar o historiador da literatura e germanista Franz Schultz como intercessor e mentor. Schultz sugere um tratado sobre a "forma do drama barroco", principalmente sobre a chamada escola da Silésia. Para Benjamin, trata-se de tudo menos um tema desejado, pois ele não tem maiores afinidades nem com o período histórico — fim do século XVII — nem com suas obras e autores. O desejo de prosseguir por uma linha demarcada é substituído por um campo temático completamente novo a ser trabalhado, além de todo um conjunto de novas leituras.

Mas o que lhe resta? O professor Cornelius, representando a estética de Frankfurt, tinha se decidido categoricamente por rejeitar qualquer tipo de admissão ou colaboração. Mesmo a intercessão de um jovem doutorando, altamente talentoso, chamado Theodor Wiesengrund Adorno, do qual Benjamin se tornou amigo nos meses em Frankfurt, não consegue mudar nada. O professor Schultz, o qual Benjamin mal conhece pessoalmente e tampouco tem em grande conta do ponto de vista acadêmico, acaba sendo sua única esperança. "Estou em meio ao trabalho sobre o drama barroco que o senhor especialmente me propôs", Benjamin informa ao seu novo mentor, em outubro de 1923, de uma Berlim assolada por barricadas, apagões elétricos e revoltas de pessoas que passam fome. Financeiramente, a situação naquele fim de outono é mais crítica do que nunca. Dora, que tinha encontrado um trabalho como secretária no escritório da sucursal do grupo americano de mídia Hearst, perde o emprego após poucas semanas. A odiada

Delbrückstraße, onde o pai de Benjamin luta contra a morte após amputar a perna direita, se torna outra vez o último refúgio da família. De lá, Benjamin escreve ao amigo Rang: "Quem trabalha intelectualmente com seriedade na Alemanha está ameaçado pela fome da maneira mais grave possível [...]. Certamente há diversos modos de passar fome. Mas nenhum é pior do que fazê-lo em meio a um povo famélico. Aqui tudo enfraquece, aqui nada mais alimenta. Minha tarefa, ainda que ela se desenvolvesse aqui, não poderia ser realizada aqui. Essa é a perspectiva pela qual eu vejo o problema da emigração. Deus permita que haja uma solução".[25]

Os Benjamin não enxergam mais um futuro para si na Alemanha. Mas os Estados Unidos, o desejo de Dora, não são opção para Benjamin. Ele não fala nem uma palavra de inglês. A Palestina, para onde Gershom (Gerhard) Scholem emigra com a mulher no outono de 1923 a fim de assumir um cargo de bibliotecário, está fora de cogitação. Também nesse caso, Benjamin não dispõe dos necessários conhecimentos básicos do idioma. Para aprender hebraico, precisaria de vários meses, talvez anos, de estudo intensivo. Tempo e energia que lhe são escassos, caso queira concluir com sucesso sua tese de livre-docência. Pois também nesse ponto há muita pressão. Salomon-Delatour aconselha enfaticamente uma entrega rápida, se possível ainda nos doze meses seguintes. Trata-se do período em que Schultz ainda será decano em Frankfurt, com grande poder de decisão. Ainda mais porque naquele outono circulam boatos de que a jovem Universidade de Frankfurt, criada depois da guerra, está em vias de liquidação por motivos financeiros; ou melhor, em vias de fusão com Marburg.

Apesar de todas as incertezas e rejeições, Benjamin continua considerando a livre-docência o único caminho capaz de levá-lo a uma saída, ou ao menos a ter esperança de conseguir "levantar um empréstimo pessoal". Como a raposa na armadilha, com a qual ele se compara na virada de 1923 para 1924, Benjamin se decide por medidas extremas. Ele arranca a perna e sai cambaleando para o mais longe possível dali. Em outras palavras: em menos de quatro meses, ele encerra em Berlim o trabalho de consulta às fontes sobre o drama barroco, recolhe cerca de seiscentos trechos citáveis e os organiza em forma de um catálogo. A partir dessa base, que é "curiosamente — sim, sinistramente — fina" e que encerra "apenas a informação de poucos dramas, longe de ser todos que deveria considerar",[26] ele monta um plano para escrever seu trabalho num isolamento monástico, situado num "ambiente mais livre" algures, de preferência no sul, fora do país e, portanto, mais barato: longe das odiadas querelas familiares, longe da Alemanha que lhe é cada vez mais estranha, longe de todo o tipo de distração cotidiana e das seduções da cidade grande. O que melhor reflete o grau da determinação de Benjamin em concretizar esse plano é sua disposição explícita de vender parte de sua biblioteca.

Adeus, Alemanha

Supostamente aconselhado pelos Gutkind e Rang, aficionados de viagens, a escolha recai sobre a ilha italiana de Capri. Ao flanar por Berlim em 1º de abril (possivelmente apenas uma piada diabolicamente realista), Benjamin fica sabendo num quiosque de jornais sobre uma ameaça de proibição de saída do país, a fim de impedir a fuga do capital de cidadãos ricos. Sem pensar muito, ele se decide partir o quanto antes. Em 9 de abril de 1924, Benjamin e suas seiscentas citações chegam a Capri.

Encantado pela beleza primaveril e pela exuberância natural da ilha, é evidente que o trabalho intenso fica em segundo plano. Inclusive porque os casais Gutkind e Rang também desembarcaram em Capri. Juntos, eles ocupam um andar num palacete de verão com uma das varandas mais altas da ilha. Benjamin passa, segundo suas próprias palavras, "alguns dos dias mais bonitos e extravagantes" da sua vida. Depois de três semanas, os Rang estão quase de partida, os Gutkind já se preparam para voltar ao norte, e Benjamin — sem ter escrito uma linha — também é trazido de volta à chamada realidade. Falta dinheiro. No momento, a única coisa capaz de ajudar é uma carta a Weißbach, seu editor de Heidelberg:

Muito prezado sr. Weißbach!

[...] uma série de imprevistos me custou parte de meu caixa de viagem, de modo que estou preso aqui em meio a um grande dilema. Peço-lhe que não leve a mal minha pergunta, ou melhor, meu pedido: gostaria de contar com sua gentileza de me enviar o equivalente a sessenta marcos em divisas, seja como adiantamento, seja como empréstimo (saldável em 1º de julho de 1924) como posta-restante aqui para Ferma.[27]

É difícil descobrir o que teria sido a "série de imprevistos" (se é que houve). Mas é bem possível que, logo na primeira travessia da baía até Nápoles, "dinheiro e documentos" de Benjamin tivessem sido "surrupiados num piscar de olhos".[28] Seja como for, acontece um milagre. Weißbach realmente envia o dinheiro, e Benjamin mergulha cada vez mais na magia da ilha. Caminhadas e excursões preenchem seus dias, amiúde também em Nápoles, que exerce sobre ele um fascínio especialmente mórbido. Em maio, a universidade local festeja seus setecentos anos. Um grande congresso internacional de filosofia é organizado para a ocasião, evento que também atrai Benjamin. O transcorrer do congresso, entretanto, faz com que ele chegue à conclusão de que "os filósofos são os lacaios mais mal pagos da burguesia internacional porque também são os mais desnecessários; mas o fato de eles exibirem por todos os lados seu caráter subalterno com uma miséria tão digna é algo novo para mim".[29]

Benjamin mal aguenta ficar um dia entre os seus.

Uvas e amêndoas

A atmosfera das conversas na sua ilha dos sonhos é sem dúvida mais interessante. Em vez de atrair a burguesia internacional — pelo menos é assim que ela se descreve —, desde a virada do século Capri se tornou um tipo de destino nostálgico e de descanso para a intelligentsia de esquerda. O escritor russo Maksim Górki, ícone literário da revolução, tinha inclusive fundado ali sua própria academia, ainda que de vida curta. Por conta do baixo custo de vida e do marco estável, no verão de 1924 Capri se torna um ímã para pensadores e artistas alemães. Benjamin não é de maneira nenhuma a única pessoa de vida precária que espera encontrar em Capri um pouco mais de qualidade de vida e concentração intelectual. O ponto de encontro da cena é o Café zum Kater Hiddigeigei, de propriedade de um casal de alemães. Depois da partida dos amigos, Benjamin é visto com cada vez mais frequência por lá às tardes, para tomar seu primeiro café do dia, reunir seus pensamentos incentivado pela movimentação na *piazza* ou, durante a leitura do jornal, felicitar-se vez ou outra por testemunhar dali, daquele local de sonho maravilhosamente distante, imerso no mais agradável calor de maio, o declínio próximo e certeiro do Ocidente.

Mas mesmo em Capri nem tudo é cor-de-rosa. O adiamento do início do processo de escrita do trabalho perturba a mente e o humor de Benjamin. Como sempre que está estressado, sua intolerância ao barulho se manifesta. Um problema bastante recorrente em terras italianas. Durante aquele mês, ele procura febrilmente por uma nova moradia acessível, e por conta da elevada temperatura durante o dia, transfere a escrita para longas jornadas noturnas. Infelizmente, porém, "as aves também se alvoroçam durante a noite". E ainda há aquela jovem que ele observa faz várias semanas, de seu lugar no café, fazendo compras com a filhinha ou descansando um pouco ao sol, enquanto a menina dança ao redor da fonte na praça com um sorvete na mão. Não é alemã, certeza. Os ossos malares altos e o rosto redondo, embora estreito, apontam para outra procedência. E ainda por cima os olhos grandes que se retraem em fendas mínimas quando ela ri lhe conferem uma aparência quase asiática. Benjamin está encantado e vê seu momento chegar quando, provavelmente por volta do fim de maio, a bela desconhecida quer comprar um saquinho de amêndoas de um vendedor ambulante e não consegue se fazer entender direito em italiano:

"Senhora, posso ajudá-la?"

"Sim, por favor."

O homem que está à sua frente tem cabelo escuro, espesso, e usa óculos "que lançam luzes como pequenos faróis".[30] Tem o nariz fino, mãos que nunca pegaram no pesado. Ela conhece o tipo: "um clássico intelectual burguês, supostamente do tipo mais rico". À exceção do status financeiro, uma avaliação precisa, cuja veracidade logo fica patente. Pois Benjamin deixa cair as sacolas que ele se ofereceu para carregar de uma maneira tão desajeitada que as compras se esparramam pelo lugar. "Permita-me que me apresente, dr. Walter Benjamin".

Benjamin acompanha as duas até em casa e se convida para um espaguete e vinho tinto na noite seguinte. No início de junho, suas jornadas noturnas — como ele escreve a Scholem, na distante Palestina — são postergadas um pouco mais noite adentro:

Com o tempo, principalmente desde a partida de Gutkind, vou conhecendo no Café Hiddigeigei (que fora o nome não tem nada de desagradável) um e outro […]. Uma letã bolchevique de Riga, que trabalha no teatro como atriz e diretora, cristã, é a mais interessante […]. Hoje é o terceiro dia que escrevo esta carta. Conversei com a bolchevique até meia-noite e meia e depois trabalhei até quatro e meia. Agora pela manhã estou sentado na minha varanda, que é uma das mais altas de Capri, com céu fechado e brisa marinha.[31]

É bem possível que em uma e outra noite o horário tenha se estendido até um pouco mais tarde. Afinal, conversa não é tudo. Benjamin se apaixona como nunca na vida. Apaixona-se por Asja Lācis, que ele descreve por carta a Scholem ora como "revolucionária russa de Riga", ora como "brilhante comunista, que desde a revolução da Duma trabalha no partido", mas principalmente como "uma das mulheres mais excepcionais que já conheci".

Lācis, na época com 32 anos e, portanto, um ano mais velha que Benjamin, tinha viajado de Berlim para Capri no início de abril com o companheiro, o diretor teatral alemão Bernhard Reich, com a intenção primeira de curar uma infecção das vias respiratórias da filha de três anos, Daga. Em maio, Reich já está de volta à Alemanha. Asja e Daga permanecem sozinhas na ilha para a continuação do tratamento. Antes de sua temporada em Berlim, Asja — como atriz e diretora — tinha participado da vanguarda russa e, no início dos anos 1920, fundou um teatro juvenil próprio em Oriol, cidade na Rússia central.

Para Benjamin, o alemão em um país meridional, esse relacionamento abre horizontes de experiências absolutamente novas — tanto intelectuais quanto eróticas. Naqueles mágicos dias de verão do amor e da luz, ele fala ao amigo Scholem também dos vinhedos da ilha como manifestações fantásticas: "Você provavelmente sabe como é, quando fruto e folha mergulham na escuridão da noite e saímos a tatear, com cuidado, para não sermos ouvidos nem enxotados, atrás das uvas gordas". E acrescenta para que a mensagem verdadeira seja realmente compreendida: "Mas ainda há muito mais, sobre o que talvez os comentários do Cântico dos Cânticos possam iluminar".[32]

Mais tarde, Lācis lembrará com humor desses dias com Benjamin nos quais "você ficava 24 horas em cima de mim".

Despertar

Os efeitos desse encontro para o relacionamento de Benjamin com o mundo não devem ser subestimados. Ele próprio fala diversas vezes de estar como que transformado. Desde o início da idade adulta, Benjamin — iniciado durante uma antiga viagem a Paris — frequentava bordéis com regularidade. O casamento com Dora há anos tem um caráter fraternal. O encanto por Jula Cohn não foi correspondido. Por essa razão, não é exagero dizer que o relacionamento com Lācis — uma mulher que o atrai física e intelectualmente — traz para Benjamin um despertar erótico que significa, por assim dizer, uma iniciação sensual: um amor completo em sua verdadeira acepção. É claro que as conversas com a comunista e ativista convicta abrem também novos horizontes e perspectivas intelectuais: a ligação de Lācis com a teoria e a prática, a arte e a política, o engajamento e a análise é diametralmente oposta à de Benjamin até aquele instante. A ativista russa talvez não consiga compreender como é possível ele se ocupar justo com o teatro barroco alemão do século XVII em meio a uma Europa solenemente revolucionária. Para ela, trata-se de um exemplo emblemático do escapismo burguês de que Benjamin acusou sua corporação na época do congresso em Nápoles. Com Lācis, o comunismo entra no pensamento de Benjamin como uma relevante alternativa prática para a teoria. Ele vai trabalhar durante o resto da vida para assimilar essa investida. Em vão, aliás.

Logo os dois são vistos passeando juntos com a menina pelas trilhas da ilha, brincando e conversando; certamente não devem ter faltado gestos de afeto. Também se tornam cada vez mais frequentes as excursões até a cidade no outro extremo da baía e que exerce sobre ambos, Benjamin e Lācis, uma atração quase hipnótica: Nápoles. Mas se Lācis enxerga na abundância emocional da vida cotidiana do lugar um potencial revolucionário, Benjamin reconhece forças simbólicas primárias, intactas, em ação. Se Lācis enxerga nas refinadas encenações da *piazza* um evento vanguardista de vários palcos, Benjamin assiste a uma apresentação ao ar livre do mistério alegórico do barroco. Por fim, se Lācis analisa a materialidade concreta e a arte do improviso, Benjamin descobre constelações de ideias atemporais momentaneamente personificadas. Como costuma acontecer entre recém-apaixonados, ambos estão ansiosos por enxergar o mundo também com os olhos do outro, colocar a perspectiva do outro no centro do próprio eu.

O retrato da cidade escrito a quatro mãos, "Nápoles",[33] é testemunho desse momento do verão de 1924: um documento único do que acontece quando as visões de mundo de uma inabalável militante cultural do comunismo de vanguarda e as análises de constelações supratemporais de um pensador esotérico idealista se abrem mutuamente. Desse modo, parece absolutamente coerente que nesse texto o fenômeno da *porosidade*,[34] entendido como uma friabilidade produtiva que supera pela primeira vez dualismos rígidos, se torne o conceito-chave da exploração intelectual da cidade. Porosidade como princípio da vida verdadeira; quer dizer, napolitana:

No próprio solo rochoso, onde ele atinge a costa, se abriram cavernas. Como em gravuras de eremitas do Trecento, surgem portas aqui e acolá no meio das rochas. Se estão abertas, pode-se olhar para dentro de grandes porões que são, ao mesmo tempo, dormitório e depósito. Daí em diante, degraus levam até o mar, até botecos de pescadores instalados em grutas naturais, donde, à noite, se filtra para o alto uma luz turva e uma música tênue.

A arquitetura é porosa como essas rochas. Construção e ação se entrelaçam uma à outra em pátios, arcadas e escadas. Em todos os lugares se preservam espaços capazes de se tornar cenário de novas e inéditas constelações de eventos. Evita-se cunhar o definitivo. Nenhuma situação aparece, como é, destinada para todo o sempre; nenhuma forma declara o seu "desta maneira e não de outra".[35]

[...] Pois nada está pronto, nada está concluído. A porosidade se encontra não só com a indolência do artífice meridional, mas sobretudo com a paixão pela improvisação. Para ele, em qualquer caso, espaço e ocasião devem permanecer preservados. Usam-se prédios como palcos populares. Toda a gente os divide num sem-número de áreas de representações simultaneamente animadas. Balcões, átrios, janelas, portões, escadas, telhados, são ao mesmo tempo palco e camarote. Mesmo a existência mais miserável é soberana no vago conhecimento duplo de atuar em conjunto, em toda a perversão, numa cena de rua napolitana, que nunca se repete; de, em sua pobreza, gozar o lazer de acompanhar o grande panorama. Uma escola superior de direção artística é o que tem lugar nas escadas. Estas, nunca totalmente expostas, mas ainda menos encobertas que nos abafados caixotes dos nórdicos, se projetam fracionadamente pela casa afora, fazem uma curva angulosa e somem para de novo se precipitarem.[36]

Não há dúvida de que a linguagem é de Benjamin. Mas a concepção diretiva é de Lācis.[37] Prazer puro na existência, eterna superabundância e alegria na transformação — coisas assim eram até então estranhas aos textos de Benjamin. Na dialética dessa nova concepção, os opostos se infiltram de maneira tão indissolúvel quanto contínua: bem e mal, dentro e fora, trabalho e jogo, morte e vida, teoria e prática. Em vez de se chegar ao essencial retirando estrato por estrato, aqui as camadas são superpostas e os materiais usados oferecem novos aspectos e qualidades. A tendência de diluição e evaporação, que segundo Marx caracteriza o capitalismo e que acaba levando necessariamente a uma destruição e uniformização de todas as relações tradicionais que orientam a vida, é reinterpretada de maneira francamente utópica nessa nova imagem do pensamento: "Nápoles" se torna alegoria de uma modernidade diferente, digna de ser vivida e permanentemente revolucionária. E como num diálogo secreto, cujo verdadeiro significado apenas os pombinhos conhecem, nessa imagem da cidade quase todos os parágrafos estão impregnados dos conceitos preferidos de um e de outro. Eis a escrita de duas pessoas que não se conheciam e que, num lugar que não conheciam, se tornaram um casal feliz.

No verão de 1924 Benjamin consegue alcançar uma nova escrita, fruto de uma nova maneira de enxergar as coisas. A partir de então, ela vai sustentá-lo e acompanhá-lo. Mirando a constelação amorosa quase sincrônica Heidegger-Arendt, podemos dizer que o pensador Benjamin se mostrou poroso e moldável o suficiente em seu amor para vivenciar o choque da invasão do ser amado no próprio ser como uma renovação fundamental, também do ponto de vista filosófico.

Tendo-se em vista a habilitação à docência superior, essa abertura a uma nova maneira de pensar — numa época em que Benjamin precisa se concentrar em aplicar seus conhecimentos de então de maneira clara e ordenada num tema que lhe era conhecido ainda apenas fragmentadamente — traz mais tensão à já periclitante situação do prazo. No fim de setembro, quando Lācis retorna a Berlim com a filha para junto do companheiro, Bernhard Reich, nem um terço do trabalho está pronto; além disso, Benjamin atrapalhou-se mais um pouco ao aceitar a encomenda da tradução de um romance de Proust. Se acreditarmos nas suas cartas ao editor Weißbach, a quem continua pedindo auxílio financeiro (embora sem sucesso), a culpa é de uma infecção que ele teve o azar de contrair (por picada de inseto ou má alimentação, Benjamin oscila nas explicações). De todo modo, em agosto e setembro ele está bem-disposto o suficiente para visitar os antigos templos gregos de Paestum. Além disso, serve de guia turístico para Ernst Bloch, recém-chegado à ilha. Tarde da noite ele regressa à escrivaninha do novo domicílio, escolhido em julho para diminuir custos: um antigo quarto de despejo com paredes caiadas do tamanho de uma cela de mosteiro, mas em compensação com uma "vista dos jardins mais bonitos de Capri".

O vento de outono sopra cada vez mais frio pelas janelas. Hora de voltar, despertar do sonho. Em 10 de outubro, Benjamin deixa Capri. Após deter-se minuciosamente em Roma e Florença, em meados de novembro de 1924 ele chega novamente a Berlim. Um retorno aos braços de Dora — e também de Asja. Mas principalmente ao trabalho sobre o drama barroco alemão, que, ainda longe de concluído, obstrui todas as saídas para um futuro melhor.

Ludwig Wittgenstein de volta às aulas em 1929, quando recebeu a bolsa para estudar em Cambridge.

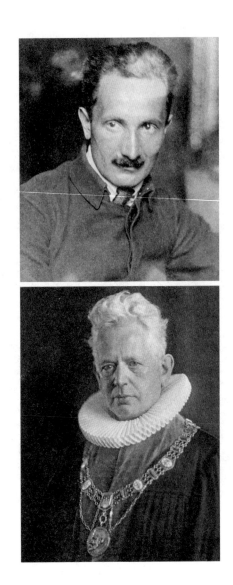

Martin Heidegger, 1929.

Ernst Cassirer, em 1929, quando foi nomeado reitor da Universidade de Hamburgo.

Walter Benjamin, 1925.

Os irmãos Wittgenstein. Da esq. para a dir.: Hermine, Helene e Margarethe. À frente: Paul e Ludwig.

A família Wittgenstein celebra as bodas de prata do pais em 23 de maio de 1899 na residência da família em Neuwaldegg. À frente, à dir., Ludwig está vestido de marinheiro.

Professor Wittgenstein com seus alunos em Puchberg, 1922.

Pátio do Trinity College, Cambridge.

A casa construída por Wittgenstein em Viena, 1928.

Margarethe Stonborough (nascida Wittgenstein) em retrato de casamento pintado por Gustav Klimt, 1905.

Martin Heidegger com sua mulher, Elfriede, e os filhos Jörg e Hermann, 1924.

Hannah Arendt, 1927.

Martin Heidegger, por volta de 1922.

Vista da cidade de Marburg com a universidade ao fundo, 1930.

Ernst e Toni Cassirer, 1929.

Biblioteca Warburg de Ciências da Cultura, Hamburgo, 1926.

Ernst Cassirer em sua residência na Blumenstraße,
23, em Hamburgo, no fim dos anos 1930.

Walter Benjamin, 1924.

Dora e Stefan Benjamin, 1921.

Asja Lācis, 1924.

Café zum Kater Hiddigeigei, em Capri, 1886.

Paisagem de Davos no inverno de 1929.

Audiência nos "cursos universitários de Davos", 1929.

Heidegger na área para esqui em Davos, 1929.

Cassirer e Heidegger em Davos, 1929.

Cassirer, Heidegger e um grupo de universitários em Davos, 1929.

1929: o começo da crise econômica em Berlim.

VI.
Liberdade

1925-1927

Benjamin está de luto, Heidegger cria,
Cassirer se torna estrela e Wittgenstein, criança

Estrelas vermelhas

É difícil dizer que impressão podem ter causado nos napolitanos que circulavam pela *piazza* os quatro alemães reunidos num daqueles cafés de rua que Benjamin tanto apreciara no ano anterior. De todo modo, os nativos mal compreenderiam uma palavra do espetáculo mesmo que os honrados senhores, com seus corretos ternos de verão, estivessem conversando em italiano em vez de alemão. O estilo da discussão poderia até parecer autenticamente napolitano, mas ela era orientada por preocupações alemãs específicas. Conceitos como "alienação" e "coisificação" tinham um papel central, bem como "interioridade" e "conhecimento de essência". A toda hora eram proferidos termos como "origem", "revelação" ou "ofuscamento". E, claro, também "consciência de classe".[1]

Theodor Wiesengrund Adorno, um dos participantes da discussão, lembra-se — numa carta ao seu professor de composição, Alban Berg — "de uma batalha filosófica, na qual queríamos defender nossas posições, mas ao mesmo tempo considerávamos muito necessário reagrupar nossas forças".[2] O "nós" do candidato à livre-docência em filosofia de Frankfurt, à época com 22 anos, referia-se a si mesmo e a seu amigo, catorze anos mais velho e companheiro de vida, Siegfried Kracauer, chefe do suplemento cultural do jornal *Frankfurter Zeitung*. Apesar de o relacionamento sempre difícil ter chegado a um ponto crítico durante a estada de três semanas na Itália, era preciso demonstrar absoluta unidade tendo em vista a força do inimigo à mesa do café. Pois esse era ninguém menos que o napolitano de coração Walter Benjamin, além de seu conhecido de longa data Alfred Sohn-Rethel, que deixara a Alemanha havia anos para se dedicar à leitura de *O capital* de Marx em Sorrentino, um vilarejo da Costa Amalfitana. Ou seja, a facção vermelha tinha a clara vantagem da casa e, além disso — uma olhada à *piazza* era suficiente —, a percepção concreta a seu lado.

Visto que Kracauer gaguejava e, portanto, era limitado na hora da polêmica, a carga da defesa de uma postura artística de vanguarda que deveria se harmonizar (não se sabe bem como) a um ideal kierkegaardiano de "interioridade" e "individualidade"[3] recaía nas costas do jovem estudante Adorno, que tinha acabado de se doutorar com o professor Cornelius, em Frankfurt, com a tese *A transcendência do objeto e do noemático na fenomenologia de Husserl*. O jovem Wiesengrund — como era azucrinado pelos amigos — podia ser acusado de muitas coisas, menos de ter papas na língua. E durante os anos de estudo em Frankfurt ele também tinha chamado atenção por desmedida imodéstia teórica. O grupo se conhecia do ano anterior em Frankfurt, onde semelhantes discussões em cafés haviam se tornado parte fixa (ou melhor, o verdadeiro cerne) dessas existências intelectuais extremamente burguesas. Ou seja: superdotados em excursão da escola.

O comportamento de Benjamin na discussão é lembrado como especialmente agressivo e intransigente. Nem sinal de desejo de consenso. Não é de espantar, visto que sua tese de livre-docência, *Origem do drama barroco alemão*, entregue apenas dois meses e meio antes, em julho de 1925, havia sido considerada insatisfatória e rejeitada em Frankfurt, supostamente devido a um parecer do filósofo Hans Cornelius, orientador de Adorno. A fim de poupar Benjamin da humilhação de um fracasso atestado oficialmente, a faculdade lhe avisara por carta, no início de agosto, que o pedido de defesa da tese fosse retirado por conta própria, o que ele acabou fazendo depois de dias de conflito interno. Um caso clássico para Benjamin. Mais um.

Introdução crítica

Como isso foi acontecer? Afinal, em fevereiro do mesmo ano, um mês antes da entrega das primeiras partes do trabalho, ele escreveu ao amigo Scholem, na distante Jerusalém: "A situação não está desfavorável, Schultz é decano: além disso, algumas coisas práticas já estão arranjadas". Na prática, sim — antes de o trabalho ser apresentado aos pareceristas. Visto que em fevereiro Benjamin ainda estava escrevendo e revisando a tese, ela foi enviada aos poucos ao professor Schultz durante o início do ano. Sua conclusão se deu apenas em maio de 1925. Nessa época, o historiador de literatura Schultz,[4] depois de uma primeira olhada provavelmente superficial no preâmbulo "Questões introdutórias de crítica do conhecimento", já havia formado sua opinião. Como orientador e propositor do tema do trabalho, ele declarou que o assunto não era de sua competência e repassou o caso ao colega filósofo, o professor de estética Cornelius. Em vez de ser considerada uma tese de livre-docência para o departamento de história da literatura, ela passou a concorrer no departamento de estética. Mas Cornelius também se mostrou descrente diante do texto. A "introdução" de Benjamin escapava de maneira tão obstinada a seus esforços de compreensão que ele se viu incapaz de chegar a uma avaliação consistente do conteúdo da obra. O mesmo se passou tanto com o assistente dr. Max Horkheimer quanto com o dr. Adhémar Gelb, chamados especialmente para ajudar na questão. Nas palavras do parecer assinado pelo professor Cornelius para conhecimento da faculdade: "Apesar de toda boa vontade para com o autor, por mim conhecido como sensato e brilhante, não posso evitar a desconfiança de que, com seu modo de expressão incompreensível, a ser interpretado como sinal de falta de clareza factual, ele não sirva de mentor para os estudantes nessa área".[5]

No que se refere à introdução, trata-se de uma opinião absolutamente compreensível, ratificada pelo próprio Benjamin ao comentar com Scholem sobre "a parte mais difícil do todo". Verdade seja dita, o tanto de inabilidade e falta de estratégia com que Benjamin montou seu trabalho desperta a suspeita de uma obstrução proposital. De todo modo, a extrema complexidade e o esoterismo da dicção (que vai muito além daquela da introdução às suas traduções de Baudelaire) parecem coerentes com a postura de um autor que, por medo de mais uma rejeição, prefere antecipar seu destino ao oferecer a todos os envolvidos os melhores motivos para que justamente esse veredicto seja proferido. Mais: vale a pena pensar se não teria sido ainda mais devastador para as perspectivas de livre--docência do autor caso o sentido de sua introdução tivesse ficado claro, mesmo que parcialmente, aos pareceristas. Benjamin caracteriza essa parte para Scholem como *"chutzpah** desmedida — nada mais, nada menos que prolegômenos à epistemologia, um tipo de segundo estágio, não sei se melhor, do antigo trabalho sobre a linguagem que você conhece, maquiado como teoria das ideias".[6]

---

* Em iídiche, "audácia", para o bem ou para o mal. Pode ser traduzido também como "arrogância extrema", "presunção". [N.T.]

Um caso para Adão

Ao dizer "antigo trabalho sobre a linguagem", Benjamin se refere a seu texto escrito em 1916, publicado apenas postumamente, "Sobre a linguagem em geral e a linguagem humana".[7] Embebido por temas da teologia judaica, o texto analisa o período da filosofia moderna, e principalmente sua filosofia da linguagem, como uma época de decadência ligada ao distanciamento da verdade, cuja consequência é um profundo desalento que se abate sobre toda a natureza e sobre o próprio ser humano moderno. Temas que também definem a introdução "Questões introdutórias de crítica do conhecimento" do trabalho sobre o drama barroco.

O conceito usado, que também aparece no título, "crítica do conhecimento", refere-se a uma compreensão ainda culturalmente majoritária em 1925 da filosofia moderna como teoria do conhecimento — no sentido da primeira questão, supostamente central, de Kant: "O que posso saber?". Em vez de responder a ela diretamente, Kant julgou adequado primeiro verificar a fundo as condições e os limites da capacidade do conhecimento humano — eis a genialidade memorável de sua proposta. Isso acontece no âmbito de *Crítica da razão pura* (1781).

Mas as "Questões introdutórias de crítica do conhecimento" não é mais um exercício *dentro* da disciplina da epistemologia, e sim um ataque frontal poético-analítico sobre a ideia bastante disseminada de que a tarefa da filosofia futura deveria ou poderia estar, em primeira instância, no desenvolvimento de uma epistemologia de cunho kantiano. O que Benjamin critica é, em outras palavras, a limitação da filosofia moderna à epistemologia em si. Para ele, essa limitação é um desenvolvimento absolutamente errôneo, catastrófico do ponto de vista cultural como um todo.

A tese de livre-docência de Benjamin não trata, em primeira linha, de uma análise da "forma do drama barroco" [ou "forma do drama trágico barroco", *Form des barocken Trauerspiels*]* e suas supostas origens, mas sim de uma crítica fundamental, na forma de uma análise literária, do "drama barroco" ou "drama trágico" — em que, a seus olhos, a filosofia moderna havia se tornado. Por essa razão, é muito coerente que sua introdução não aborde a exposição das verdadeiras *condições da possibilidade de conhecimento*, mas, ao contrário, se concentre nas *condições da impossibilidade do verdadeiro conhecimento*, em grande medida predominantes.

Essas falsas condições [*Un-Bedingungen*] são expostas artisticamente no fenômeno do drama barroco em concentração única; eis a chave analítica de Benjamin. Eles se *mostram* nas obras concretamente existentes do drama barroco com exemplar clareza, tornando-se uma paradigmática materialização artística. Benjamin reconheceu em sua tese de 1919 a autêntica função da *crítica*: desvendar verdades ocultas que as obras de arte carregam em si durante séculos.

Revelada a intenção do trabalho, colocam-se mais três questões essenciais que correspondem exatamente à construção da obra de Benjamin sobre o drama barroco: o que é tão devastador na filosofia moderna limitada à epistemologia, onde estão suas premissas errôneas básicas? ("Questões introdutórias de crítica do conhecimento"). Qual forma do drama é gerada a partir de sua compreensão de mundo? (Parte I: "Drama barroco e tragédia"). E em que medida o artifício linguístico da alegoria recebe uma função epistemológica especial na análise desse declínio? (Parte II: "Alegoria e o drama barroco").

---

* A "Nota do tradutor" de Sergio Paulo Rouanet que consta de seu *Origem do drama barroco alemão* (São Paulo: Brasiliense, 1984), versão brasileira usada neste trabalho, discorre sobre as dificuldades de se achar uma correspondência ideal para *Trauerspiel*. Sua solução é "drama barroco". João Barrento propõe "drama trágico" (São Paulo: Autêntica, 2011). [N.T.]

À semelhança de papéis de rascunho no chão do ateliê de um artista, as teses básicas de Benjamin estão espalhadas por toda sua introdução. Trata-se, pois, de um dos textos mais obscuros, mas também mais ricos, jamais escritos em língua alemã. Estudado analiticamente e, seguindo as instruções do autor, com ênfase na questão do papel da linguagem como condição de conhecimento *per se*, ele forma uma densa coleção de todas convicções filosóficas centrais que marcam e conduzem o trajeto intelectual de Benjamin desde 1916. Essa introdução deve ser solucionada individualmente como um enigma profundo, desafiador, caso o leitor queira se movimentar livremente no âmbito do seu pensamento. Portanto, vale a tentativa.

Elaboração do luto

Para Benjamin, o verdadeiro pecado original da moderna filosofia da linguagem é declarar que os símbolos linguísticos são arbitrários ou carregam uma voluntariedade. Por exemplo, a palavra "mesa" não tem nenhuma relação essencial com o objeto por ela designado, mas arbitrária. Benjamin contrapõe essa noção básica do pensamento moderno — na realidade, quase não analisada — a uma concepção linguística adâmica ou também paradisíaca. Numa língua primordial e, dessa maneira, criadora de sentido, chamada por Benjamin de "língua pura", a relação dos símbolos/nomes com as coisas designadas não é arbitrária, mas necessária e essencial:

> A nomeação adamítica está tão longe de ser jogo e arbítrio, que somente nela se confirma a condição paradisíaca, que não precisava ainda lutar contra a dimensão significativa das palavras.[8]

Consequentemente, a segunda noção básica errônea da moderna filosofia da linguagem é reconhecer na comunicação a tarefa real da linguagem, sua essência. Segundo Benjamin, entretanto, a linguagem não é expressamente *meio para* [*Mittel*] comunicar uma informação útil, mas um *meio no qual* [*Medium*] o ser humano percebe-se a si e a todas as coisas ao seu redor — ou seja, no qual conhece a elas e a si mesmo ao nomear. Não é o ser humano que fala através dessa língua, mas a língua é que fala através dele:

> É fundamental saber que essa essência espiritual se comunica *na* língua e não *através* da língua. Portanto, não há um falante das línguas, se se entender por falante aquele que se comunica *através* dessas línguas. A essência espiritual comunica-se em uma língua e não através de uma língua [...].[9]

O que Benjamin chama de "essência espiritual" ainda em 1916, aparece na introdução à obra do drama barroco — de acordo com sua pretensão de "maquiar o todo como teoria das ideias" — apenas como "ideia". A tese: a linguagem não está, em absoluto, a serviço da comunicação mundana, mas a serviço da revelação do ser. Compreendida corretamente, trata-se de um evento de revelação, não de comunicação. Exatamente na linha do *Tractatus* de Wittgenstein, bem como das reflexões de Heidegger sobre a linguagem, que por volta de 1925 se desenvolviam lentamente.

Mas a percepção da revelação não é algo que possa ser produzido por sujeitos sedentos por conhecimento. Esse acontecimento iluminador exige antes uma postura passiva e atenta do ser humano em relação ao ser. Ou seja, uma postura exatamente oposta à das atividades modernas do questionamento investigativo-científico da natureza (por exemplo, na forma de uma experiência científica) ou à postura do sujeito moderno curioso, acumulador de conhecimento.

No lugar de um acontecimento de revelação ou de iluminação, momentaneamente libertador, que segundo Benjamin não é deste mundo e nele não pode ser produzido ativamente, surge na modernidade uma filosofia da história sob o signo do progresso paulatino, em todos os campos, inclusive social — a caminho da verdade, da liberdade e da justiça.

Contra essa imagem do avanço contínuo da humanidade, que inspirou todo o Iluminismo e também a filosofia de Immanuel Kant, Benjamin dispõe da lógica do acontecimento disruptivo, mais tarde chamado "choque". O melhor exemplo desses eventos de "choque", que derrubam concepções inteiras de mundo e também as criam, são as *origens* (como, por exemplo, a *origem do drama barroco*). Pois:

> O termo "origem" não designa o vir-a-ser daquilo que se origina, e sim algo que emerge do vir-a-ser e da extinção. A origem se localiza no fluxo do vir-a-ser como um torvelinho, e arrasta em sua corrente o material produzido pela gênese.[10]

Para Benjamin, origens não são acontecimentos *no* tempo histórico, mas começos de novas cronologias e também de relações de mundo.[11] O real objeto do pensamento benjaminiano em sua totalidade é a origem da modernidade filosófica e todas as constelações de saber que ela arrasta com seu torvelinho para, enfim, emergir.

Percepção reminiscente

É possível reconhecer aqui quão infinitamente se distancia o trabalho de Benjamin, em método e estilo, das orientações — ou, no caso, imposições — de uma obra acadêmica. Não é de espantar que os pareceristas ficaram chocados e desconcertados. Eles tinham solicitado e aguardavam, com todo direito, um trabalho de qualificação para a docência. E receberam uma jura filosófica de revelação. Ainda por cima, uma jura que prometia revelar não a pobreza espiritual do autor, mas a de todo o filosofar de seu tempo. A "Introdução crítica" de Benjamin quer ser um evento em si — um salto arrebatador e que a tudo escancara rumo a um pensar que supere a filosofia moderna. Uma *chutzpah* desmedida, sem dúvida.

Principalmente, quando nos damos conta da aparência absolutamente reacionária da origem alternativa que Benjamin propõe à era da filosofia moderna. No fim das contas, diz Benjamin, apenas Deus — um acontecimento divino — pode oferecer verdadeira salvação. Divino, como o fenômeno da linguagem. Para ele, nem a linguagem — a condição de todos acessos significativos ao mundo — nem o acontecimento curativo de choque pela percepção da verdade (numa "língua pura") podem ter origem humana. Por essa razão, assim como Wittgenstein, Benjamin insiste que a explicação para o milagre da língua não pode ser explicada *nessa* língua. No máximo, a essência dessa relação poderia ser *mostrada* por representações linguísticas especiais.

Benjamin chama de filosofia os esforços linguísticos de apontar de maneira concentrada, a partir da incompreensão fática de uma época concreta, os motivos próprios da "percepção original". Sob a forma de uma reminiscência:

A tarefa do filósofo é restaurar em sua primazia, pela representação, o caráter simbólico da palavra, no qual a ideia chega à consciência de si, o que é o oposto de qualquer comunicação dirigida para o exterior. Como a filosofia não pode ter a arrogância de falar no tom da revelação, essa tarefa só pode cumprir-se pela reminiscência, voltada, retrospectivamente, para a percepção original.[12]

Essa reminiscência, que tem lugar principalmente com a imersão em imagens artísticas do pensamento criadas especialmente para esse objetivo, tem um caráter de percepção mais passivo — e não de um conhecimento ativo. Nesse contexto, que trata apenas do exame de uma impossibilidade, como expressamente enfatizado, Benjamin fala de um "ceticismo fecundo". Sua realização se dá numa intensificação da própria percepção, que ocorre por meio da repetição contemplativa da realidade manifesta da totalidade dos fenômenos, em toda sua possível riqueza empírica. Algo comparável a uma mandala budista, em cujo padrão de carga alegórica o espírito que está à procura deve mergulhar, para aclarar e apagar todos os simulacros. Nas palavras de Benjamin:

> Essa impossibilidade é comparável à profunda respiração durante a qual o pensamento se perde no objeto mais minúsculo, com total concentração e sem o menor traço de inibição. Pois é o minúsculo que a reflexão encontrará à sua frente, sempre que mergulhar na obra e na forma de arte, para avaliar seu conteúdo. Apropriar-se delas apressadamente, como um ladrão se apropria de bens alheios, é próprio dos astutos, e não é mais defensável que a bonomia dos fariseus. Na verdadeira contemplação, pelo contrário, o abandono dos processos dedutivos se associa com um permanente retorno aos fenômenos, cada vez mais abrangente e mais intenso, graças ao qual eles em nenhum momento correm o risco de permanecer meros objetos de um assombro difuso, contanto que sua representação seja ao mesmo tempo a das ideias, pois com isso eles se salvam em sua particularidade.

A percepção de que o julgamento de um tal "retorno aos fenômenos", às "coisas em si", nunca levará a um *julgamento de valor* no sentido moral é decisiva para o diagnóstico de declínio feito por Benjamin.

Para o filósofo, a pretensão de sujeitos modernos, supostamente com maior discernimento, de se constituírem juízes acima do bem e do mal perante a Criação, e assim propagar a ideia de que uma ética humana poderia ser criada no solo dos fenômenos — até no fenômeno da linguagem em si —,[13] significa o verdadeiro pecado original da modernidade, que a tudo desfigura. Seguindo o tema proposto para o seu trabalho, ele conecta esse pecado à origem do drama barroco alemão, como forma exemplarmente degringolada de um gênero degringolado:

> A subjetividade monstruosamente antiartística do Barroco converge aqui para a essência teológica do subjetivo. A Bíblia introduz o Mal sob o conceito do saber. A promessa da serpente ao primeiro homem é "conhecer o bem e o mal". Mas, depois da Criação, diz-se de Deus: "E Deus viu tudo o que fizera, e viu que tudo era bom". Portanto o saber do Mal não tem objeto. Não existe o Mal no mundo. [...] O saber do Bem e do Mal contrasta portanto com todo saber objetivo. No fundo, na perspectiva da subjetividade última, há apenas saber do Mal: uma "tagarelice", na formulação profunda de Kierkegaard. Como triunfo da subjetividade e irrupção da ditadura sobre as coisas, esse saber é a origem de toda contemplação alegórica. [...] Pois o Bem e o Mal não têm Nome, são inomeáveis, e nesse sentido estão fora da linguagem dos Nomes, com a qual o homem paradisíaco nomeou as coisas, e que ele abandona, quando se entrega ao abismo da especulação.[14]

O triunfo da subjetividade e um despotismo sobre as coisas, nascido do espírito da imanência, e não menos sobre a natureza, sob esse signo, transformada em coisa: eis o que leva, no fim das contas, à coisificação incurável do ser humano. Exatamente aí, numa sentença, se funda o drama da modernidade, de cuja malventurosa origem Benjamin trata em sua obra. Na realidade, o conhecimento do bem e do mal "não tem objeto", "não existe o mal *no* mundo". E usando a peculiar ontologia do nomear de Benjamin: está fora da "linguagem dos nomes".

Sobre aquilo de que não se pode falar, deve-se calar. Justamente o que não faz o sujeito moderno em seu desejo de poder pessoal; ele "tagarela" e, nesse processo, se enreda cada vez mais numa surda incompreensão, cujo efeito, entrevisto apenas de modo velado, é o luto.

Estes são diagnósticos sobre o estado da cultura e também da filosofia como suposta disciplina acadêmica, que, como visto, tanto Wittgenstein quanto Heidegger partilham totalmente. Assim como a convicção de que não existe uma ética filosófica e que toda tentativa de fundamentá-la a partir do espírito da imanência não passa do sintoma mais claro do tanto que a tagarelice já se infiltrou no ser humano como ser que nomeia.

Nenhum desses pensadores escreveu — ou nem sequer tentou escrever — uma ética no sentido moderno convencional. Tampouco Cassirer. Eles tinham lá suas razões.

Tristes trópicos

Segundo Benjamin, o luto específico que, com a origem da modernidade, vai sombreando e abafando mais e mais a atmosfera geral, não se refere apenas e nem exclusivamente ao ser humano que se equivoca como sujeito julgador. Do mesmo modo, refere-se aos objetos supostamente mudos da chamada natureza, da qual o ser humano moderno imagina poder desfrutar tão voluntariosamente quanto dos símbolos arbitrários que usa para nomeá-la. Para Benjamin, entretanto, a natureza não é muda por essência, mas seu mutismo é crescente na época "depois da queda". Aliás, ela emudeceu para nós.

Na "verdadeira linguagem", a natureza fala conosco assim como nós falamos com ela. Um não dá significado ao outro, mas o significado acontece.

Uma relação de percepção mútua que, sob as condições epistemológicas totalmente distorcidas da modernidade, leva ambos os polos dessa dinâmica — natureza e ser humano — a sofrer uma perda de ressonância que se agrava reciprocamente. A esse fenômeno deprimente de perda total do significado, ou seja, da linguagem ("Isso não me diz nada"), Benjamin chama acertadamente de luto:

> [...] a tristeza da natureza que a emudece. Em todo luto, há uma profunda inclinação para a ausência de linguagem, o que é infinitamente mais do que uma incapacidade ou uma aversão a comunicar. [...] na linguagem dos homens, elas [as coisas da natureza] estão sobrenomeadas. [...] "sobrenomeação", fundamento linguístico mais profundo de toda a tristeza e (do ponto de vista da coisa) de todo emudecimento.[15]

É exatamente esse emudecimento, surgido da "sobrenomeação"[16] moderna e curiosa, que a época do barroco tenta compensar artisticamente. E no caso do drama barroco alemão, compreensivamente de modo desajeitado e superexigido do ponto de vista formal, na medida em que verbaliza *tudo* que está sobre o palco; na medida em que tudo, mesmo o mais inusitado e o mais distante se torna objeto de uma informação dramática para o público. É como uma corrida às cegas na queda livre da perda primordial de significado. Ou seja, um verdadeiro drama barroco do conhecimento, que segundo Benjamin se repetirá nos excessos linguísticos do expressionismo — excessos que ele explicitamente equivale aos do barroco — no início dos anos 1910, motivados por uma clara decadência.

Diante desse pano de fundo, o papel decisivo da alegoria como meio típico do barroco para a expressão artística também é esclarecido. No princípio, a alegoria (por exemplo, na representação de uma mulher com uma balança na mão como alegoria para a justiça, ou, em tempos mais recentes, um romance como *Cem anos de solidão* como alegoria para o destino colonial da Colômbia) era uma forma da comunicação indireta. Em vez de algo ser dito diretamente, é simbolizado de maneira indireta. Para Benjamin, a alegoria — como meio preferencial de expressão do drama barroco — é uma representação clara do que se tornou irremediavelmente disparatado. Logo, muito conveniente para mostrar a verdadeira constituição do mundo *após* a queda. Num mundo que obedece às leis da completa arbitrariedade (semiótica), a alegoria como "meio diabólico de conhecimento" é o meio de conhecimento por excelência. Nas palavras de Benjamin:

> A intenção alegórica é tão oposta à voltada para a verdade, que nela se manifesta com incomparável clareza a unidade de uma pura curiosidade, visando um mero saber, com o arrogante isolamento do homem.[17]

Se a verdadeira tarefa da filosofia é a "reminiscência, voltada, retrospectivamente, para a percepção original", após a "queda" moderna ela não poderá ser outra coisa do que a exposição das condições da impossibilidade fática do verdadeiro conhecimento. E nenhum meio de conhecimento é mais adequado para isso do que aquele que se distingue por exibir, de maneira explícita, o absoluto autoritarismo e disparidade que caracterizam o seu tempo. Ou seja, um método de conhecimento que se opõe com tanta clareza e determinação à intenção pela verdade que nele o abismo da perda iniciada fica bem evidenciado, *mostrado* como um negativo fotográfico.

Depois da queda na modernidade, não há mais uma maneira direta de expressar a verdade. Pois há tempos até a linguagem está por demais emaranhada e esvaziada. Entretanto, nesse contexto de emaranhamento existem modos de se tornar visível e reminiscente a incompreensão surgida: os da alegoria. A alegoria será determinante para a produção de Benjamin a partir de 1924-1925 nas imagens do pensamento, em sua forma escrita e de conhecimento, erguendo-a a um novo ápice formal.

Álbum crítico

A fim de se chegar a uma compreensão geral de seu projeto filosófico, sistematicamente planejado e executado, é preciso enfatizar que, para Benjamin, o modo alegórico de expressão é um antimeio de conhecimento no seu sentido mais pleno. Pois outros meios, da maneira que as coisas se encontram em sua totalidade linguística, não estão disponíveis (e talvez nunca mais estejam). Assim como Wittgenstein, que para "enxergar corretamente" o mundo teve primeiro de subir a escada das proposições que ele mesmo reconhecia como sem sentido e, portanto, muito distantes da verdade, Benjamin se serve da alegoria e da leitura alegórica como meio primário de uma crítica orientada para a verdade da sua época, ainda moderna. Também para ele a verdade não pode ser propriamente dita na língua e no horizonte cultural em que ele se encontra, mas pode ser mostrada ou, melhor, anunciada.

No caso da imagem do pensamento alegórico, a argumentação lógica convincente é substituída, portanto, pela lógica prática do álbum, cujo objetivo é percorrer em zigue-zague uma área de pensamento vasta e muito ramificada, passando por cima de qualquer obstáculo, movimentando-se em diferentes direções como que andando por galerias, sempre tocando os mesmos pontos, ou quase os mesmos pontos, e inserindo-os em novas constelações que ofereçam ao observador uma imagem clara da situação, incluindo a sua própria. As "Questões introdutórias de crítica do conhecimento" de Benjamin servem — em sua complexa dispersão de argumentos — a esse caráter de álbum ou de esboço. Quem não é capaz de resolver esse enigma também não é capaz de compreender os símbolos do seu tempo. Por essa razão, as "Questões introdutórias" de Benjamin podem ser também entendidas como um tipo de prova. Quem fracassar, melhor se calar. Julgar ou criticar, nunca.

Desse ponto de vista, não foi Benjamin quem fracassou com seu trabalho em Frankfurt, mas Frankfurt que fracassou com o trabalho de Benjamin. E, aliás, não apenas os frankfurtianos, como uma boa parte dos que cultuam Benjamin até hoje e parecem preferir colocar seu herói no pedestal como um esotérico de ricas associações do que compreender seus profundos impulsos sistemáticos em toda sua coerência e independência profética. Também nesse sentido, o tempo do luto perdura.

Palestina ou comunismo

A ideia fixa de Benjamin, reforçada pelo apuro econômico, do imperativo de uma carreira acadêmica — uma ideia que nos momentos mais lúcidos de sua existência "era só horror" — foi o início de seu drama biográfico. O indeferimento, mais que compreensível, de uma tese que apontava para uma recusa básica daquelas disciplinas e instituições acadêmicas para as quais o trabalho estava formalmente tentando se qualificar, significou para Benjamin a libertação desse centro de atração de sua vida adulta. Apesar de todos os sentimentos negativos que acompanham uma recusa, ele interpreta o parecer de Frankfurt como uma libertação. Ele relata em carta, ainda em agosto de 1925, ao seu "representante" e único real intercessor em Frankfurt, Gottfried Salomon-Delatour: "Se minha autoavaliação estivesse relacionada mesmo que minimamente àquele julgamento, então o modo irresponsável e impensado com o qual a instância competente tratou o meu caso teria me dado um golpe do qual minha produtividade não se recuperaria tão cedo. Mas que nada disso seja o caso — muito pelo contrário —, continua sendo assunto particular".[18]

Em meados de 1925, Benjamin é pela primeira vez verdadeiramente um homem livre — inclusive tinha a liberdade para morrer de fome. A direção futura de seu trabalho e a correlata escolha do meio de sustento de sua vida exigem uma decisão no sentido pleno do termo. No livro sobre o drama barroco, todas as noções centrais de seus trabalhos que lhe pareciam mais importantes até o momento — ou seja, os escritos *Sobre a linguagem em geral e sobre a linguagem humana*, "Destino e caráter", o prefácio à tradução de Baudelaire e o ensaio sobre as *Afinidades eletivas* — vinculavam-se com uma densidade única e eram interligadas umas com as outras. Em 1925, Benjamin dispõe de visão e voz filosóficas muito particulares, que, a partir das primeiras imagens do pensamento, como as do texto sobre Nápoles, começam a se articular com crescente liberdade e intuição. Do ponto de vista sistemático, as análises do livro do drama barroco lhe sugerem dois caminhos de pesquisa e de vida quase equivalentes, mas inconciliáveis. Eles podem ser concisamente resumidos pela decisão entre Palestina e Moscou.

A Palestina significava uma imersão na teologia do judaísmo através de seus escritos, no sentido de uma busca constante da linguagem adâmica perdida e da conservação de um horizonte de salvação verdadeiramente transcendente do messianismo judaico. O defensor desse caminho é seu melhor e mais fiel amigo, Gershom Scholem, que emigrara para a Palestina em 1923 e tentava chamar Benjamin à Terra Prometida.

A condição necessária, entretanto, era dominar o hebraico — que até então Benjamin não falava nem lia.

Por outro lado, como Benjamin descobriu na fase quase onírica de seu comunismo de travesseiro em Capri no verão de 1924, muitas de suas teses seguiam na direção de um diagnóstico da história, como haviam feito, por exemplo, as obras mais recentes de Georg Lukács — principalmente o livro de 1923, *História e consciência de classe*, de grande repercussão e discutido intensamente entre Benjamin, Adorno, Kracauer e Sohn-Rethel.

Desde logo as obscuras forças míticas do ensaio de Benjamin sobre as *Afinidades eletivas* (que, para a autoconsciência burguesa, reinavam na clandestinidade) podiam ser decodificadas ou parafraseadas sem maiores dificuldades como as da luta de classes. E a censura principal de Benjamin ao drama de toda a modernidade e sua filosofia era, sem ressalvas, a de uma "coisificação" — tanto da natureza quanto, principalmente, do ser humano.

Lukács definiu como pecado central do capitalismo uma alienante dinâmica da "eliminação paulatina das propriedades qualitativas, humanas e individuais do trabalhador".[19] Esta acusação de uma alienação coisificadora do proletariado pelo sistema se encaixa perfeitamente na imagem criada por Benjamin de uma indiferenciação e intercambiamento arbitrário de todas as coisas conforme o espírito de uma filosofia da linguagem que considera todos os signos como algo de motivação arbitrária e que não reconhece nenhum vínculo primordial significativo com a nomeação sagrada. Segundo Benjamin, a arte alegórica do barroco caracterizou-se pelo seguimento interpretativo de um imbróglio surgido que se esqueceu da individualidade:

> Cada pessoa, cada coisa, cada relação pode significar qualquer outra. Essa possibilidade profere contra o mundo profano um veredicto devastador, mas justo: ele é visto como um mundo no qual o pormenor não tem importância.[20]

E, portanto, podemos acrescentar: tampouco importa o indivíduo humano como indivíduo. Para onde se dirigir? Benjamin enxerga a bifurcação com toda a clareza e, em maio de 1925, quando o fracasso do processo de defesa da livre-docência já estava nítido, ele escreveu: "Para mim, tudo depende de como as relações editoriais se organizam. Se nada der certo ali, então provavelmente vou acelerar meu trabalho com a política marxista e — como pretendo ir a Moscou num futuro próximo, pelo menos de passagem — ingressar no partido. Esse passo darei sem falta, cedo ou tarde. O horizonte de meu trabalho não é mais o antigo e não posso estreitá-lo artificialmente. É claro que a princípio haverá um terrível conflito das forças (as minhas individuais) envolvidas nisso e o estudo do hebraico, e não antevejo nenhuma decisão radical, mas tenho que tentar começar aqui ou ali. Apenas a partir dessas duas experiências é que posso chegar à totalidade do horizonte que imagino mais escuro ou mais claro...".

Na qualidade de teórico entusiasta do caso-limite, da decisão e do salto originário, na chamada vida real Benjamin cultivou um temperamento hesitante. Assim como a famosa pulga, que a cada salto só alcança metade da distância que a levaria ao objetivo, ele tende a vida toda ao salto pela metade. Isso se deu também no outono de 1925.

As "relações editoriais" de Benjamin melhoraram muito depois da assinatura de um contrato com a editora Rowohlt, que quer publicar no ano seguinte tanto o ensaio sobre *As afinidades eletivas* quanto o trabalho *A origem do drama barroco alemão* e ainda mais alguma obra (o futuro *Rua de mão única*), garantindo a Benjamin uma soma fixa mensal, embora insuficiente para sua subsistência. Além disso, a editora lhe encomenda a tradução de mais volumes de *Em busca do tempo perdido*, de Proust.

Colocado diante da alternativa decisiva e inevitável entre Moscou e Palestina, em novembro de 1925 ele passa várias semanas em Riga, na Letônia, com a inquietante sensação de recarregar simbolicamente seu estado de espírito. O motivo era Asja Lācis, que trabalha em diversas encenações por lá. O eros do corpo vence a amizade com Scholem. Com a consciência visivelmente pesada, de Riga ele avisa ao amigo que está empenhado em aprender hebraico (nos anos seguintes, afirmará diversas vezes a mesma coisa) e, sim, até "já chegou a ver isoladamente" alguns "judeus orientais" na escura cidade invernal banhada pelo mar Báltico.[21] Sem dúvida, um sinal. Mas de quê?

Estar próximo

Enquanto Benjamin aguarda em Frankfurt o parecer sobre *Origem do drama barroco alemão*, no início do verão de 1925 Martin Heidegger vivencia uma atmosfera de excitação erótica. Nem mesmo o tedioso buraco chamado Marburg e sua ligação cada vez mais maçante com o cotidiano da vida docente conseguem atenuar o entusiasmo. "Estou numa situação muito irritante, visto que alguém me jogou no colo uma tese pronta e eu preciso examiná-la — mesmo que seja apenas para recusá-la. Em meio a um trabalho considerável, acabo perdendo meia semana. Espero ter terminado até você chegar. Ao menos, vou tentar. Porque sempre gosto de sair do trabalho e ter você por perto. […] Venha por favor *sexta-feira* à noitinha, como da última vez", Heidegger escreve para sua Hannah em 1º de julho de 1925. A ocasião é especialmente favorável porque Elfride, mulher de Heidegger, fará aniversário dali a dois dias e foi visitar os pais em Wiesbaden, junto com o filho Jörg. Por conta da data, ela também recebe uma carta de Heidegger que descreve o caráter funcional daquele casamento: "Muitas felicidades pelo seu aniversário. Neste dia, quero lhe agradecer pelo cuidado comigo e pela sua colaboração. Esta consiste — ao lado da crítica fenomenológica — no mais difícil: abrir mão e esperar e acreditar. E se me coloco em seu lugar num semestre desses, entendo que é preciso ser forte. Há sempre uma diferença entre aquilo que se faz por obrigação e aquilo que você acrescenta por sua bondade e força. Mesmo que não fale a respeito, você sabe que penso assim. Para tentar compensar sua distância neste dia, aproveito o momento para lhe expressar minha gratidão mais expressamente do que de costume. E, por outro lado, ficarei feliz se minha renúncia proporcionar uma alegria a você e a seus queridos pais".[22]

Décadas mais tarde, Hannah Arendt dará seu juízo sobre a pessoa de Heidegger: não que ele tivesse um caráter ruim, ele não tinha nenhum. Ao ler essas duas cartas, provavelmente escritas no mesmo dia, imaginamos compreender a que ela se referia. Ao menos na vida de Heidegger, eros e casamento permanecem com uma separação clara, como convém aos bons modos burgueses. As duas cartas também revelam que Heidegger não se refere às suas destinatárias como pessoas autônomas, mas as enaltece numa relação de submissão funcional — como meio para o fim. Esse fim sagrado é a tarefa do pensar. Seu pensar. Trata-se da relação primária que Heidegger assume diante dos seus semelhantes que o rodeiam, caso os reconheça como tal. No verão de 1925, é exatamente essa tarefa que precisa, imperiosamente, ser concretizada numa obra original. Pois até aquela data a produção disponível do "rei secreto" da filosofia em língua alemã, fora suas teses de doutorado e de livre-docência, constituía-se apenas de textos fragmentados e provas de qualificação. Nada totalmente amadurecido, nada pronto. Nada de peso próprio.

Ao trabalho

Em julho de 1925, Nicolai Hartmann, docente em Marburg, é chamado pela Universidade de Colônia e aceita o convite — também devido à perceptível pressão exercida pela presença heideggeriana em Marburg. E enquanto Heidegger rapidamente concorda com Jaspers, por carta, que Ernst Cassirer seria "sem dúvida o melhor" para preencher a vaga em Marburg, a faculdade — sob direção de Hartmann — indica Heidegger como desejável sucessor à cadeira do professor Paul Natorp, falecido em 1924. A situação traz consigo a exigência inadiável de ele finalmente apresentar uma obra própria. De outro modo, qualquer intercessão a seu favor no ministério competente em Berlim seria infrutífera. Ou seja, inclusive o astuto Heidegger está preso na armadilha institucional. Se ele quiser estar à altura da autoimagem e do posto, é preciso trabalhar duro.

Apenas onze meses mais tarde, em 18 de junho de 1926, a faculdade de Marburg envia as primeiras folhas impressas de *Ser e tempo* para Berlim. Heidegger vai reclamar constantemente da enorme pressão de tempo sob a qual ele teve de colocar no papel a sua chamada obra principal (na verdade, a única obra própria na forma de livro completo que ele vai publicar). A obra pode verdadeiramente ser considerada um dos grandes jorros criativos da história da filosofia. Se excluirmos de seu período de gestação o tempo gasto com as obrigações letivas semestrais em Marburg, quando dificilmente Heidegger conseguiu escrever de modo contínuo, o núcleo da obra de cerca de 450 páginas deve ter sido composto em menos de cinco meses. Ou seja, mais ou menos trinta páginas prontas para ser impressas por semana.

Heidegger pôde se apoiar em trabalhos prévios detalhados, principalmente palestras e conferências dos seis anos anteriores. *Ser e tempo* é o fechamento provisório de um movimento contínuo de reflexão e análise, que vai desde as primeiras aulas do semestre extraordinário de 1919 sobre a *Indicação da situação hermenêutica* até as aulas em Marburg sobre *O sofista*, de Platão, bem como aquelas sobre "A história do conceito do tempo". Estas últimas são dadas por ele no semestre de verão de 1925 (duas vezes por semana, das sete às oito da manhã).

Revelar a questão

O centro dessa etapa de seu percurso intelectual está na revelação do sentido de uma única frase: a questão sobre o ser. Mais especificamente, sobre o *sentido do ser*. Segundo Heidegger, antes que essa questão primordial do pensamento possa ser (novamente) investigada, sem falar na tentativa de ser respondida, é preciso revelar o modo de ser específico da única criatura que conhecemos a quem essa pergunta pode ser colocada de maneira sensata: o ser humano.

O sentido do ser é objeto de questionamento possível apenas para o ser humano. Apenas o ser humano está em condições de surpreender-se com "por que o ser e não o nada". Afinal, apenas o ser humano, como membro de uma forma de vida de falantes pode se perguntar onde estaria o sentido de sua existência concreta. Para contrastar conscientemente seu modo de investigação "ontológico-fundamental" com a investigação biológica, antropológica, psicológica ou mesmo transcendental no sentido de Kant, Heidegger fala do ser humano como "*Dasein*":

> O *Dasein* não é um ente que só sobrevenha entre outros entes. Ao contrário, ele é onticamente assinalado, pois para esse ente está em jogo em seu ser esse ser mesmo. Mas é também inerente a essa constituição-de-ser do *Dasein* que, em seu ser, o *Dasein* tenha uma relação-de-ser com esse ser. E isso por sua vez significa: o *Dasein*, de algum modo e mais ou menos expressamente, entende-se em seu ser.[23]

O fato de que cada *Dasein*, segundo Heidegger, sempre — de algum modo e expressamente — diga respeito a seu próprio ser significa também que a compreensão do ser não se dá ou surge por si. Análises falsas e determinadas conceituações podem obscurecer ou distorcer tal relação para o *Dasein*. De acordo com

Heidegger, esse é exatamente o caso, tendo-se em vista a constelação cultural na qual ele se encontra.

No curso de uma situação de decadência contínua, que para o Heidegger de 1925 se inicia no mais tardar com Aristóteles e, depois, a partir do início da filosofia moderna recebe mais uma decisiva carga de obscuridade com Descartes —, não foi apenas o possível sentido da questão pelo "sentido do ser" que caiu num esquecimento total, ou melhor, foi considerado tabu, mas o *Dasein* em si se tornou como que cego para as verdadeiras bases e fontes de suas relações com o ser e, com isso, para o sentido da vida. Nesse contexto, Heidegger diagnostica um abrangente *esquecimento do ser* da cultura moderna e principalmente da filosofia moderna enquanto epistemologia.

Sua análise busca o mesmo objetivo que Benjamin se propôs em *Origem do drama barroco alemão*. O ponto de partida que coincide em ambos os trabalhos é o seguinte: no estado em que se encontra a cultura, seria muito precipitado e inapropriado querer dar respostas. Trata-se unicamente de um reconhecimento conceitualmente inventivo da perda que caiu no esquecimento. Em *Ser e tempo*, Heidegger trata dessa exposição, a princípio preparatória ao questionamento. E, por essa razão, chama sua empreitada de uma "análise fundamental preparatória do *Dasein*".

O conceito de *análise* deve ser compreendido não no sentido puramente descritivo, mas também terapêutico. Por meio de uma nova descrição o mais próxima possível ao fenômeno, imparcial e, portanto, sensata no geral, o *Dasein* razoável deve ser reconduzido do escurecimento à luz libertadora de seu verdadeiro estado fundamental. Semelhante à psicanálise freudiana ou também à filosofia wittgensteiniana do *Tractatus*, o objetivo de uma descrição o mais precisa possível e estruturada de cada uma das situações (no sentido mais amplo) coincide com o objetivo de uma transformação fundamental, mais autodeterminadora, da condução da própria vida.

Para Heidegger, esse projeto carrega consigo a necessidade da recusa total, em sua própria filosofia, das conceituações faticamente dominantes, embora fundamentalmente errôneas, usadas para descrever as modernas relações de mundo (sujeito, objeto, realidade, individualidade, valor, vida, matéria, coisa) ou de substituí-las por neologismos (*Dasein*, mundo-ambiente [*Umwelt*], ser-no-mundo [*In-der-Welt-sein*], ser cada-vez-meu [*Jemeinigkeit*], preocupação [*Sorge*], instrumento [*Zeug*]).

O tempo do *Dasein*

A compreensão do tempo e da temporalidade também é afetada pela pretensão à proximidade da experiência e à garantia da vivência possivelmente imparcial, que Heidegger assume a partir de sua formação fenomenológica husserliana. Em vez de partir de um "conceito vulgar de tempo" neutro, matematicamente claro e, dessa maneira, inequivocamente mensurável como segundos e minutos, Heidegger procura por uma compreensão temporal que ilumine a maneira muito específica na qual o *Dasein* vivencia sua temporalidade. Essa fundamentação limita rigidamente o espaço de tempo do qual Heidegger quer falar em sua análise do *Dasein* ao espaço da imanência do vivenciável. Em outras palavras: o tempo que pode contribuir ao esclarecimento do *Dasein* em suas possibilidades distorcidas de ser é distinto, porque compreendido como finito. O horizonte que lhe confere sentido é a morte. Toda referência à transcendência, seja na forma de uma vida após a morte ou de uma franqueza messiânica no sentido de Benjamin, é parte do evento de distorção, não da exposição. Como para Wittgenstein, também para Heidegger a morte não é um evento da vida. Mas na inversão direta da crença de Wittgenstein do salto à fé, Heidegger enxerga na premonição desse limite absoluto a verdadeira garantia de que o sentido do "enigma da vida"[24] só pode ser sensatamente questionado, e se for o caso até seguido, *dentro* de um horizonte de tempo assim compreendido; ou seja, finito.

O imediatismo da experiência que vai caracterizar a filosofia de Heidegger aparece nessa obra também pelo fato de suas análises serem ilustradas com estados de ânimo e situações-limite que lhe dizem respeito de maneira muito próxima e direta — possibilitando uma elucidação de todo seu percurso de vida. Isso vale principalmente para três conceitos-chave que estruturam sua explicação filosófica do *Dasein*: *instrumento*, *angústia* e *morte*.

O que é um martelo?

O arrebatamento da escrita deve ter começado por volta de 8 de agosto de 1925, embora não seja possível precisá-lo com exatidão. Para trabalhar, Heidegger retirou-se para seu chalé em Todtnauberg, onde também a família passará todo aquele verão. "Viajo em 1º de agosto ao chalé e estou muito feliz pelo ar vigoroso das montanhas — essa leve corrente de ar aqui embaixo acaba com a gente a longo prazo. Oito dias trabalhando com a lenha, depois de volta à escrita", ele informa, ainda em Marburg, a Jaspers. Apenas na altitude é possível respirar e pensar com clareza. Não é por acaso que nessa passagem Heidegger relacione o trabalho com a lenha e sua escrita. Ele faz o papel de homem que, apesar da posição professoral, enfatiza sua origem camponesa (não proletária!), sempre muito ativa. Essa autoimagem transfere-se diretamente à análise filosófica quando se trata de expor descritivamente a relação originária do *Dasein* com o mundo. Pois não passa pela cabeça de um camponês normal, com labuta física diária, a questão de como ele, sujeito pensante, pode estabelecer uma relação de conhecimento com um mundo supostamente sem sentido dos objetos em si; de modo nenhum a partir de sua própria vivência, visto que esse camponês, como alguém que produz ativa e constantemente, sempre esteve "no mundo", como diz Heidegger. E não num sentido da relação espacial (como um peixe morto numa lata de conserva), mas no sentido de uma relação originalmente impregnada de sentidos com seu ambiente experimentado de forma concreta. Logo no início de sua análise do *Dasein*, Heidegger contrapõe a situação cartesiana do sujeito (imaterial) na poltrona, que quer se assegurar da realidade de seu mundo apenas pela reflexão, à de um corajoso camponês da Floresta Negra, que deixa o chalé para, absorto em si mesmo, ganhar o pão de cada dia com o suor de seu rosto. Nas palavras de Heidegger:

> O ser do ente que de imediato vem-ao-encontro é mostrado fenomenologicamente pelo fio condutor do cotidiano ser-no-mundo por nós também denominado de *trato no mundo* e *com* o ente do-interior-do-mundo. [...] Mas o modo imediato do trato não é, como se mostrou, o conhecimento ainda só percipiente, mas o ocupar-se que maneja e que emprega, o qual tem o seu próprio "conhecimento". [...] nesse modo-de-ser do trato ocupado não é preciso que haja primeiramente uma transposição. O *Dasein* cotidiano já *é* sempre nesse modo; por exemplo, ao abrir a porta emprego a maçaneta.[25]

Mas, para todas aquelas chamadas "coisas" usadas no nosso cotidiano, de forma circunstancial e raras vezes objeto de reflexão, Heidegger coloca em jogo um novo conceito-chave, retirado da linguagem cotidiana da Floresta Negra. Ele o chama de instrumento [*Zeug*].

> Denominamos instrumento o ente que-vem-ao-encontro no ocupar-se. No trato pode se encontrar o instrumento para escrever, para costurar, para trabalhar [ferramenta], para viajar [veículo], para medir. O modo-de-ser de instrumento

deve ser posto em relevo. [...] Em termos rigorosos, *um* instrumento nunca "é" isolado. Ao ser de instrumento pertence sempre cada vez um todo-instrumental, no qual esse instrumento pode ser o que ele é [...]. Correspondente à sua instrumentalidade, o instrumento é sempre a partir da pertinência a outro instrumento: escritório, escrivaninha, pena, tinta, papel, pasta, mesa [...]. Essas "coisas" nunca se mostram de imediato separadas umas das outras, vindo depois, numa como que soma de coisas reais, a preencher um quarto [...]. *Antes* destes já está descoberta em cada caso uma totalidade-instrumental.[26]

Assim como Heidegger inverte de cabeça para baixo, com seu pragmatismo ao rés do chão, a suposta situação inicial *teórica* da epistemologia do observador puro; ao expor o instrumento como algo sempre pertencente à totalidade-instrumental, ele muda a direção da explicação da epistemologia clássica de padrão cartesiano. Ela partia de coisas individuais, atomizadas, para depois se perguntar como era possível juntar um todo dessas partes originalmente isoladas. Para Heidegger, o pragmático da epistemologia, porém, essa individualização é, no melhor dos casos, o específico degrau de retrocesso de uma vivência de mundo no qual os objetos são experimentados muito primordialmente e antes de qualquer reflexão teórica como entrelaçados num todo significativo. Ao manejar o instrumento, esse entrelaçamento num todo pode, por assim dizer, ser pego com as mãos. Pois no contexto da questão que verdadeiramente conduz a investigação pelo "ser", Heidegger explica de maneira inequívoca onde aparece o ser do instrumento — e, portanto, o de todas as coisas com as quais lidamos no dia a dia e com as quais nos organizamos e pautamos neste mundo. Como alguém que trabalha no chalé e com a madeira, ele escolhe o exemplo de um martelo:

Quanto menos a coisa-martelo é somente considerada, quanto mais o martelo é empunhado no seu emprego, tanto mais originária será a relação com ele e menos encoberto será o modo por que ele virá-ao-encontro tal qual é, como instrumento. O martelar ele mesmo descobre a específica "maneabilidade" do martelo. O modo-de-ser de instrumento, em que ele se manifesta em si a partir de si mesmo, nós o denominamos a *utilizabilidade*.[27]

Porque a verdadeira essência desse instrumento está em seu manejo, para seu *Dasein* ele não é apenas *disponível* [*vorhanden*] (como seria uma "coisa" ainda a ser descoberta em seu uso), mas algo *utilizável* [*zuhanden*]. O verdadeiro fundamento da fenomenologia husserliana estava na observação (e descrição) concentrada, epistemologicamente motivada de algo puramente existente. Deste modo, a obra de Heidegger também é um ataque frontal à filosofia do seu professor e incentivador — o que Husserl percebeu logo na primeira leitura das provas de impressão e que Heidegger, não sem orgulho, vai informar a Jaspers: "O trabalho [*Ser e tempo*] não vai me trazer nada a mais do que já tenho dele: me libertei e consigo fazer *perguntas* com alguma segurança e direção [...]. Se o ensaio tiver sido escrito 'contra' alguém, então é contra Husserl, que também percebeu isso de imediato, mas desde o começo manteve uma postura positiva".[28]

Tempestade e angústia

Independentemente de quão abençoado seja o despontar diário do *Dasein* camponês resultante da lida com seu instrumento, para Heidegger a situação tem um porém. Justamente no enraizamento original com seu ambiente, justamente na fatura em grande medida sem estorvos das tarefas a cumprir, um *Dasein* assim permanece sem fazer questionamentos. Sua relação com o mundo é tão primordial, imediata e plena de sentido que ela nunca se tornará questionável para ele. Quem vive totalmente imerso em seu mundo não se pergunta sobre o sentido do ser nem sobre o sentido da própria vida. Apenas a experiência concreta de uma perda de sentido e, consequentemente, de uma relação distorcida qualquer com o mundo é que levanta a questão para o *Dasein* preocupado sobre o sentido do ser e também sobre o sentido da própria existência: para que tudo isso? Por que estou aqui?

Nenhuma vida humana, mesmo sentindo-se acolhida e protegida em casa, transcorre sem esses distúrbios existenciais e suas questões sobre o sentido. Mas, para Heidegger, essas questões se tornam simplesmente inevitáveis na experiência de um sentimento especial, ou, como ele quer chamar de maneira mais precisa, de uma especial "concordância do *Dasein*" [*Gestimmtheit des Daseins*]. Trata-se da experiência da angústia, que Heidegger diferencia claramente do medo, ou seja, de um medo concreto de algo definido:

O porquê de a angústia se angustiar é o ser-no-mundo ele mesmo. Na angústia, o utilizável do mundo-ambiente e em geral o ente do-interior-do-mundo se afundam. O "mundo" já nada pode oferecer, nem também o *Dasein*-com com os outros. A angústia retira, assim, do *Dasein* a possibilidade de, no decair, entender-se a partir do "mundo" e do público ser-do- -interpretado. Ela projeta o *Dasein* de volta naquilo por que ele se angustia, seu próprio poder-ser-no-mundo. A angústia isola o *Dasein* em seu "ser-no-mundo" mais-próprio que, como entendedor, se projeta essencialmente em possibilidades. Com o porquê do se angustiar, a angústia abre, portanto, o *Dasein* como *ser possível*, ou melhor, como aquele que unicamente a partir de si mesmo pode ser como isolado no isolamento.[29]

Para Heidegger, a angústia é o exemplo da vivência de uma perda abrangente de sentido, que expõe — no vazio e na falta de vínculo resultantes — o olhar para o verdadeiro fundamento do *Dasein* em questão. E expõe de tal maneira que esse fundamento em si não comparece, não existe, não está dado ou assegurado por nada nem ninguém! No modo da angústia, o *Dasein* experiencia a efetiva falta de chão e o possível caráter ordinário da própria existência de todos entes [*Seienden*]. Mas a questão sobre o sentido, lançada de maneira inescapável ao ar, não pode ser delegada a um segundo ou a terceiros, não pode ser empurrada para a transcendência nem ser autotranquilizada por meio dos costumes, da tradição ou da pátria. Segundo Heidegger, é preciso manter essa questão sobre a manutenção da própria tensão existencial radicalmente aberta e, se possível, de modo duradouro:

> A fuga que recai no ser-em-casa do público é fuga diante do não-ser-em-casa, isto é, ante o estranhamento que reside no *Dasein* como ser-no-mundo dejetado e entregue em seu ser à responsabilidade de si mesmo.[30]

A experiência angustiante do não-ser-em-casa e do tenebroso continuamente ocultado se torna mais severa e intensa em contextos que, em realidade, transmitem ao *Dasein* maior acolhimento e confiança — sobretudo entre as próprias quatro paredes da casa natal. Para Heidegger, o chalé em Todtnauberg é um exemplo perfeito. Justo ali a angústia solta seu efeito de abertura do *Dasein* e, portanto, filosoficamente estimulante. Em abril de 1926, com *Ser e tempo* em grande medida concluído, ele escreve a Jaspers: "Como pode ver, ainda estamos aqui em cima. Em 1º de abril começou a impressão do meu ensaio *Ser e tempo*. São cerca de 34 cadernos de dezesseis páginas. Estou rendendo de verdade e me irrito apenas com o semestre vindouro e a atmosfera pedante que nos rodeia novamente. A faculdade quer me lançar mais uma vez, anexando os cadernos impressos. [...] Os meninos tiveram escarlatina no chalé. Já é noite alta — a tempestade varre a altitude, no chalé as madeiras rangem, a vida é pura, simples e grande como a alma".[31]

Heidegger experiencia o soturno refúgio de um chalé de montanha em meio à tempestade como o equivalente mais próximo para aquela intensidade grandiosa e que lhe apazigua a alma que é, para ele, a própria experiência do filosofar. Imagem ideal de um *Dasein* armado para pensar.

Algo certo: adiantar-se para a morte

Mas nenhuma tempestade da Floresta Negra dura para sempre. Em algum momento o maior pensador precisa voltar à atmosfera pedante e às tarefas rotineiras. A fim de prevenir o relaxamento do *Dasein* com esse fato igualmente inquestionável, Heidegger aponta para mais um acontecimento muito simples, talvez o único realmente inescapável da vida humana: sua finitude. Trata-se de uma finitude sabida pelo *Dasein* — isso também distingue o ser humano das outras formas de vida. A finitude é tão certa que se torna uma possibilidade concreta e está presente em todo o transcorrer da vida. Afinal, entre todas as possibilidades definidoras de um *Dasein* que se desenvolve livremente no mundo, apenas uma tem sua realização garantida: a possibilidade de não ser.

Na condição de possibilidade absolutamente indeterminada — quando ou como — para o *Dasein*, mas que com certeza vai acontecer, Heidegger se refere à morte com um duplo sentido de "possibilidade certa". Em oposição à angústia, a morte é uma certeza constante para o *Dasein* — ou seja, não é um sentimento que pode se instalar e desaparecer de novo. Como uma certeza concretamente vivenciada, a morte é a permanente condição de possibilidade de todas as possibilidades que o *Dasein* aproveita concretamente no curso da vida. Em outras palavras: a morte é a porta da liberdade.

A morte só pode cumprir essa função enquanto permanecer indeterminada: para Heidegger — no seu afã de expor a questão do sentido —, suposições, especulações (ou apenas esperanças) sobre a vida após a morte devem ser rejeitadas. Elas distorcem o olhar do *Dasein* para suas possibilidades de ser. Por ser aberto ao mundo, algo que lhe é próprio, o *Dasein* é um contínuo adiantar-se para a morte.

> Com a morte o *Dasein* é iminente ele mesmo para ele mesmo em seu poder-ser *mais-próprio*. Nessa possibilidade está em jogo para o *Dasein* pura e simplesmente o seu ser-no-mundo. Sua morte é a possibilidade de si mesmo não-poder-ser-"aí". Quando o *Dasein*, como essa possibilidade de si mesmo é iminente, é *completamente* remetido a seu poder ser mais-próprio. Assim, iminente para si, nele se desfazem todas as relações com outro *Dasein*. Essa irremetente possibilidade mais-própria é ao mesmo tempo a possibilidade extrema. Como poder-ser o *Dasein* não pode superar a possibilidade da morte. A morte é a possibilidade da pura e simples impossibilidade-de-ser-"aí". Assim, a *morte* se desvenda como a possibilidade *mais-própria, irremetente* e *insuperável*.[32]

Em vez de lamentar, a partir da certeza da morte, a nulidade de todos os entes e, principalmente, da própria existência — como, por exemplo, fez a época do barroco, analisada por Benjamin no livro sobre o drama barroco —, a certeza da própria nulidade é acompanhada do apelo a um assenhorear-se autodeterminado das possibilidades do *Dasein* em questão. Em vez de marcar passo em elucubrações sobre a própria finitude, como em alguns ensinamentos de vida cristãos ou mesmo da

Antiguidade, para Heidegger é preciso ir decididamente em sua direção no decorrer da vida. Em vez de nos consolarmos pela nossa própria morte com o dito costumeiro "a vida continua", o adiantar-se para a morte, segundo Heidegger, se torna um impulso indispensável para alcançar as possibilidades mais autênticas do *Dasein*.

Todo ser humano morre sozinho. Não é possível delegar a própria morte nem a própria vida. Entretanto, a concepção heideggeriana mais mal compreendida do adiantar-se para a morte do *Dasein* é no sentido de um chamado ao suicídio. Pois quem tira a vida com as próprias mãos tira de si definitivamente todas as possibilidades que podiam ser aproveitadas nesse adiantar-se. O processo contínuo desse aproveitamento decidido — que, para Heidegger, sempre deve conter algo da abertura de uma questão ainda não suficientemente compreendida (da questão pelo sentido do ser) — é chamado por ele de existir. Quem existe nesse sentido vive como um *Dasein* deve ser vivido: de maneira autêntica. São poucos os indivíduos que agem de acordo. Muitos não o fazem.

Não é de espantar que fosse mais fácil para Heidegger encontrar a verdadeira autenticidade personificada na comunidade das chamadas pessoas simples da Floresta Negra do que no meio acadêmico, via de regra deformado. "Não almejo a companhia dos professores. Os camponeses são muito mais agradáveis e até interessantes", ele afirma ao professor Jaspers. "Muitas vezes desejo que você pudesse estar aqui nessas horas. Por vezes não compreendo mais que seja possível desempenhar papéis tão estranhos aí embaixo."[33]

Na fase do inebriamento criativo de *Ser e tempo*, Jaspers, filósofo existencialista, permanece como o único interlocutor acadêmico que Heidegger considera como igual. Isso se refere também à questão concreta de como lidar com a morte. Pois, em se tratando da questão da morte, bem como da angústia do moribundo, novos horizontes se abrem para Heidegger no período entre 1924 a 1927 que lhe dizem respeito profundamente. Em maio de 1924, seu pai sofre um derrame cerebral, vindo a morrer depois de semanas de sofrimento. O que mais marca Heidegger nessa fase é a angústia do pai fervorosamente católico em relação ao inferno e ao Juízo Final, que se prolonga até sua morte. Quase no mesmo dia, três anos mais tarde, é a vez de sua mãe morrer após lutar por meses contra um câncer no estômago. Ela é muito ressentida pela renúncia de Martin à fé; no seu leito de morte, o assunto vem à baila mais uma vez. Em 5 de fevereiro de 1927, Heidegger relata à mulher, Elfride, as conversas com a mãe agonizante: "É claro que sou uma grande preocupação para a pobrezinha, e ela continua achando que é responsável por mim. Acalmei-a a respeito — mas ela continua magoada. Mas as forças são tão poderosas que exatamente nessas horas elas se tornam muito presentes. Mamãe estava muito séria, quase dura — e seu autêntico jeito de ser, quase oculto; 'Não posso mais rezar por você', ela disse, 'pois agora tenho de cuidar de mim.' Tenho de suportar isso, e minha filosofia, afinal, não deve servir apenas ao papel".[34]

Em 3 de maio de 1927, Heidegger colocará o primeiro exemplar impresso de *Ser e tempo* no leito de morte da mãe. O isolamento consciente da mãe moribunda que mira a vida após a morte — "agora tenho que cuidar de mim" —, ceifando até a salvação da alma do filho, deve tê-lo impressionado sobremaneira, pois em sua filosofia o sentimento da angústia e a possibilidade certa da morte no *Dasein* resultam numa individualização radical. Entretanto, com o olhar para a vida *antes* da morte.

A autenticidade que, segundo Heidegger, o *Dasein* precisa alcançar só pode ser conquistada a partir dessa experiência e do cumprimento dessa individualização radical. A companhia preocupada de outras pessoas não é de nenhuma ajuda nesse sentido. O apelo de Heidegger à autenticidade e, portanto, ao autoencontro, baseia-se num forte comportamento antissocial do *Dasein*. Apenas quando totalmente desatrelado, único e, portanto, individualizado, o *Dasein* consegue vislumbrar suas reais possibilidades.

No verão de 1926, Hannah bandeou-se para os lados de Jaspers, filósofo muito mais sociável, e Heidegger se sente abandonado e perdido em seu ninho em Marburg. De todo modo, a família achou um apartamento novo, mais iluminado, com jardim. E visto que *Ser e tempo* começa a dar mostras de seu efeito meteórico na filosofia alemã, até o teimoso ministério em Berlim não conseguirá se contrapor por mais muito tempo ao desejo expresso da faculdade. A docência está chamando. Um consolo, mas não um incentivo. Heidegger percebe com uma clareza semelhante à da morte que seu tempo em Marburg terminou de uma vez por todas. Com a mesma certeza, Cassirer — em Hamburgo, onde escolheu morar — acredita estar no início de uma nova época intelectual.

A escola de Hamburgo

Seria exagerado falar de um evento festivo oficial. Em 1º de maio de 1926, a inauguração do novo prédio da biblioteca Warburg, no número 116 da Helwigstraße, em Hamburgo, na verdade reúne os amigos mais próximos e colegas pesquisadores. Aby Warburg iniciara o planejamento dessa construção logo após seu regresso, no outono de 1924. O antigo lugar não era mais capaz de abrigar de maneira organizada os mais de 30 mil volumes que integravam sua coleção na época. Não faltavam dinheiro nem ânimo. Em menos de dois anos, o terreno vago adquirido bem ao lado da residência de Warburg é ocupado por um edifício destinado à leitura e à pesquisa, sem igual no mundo. Com "26 pontos de telefone, sistema de transporte pneumático, esteiras rolantes, bem como um elevador próprio para os livros e outro para pessoas",[35] a Biblioteca de Estudos Culturais Warburg — KBW, na sigla em alemão — define novos parâmetros, a começar por sua aparelhagem técnica. Mas o prédio também é uma obra-prima da arquitetura. A grande atração é a ampla sala de leitura em forma de elipse, na qual Cassirer sobe ao púlpito para falar sobre o tema "Liberdade e necessidade na filosofia do Renascimento".

Enfrentando a resistência e as reservas dos engenheiros, Warburg — em cujo reino das ideias cada corpo geométrico tem um significado simbólico especial, ideológico — fez questão da forma elíptica para a maior e a mais central sala da biblioteca. E Cassirer carrega sua parcela de culpa nisso. Afinal, Warburg recuperou a confiança em seu vigor intelectual como pesquisador principalmente devido à discussão que tiveram em Kreuzlingen sobre o significado da elipse para os cálculos astronômicos de Johannes Kepler.

Para Aby Warburg, a determinação da órbita de Marte feita por Kepler, pela primeira vez elíptica — e não circular! —, foi a verdadeira passagem do pensamento medieval mítico rumo à liberdade do pensamento moderno, científico. Pois a elipse como forma circular com dois focos não estava entre os corpos geométricos ideais que Platão havia destacado em seu diálogo *Timeu* e que, portanto, até a época de Kepler eram considerados as formas obrigatórias na interpretação matemática da natureza. Aos olhos de Warburg, a ampliação feita por Kepler, com uma motivação matemática e astronômica, da forma canônica nascida puramente do espírito do mito antigo é um ato absolutamente significativo de emancipação da mente humana. Ela concretiza de modo exemplar a superação da forma conceitual mítica rumo à científica, tornando-se um passo de liberdade que marcou a história: a passagem à moderna imagem do mundo.

Marcar esse início e explorá-lo no âmbito dos estudos culturais tornaram-se o objetivo principal de seu programa de pesquisa, agora com renovada clareza. Não só as grandes obras de Heidegger e de Benjamin — que também são anamneses independentes da modernidade — acompanhavam a direção desses questionamentos, mas também os interesses centrais da pesquisa do filósofo e historiador da filosofia Ernst Cassirer, na qualidade de segundo mentor da escola de Hamburgo na recém-inaugurada construção elíptica da KBW.

A origem oculta

Qual a origem da imagem moderna do mundo? Ernst Cassirer investiga essa questão no início de 1926 numa obra que dedica a Aby Warburg por ocasião do sexagésimo aniversário deste. O título: *Indivíduo e cosmos na filosofia do Renascimento*.[36] No discurso de abertura do prédio da biblioteca, Cassirer apresentará aos presentes o terceiro dos quatro capítulos dessa obra. O estudo sobre o Renascimento, até hoje elogiado, não é de modo algum "apenas" um painel da história da filosofia. Ao expor as raízes intelectuais do Renascimento, ele procura encontrar também inspirações e estímulos que impulsionem o filosofar do seu tempo.

Essa discreta obra também é um aprofundado anúncio de uma perda e a análise de uma crise. Entretanto, não com o intuito de expor a modernidade como caminho fundamentalmente errado para a aflição mundial que marca a cultura ou o abandono do ser. Cassirer pretende chegar a uma revelação clara, quase uma celebração filosófica, sobre a origem do Renascimento como o evento mais abrangente de autolibertação e reconfiguração do mundo, cujos impulsos essenciais foram ofuscados a partir do século XVII pela modernidade fixada na abstração, inimiga do corpo e puramente focada na consciência de René Descartes e de seus sucessores metodológicos,[37] com sérias consequências para a filosofia até os anos 1920. *Indivíduo e cosmos* de Cassirer lança o apelo, ainda que oculto de maneira elegantemente hanseática,* a uma renovação completa do filosofar moderno. Nesse caso, como retorno necessário a suas verdadeiras fontes originais: as do Renascimento. Isso corresponde ao programa filosófico que Cassirer executou e expandiu no seu *Filosofia das formas simbólicas*. Formulado de maneira tética e muito mais direta do que o estilo de Cassirer sugere: a renovação da filosofia no espírito do Renascimento como autêntica origem de nossa modernidade, e até hoje referencial, terá de assumir a configuração de uma filosofia das formas simbólicas!

Pluralidade em expansão

Como característica mais importante do Renascimento, Cassirer ressalta o fato de que não cabia à filosofia um papel essencial no contexto desse evento histórico — um suposto paradoxo. Congelada nas formações escolares — limitadas por instituições religiosas — da escolástica, ela se mostra incapaz de acompanhar conceitualmente, ou mesmo refletir minimamente, a incrível velocidade de inovação dos séculos XIV e XV, seja em relação às artes ou às ciências. Como grande parte da filosofia analítica atual, a escolástica da época também preferia se entregar ao fetichismo de diferenciações mínimas, numa base de questões supostamente segura, em vez de se sujeitar à aventura de oferecer uma contribuição intelectualmente relevante para sua própria época, de bases em transformação. Nas palavras de Cassirer: "Ao que tudo indica, portanto, a força espiritual motriz da época — o esforço engendrado no sentido de precisar as formas, delimitar os contornos e individualizar — parece

---

* Referência a Hamburgo, chamada oficialmente de "Cidade Livre e Hanseática de Hamburgo". [N. T.]

não ter surtido seus efeitos justamente na filosofia, ou então ter sido paralisada em seu impulso inicial".[38]

Já nas primeiras páginas Cassirer se volta de maneira enfática contra um pressuposto básico da decadência, principalmente da análise heideggeriana. Podemos chamá-lo de pressuposto de uma "supervalorização civilizatória da filosofia".[39] Quem procura as prováveis origens de uma época (principalmente da modernidade) apenas na filosofia não consegue realmente adentrar nem nas particularidades da época em questão nem de sua filosofia. Em sua análise do Renascimento, Cassirer enxerga a filosofia como *uma* voz inovadora entre várias; além disso, trata-se de uma voz com a função de unir disciplinas. Essa é a linha que sua filosofia das formas simbólicas segue naquela década de rapidíssimas inovações artísticas, científicas e técnicas. A década de 1920 é considerada, com bons motivos, uma década única pelas inovações que modificaram o mundo, sobretudo no âmbito tecnológico. O automóvel como artigo de massa começa a modificar a imagem da cidade; o rádio se transforma num meio de comunicação global no espaço público; o telefone, no espaço privado; surge o cinema como forma de arte; criam-se as primeiras linhas aéreas comerciais; e não apenas navios a vapor, mas também zepelins e até aviões — Charles Lindbergh mostra como — atravessam oceanos. Nasce a era da comunicação global a partir de uma vertiginosa inovação técnica. Até os dias de hoje. Ninguém individualmente e nenhuma disciplina particular consegue acompanhá-la *pari passu*. Tampouco a filosofia. Esta última, que se considera — principalmente na expressão em língua alemã — a principal impulsão para o progresso, quer então funcionar no máximo como seu freio crítico, mas não como seu motor de arranque.

Dessa maneira, trata-se de mais do que apenas um gesto simpático quando Cassirer, na dedicatória de sua obra a Aby

Warburg, revela que o livro deve ser compreendido como obra coletiva do grupo interdisciplinar de pesquisadores com trocas muito intensas, para quem a biblioteca se tornou o centro intelectual de trabalho. Em 1926, eram eles: Gertrud Bing, Ernst Cassirer, Edgar Wind, Erwin Panofsky, Joachim Ritter e Fritz Saxl — apenas para citar aqueles que se tornaram, posteriormente, os mais influentes. Cassirer prossegue no agradecimento afirmando que a constituição e a estrutura intelectual da biblioteca materializam a ideia de uma unidade metodológica de todos os campos de pesquisa e correntes da história das ideias.

Para Cassirer, uma tarefa essencial da filosofia será descobrir, para além de todas as diferenças das formas individuais, o núcleo dos leitmotiven unificadores de cada época histórica. Mesmo que apenas para oferecer a todas as forças e correntes envolvidas o olhar para a própria limitação e para a vinculação das diversas disciplinas no conjunto do todo. Sem orientações que promovam a unidade, a polifonia das disciplinas, justamente em fases altamente dinâmicas, ameaça se tornar uma cacofonia que afeta todos os envolvidos.

Autoformação

Para Cassirer, os temas unificadores centrais do Renascimento redefinem o lugar do ser humano num novo cosmos por ele descoberto. Daí o título, *Indivíduo e cosmos*. O ser humano do Renascimento se enxerga primeiro e principalmente como indivíduo, cuja individualidade se encontra e se assegura na capacidade ou na abertura para a autoformação ativa, não dogmática. Esse cosmos se abre ao indivíduo do Renascimento como um espaço infinito, e a prática da autoformação investigativa torna suas leis inacreditavelmente acessíveis.

Segundo a palestra de Cassirer, liberdade é a capacidade humana de autoinvestigação e autoformação. Necessidade é o processo do conhecimento do mundo e, com ele, da revelação das leis naturais.

Dessa maneira, o par conceitual liberdade e necessidade não caracteriza mais uma relação de exclusão mútua — e eis, para Cassirer, o fascínio do Renascimento (e também de sua própria filosofia das formas simbólicas). A questão supostamente urgente, "Se tudo é governado por leis naturais, como pode existir liberdade ou uma vontade livre?", perde, segundo essa visão, seu horror existencial. Liberdade e necessidade passam a ser conceitos complementares, que se condicionam mutuamente na origem: apenas nas obras da livre autoformação, das quais fazem parte, ao lado das experiências das ciências naturais, as das artes, a engenharia ou a medicina, são deduzidas tais leis que permitem se falar de necessidade causal. Para Cassirer, liberdade moderna e necessidade causal têm a mesma origem. Mas não como, por exemplo, a origem de um drama barroco, que tudo emudece e ensurdece, mas no sentido de uma festa do conhecimento, que celebra a riqueza geral da criação, que faz tudo falar e soar junto. Assim como Leonardo da Vinci, que alcançou e vivenciou essa complexidade como artista, cientista, poeta, filósofo, engenheiro, médico e indivíduo de múltiplos interesses eróticos e físicos.

Para o Renascimento — e para a filosofia de Cassirer —, a verdadeira base de todas essas atividades da autorrevelação e da revelação do mundo é formada a partir da capacidade de se conferir uma expressão simbólica à própria experiência. Ou seja, permitir que a visão de mundo própria, absolutamente individual, tome sua forma como uma obra (tanto faz se apenas um assobio, um gesto ou um cálculo). Uma "obra" tornada símbolo e exposta publicamente pode se tornar ponto de partida para outras subsequentes revelarem-se a si próprias e ao mundo: a cultura é como um processo contínuo de uma orientação simbólica ou também de revelação na forma da palavra, da imagem, do cálculo ou ainda do próprio corpo. Segundo Cassirer, aí está a verdadeira "lógica da pesquisa" do Renascimento. Não por acaso esse mundo criativo único do Renascimento corresponde exatamente à arquitetura interna da biblioteca Warburg.

Escrito nas estrelas

A experiência de simultaneidade cultural de "aproximações míticas" e "modernas aproximações científicas" é, para Cassirer, uma característica especial do Renascimento como uma era da transição e da ruptura para uma nova compreensão de mundo. A fronteira — à época ainda pouco nítida — entre a astrologia e a astronomia ilustra muito bem esse raciocínio. Para a astrologia, o ser humano está sujeito a forças secretas e a constelações, que ele pode, no melhor dos casos, interpretar, mas não guiar por vontade própria nem modificar. A natureza da astrologia é estritamente legalista; leis da natureza têm validade e surtem efeito. Mas se trata de uma natureza em essência mítica, e não descoberta e compreendida de maneira matematicamente calculada. Essa relação se inverte com a astronomia, graças a figuras de transição como Kepler e Copérnico, que no decorrer do Renascimento realizaram a passagem da astrologia, que ainda era muito presente, para a nova maneira de pensar da astronomia. Cassirer ilustra os efeitos relacionados a essa transformação para a autoimagem do ser humano e, consequentemente, sua posição recém-conquistada no cosmos assim:

Ainda que o homem nasça sob a influência de determinado planeta e tenha de conduzir sua vida sob o domínio deste astro, resta-lhe escolher, entre as possibilidades e forças que este planeta guarda em si, quais ele quer desenvolver em si e levar à plena maturidade. Com efeito, dependendo das inclinações espirituais e dos esforços que o homem fomente e faça prevalecer em si, ele pode mesmo se entregar ora à influência de um determinado astro, ora à influência de outro.[40]

Acontece então uma mudança de rumo no modo de pensar: o olhar não parte mais das forças cósmicas da natureza e desce até o indivíduo, mas sai do microcosmo do indivíduo e sobe até o macrocosmo, do qual ele se considera integrante. Isso não quer dizer que a inserção natural do indivíduo na grande conexão cósmica não imponha alguns limites e condições a seu ímpeto por autodeterminação. Ou seja, na compreensão do Renascimento, a capacidade do indivíduo à autodeterminação não é absoluta, não é totalmente autônoma. Ninguém na Terra pode promulgar sozinho as leis que determinam seu próprio destino. Autonomia total é uma ilusão ingênua. Com o Renascimento surge em seu lugar a consciência de uma liberdade condicional (como poderíamos chamá-la) e, com ela, da plasticidade da autoformação dentro de determinadas margens. Mas, quanto mais profundamente o indivíduo compreende as condições que determinam seu desenvolvimento, mais amplas são as margens conquistadas dentro dessa reconhecida estrutura de condições.

Como exemplo técnico: nenhum ser humano, assim como vem ao mundo, consegue voar. Nem Leonardo da Vinci. Mas no momento em que as leis da gravidade, da inércia e da resistência do ar são decifradas, abrem-se — com o auxílio de certos cálculos e técnicas — espaços para o ser humano modificar seu suposto destino irreversível de não poder voar e superá-lo. Na qualidade de criador do próprio acesso ao mundo, ele por assim dizer joga um astro (ou lei) contra outro astro (ou lei). E começa a voar.

Assim como o Renascimento compreendido dessa maneira não parte de uma liberdade imperiosa do indivíduo, ele consequentemente não parte — em relação ao *Dasein* em questão — de uma necessidade imperiosa das "leis da natureza". Nesse sentido, há com certeza a possibilidade de o destino ser tomado pelas mãos de cada um; isso se dá pelo processo da descoberta investigativa daquelas dinâmicas que condicionam o transcurso do próprio tornar-se. Mais uma vez, vale aqui: a relação exposta por Cassirer, moderna, de "liberdade e necessidade no Renascimento" não é outra senão a da sua própria "filosofia das formas simbólicas".

A procura de Cassirer pela origem da modernidade em *Indivíduo e cosmos* também tem o caráter de uma denúncia de perda, assim como as obras de Benjamin e de Heidegger. Do seu ponto de vista, porém, é possível mostrar de outra maneira, absolutamente clara, onde estaria a perda da modernidade tardia: devido ao encantamento pelo poder de determinação e de prognósticos das ciências naturais nos séculos XVII e XVIII, as leis naturais físicas são percebidas como forças absolutamente dominantes de todos os acontecimentos cósmicos — o ser humano incluído como mera natureza coisal [*Dingwesen*]. O problema da liberdade (liberdade de querer) do ser humano poderia ser resolvido apenas pelo preço de esse ser humano ser absolutamente retirado do mundo em sua verdadeira essência: ou seja, como na filosofia da consciência de tradição cartesiana, que concebia o ser humano como substância puramente pensante, compreendida totalmente à parte do corpo.

Num evento natural determinado por uma cadeia cega de causalidades, o ser humano só pode se compreender livre ao se retirar do mundo e se estilizar como um pequeno deus, a quem deve ser concedida a capacidade, sempre misteriosa, de conseguir estimular correntes causais próprias, por assim dizer a partir do nada, com a força da mente.

Na terminologia de Cassirer, o diagnóstico sobre esse período da modernidade *tardia* e sobretudo também do *Iluminismo* é tão claro quanto aparentemente paradoxal: ele retrata uma reiterada recaída cultural a categorias de pensamento míticas — é claro que em níveis mais elevados de estruturação. No lugar da necessidade mítica férrea, entra a das leis causais, no lugar dos astros caprichosos e soberanos ou do deus bondoso, entra o ser humano "autônomo", convertido numa criatura que é pura consciência.

Eis a verdadeira *dialética do Iluminismo*, indicada com clareza e denunciada por Cassirer. Não porque seu impulso básico tivesse de gerar consequências fatais no Renascimento, mas porque esse impulso básico foi ocultado e desfigurado no decorrer de seu desenvolvimento. A filosofia das formas simbólicas de Cassirer ambiciona anular esse evento de ocultação — numa época, em meio aos anos 1920, na qual a relação entre liberdade e necessidade, determinação e incerteza, como compreendida na física clássica, foi radicalmente posta em questão. Werner Heisenberg publicou sua tese sobre o "princípio da incerteza" simultaneamente a *Indivíduo e cosmos*, em 1927.

Alcançar a liberdade! Partindo de uma imagem científica de mundo, com a consciência clara de seus limites, mal-entendidos e excessos interpretativos. Essa era também a missão do *Tractatus logico-philosophicus*, bem como de seu autor, o professor de ensino fundamental e líder intelectual rumo a tempos "melhores": Ludwig Wittgenstein.

Baboseiras de criança

Aqui em minha idílica Otterthal, meu aniversário, que eu teria preferido manter em sigilo, é comemorado pela população com um imenso desfile. Milhares e milhares vêm de todos os cantos da região a fim de cumprimentar o querido professor no seu aniversário e expressar-lhe o desejo de que ele continue a servir à mocidade do país por mais muitos anos, como exemplo e incentivo de autossacrifício e compromisso diante das obrigações também para os colegas mais jovens — como, por exemplo, você. Eu próprio falarei nesse dia sobre a jornada de oito horas, a paz dos povos e o auxílio aos desempregados.[41]

Pouco antes do fim, só o sarcasmo salva. E o professor de ensino fundamental Ludwig Wittgenstein, no seu 36º aniversário, sente que o fim está mais próximo do que nunca. Enviar tais baboseiras para amigos próximos, como aqui para Rudolf Koder, não lhe é incomum. Quem, como ele, quer estender os limites do sentido precisa se mostrar familiar com as múltiplas formas do desvario. Na primavera de 1925, se alguém quisesse saber sua opinião sobre o declínio da própria cultura rumo a um novo ponto baixo, Wittgenstein certamente teria se referido à mistura tão típica da época quanto explosiva de culto ao líder político, idiotização das massas guiada pelos meios de comunicação e crença no avanço social-democrata, como ilustra seu cartão-postal para Rudolf Koder em 29 de abril de 1925. Este é o ano em que é publicado *Minha luta*, de Hitler; ano em que Stálin assegura definitivamente o poder; ano em que um jovem general espanhol chamado Francisco Franco, bradando "Viva a morte!", conquista com suas tropas o Marrocos; ano em que é fundado o NSDAP, partido nacional-socialista dos trabalhadores alemães; ano em que o conservador Paul von Hindenburg sucede ao social-democrata Friedrich Ebert na presidência da República de Weimar; ano em que *O processo*, de Kafka, é lançado. Wittgenstein enxerga 1925 como seu quarto (e último) ano como professor em Otterthal, o que será comprovado um ano mais tarde. Mas até então o "amado professor" não quer se mostrar derrotado. Enquanto

Heidegger, Benjamin e Cassirer criam, por essa mesma época, suas análises de decadência da modernidade, Wittgenstein faz localmente um trabalho básico de resistência.

Engenheiros da linguagem

Ele não se ilude quanto às sugestões terapêuticas do seu *Tractatus*. Em sua opinião, elas se manteriam eternamente reservadas a uma minoria. "Enxergar corretamente" o mundo no sentido proposto por Wittgenstein não é algo que se possa realmente ensinar. Também porque o caminho da escada do *Tractatus* estava relacionado, justo em seu início decisivo, a determinadas experiências e noções. Experiências e noções cuja substância superava em grande medida aquilo que podia ser transmitido pela fala e, portanto, de modo discursivo. No prefácio da obra, lemos explicitamente: "Não é, pois, um manual". A origem filosófica do *Tractatus* vem de uma experiência indisponível, à guisa de presente, e não de um argumento que possa ser reconstruído.

Por outro lado, como pedagogo, Wittgenstein enxerga em primeira linha — juntamente com outros ícones da modernidade vienense (Ernst Mach, Karl Kraus, Sigmund Freud) — um potencial de intervenção terapêutico justamente no âmbito da linguagem cotidiana. Para ele, a crise da cultura é antes de tudo uma crise do uso público da linguagem. A fim de cortar o mal pela raiz, não se pode apenas perseguir as formações errôneas que se encontram no passado remoto, como o fazem Heidegger, Benjamin e Cassirer. Afinal, a cada dia que Deus nos dá, surgem em nossa comunidade novas criaturas ainda totalmente livres de qualquer cultura e das predisposições e confusões a ela relacionadas: toda criança esperta não é uma prova viva para a capacidade de se ensinar, a priori, uma linguagem melhor, mais clara e, portanto, incentivadora da autonomia? Se o Iluminismo é "a saída do ser humano de uma minoridade autoimposta", essa dinâmica da "autoimposição" também pode ser interpretada pedagogicamente. A autoimposição denunciada por Kant se torna visível como um comportamento e uma fatalidade geracional: educamos nossas crianças para uma imaturidade dividida quando lhes oferecemos e lhes ensinamos nosso uso ainda não suficientemente elucidado da linguagem e dos conceitos como base para toda sua orientação no mundo. Não se trata de destino, pois é possível mudar isso a partir de uma prática adequada. Se não no meio familiar, então ao menos na escola.

O programa terapêutico do *Tractatus* de Wittgenstein é fundado pela convicção de que a linguagem carrega em sua lógica interna, a cada tempo e a cada estado da cultura, as forças para a cura daqueles mal-entendidos e interpretações errôneas que ela própria suscita e gera. E tal convicção constituirá a hipótese central de toda filosofia posterior wittgensteiniana a partir de 1929, principalmente de sua segunda grande obra, *Investigações filosóficas*. Esse segundo livro, de caráter dialógico, é dominado pela voz de uma voluntariosa criança questionadora. Grande parte da obra é composta do jogo de perguntas e respostas de um filósofo com uma criança (imaginária, interna). Quase todas as páginas trazem cenas exemplares de iniciação ao cotidiano, quando uma voz paternal-filosófica tenta explicar à criança o que é linguagem, em que se baseia (e em que não) e qual papel e significado determinadas palavras centrais assumem em nossa vida.

O primeiro registro da obra, organizada em parágrafos que se sucedem sem uma amarração pelo conteúdo, começa citando a recordação de uma dessas cenas de instrução. O objetivo é rejeitar expressamente a imagem da natureza da linguagem humana criada por ninguém menos que Santo Agostinho:

§ 1 Santo Agostinho, nas *Confissões* I/8: Se os adultos nomeassem algum objeto e, ao fazê-lo, eu percebia isto e compreendia que o objeto fora designado pelos sons que eles pronunciavam, pois eles queriam indicá-*lo* [...]. Assim, aprendi pouco a pouco a compreender quais coisas eram designadas pelas palavras que eu ouvia pronunciar repetidamente nos seus lugares determinados em frases diferentes. E quando habituara minha boca a esses signos, dava expressão aos meus desejos.[42]

O comentário imediatamente posterior de Wittgenstein à cena recordada é o seguinte:

Nessas palavras temos, assim me parece, uma determinada imagem da essência da linguagem humana. A saber, esta: as palavras da linguagem denominam objetos — frases são ligações de tais denominações. Nesta imagem da linguagem encontramos as raízes da ideia: cada palavra tem uma significação. Esta significação é agregada à palavra. É o objeto que a palavra substitui. Santo Agostinho não fala de uma diferença entre espécies de palavras. Quem descreve o aprendizado da linguagem desse modo pensa, pelo menos acredito, primeiramente em substantivos tais como "mesa", "cadeira", "pão", em nomes de pessoas, e apenas em segundo lugar em nomes de certas atividades e qualidades, e nas restantes espécies de palavras como algo que se terminará por encontrar...[43]

Os esforços terapêuticos de Wittgenstein têm como objetivo contrapor às imagens ilusórias e errôneas fixadas na memória lembranças e imagens de pensamento alternativas, a fim de "enxergarmos corretamente" o mundo e nosso lugar nele. A referência à infância como o estágio elucidativo da nossa relação com o mundo tem um papel central. O parágrafo 5 esclarece:

§5. Quando se considera o exemplo do §1, talvez se pressinta em que medida o conceito geral da significação das palavras envolve o funcionamento da linguagem como uma bruma que torna impossível a visão clara. Dissipa-se a névoa quando estudamos os fenômenos da linguagem em espécies primitivas do seu emprego, nos quais se pode abranger claramente a finalidade e o funcionamento das palavras. Tais formas primitivas da linguagem emprega a criança, quando aprende a falar.[44]

O parágrafo 11 das *Investigações filosóficas* é um exemplo de sua concreta aplicação pedagógico-filosófica:

§11. Pense nas ferramentas em sua caixa apropriada: lá estão um martelo, uma tenaz, uma serra, uma chave de fenda, um metro, um vidro de cola, pregos e parafusos. Assim como são diferentes as funções desses objetos, são diferentes as funções das palavras. (E há semelhanças aqui e ali.)[45]

Qualquer aluno do ensino fundamental é capaz de entender isso. A solução terapêutica de Wittgenstein é claramente "voltar às raízes" — para os verdadeiros inícios da linguagem, aos contextos concretos de seu aprendizado. E não apenas de maneira histórica ou metafísica — como é o caso principalmente em Benjamin e Heidegger —, mas orientado pelo mundo real, pelo nosso contato educativo com as crianças.

Desde 1920, ele está muito bem informado a respeito. Na escolha da personagem da criança que fala, marcante em sua filosofia tardia, encontram-se experiências biográficas e ideias filosóficas que apontam diretamente para a época em que foi professor do ensino fundamental. Sobretudo para o período a partir de 1924 em Otterthal. Pois é em Otterthal que Wittgenstein — simultaneamente a Heidegger, Benjamin e Cassirer — escreve uma nova obra que lida explicitamente com o tema das raízes linguísticas de nossa relação com o mundo. A questão norteadora desse livro (à exceção do *Tractatus*, o único que ele publicará em vida com seu próprio nome) é muito simples: Quais são as 3 mil palavras que explicam o mundo para um aluno do ensino fundamental de Otterthal em 1925? O título da obra, *Wörterbuch für Volkschulen* [Dicionário escolar], é direto e coerente.

Lista da razão

O problema a ser resolvido, ao qual essa obra de referência agradece sua existência, não é nada filosófico. Naquela época, a Áustria não dispõe de um dicionário acessível aos alunos das regiões mais pobres do país. Wittgenstein reconhece a carência, considera-a facilmente solucionável e, por essa razão, no outono de 1924 faz o primeiro contato com uma editora de livros didáticos em Viena, que logo sinaliza interesse na concretização do projeto. É preciso listar alfabeticamente e com a ortografia correta as palavras mais correntes e importantes para o vocabulário de um aluno do ensino fundamental do interior. O livro deveria permitir aos alunos consultar suas dúvidas ortográficas e corrigi-las de maneira autônoma, se necessário. A princípio, nada muito espetacular. "*Abendmahl*" [comunhão] certamente consta nas entradas, assim como "*Abendbrot*" [jantar]. Mas e "*Abendstern*" [estrela-d'alva] ou até "*Abendland*" [Ocidente]? "*Pfau*" [pavão] e "*Pfeil*" [seta] têm de entrar, mas "*Promenade*" [passeio, calçada] também?[46] Ou será que com a entrada desse termo tem início o declínio cultural de uma jovem vida interiorana?

Se é verdade que os limites da língua são os limites do mundo, então não é dever de qualquer bom pedagogo ampliar cuidadosamente esses limites e também vigiá-los? Questões e mais questões, muitas deste último tipo, ligadas a julgamento de valor. O teste de Wittgenstein serve até hoje: traga-me uma lista com suas 3 mil palavras centrais para explicar o mundo e lhe direi quem és. O projeto "Dicionário" é exemplar, tanto no conteúdo como em sua execução, do posicionamento pedagógico geral de Wittgenstein.

Ele escolhe sozinho as palavras lá do seu cômodo silencioso, sem questionar os alunos nem colocá-las em votação. Incorpora palavras do dialeto, visto que são parte do uso linguístico natural das crianças. Além disso, transforma o dicionário num projeto que as crianças desenvolvem passo a passo durante o ano letivo em Otterthal: tudo começa pela cópia manual, por vezes durante horas, de listas de palavras; depois, é o momento de passá-las a limpo numa bela caligrafia; por fim, chega-se à costura e à encadernação das folhas, transformando-as num livro. (O material é patrocinado pelo próprio Wittgenstein, que o encomenda de Viena.) Para muitos de seus alunos à época, o exemplar feito à mão é o primeiro e o único livro que possuem. Produzido por eles mesmos!

Na verdade, Wittgenstein é um professor repleto de projetos e muito competente, sempre procurando ilustrar com um objeto a matéria a ser ensinada. Nesse sentido, ele tem uma predileção especial por esqueletos de animais, que prepara e monta juntamente com os alunos. Os cadáveres — por exemplo, gatos e raposas atropelados — são recolhidos das ruas do vilarejo por Wittgenstein, que os estripa e cozinha seu ossos durante vários dias. O fedor insuportável leva a vizinhança em Trattenbach a protestar com veemência. O que não impede Wittgenstein de prosseguir com esses projetos em todas as outras cidades. Afinal, ele não está fazendo nada para si, mas para suas aulas. Além disso, as opiniões das pessoas dos vilarejos, ao contrário das de seus protegidos, lhe são absolutamente indiferentes. Toda vez que é procurado em casa, ele bate a porta na cara do vizinho irritado, sugerindo aos incomodados que se mudem — de preferência para sempre!

O princípio da responsabilidade

Mesmo considerado estranho, Wittgenstein — na qualidade de pedagogo no interior — tem propósitos claros e ideais de educação: conhecer quem se é, descobrir o que se quer, vivenciar o que se é capaz. Evitar, na medida do possível, disparates evidentes e erros de lógica. O que pode ser dito, pode ser dito com clareza. A prática vence a teoria. E se há algo a ser salvo e curado nesta Terra, então é a própria alma, não o mundo inteiro.

Aplicada ao convívio diário com alunos do quarto ano do ensino fundamental, essa orientação não é muito complicada ou elitista — nem improcedente. Apesar disso, Wittgenstein encontra-se muito isolado com suas ideias em Otterthal, também pedagogicamente. Mesmo com o forte desejo de seguir a trilha de Tolstói e se dedicar ao "povo simples" para redimir-se na sua humildade bondosa, sua didática permanece marcada por uma obstinação resistente, meritocrata. Na qualidade de "líder da juventude", ele se preocupa com o incentivo e a geração de indivíduos capazes, com personalidade e moralmente sólidos. Sua especial simpatia pedagógica está sempre dirigida a poucos, não à maioria. Enquanto Heidegger, na mesma época, não se cansa de elogiar a sabedoria natural e a autenticidade dos camponeses da sua Floresta Negra, o professor provinciano Wittgenstein enxerga nos adultos que lhe são próximos apenas gado, larvas ou, no melhor dos casos, três quartos de seres humanos. Wittgenstein gosta da ideia do "povo simples", embora não de sua forma existente, real; ele gosta da ideia da vida de professor, embora não da carreira docente em rápido processo de mudança também na Áustria, com as reformas social-democratas de educação. A intensidade de sua repugnância aos novos métodos de ensino está claramente expressa na introdução de seu *Dicionário escolar*:

Mas é absolutamente necessário que o aluno corrija sozinho sua redação. Ele deve se sentir como único autor de seu trabalho e também o único responsável por ele. A autocorreção também permite ao professor ter uma ideia correta dos conhecimentos e da inteligência do aluno. A troca de cadernos e a correção recíproca dos trabalhos oferece uma imagem desfocada das capacidades da classe. Não quero avaliar o conhecimento do aluno B a partir do trabalho do aluno A, mas sim a partir do trabalho do próprio B. Ao contrário do que se afirma, a correção recíproca não oferece nem ao mesmo uma imagem correta do nível geral da classe (para tanto, cada aluno deveria corrigir os trabalhos de todos os colegas, o que naturalmente não é possível).[47]

Para se ter uma noção do grau de popularidade de Wittgenstein em Otterthal, é preciso apenas imaginá-lo explicando aos colegas durante os almoços sempre coletivos no restaurante "Goldener Hirsch" os erros básicos, puramente lógicos, de certas medidas da reforma pedagógica. Do ponto de vista puramente argumentativo ele pode até ter razão. Mas todos sabem que a vida não se resume a isso. E na maior parte das vezes, não é nem seu aspecto mais importante. Muito menos para um filósofo que enveredou para a pedagogia. Dessa maneira, seu dicionário é recebido com grande reserva até pelas autoridades. O parecerista chamado pelo departamento regional de ensino para avaliar a obra, um certo senhor Buxbaum, e chega à seguinte conclusão:

Do ponto de vista metodológico é preciso considerar estranho que o autor afirme, no prefácio, ter ditado o dicionário aos alunos. Provavelmente foram ditadas apenas aquelas palavras já conhecidas, usadas no sentido do método mnemônico e muitas vezes escritas para avaliação do nível da ortografia […]. Segundo a avaliação do signatário desta, a presente versão do livro não pode ser considerada recomendável para um departamento de ensino.[48]

Mais uma vez, incompreensão. Mais uma vez, não se trata de um manual. Mesmo em se tratando de dicionário, Wittgenstein permaneceu um autor difícil para o mundo editorial. Por fim, o livro foi publicado, sem modificações. Mas só no outono de 1926, mais de dezoito meses após sua conclusão. Tarde demais para Wittgenstein como professor. E ser humano. À semelhança do *Tractatus*, esse livro também será testemunha de uma existência que seu autor já tinha deixado definitivamente para trás no momento de seu lançamento. Melhor dizendo: tivera que deixar.

Um desmaio

Seus alunos na época tampouco queriam chegar ao ponto de chamá-lo de "professor casca-grossa". Para isso, seus humores eram oscilantes demais, seus ataques, raros demais, e seus castigos — coques na cabeça dos alunos, distribuídos enquanto percorria aceleradamente as fileiras de carteiras, bem como batidas com sua vareta —, irregulares demais. Em retrospecto, nenhum dos colegas de Josef Haidbauer, à época com onze anos, conseguiu afirmar com segurança o que ele fez ou deixou de fazer na manhã de 10 de abril de 1926 para atiçar a fúria do professor contra si. De todo modo, Josef, que não conhecera o pai e cuja mãe era empregada do sr. Piribauer, não fazia parte dos baderneíros de plantão. Ele é lembrado via de regra como alguém tranquilo, espigado, não excessivamente inteligente e, o mais importante, sempre um pouco pálido. Três anos após o incidente que até hoje leva seu nome — "o caso Haidbauer" —, o jovem morreu vitimado pela leucemia. É possível que a doença já o tivesse enfraquecido bastante antes disso. É impossível dizer. Mas o fato é que Wittgenstein deu um ou dois cascudos disciplinadores em Haidbauer durante a aula, não excessivamente brutos, mas fortes o suficiente para o menino desmaiar em seguida e ficar inconsciente durante vários minutos no chão da classe. Wittgenstein sai da classe imediatamente a fim de chamar um médico, carrega o garoto ainda desacordado até uma sala de descanso no segundo andar do prédio — e espera. Quando o médico finalmente chega, vindo de Kirchberg, a quatro quilômetros de distância, Josef está consciente de novo. Também estão presentes a mãe de Josef, bem como o sr. Piribauer, na época um dos proprietários de terra mais ricos da região e ainda por cima representante dos pais. Do corredor e em voz alta, o tutor do menino xinga Wittgenstein de "desumano" e "adestrador de animais", dizendo que vai fazer "uma denúncia" para que nunca mais volte a lecionar. E Wittgenstein? Ele deixa Josef aos cuidados da mãe e do médico, sai do prédio por uma outra porta, pega sua mala (ele não tem móveis nem livros) e toma o primeiro ônibus que saía da idílica Otterthal. Ou seja, foge.[49]

Na manhã seguinte, quando o sr. Piribauer vai à polícia, Wittgenstein já está longe, em Viena. Ele nunca foi acusado. A investigação interna do departamento escolar tampouco conclui que o professor tenha tido um comportamento exageradamente inapropriado. Mesmo assim, 10 de abril de 1926 será o último dia de Wittgenstein como docente no ensino fundamental. Como ele antevira durante anos em cartas para os amigos, no fim as coisas deram muito errado.

"Perdi a conexão com a minha classe", ele explicou ao inspetor distrital Kundt numa conversa pessoal. Apesar dos pedidos insistentes por parte deste último para que repensasse a situação, Wittgenstein pede o afastamento imediato da atividade docente, que lhe é concedido oficialmente em 28 de abril de 1926. Dois dias após seu 37º aniversário.

A ida de Wittgenstein ao interior nunca foi motivada pela juventude do país, por jornadas de oito horas de trabalho ou pela melhoria das condições materiais dos pobres. Mas, em primeiro lugar, por um contato novo, curativo, com seus alunos e consigo mesmo. Em vão. Exatos sete anos após seu regresso da Primeira Guerra, ele precisa reconhecer o fracasso, em todos os níveis, de seu projeto de vida como professor de crianças. Até segunda ordem, é somente a vergonha que o mantém vivo.

VII.
Passagens
1926-1928

*Wittgenstein torna-se arquiteto, Benjamin se complica,
Cassirer é seduzido e Heidegger volta para casa*

Aptidão técnica

"Sei que o suicídio é sempre um escândalo, pois ninguém *tem condições* de querer o próprio extermínio, e todo aquele que algum dia imaginou o processo do suicídio sabe que o suicídio sempre é um *ataque-surpresa* contra si mesmo. Mas nada é pior do que ter de se atacar de surpresa. Isso quer dizer, claro, que não tenho mais fé."[1] Dezoito meses após o fim da guerra, na fase de seu maior desespero, Wittgenstein escreveu essas linhas ao amigo Paul Engelmann. Eles tinham se conhecido em Olmütz, durante o treinamento para o front, e mantiveram contato depois da guerra. Enquanto Wittgenstein trabalhava como professor de educação fundamental, Engelmann — que quando jovem foi secretário particular de Karl Kraus e mais tarde aluno do arquiteto Adolf Loos — tinha voltado para casa e estava montando em Viena seu escritório de arquitetura. O amigo Engelmann não pôde deixar de notar o desastroso estado emocional no qual Ludwig se encontrava, mais uma vez, após a fuga de Otterthal.

Wittgenstein recebe a notícia da morte da mãe em 3 de junho de 1926 no convento dos monges hospedeiros em Hütteldorf, para onde ele havia se retirado com a intenção de pedir o ingresso na ordem. É quase inimaginável o que teria significado para a filosofia do século XX caso o prior do local tivesse aceitado o desejo de Wittgenstein. A conversa, entretanto, deixa por demais evidente quão perdido e desconcertado está o filósofo de outrora. Wittgenstein acaba por receber guarida, mas no jardim do convento, onde ele passa os meses de verão com a única atividade que considera realmente efetiva para se distrair de si mesmo: trabalho braçal pesado como auxiliar de jardinagem.

O estado de devastação interior de "Luki" traz sérias preocupações à família, como sete anos antes. Principalmente às irmãs Hermine ("Mining") e Margarethe ("Gretl"), que, depois da morte da mãe, passaram a chefiar a família Wittgenstein e a administrar sua riqueza, ainda considerável. Hermine é a mais velha; Margarethe, oito anos mais nova, casada desde 1905 com o empresário e banqueiro norte-americano Jerome Stonborough, tinha passado os anos da guerra nos Estados Unidos e na Suíça e regressara a Viena havia pouco. Nesse meio-tempo, já vivendo separada do marido, ela retomou o papel de mecenas da arte e dama da sociedade que já exercia antes de 1914 com muita influência e sucesso. O famoso retrato feito por Gustav Klimt da jovem Margarethe Stonborough-Wittgenstein, de 1911, dá uma pista a esse respeito.

A fim de representar esse papel totalmente de acordo com sua pretensão, falta a "Gretl" uma residência própria nos moldes do antigo Palais Wittgenstein. Engelmann é escolhido como arquiteto. Por meio da longa amizade com Ludwig, ele se manteve amigo e confidente da família durante esses anos, além de ter planejado e executado diversas reformas para Hermine. A nova encomenda é desenhar uma casa na cidade para Margarethe. Dinheiro, convenções ou modismos não devem ser considerados empecilhos. Já nas férias de inverno de 1925-1926 ele conversa com Ludwig sobre o projeto. Devido ao estado desolador do amigo, ele monta um plano que também agrada a Gretl de imediato. Em junho de 1926, ela escreve ao filho que vive nos Estados Unidos, Thomas Stonborough:

Engelmann teve a ideia genial de oferecer uma parceria a Luki. Você pode imaginar as incríveis vantagens que resultam disso para todos. A grande aptidão de Luki como instância moral, como formulador de princípios lógicos, finalmente será aproveitada. Sua aptidão técnica substitui a de um engenheiro consultor. E, para Engelmann, novamente a possibilidade de construir sem ter de abrir mão de uma atividade moral.[2]

Amigo ocupado, cliente feliz, custos economizados. A entrada de Ludwig no projeto realmente traz ganhos para todos os envolvidos. Nesse meio-tempo, até um terreno foi encontrado e adquirido. Seguindo o desejo expresso de Margarethe, ele está localizado não no clássico bairro das mansões, como os distritos I e III, mas em Wien-Landstraße, à época uma parte majoritariamente pequeno-burguesa e até proletária da cidade. O endereço já tem o caráter de recado. E, de acordo com a vontade da cliente, a edificação a ser erguida ali só vai reforçá-lo.

O projeto final para o palacete de três andares no número 19 da Kundmanngasse é finalmente entregue em 13 de novembro de 1926. Os responsáveis legais pela construção civil são "Paul Engelmann e Ludwig Wittgenstein, arquitetos, Viena III, Parkgasse, 18". De escorraçado professor de ensino fundamental a arquiteto estrelado em seis meses. Na Áustria de 1926, ainda é possível. Pelo menos para alguém que carrega o nome Wittgenstein e tem os amigos certos.

O irmão-problema suicida conseguiu uma profissão oficial e até uma ocupação remunerada. E seria pouco afirmar que ele fez apenas figuração no novo projeto. Ludwig entra de cabeça na nova tarefa. Depois de um mês, ele colocou todas as pessoas ligadas à obra sob o jugo de seu caráter obsessivo, sem abertura para grandes negociações. O amigo Engelmann, cujo projeto estava em grande medida sacramentado antes da chegada de Wittgenstein e acabou sendo modificado de acordo com as exigências deste, recorda-se dos 24 meses até a conclusão da obra como tendo sido "muito difíceis para mim". Ele confessa que "o trabalho em conjunto com uma pessoa tão obstinada" o levou a "uma crise interior profunda". A amizade dos dois nunca vai se recuperar dessa experiência. O comando passa única e exclusivamente por Ludwig, que acaba assumindo o papel de arquiteto, engenheiro civil e também arquiteto de interiores:

> Ludwig desenhou cada janela, cada porta, cada trava das janelas, cada aquecedor como se fossem instrumentos de precisão e com os materiais mais nobres; depois, com uma energia sem trégua, incumbiu-se de que tudo fosse realizado com a mesma exatidão. Ainda consigo ouvir o serralheiro lhe perguntar a respeito de um buraco de chave: "O senhor faz mesmo questão do milímetro aqui, engenheiro?", e antes de o homem ter terminado de falar, um "Sim" ecoou alto, bravo, e o homem quase caiu duro.[3]

Como mestre de obras, Wittgenstein continua a exercer o ideal da precisão milimétrica. Pensar uma construção desde a planta e erguê-la — afinal, não era isso que os filósofos faziam? Poderia ser por acaso que Kant tenha mencionado em suas obras explicitamente a *arquitetônica* da razão? Que o Fausto de Goethe se transforma num mestre de obras na segunda parte, a verdadeiramente filosófica? Que os novos "fundamentos" e "proposições protocolares" dominavam o pensamento vienense na época wittgensteiniana? Todos seus talentos e anseios pareciam encontrar uma síntese ativa no novo papel: planejamento exato, matemático, com pretensão estética, fidelidade ao detalhe como princípio, concretização criativa daquilo puramente pensado em diálogo com os materiais do meio ambiente. E tudo isso para nada mais, nada menos que proporcionar ao ser humano, àquela criatura colocada no mundo sem uma base, um teto seguro. No caso concreto, livre inclusive das habituais restrições materiais e, sobretudo, financeiras, que acompanham necessariamente a profissão de arquiteto, como Engelmann teve de aprender durante anos de trabalho autônomo.

De todo modo, Gretl deixou o irmão genial pintar e bordar à vontade no processo. Nada era desimportante, à exceção de tempo e dinheiro. Afinal, desde o começo ela queria algo muito maior e diferente do que apenas uma moradia. Tratava-se da expressão de um sentimento de mundo específico, tanto moral quanto estético.

Apesar de Hermine ser a irmã preferida e a pessoa de sua maior confiança, no que diz respeito ao desejo à extravagância pública e autoencenação, Ludwig tem mais em comum com a irmã Gretl do que ele gostaria de assumir. O desejo manifesto de Wittgenstein ao retiro monástico é, desse ponto de vista, nada mais que uma inversão simétrica das tendências da irmã Gretl, já que desde a juventude "tudo que a cercava tinha de ser grandioso e original".

Apenas para deuses

Já à primeira vista destacam-se na construção, pelo menos até hoje, bastante conservada exteriormente, comparações com o estilo formal, muito singular, do *Tractatus*. O palacete na Kundmanngasse, sem qualquer tipo de ornamento, se parece com "lógica transformada em casa", nas palavras de Hermine. Uma forma quadrangular que emana frio; suas janelas de dimensões estreitas passam a impressão de um retraimento arcano, não de uma abertura convidativa.

No vestíbulo gigante, as portas são assustadoramente altas e inspiradas nas do antigo Palais Wittgenstein, assim como as divisórias de ferro que descem mecanicamente do teto, fazendo as vezes de persianas, para evitar qualquer vislumbre de seu interior. Embora a casa, observada de dentro, se destaque pela transparência total e pela mecânica aparente (por exemplo, dos cabos do elevador), por fora ela se parece com um profundo enigma, cujo possível significado tentamos adivinhar sem, entretanto, formular a questão que o definiria. Tanto no passado quanto hoje, a construção sobressai na vizinhança como um daqueles prédios públicos anônimos pelos quais um Franz K. pode ter vagado, em vão, à procura de uma explicação definitiva de seu caso fantástico. Se "morar" significa sentir-se acolhido numa edificação, o palacete na Kundmanngasse tem de ser definido como uma anticasa. Nas palavras sempre certeiras de Hermine, trata-se "antes de uma morada para os deuses do que para meros mortais como eu".

Uma morada para os deuses — as semelhanças entre obra e construção permanecem muito evidentes no caso Wittgenstein. O único senão é que, para uma casa ser totalmente inspirada na estrutura arquitetônica do *Tractatus*, ela não deveria ter fundação de suporte ou aterramento de segurança, mas flutuar a quinze metros de altura como que por mágica, sem apoio nem chão visíveis e com uma firmeza inviolável. Entretanto, as leis da física não correspondem às da metafísica. As últimas não existem. Há limites mundanos claros para a analogia. E mesmo Wittgenstein era um autêntico encantador somente na qualidade de pensador, não de arquiteto.

Até hoje a classificação estilística da casa na Kundmanngasse — escola clássica de Loos?, bauhaus ou cubismo ou, como escreveu Russell, à la Corbusier? — se assemelha à classificação do *Tractatus* na tradição filosófica: Empirismo? Logicismo? Idealismo? Existencialismo? Uma discussão que nunca será encerrada de maneira adequada, visto que tanto a personalidade de Wittgenstein quanto o núcleo de sua noção estética de mundo são um amálgama genial de modernidade radical com conservadorismo ferrenho, geometria perfeita e desproporcionalidade irritante, rigor nas demonstrações e multiplicidade aforística de significados, além de transparência total e ocultação mística. Esse homem não serve para escola nenhuma. Nem como professor nem como fundador.

Círculo sem mestre

Nessa época, o professor Moritz Schlick, da faculdade de filosofia da Universidade de Viena, será posto frente a frente com a dificuldade que é compreender o fenômeno Wittgenstein. Durante dois anos, ele repassou o *Tractatus*, frase por frase, até que em meados de abril de 1926, depois de uma série de tentativas infrutíferas de contato, tomou coragem e, com mais alguns alunos, partiu em excursão até Otterthal, a fim de procurar pelo gênio recôndito em seu próprio local de trabalho. Chegando ao destino, os peregrinos mochileiros ficam sabendo que chegaram alguns poucos dias atrasados. Wittgenstein não lecionava mais ali e tinha se mudado sem deixar um novo endereço.

Como em Cambridge, também em Viena Wittgenstein se torna onipresente justamente devido à sua ausência; sua obra perpassa e determina o pensamento e a pesquisa das cabeças mais inovadoras de dentro para fora. A vanguarda filosófica de Viena se reúne todas as quintas-feiras na residência de Schlick para trabalhar em conjunto numa reforma profunda da filosofia, da cultura europeia como um todo, sempre a partir de uma percepção de mundo científica, fundamentada na lógica. Eles querem encerrar, de uma vez por todas, as falsas batalhas metafísicas, cantos de decadência ideológica e apelos com tintas religiosas à autenticidade. O novo caminho da razão não passa por opiniões, mas por argumentos; não por dogmas, mas fatos; não por profecias duvidosas, mas experiências que podem ser repetidas.

"Empirismo lógico" é o nome de luta desse círculo vienense, cujos membros mais destacados são, ao lado de Moritz Schlick, Rudolf Carnap, Friedrich Waismann, Herbert Feigl e Otto Neurath. Para estar verdadeiramente completo, o que falta ao grupo é apenas seu presumido mestre e inspirador: Ludwig Wittgenstein.

Demorou mais um ano inteiro até que os pedidos de Schlick para uma reunião finalmente fossem atendidos. Cuidadosamente urdido por Gretl, o primeiro encontro pessoal acontece no início de 1927. Eles almoçam juntos. Wittgenstein, com a mente cem por cento ocupada com a construção da casa em Kundmanngasse, não está seguro de ainda servir como interlocutor para assuntos filosóficos. Ele diz, logo após o almoço, ter ficado com a impressão de que "um achava o outro totalmente maluco".[4] Desde o começo, porém, reina uma espécie de simpatia básica. Isso se deve a motivos bastante triviais. Como Wittgenstein, Schlick é de família extremamente rica, no seu caso até de sangue azul. A antiga família protestante de Schlick, na Boêmia, era uma das famílias aristocratas mais importantes do império dissolvido.[5]

Vocês ainda têm muito a aprender

Os rapapés estão adequados. No caso de Wittgenstein, trata-se de meio caminho andado. Em nenhum aspecto esse homem é mais intolerante e irritadiço do que nas questões das fórmulas de conversação. Schlick percebe isso de imediato. No verão de 1927, quando conseguiu dobrar Wittgenstein para que os outros membros centrais do círculo também fossem recebidos por ele, Schlick suplica para que ninguém "comece com discussões como estamos acostumados a fazer no círculo".[6] Ainda segundo Schlick, os comentários do mestre devem ser ouvidos com respeito, e na sequência, se for o caso, podem ser solicitadas explicações suplementares. Mas há algo que esses lógicos, matemáticos e filósofos, no futuro todos famosos, não sabem: Wittgenstein, a princípio, não tem a menor vontade de assumir o papel de comandante, nem de falar com eles sobre sua obra ou de entrar em embates filosóficos.

Ele dá o tom logo num dos primeiros desses encontros das segundas-feiras, que mais tarde serão lendários. Sem maiores explicações ou introdução, Wittgenstein se posta no meio da sala, de costas para seus ouvintes, e recita poemas do indiano Rabindranath Tagore, figura cult dos anos 1920, à época extremamente popular devido à sua escrita com toques espiritualizados, hoje relegada ao esquecimento. Se interpretássemos essa entrada como mero capricho causador de estranheza de um gênio perdidamente enrodilhado em si mesmo, estaríamos subestimando demais o senso de Wittgenstein para a encenação de sua persona de filósofo. Esse gesto se insere numa longa tradição de iniciações paradoxais de mestres em doutrinas de sabedoria oriental. Em vez de recitar versos, o sábio das montanhas poderia ter incentivado seus discípulos excessivamente ávidos por conhecimento a bater palmas com uma só mão ou meditar sobre a semelhança entre a natureza de Buda e um monte de excrementos. A mensagem a ser transmitida é sempre a mesma: não sou o seu mestre. Não tenho método. Não existe *a* questão. E muito menos a resposta. Se vocês acham que entenderam, isso mostra apenas que, na verdade, não entenderam nada.

A princípio, a perplexidade foi total. Mas é parte da dinâmica previsível de tal situação comunicativa que a recusa ativa do papel de mestre seja interpretada como um inegável indício da verdadeira mestria. Aconteceu também no Círculo de Viena que se formou ao redor de Schlick. Até porque, depois de o tom dos encontros ter sido definido, nas reuniões subsequentes Wittgenstein se mostrou disposto a refletir sobre questões filosóficas. Ainda que de sua maneira absolutamente peculiar. Rudolf Carnap, que apenas dez anos mais tarde se tornou uma decisiva figura para a construção da chamada "filosofia analítica" nos Estados Unidos, se recorda:

> Ele era extremamente sensível e facilmente irritável. Independentemente do que dissesse, tudo era muito interessante e inspirador; sua maneira de se expressar chegava a ser fascinante. Sua visão do ser humano ou até das problematizações, também de natureza teórica, comparava-se mais à de um artista do que à de um cientista; ou até semelhante à de um profeta ou visionário religioso. Assim que ele começava a transformar um ponto de vista num problema filosófico, era possível acompanhar, literalmente, a batalha interna que acontecia naquele instante: um esforço altamente concentrado e doloroso, que tentava sair da escuridão e chegar à luz — bastava ler sua expressão facial. Finalmente, quando chegava a uma resposta após uma luta longa e ferrenha, ele a apresentava a nós como uma obra de arte recém-criada ou até uma revelação [...]. Wittgenstein passava a impressão de que aquela ideia era devida a uma inspiração divina, de modo que era impossível não achar que qualquer comentário ou observação seria um sacrilégio.[7]

Aquilo que se esperava ser o ideal de um método objetivo de pesquisa revela-se um estilo de pensamento altamente idiossincrático, que tanto em sua concretização quanto em seus resultados parece se opor diametralmente às orientações culturais do Círculo de Viena. A impressão foi reforçada e, no fim, se tornou incontornável: se é um mestre que está falando, não se trata de alguém do empirismo lógico. Pois longe de conseguir fundamentar os objetivos do conhecimento no verdadeiro sentido, Wittgenstein enxerga na técnica do formalismo lógico apenas um meio prático para evitar as mais costumeiras e cansativas avaliações errôneas. Em sua opinião, entre elas está a noção de que apenas problemas que podem ser respondidos de maneira empírica e experimental são dignos de consideração investigativa. Como antes com Kant, a delimitação de Wittgenstein da linguagem sensata foi traçada, em primeiro lugar, para afastar as questões centrais, metafísicas, das demandas descabidas de métodos supostamente mais objetivos. Segundo sua convicção, a imaturidade da cultura moderna (que precisa de sua terapia) está na aceitação de que há, em relação a questões verdadeiramente filosóficas, algo como métodos verificáveis, uma profissionalização acadêmica e, principalmente, um avanço mensurável do conhecimento. De acordo com Wittgenstein, a filosofia não é uma ortografia nem uma engenharia mental, muito menos uma ciência lecionável ou que possa ser limitada tematicamente. Mas são exatamente essas crenças que formam o núcleo do Círculo de Viena.

A única concordância objetiva entre mestre e discípulos é que afirmações metafísicas e religiosas superam os limites do sentido verificável. Para o Círculo de Viena, elas se tornam então obsoletas; para Wittgenstein, verdadeiramente decisivas. Para o Círculo de Viena, a lógica é uma base sólida de todo o pensar, que necessita de fundamentação construtiva. Para Wittgenstein, exatamente essa fundamentação condicionada ao sentido se mantém flutuando no ar, inescrutável, como milagre eterno da criação, e deve antes ser admirada com devoção do que compreendida analiticamente. Para o Círculo de Viena, a metafísica não passa de um prolongado ataque-surpresa ideológico contra a própria cultura — com consequências fatais. Por outro lado, para Wittgenstein, a intenção de banir criteriosamente essas questões e declará-las desimportantes iguala-se ao desejo por um suicídio cultural. Ambas as partes consideram que a outra necessita absolutamente de ilustração. Só que os objetivos dos respectivos esforços apontam para direções diametralmente opostas.

Dessa maneira, os encontros das segundas-feiras daqueles anos são marcados pela dinâmica de um cabo de guerra, e a equipe de Schlick quer arrastar seu grande mestre — em nome de seus padrinhos, Frege e Russell — para a frente da linha demarcatória do chamado critério de verificação (Schlick: "O sentido de uma afirmação está no método de sua verificação"), enquanto um Wittgenstein miticamente resistente, no outro lado da corda, oferece resistência com Schopenhauer, Tolstói e Kierkegaard, torcendo pelo tombamento de toda a equipe positivista. Até o nome de Heidegger é citado na discussão. Como se quisesse dar um golpe de misericórdia no grupo todo, Wittgenstein anuncia por ocasião de um encontro:

> Consigo imaginar o que Heidegger quer dizer com os termos ser e angústia. O ser humano tem o ímpeto de correr contra os limites da linguagem. Pense, por exemplo, no espanto de que algo existe. O espanto não pode ser expresso na forma de uma pergunta e tampouco existe uma resposta. Tudo o que queremos dizer pode, a priori, ser bobagem. Apesar disso, corremos contra os limites da linguagem.[8]

Defender Heidegger! Isso sim é exagerar na dose!

A dissonância quase grotesca nas quais as reuniões das segundas-feiras estavam mergulhadas oferecia a oportunidade de desnudar a relação do mestre Wittgenstein com seus positivistas aspirantes a discípulos: trata-se de um dos mal-entendidos mais estranhos e, também, mais engraçados da história da filosofia. Mas em vez de se conciliarem no espírito da óbvia comicidade da situação, essa encenação é reapresentada quase diariamente, de maneira horrenda, nos seminários de filosofia e nas faculdades de todo o mundo, nas quais se formam via de regra dois grupos — os das chamadas filosofia analítica e filosofia continental —, para, em seguida, usando camuflagem militar completa, passarem a se acusar mutuamente sem ter nem sequer começado a compreender o que seria, na verdade, o filosofar.

Depois de quase cem anos, essa cena foi tão repetida que mais parece uma farsa. Tal constelação não tem quase nenhuma relação com o filosofar vivo, algo de que Wittgenstein estava seriamente convencido desde o começo. Mas no contexto desse tribalismo acadêmico, sua obra e sua recepção são o foco. Na pesquisa wittgensteiniana, há décadas luta-se aguerridamente por cada centímetro de interpretação, como se estivesse em jogo realizar o projeto intocável de um mestre genial sem o menor desvio, em vez de prosseguir com o pensamento de maneira autônoma e livre, no sentido de uma relação com o mundo mais esclarecida. Como se filósofos fossem engenheiros de almas em vez de curiosos criativos num espaço aberto, sem um alicerce nem um teto protetor.

A fase arquitetônica transitória de Wittgenstein de 1927-1928 nos ensina o seguinte: o ideal da precisão total, pelo qual ele procurava no pensamento, não podia ser expresso de maneira puramente matemática ou lógica. Para tanto era preciso haver também um sentido altamente subjetivo de espaço e do próprio posicionamento, irrenunciável, no qual ocorreria um encontro criativo com o pensamento. A começar por essa convicção, ele era inflexível, tanto como filósofo quanto como engenheiro. E do mesmo modo que ele obriga os membros do Círculo de Viena a repensar mais uma vez, fundamentalmente, a construção metódica do "empirismo lógico", embora seus líderes à época se considerassem absolutamente cabais e firmes, ele age como o mestre de obras na Kundmanngasse: em novembro de 1928, o trabalho de limpeza na construção finalizada já tinha começado quando Ludwig ordenou "elevar o teto de uma sala em três centímetros", porque, de acordo com seu senso, só então ele estaria correto. Não se conhece a justificativa razoável, objetiva, para essa avaliação. Aliás, qual seria?

E, naquele inverno vienense, ele acalentava outra certeza, cada vez maior, mais subjetiva: na verdade, sua missão filosófica ainda estava longe de ter terminado. Talvez estivesse apenas começando.

Na corda bamba

"Tive um ataque de nervos (como se costuma dizer); melhor, um depois do outro; no fim das contas, os intervalos quando estive bem tornaram tudo ainda mais difícil",[9] Benjamin avisa, de Marselha, em 14 de setembro de 1926. Ele havia ido de Paris até lá com o propósito de "quase não pegar a pena nas mãos". Também naquele outono a situação está tensa: intelectual, social e financeiramente. Nenhum sinal da reivindicada ou ao menos esperada melhoria na sua situação de vida. Ele passou todo o início do ano viajando de Berlim a Paris, para lá e para cá numa "vida elíptica". Em meados de junho, quase simultaneamente à conclusão do "Livro dos aforismos", seu pai morreu. A obra, na qual Benjamin trabalhou os dois anos anteriores de modo mais ou menos contínuo, deveria se chamar "Rua bloqueada!", mas acabou batizada de *Rua de mão única*.[10] Fazendo um paralelo com sua situação de vida no outono de 1926, "Beco sem saída" teria sido um título igualmente ilustrativo.

De todo modo, a nova obra — uma coleção de sessenta esboços de memórias, em geral com tintas biográficas, arranjados em estilo de revista — apontava, segundo sua avaliação, para o caminho de uma nova forma de escrita e, consequentemente, de pensamento. Ele definiu o verão de 1924, em Capri, como o impulso decisivo para a empreitada, motivo pelo qual o livro traz a seguinte dedicatória:

> Esta rua se chama
> rua Asja Lācis,
> em homenagem a quem,
> como engenheira,
> abriu-a dentro do autor.

A motivação atribuída a Asja refere-se à atenção voltada agora às coisas da vida cotidiana como pontos de partida primários da reflexão filosófica. A essência da própria época passa a não mais ser investigada por meio de desvios a teorias ou obras de arte clássicas, mas diretamente a partir de objetos e comportamentos contemporâneos. O objetivo é a exposição daqueles "mecanismos [...] com os quais as coisas (e as relações) e as massas interagem mutuamente".

A primeira entrada — "Posto de gasolina" — de *Rua de mão única* anuncia explicitamente as consequências dessa nova orientação. Segundo ela, sob dadas circunstâncias sociais,

> A atuação literária significativa só pode instituir-se em rigorosa alternância de agir e escrever; tem de cultivar as formas modestas, que correspondem melhor a sua influência em comunidades ativas que o pretensioso gesto universal do livro em folhas voantes, brochuras, artigos de jornal e cartazes. Só essa linguagem de prontidão mostra-se atuante à altura do momento.[11]

E isso na forma de situações captadas que, uma vez passadas para o papel, se assemelham, de acordo com o gênero, a folhetos, textos de brochuras ou slogans de cartazes. Como os quadros criados por Benjamin na sua obra mais recente. *Rua de mão única* traz no título uma ambivalência que permite reconhecer, em cada uma dessas imagens de pensamento — numa observação mais minuciosa, em cada frase nelas contidas —, uma preciosidade literária que convida a interpretações muito diversas e, num caso ideal, mutuamente excludentes. *Rua de mão única* soa, por um lado, como uma linha reta e uma direção clara, sem trânsito contrário, mas também desperta a associação com a vida típica daquela geração: uma odisseia fatal sem saídas ou suficientes possibilidades de retorno. O sentimento de vida de uma "geração perdida", como Gertrude Stein, escritora que vivia em Paris, explica numa conversa com Ernest Hemingway ocorrida na mesma época: perdida, cronicamente indecisa — e exatamente por isso predisposta aos extremos.

Além disso, as imagens do pensamento de Benjamin são contrapontos literários muito conscientes às imagens ambíguas, muito populares na teoria e na psicologia da gestalt da época, que mostram objetos diferentes de acordo com o modo como são olhadas: por exemplo, uma cabeça de pato desenhada a bico de pena, que de um momento para o outro parece ser a cabeça de um coelho; a percepção vai e vem entre os dois conteúdos, indecisa, sem se fixar definitivamente em uma ou outra interpretação. Apenas quem consegue enxergar as duas coisas na imagem está enxergando "certo". Essa dinâmica de uma "identidade que se mostra somente na transformação paradoxal de uma coisa em outra"[12] parece também a Benjamin como o efeito-chave de seu novo escrever, centrado no objeto. Se não estiver enganado pelo tempo, então essa dinâmica cintilante de uma "alternância livre" entre dois estados mutuamente excludentes corresponde inclusive à paradoxal lei básica da micropartícula da física, fundamento de tudo que existe: o *quantum* de Max Planck.

O *quantum*, estudado desde 1923 por um grupo de pesquisadores liderados por Werner Heisenberg, Niels Bohr e Max

Born, também não tinha uma identidade fixa observável. Sua natureza de difícil apreensão devia-se ao fato de ele ora ser visto como onda, ora como partícula — mas sob nenhuma circunstância como ambas ao mesmo tempo. A lei da "conversão de uma na outra", dependendo da posição do observador, era também o movimento fundamental do universo em formação. Além disso, tratava-se de um processo que não seguia leis rigidamente deterministas, mas no máximo estatísticas (Heisenberg e seu grupo acreditou ter provado isso também). Ambivalência e indeterminação incessantes reinavam não somente na base da existência social, mas também na da física.

As imagens do pensamento de Benjamin tentavam oferecer essa falta de nitidez de todas as coisas por meio de uma descrição possivelmente precisa e de profunda penetração nas estruturas internas do mundo das mercadorias que as cercam. Seu direcionamento à coisa concreta cotidiana como ponto de partida da reflexão significa necessariamente um direcionamento filosófico ao materialismo, mas não dialético no sentido de Marx ou de Lênin. Afinal, Benjamin não se interessa em apontar uma mediação previsível das contradições percebidas no objeto. Pelo contrário. O que está em jogo é o entendimento da impossibilidade dessa mediação.

No fim das contas, a verdadeira "coisa" que Benjamin quer revirar e colocar debaixo da lupa literária em 1926 com os quadros micrológicos de *Rua de mão única* é nada menos que a totalidade do mundo histórico em formação. O charme especial, até o encantamento, por assim dizer, de seu materialismo quiçá "mágico", está em "penetrar cada vez mais profundamente no interior das coisas" até que "representem um universo por si" — possibilitando por meio dessa concentração uma representação fiel, por assim dizer monadária, do processo histórico total, que se encontra permanentemente na corda bamba entre a salvação momentânea e a danação eterna.

No mergulho investigativo rumo à imanência total do aqui e agora, uma janela na transcendência da salvação haveria de se abrir. Com Benjamin, o imperativo categórico ligado a esse (anti)programa epistemológico é o seguinte:

> A tarefa é [...] se decidir, não de uma vez por todas, mas a cada instante. Mas se *decidir* [...]. Sempre proceder de modo radical com as coisas importantes, sem nunca fazer concessões, seria também minha convicção se um dia eu acabasse ingressando no partido comunista (algo que deixo, por sua vez, na dependência do acaso).[13]

O que não aconteceu mesmo foi a experiência de uma tal decisão. Principalmente em sua vida. Desde abril de 1926 ele foi acometido por severas depressões. Em seu quarto de hotel com vista para o mar Mediterrâneo, depois de encerrado o projeto *Rua de mão única* e com a perda da figura paterna — sempre central, apesar de tudo —, ele considera concretamente a ideia do suicídio. Ernst Bloch, que de início o havia acompanhado de Paris a Marselha, lembra-se da franqueza com que Benjamin era afeito na época a esta última opção na vida de um ser humano. O suicídio, a derradeira decisão! Justamente algo que o humano não consegue de fato "escolher", visto que o suicídio — segundo a convicção de Benjamin — pressupõe uma forma de imperiosa autodeterminação, cuja radicalidade se encontra em excluir todo e qualquer outro compromisso racional.

Mas ele não chega às vias de fato. Em vez de encerrar a vida de maneira precoce, Benjamin tranca-se num quarto de hotel por três semanas e lê o romance cômico de Laurence Stern, *Tristram Shandy*. O tom da obra, permanentemente autoirônico, por vezes quase ridículo, pode ter salvo a vida de Benjamin nos dias finais de setembro de 1926. A literatura serve ao menos para isso.

Seu estado de espírito sombrio, entretanto, permanece inalterado. No início de outubro, ele está de volta a Berlim. Se um velho amigo, preocupado, tivesse lhe oferecido uma "parceria" como arquiteto, Benjamin — criador de *Rua de mão única* — provavelmente teria embarcado na hora. Mas ele não contava com um amigo desses. E nem com um nome apropriado. Pelo menos, não em Berlim. E muito menos em Paris, onde ele tinha passado os meses anteriores tentando, em vão, entrar nos círculos mais fechados da cena literária francesa.

Até então, nenhuma de suas obras maiores está disponível nas livrarias. Embora as provas tenham sido aprontadas e o contrato assinado há mais de um ano, a Rowohlt posterga tanto as *Afinidades eletivas* quanto o livro sobre o drama barroco. *Rua de mão única* também deve ser publicado por essa editora. Mas *quando*, *como* e *se* estão cada vez mais incertos. A única continuidade na vida de Benjamin é a tradução do ciclo de romances de Proust, entretanto — visto que ele considera as intenções artísticas de Proust definitivamente aparentadas às suas — a tarefa faz com que ele sinta crescentes "sinais de um envenenamento interno".[14]

Estação final, Moscou?

No início de novembro de 1926, ele recebe a notícia de que Asja Lācis, ainda o amor de sua vida, também sofreu um grave colapso nervoso. E que está sendo tratada, em estado crítico, num sanatório em Moscou.

Moscou. Inverno. Sanatório. Exatamente o tipo de circunstância na qual Benjamin imagina uma possível saída de sua crise. O que anima mais um ser humano acometido por ataques de falta de sentido do que se preocupar com outro que está bem pior? Além disso, ele se vê diante de uma decisão existencial, de cuja solução definitiva espera se aproximar com uma permanência naquela cidade. Em Moscou, à época ainda o inquieto laboratório da revolução comunista, ele poderia esquadrinhar com os próprios olhos a situação futura do mundo e de si mesmo.

Seus contatos próximos ou relações na capital soviética são tão minguados quanto os conhecimentos da língua russa. Por essa razão, à exceção de Asja, a única pessoa de confiança será o crítico teatral dr. Bernhard Reich — o companheiro de Asja. Ao longo dos anos, Reich se estabeleceu em Moscou como um dos grandes nomes da cena teatral e, como membro da Associação dos escritores proletários, tornou-se parte do aparelho estatal, algo que Benjamin imagina como uma possível alternativa existencial.

Nos primeiros dias, os dois homens — unidos pela solidariedade — sentam-se todas as tardes ao lado da cama de Asja, e se alternam em trazer bolos ou chá, xales ou sabonetes, revistas ou livros à enferma de humor extremamente volúvel. Por iniciativa de Reich, as horas em comum são passadas com partidas de dominó. Embora desde o começo Benjamin não tenha ficado quase nem um minuto a sós com Asja, ele está contente. Até porque nas horas vagas Reich generosamente o apresenta aos lugares centrais do sistema, aos teatros e às instituições culturais.

Em Moscou, metrópole de milhões de habitantes, Benjamin — muito ligado às impressões visuais — precisa primeiro modificar sua técnica de ver, e não apenas porque as janelas do "trem elétrico sem calefação" estão permanentemente congeladas nas temperaturas de –20°C. Caminhar por "ruas completamente congeladas" e por calçadas estreitas exige tamanha concentração que ele mal consegue erguer a cabeça como um *flâneur*. Apesar disso, as impressões desde o primeiro dia são tão avassaladoras que ele acredita que só conseguirá fixá-las na forma de um diário:[15] trenós em vez de automóveis, palacetes de verão deteriorados em vez de prédios de vários andares, de estilo e colorido tão diversos e heterogêneos quanto o agitado exército de mascates e pedintes; mongóis com casacos de pele em andrajos, chineses que vendem flores de papel; tártaros mascando fumo em cada esquina, sobre eles cartazes gigantes com lemas revolucionários ou com retratos de Lênin; na margem esquerda do rio Moscou, integrantes do Exército Vermelho exercitam-se entre uma igreja e uma construção, de lá para cá, crianças jogam futebol no meio deles, nos pés nada além de sapatos de feltro rasgados...

A poetização em forma de imagens do pensamento daquilo que foi apreendido teria de esperar. Pois ali, "tudo está em construção ou reforma e quase todo instante levanta questões críticas. As tensões na vida pública — que, em grande parte, têm um caráter próximo ao teológico — são tamanhas que isolam tudo que é privado numa medida inimaginável [...]. E o que resultará da Rússia a seguir é absolutamente imprevisível. Talvez uma verdadeira comunidade socialista, talvez algo bem diferente. A batalha que vai decidir isso está em curso, ininterrupta".[16]

Quase três anos após a morte de Lênin, é nesse inverno que de maneira exitosa Stálin chega definitivamente ao poder contra Trótski. A experiência socialista dá sua guinada totalitária. No decorrer de apenas uma década milhões de cidadãos soviéticos serão vitimados por ela: devido a reassentamentos, limpezas, exílios arbitrários, torturas, trabalhos forçados em *gulags*. Um furor que carrega consigo muito sofrimento e que em retrospecto só pode ser compreendido, no melhor dos casos, a partir de categorias teológicas.

O turista Benjamin não sabe de nada disso; à época, Reich tampouco faz ideia, embora tenha revelado ao visitante, numa das primeiras noites que passaram na companhia um do outro, que estava muito preocupado com a "guinada revolucionária do partido, principalmente nas coisas culturais". Em Moscou de 1926, a possibilidade concreta de uma reviravolta instantânea de um extremo ao outro é um sentimento que domina e ameaça todos os setores e áreas, até as mais altas posições e círculos do partido. Benjamin observa que, em vez de se aproximar de uma determinação e radicalidade emancipadoras, essa constelação vai ao encontro de uma obstrução radical ou nutre um fatalismo temente a Deus: "Que nada jamais aconteça como fora planejado e da maneira esperada — esta formulação banal das complicações da vida resulta aqui tão implacável e intensa em cada caso particular que o fatalismo russo torna-se logo compreensível".[17]

Mas para o momento, olhando com otimismo, ainda está tudo em aberto, tudo é novo, tudo em movimento revolucionário. Já no quarto dia, Benjamin recolheu-se ao seu quarto de hotel — Asja tinha brigado com Reich por uma questão do apartamento —, desesperançadamente exausto: "Estou no meu quarto lendo Proust, ao mesmo tempo devoro marzipã".

Tudo indica que os problemas de moradia são os verdadeiros definidores da vida em Moscou (segundo a percepção de Benjamin, "a cidade mais cara do mundo"). Algo que ele sentirá na própria pele como hóspede de hotel. A moradora que o dr. Reich é forçado pelo Estado a aceitar em seu apartamento é doente mental, motivo pelo qual o diretor vai passar grande parte das semanas seguintes acampado no quarto de Benjamin. Reich ronca à noite, na cama. Enquanto isso, Benjamin se acomoda numa poltrona arranjada especialmente por Asja. Possivelmente se trata apenas de uma manobra tática. Para o rival Benjamin, essa situação não permite mais pensar em momentos realmente privados com Asja. É justamente nas relações triangulares que o privado se transforma no centro da política do poder.

O inferno dos outros

Os registros de Benjamin, durante as oito semanas de sua estada, se tornam testemunho de uma relação entretecida de maneira tão absurda em sua disposição quanto dolorosa em seu decurso que desperta até hoje efeitos quase corrosivos na alma do leitor. O *Diário de Moscou* é uma lição permanente das humilhações mútuas que até pessoas de bem estão dispostas a enfrentar em nome de um amor supostamente dividido: Asja briga com Reich, Benjamin com Asja, Reich com Benjamin, Benjamin com Reich, Asja com Benjamin — a paleta de motivos vai de moldes para blusas de sair à noite, passa por torneiras que pingam, falta de dinheiro vivo e hipotético carreirismo até o iminente abandono de Daga, filha de Asja, num orfanato estatal na periferia da cidade. Mas o motivo dos embates mais ferrenhos é o papel do escritor no comunismo, a mais recente encenação de Meyerhold, a arte dramática de Bulgákov, a cena final de *Metrópolis* ou a questão de quantas vezes o conceito "luta de classes" deveria aparecer na entrada sobre Goethe numa enciclopédia soviética. Há fases em que eles não se falam, sofrem de múltiplos ataques do coração, para na noite seguinte aparecerem, unidos como um trio, na primeira fileira. No teatro, Benjamin também não entende nada, mas é informado da ação por uma tradução simultânea que lhe é sussurrada no ouvido. Em noites especialmente boas, acontece um beijinho. Mas apenas quando Asja está disposta e Reich, que segura a vela, está longe, fazendo outra coisa. Ou seja, quase nunca. "Só se conhece uma região depois de experimentá-la no maior número possível de dimensões. É necessário ter entrado num lugar a partir de cada uma das quatro direções para dominá-lo e, mais ainda, é preciso também sair dele por cada uma delas",[18] Benjamin anota em 15 de dezembro de 1926, enquanto Reich está sentado bem ao seu lado no quarto de hotel.

Uma observação que também se aplica aos relacionamentos humanos. Em 20 de dezembro, Benjamin torna explícita a analogia entre cidades e seres humanos: "Para mim, Moscou agora é uma fortaleza: o clima cruel, que me afeta muito ainda que faça bem à minha saúde, o desconhecimento da língua, a presença de Reich, o modo de vida bastante limitado de Asja; são tantos os obstáculos que só mesmo a impossibilidade total de avançar mais — a doença de Asja, ou pelo menos sua fraqueza, que nos faz relegar a um segundo plano todos os assuntos pessoais que lhe concernem — é que faz com que tudo isso não me deixe completamente deprimido. Ainda não sei até que ponto atingirei o objetivo secundário de minha viagem, de fugir da melancolia mortal dos dias de Natal".[19]

Em 30 de dezembro, essa questão também está decidida. Durante uma ida ao teatro com Asja, quando estão os dois diante de um cartaz, ele diz: "Se hoje à noite eu tivesse de ficar sentado sozinho num lugar qualquer, me enforcaria de desalento".

Homem sem estrutura

Com o começo do novo ano, não apenas a temperatura em Moscou bate outro recorde negativo: Asja sofre novamente de ataques de febre e tem de dividir o quarto no sanatório com outra paciente tão barulhenta quanto absolutamente vulgar. Para o azar ser completo, ela fala alemão e se mete nas conversas, toda animada. Reich continua morando com Benjamin no hotel, passando a usar o lugar também como escritório e local de trabalho. É impossível pensar numa briga. A situação está enrolada demais, os protagonistas por demais desgastados. Em 8 de janeiro, Reich sofre um grave ataque cardíaco; Asja também só faz piorar. Enclausurado de modo cada vez mais defensivo no seu quarto de hotel, Benjamin tem um momento de dolorosa e inequívoca autorreflexão:

Torna-se cada vez mais claro para mim que preciso, no futuro imediato, de um suporte mais sólido para o meu trabalho. Nesse sentido, traduzir está obviamente fora de questão. O pré-requisito para conseguir isso é, mais uma vez, uma tomada de posição. Só fatores exclusivamente externos impedem-me de entrar no Partido Comunista Alemão. Agora seria o momento indicado, e talvez seja perigoso deixá-lo passar. Justamente pelo fato de a filiação ao Partido ser para mim, possivelmente, apenas um episódio, não é aconselhável adiá-la ainda mais. Mas há, e permanecem, os fatores externos, sob a pressão dos quais eu me pergunto se não seria possível, através de trabalho intensivo, consolidar concreta e economicamente uma posição independente na esquerda que continuasse me assegurando a possibilidade de uma produção abrangente dentro de minha atual esfera de trabalho. Mas a questão é, justamente, se essa produção pode ser levada adiante, a uma nova fase, sem que haja uma ruptura. Ainda assim, esse "suporte" precisaria estar apoiado em circunstâncias externas, um cargo de redator, por exemplo. De qualquer maneira, a época que se aproxima parece-me distinguir-se da anterior na medida em que esmorece a influência determinante do elemento erótico. A observação do relacionamento entre Reich e Asja contribuiu, em certa medida, para me fazer consciente disso. Noto que Reich se mantém firme em face dos altos e baixos de Asja, e se deixa influenciar muito pouco por padrões de comportamento que me deixariam doente, ao menos, é o que parece. Ainda que fosse só aparência, já seria muito. Isso se deve ao "suporte" que encontrou aqui para seu trabalho.[20]

A situação de vida de Benjamin no fim dos anos 1920 é condensada numa única passagem. O que para Wittgenstein era o convento, para ele era o partido comunista. Numa franqueza sem reservas, observações a respeito de longos processos de amadurecimento ligam-se a considerações sobre oportunidades banais de um individualista decaído tanto social quanto economicamente. Se não há um motivo derradeiro para tomar decisões, que essas ao menos se revelem úteis dali em diante! Pragmatismo radical torna-se opção, sonhos burgueses de um "cargo de redator" pipocam na consciência. Vale tudo, menos continuar do jeito que está! Aos trinta e tantos anos, Benjamin precisa reconhecer que não tem algo para se apoiar na vida, nem mesmo uma vida em si. Até Asja e Reich estão melhor. Ao menos eles têm um ao outro, mais a missão comunista de Asja e o cotidiano estruturado do *apparatchik* Reich:

> Outra consideração: filiar-se ao Partido? Vantagens decisivas: uma posição sólida, um mandato, ainda que apenas virtual. Contato organizado e garantido com as pessoas. Por outro lado: ser comunista em um Estado onde governa o proletariado significa renunciar completamente à independência individual. Delega-se, por assim dizer, ao Partido a tarefa de organizar a própria vida. [...] Enquanto estiver viajando, contudo, minha filiação ao Partido mal pode ser considerada.[21]

Continuar viajando. Desde sempre, a escolha preferida de Benjamin. Ele não ingressará no partido nem no inverno de 1927 nem mais tarde. No final, sempre vence o desejo por independência, que é condição de uma possível existência de pensamento autônomo. Ele deixa Moscou em 30 de janeiro de 1927. Os últimos minutos com Asja se assemelham a uma imagem emotiva ambígua à la dr. Jivago: "Animosidade e amor alternavam-se dentro de mim com a velocidade de um raio; finalmente despedimo-nos, ela da plataforma do bonde, eu ficando para trás, cogitando se deveria ou não segui-la, saltar para alcançá-la".

Festa particular

O sentimento de profundo desamparo persegue Benjamin até Paris (ou é ele quem o persegue?), onde ele passa quase toda a primavera em quartos de hotel "miseráveis, minúsculos e malcuidados", que "mal dispõem de mais que uma cama de ferro" e uma pequena mesa. "Adaptação difícil; problemas; trabalho; demais para terminar, de menos para ganhar algum dinheiro", ele escreve em 9 de abril de 1927 para Jula Cohn — seu segundo grande amor daqueles anos. Como antes, ele a corteja intensamente.

Paris naqueles anos é a cidade de André Breton, Tristan Tzara e Luis Buñuel, de Jean Giraudoux e Louis Aragon, de James Joyce e Ernest Hemingway, de Gertrude Stein e Picasso, de F. Scott e Zelda Fitzgerald, de John Dos Passos e William Carlos Williams, de Anaïs Nin e Coco Chanel; é o berço do surrealismo, local de nascimento de *Ulisses* (1922), de *O sol também se levanta* (1926) e de partes de *O grande Gatsby* (1925). Paris, o laboratório da vanguarda no qual a criatividade quase transborda. Não apenas o espírito mundial da literatura está em casa em Paris como também faz festa e dança por lá até o amanhecer — pelo menos é o que relatam seus protagonistas. Do Trianon ou do Ritz, eles atravessam Montparnasse. Aos sábados, Gertrude Stein promove seu *open house* na Rue de Fleurus e explica a todos que querem (ou não querem) ouvir que o gênio da época é ela e não Joyce. Mesmo os poucos que desejam voltar para casa já às duas da manhã se encontram casualmente, no caminho de volta, com tantos amigos e conhecidos que é inevitável estender o programa até a manhã do dia seguinte. Via de regra, sem Benjamin. Duzentos mil americanos, seduzidos pelo franco barato, instalaram-se em Paris em meados dos anos 1920.[22] A maioria é jovem, festeira e com algum tipo de interesse em arte. Longe de casa e com um câmbio ridiculamente favorável nas costas, eles botam para quebrar.

Claro, Benjamin vez ou outra também mergulha em algum "inferninho" da cidade, onde ele — como o moderado bebedor de vinho branco que era e será durante toda a vida — chega até a sacolejar o corpo, conseguindo atrair para si a chacota de seus dois colegas de literatura especialmente versados em questões de bordel, Franz Hessel e Thankmar von Münchhausen. Trata-se de uma exceção. Pois o franco francês não está tão fraco assim a ponto de Benjamin poder se divertir à vontade nesse campo. Mas apesar de suas fraquezas por aventuras eróticas pagas e pelos jogos de azar, Benjamin é o exato oposto de um festeiro viril ou de um dom-juan medianamente exitoso. Quem imagina suas primaveras parisienses de 1926 e 1927 como uma *féerie* à la Hemingway, transbordando champanhe, salões e aventuras eróticas, errou. Nos dias bons, logo depois de despertar (sem ter se lavado, comido ou bebido qualquer coisa), ele consegue trabalhar por várias horas em sua tradução de Proust ou numa resenha paga para o jornal *Frankfurter Zeitung* ou para a revista *Literarische Welt*, para, em seguida, com a cota diária alcançada, passar o resto do dia (de preferência sem maiores gastos) flanando pelas passagens e vielas da cidade, sempre à procura de um novo restaurante chinês escondido com um cardápio barato passável.

Embora seu francês seja fluente e quase sem erros, ele ainda não se sente confiante o suficiente na língua estrangeira para os padrões especialmente altos de sua própria expressão verbal. Quando pede por encontros com literatos nativos, ele os consegue em geral sem maiores problemas — embora nunca se afastando do papel instrumental de jornalista. Como escritor, ele quase não tem vínculos duradouros ou mesmo utilitários. Por fim, em nenhum momento ele parece ter tido qualquer interesse na cena mais que vibrante dos autores britânicos e americanos. Ele não lia em inglês nem falava a língua. Apesar disso, essa lacuna continua sendo estranha e guarda semelhança com uma rejeição agressiva. Possivelmente porque a esposa, Dora, garanta o próprio sustento e o do filho em comum com traduções literárias do inglês. Ela o visita em junho de 1927, juntamente com Stefan. Uma interrupção feliz. Fora isso, Benjamin sente-se deixado na mão com seu talento de maneira igualmente infame pelas duas metrópoles douradas da década, Paris e Berlim ("Berlim é um instrumento maravilhoso, desde que não se dê a mínima para isso").

"No momento, já estou sozinho e vou ficar catorze dias sentado aqui totalmente solitário", ele escreve em julho para Scholem. O amigo, vindo de Jerusalém — onde passou a lecionar na Universidade Hebraica de Jerusalém, criada em 1925 —, está a caminho de Paris e Londres em viagem de pesquisa. Fazia quatro anos que não se encontravam, e os amigos querem se rever em agosto de 1927, durante algumas semanas. Benjamin, envergonhado pela situação precária e amedrontado pela "autoconfiança ostentatória" de Scholem, a princípio teme o encontro, que acaba tendo um saldo positivo. Eles se veem geralmente à noite nos cafés ao redor do boulevard Montparnasse, "no Dome e no Coupole", os preferidos de Benjamin. Ao longo dos anos, Scholem montou sua estrutura, enquanto Benjamin continua a marcar passo. Nesse meio-tempo ele começou a trabalhar num novo projeto que trata das passagens comerciais e que deve formar uma espécie de complemento às imagens de pensamento de *Rua de mão única*, via de regra localizadas em Berlim. Scholem se recorda que ele falava "naquela época em terminar esse trabalho nos próximos meses". O manuscrito de cerca de cinquenta páginas, do qual Benjamin lê trechos em voz alta para o amigo nos cafés, é o embrião da obra *Passagens*, sua ocupação na década seguinte. Ela continuará sendo um (gigantesco) fragmento.

Benjamin fala de Moscou; Scholem, consciente da precária situação de vida do amigo, fala de Jerusalém, da construção de um novo Estado para o povo judeu e do papel reservado à universidade recém-fundada na consolidação de uma identidade judaica. O fato de Judah Leon Magnes — reitor da Universidade de Jerusalém e fluente em alemão — estar em Paris também é conveniente. Scholem combina um encontro: "Foi assim", ele se lembra, "que aconteceu uma conversa de duas horas entre nós três, na qual Benjamin — que tinha se preparado bem para ela — apresentou a ele sua situação intelectual numa formulação incrível; precisou seu desejo de se aproximar dos grandes textos da literatura judaica por meio da língua hebraica não como filólogo, mas como metafísico, e se colocou à disposição para ir a Jerusalém, se necessário, de modo temporário ou permanente [...]. Ele queria dedicar seu trabalho produtivo ao judaísmo [...]".[23]

Aí está de novo, um momento de virada paradoxal de um extremo ao outro: sempre radical, nunca coerente! Scholem encerra a passagem diplomaticamente: "Eu mesmo fiquei surpreso com a forma determinada e positiva com a qual Benjamin apresentou esses pensamentos, que naturalmente já tinham vindo à tona no passado, dessa ou de outra forma, e dos quais eu havia participado de algum modo".

Ainda na mesma noite, Benjamin assegura ao chanceler Magnes a ida por um ano a Jerusalém — é claro que com ajuda financeira assegurada —, a fim de se dedicar ao aprendizado do hebraico em tempo integral. O lance mais fantástico da noite provavelmente foi o fato de Magnes ter acreditado em todas as palavras de Walter Benjamin, prometendo fazer a sua parte para que tudo desse certo. Como única condição, ele pede pareceres escritos sobre os trabalhos de Benjamin — de preferência por notórias personalidades. De repente, abre-se para Benjamin uma concreta perspectiva de vida. Se não em Moscou, então em Jerusalém. Afinal, ele já não tinha escrito a Scholem, há menos de um ano, que a decisão definitiva ficaria a cargo do destino?

Também em Berlim as coisas viram de repente para o lado positivo. Os livros, finalmente, serão lançados pela editora Rowohlt em janeiro! Benjamin retorna em novembro a fim de acompanhar presencialmente a publicação. E basta chegar para ficar por três semanas de cama com icterícia. Tempo de ócio suficiente para pensar em possíveis pareceristas da mais alta categoria. Para Jerusalém. Para uma nova vida estruturada!

Hugo von Hofmannsthal, que durante anos foi seu único fiel admirador, é elencado em primeiro lugar. Mas o segundo parecer deve, se possível, vir com a assinatura de Ernst Cassirer. Não é um obstáculo fácil. Em março de 1928, Benjamin mal avançou nesse sentido e imagina, na clássica maneira benjaminiana, haver uma abrangente conspiração em marcha, como relata a Scholem: "A importância do voto de Cassirer já seria evidente para mim, mas você conhece a hostilidade de meu primo William Stern em Hamburgo. E ao redor de Warburg está tudo nublado até agora, ninguém faz ideia ao certo do que pode sair dali. Assim que souber o que Cassirer pensa de mim, informo você".[24]

O que Cassirer pensa de Benjamin? Boa pergunta.

Alto-mar

Em 30 de outubro de 1927, Cassirer faz uma observação quase casual sobre si que poderia servir para caracterizar todo o seu esforço filosófico: "Consigo expressar tudo de que preciso sem qualquer dificuldade", ele escreve de Londres à mulher. Podemos vasculhar infinitamente os diários e as cartas de Wittgenstein, Heidegger e Benjamin sem topar com nenhuma frase desse tipo. No que diz respeito aos limites das línguas, os limites do mundo, Cassirer é sempre o pensador do possível, não do impossível.

No caso, seu espanto refere-se à experiência de se virar surpreendentemente bem ao chegar à capital do Império britânico. Preparando-se para o convite do King's College, ele havia tomado algumas aulas particulares antes da partida; fora isso, entretanto, nunca falara sequer uma palavra em inglês durante a vida. Alguns poucos dias depois, em 3 de novembro, ele avisa à esposa, cheio de orgulho, compreender "a língua dos eruditos sem nenhum esforço". O filósofo é um gênio no uso dos símbolos.

Naquele outono de 1927 era provável que não houvesse mais ninguém no mudo que, num sentido mais amplo, entendesse e falasse fluentemente mais línguas do que Cassirer. Pois Cassirer considerava a verdadeira tarefa de sua filosofia a aquisição comunicativa e a elucidação mútua do maior número possível de "línguas". Para ele, contam como línguas não apenas o inglês, francês, sânscrito ou chinês, mas principalmente os mitos, a religião, a arte, a matemática, até a técnica e o direito — cada uma com sua forma interna específica e capacidade de conformar o mundo. O objetivo de sua "filosofia das formas simbólicas" é, em sua opinião, dirigir o olhar "a todas as direções do conhecimento do mundo", e relacionar a cada uma dessas conformações de mundo

> o índice de refração determinado que lhes corresponde específica e peculiarmente. A filosofia das formas simbólicas quer conhecer a natureza específica dos diferentes meios de refração; quer compreender cada um deles quanto a sua composição interna e quanto às leis de sua estrutura.[25]

Em outubro de 1927, Cassirer encerrou provisoriamente esse projeto com a finalização de uma primeira versão do terceiro volume de *A filosofia das formas simbólicas*. Qualquer ser humano considerado normal teria sofrido um colapso nervoso (ou pelo menos ficado doente) após um trabalho de vida inteira desse quilate. Cassirer simplesmente segue em frente. A fim de celebrar a conclusão da obra, a única coisa a que ele se permite nesse outono é a mencionada viagem de duas semanas para a Inglaterra e para a Holanda. Totalmente sozinho, sem os filhos nem a mulher. Toni foi atropelada por um carro em setembro e necessita de meses de intensa reabilitação fisioterápica.

A bordo do navio de passageiros *New York* que o leva de Hamburgo para Southampton, Cassirer lhe escreve várias vezes sobre o transcorrer da viagem:[26] poucos minutos após se instalar em sua "cabine fabulosamente luxuosa e confortável", ele sente uma grande tentação de continuar de Southampton "diretamente para Nova York". É inimaginável que Cassirer não tenha percebido a correspondência quase perfeita entre a forma de seu projeto filosófico e a viagem num navio transoceânico. Afinal, apenas poucos dias antes, na passagem final da introdução ao terceiro volume da sua principal obra, ele havia se estilizado como descobridor curioso dos mares das formas simbólicas: "A única coisa que deve ser exigida é que essa 'viagem ao redor do mundo' abarque a verdadeira totalidade do *globus intellectualis*".

Não é apenas desde o chamado de Nietzsche, "Filósofos, embarcar!", que metáforas náuticas estão na moda na filosofia. O mar como espaço global em eterno movimento, lugar do provisório, é perfeitamente adequado para representar a dinâmica quase impossível de ser abarcada em perspectiva, e ainda mais difícil de ser dominada, da produção científica contemporânea. Principalmente porque o sentimento de não existir mais um chão firme sob os pés, determinador da cultura nos anos 1920, atinge com igual virulência também as áreas da economia, arte, política e ciência. Até a física e a lógica estão acometidas por uma crise de fundamentos que ameaça ridicularizar todos os esforços para se conferir à estrutura do conhecimento humano um fundamento sólido, sem divergências. A definição que Otto Neurath, um dos membros mais importantes do Círculo de Viena, confere à situação filosófica — possivelmente também como consequência das desilusões que vieram na esteira das reuniões wittgensteinianas — é a seguinte: "Somos como barqueiros que têm de remontar seu barco em mar aberto, sem nunca conseguir desmontá-lo numa doca e reconstruí-lo com peças melhores".[27]

No olho do furacão

"O transitório, o fugaz, o contingente" que Baudelaire havia definido apenas poucas décadas antes como características centrais da modernidade também tomou conta da filosofia. Não são todos os protagonistas que têm facilidade em dar boas-vindas ao novo sentimento existencial. Se uma existência náutica dessas pudesse ser apreciada de maneira duradoura, além de facilmente pilotável através de qualquer tempestade, seria apenas a bordo de um moderno navio transoceânico como aquele no qual Cassirer se encontrava e cuja estrutura e funcionamento — como se seu navio não fosse nada além de mais uma forma simbólica e, com isso, uma maneira de ver o mundo — ele passa a investigar com uma curiosidade quase infantil.

Depois de seis horas a bordo, ele diz já ter vistoriado "tudo de cima a baixo — também estive na terceira classe e pedi a um 'amigo' que fiz rapidamente que me mostrasse e explicasse o lugar nos mínimos detalhes. Ali também, em que pese o contraste marcante com o luxo inacreditável da primeira classe, tudo é confortável e em perfeita ordem". Cassirer não imagina que a terceira classe não era a última das opções de lugar para dormir no navio, tampouco pensa em perguntar sobre possíveis clandestinos ou ratos na cozinha do navio. Enquanto outros observadores, como por exemplo Bertolt Brecht, enxergam o navio transoceânico como cenário perfeito para ilustrar as dramáticas diferenças sociais da época entre "a parte alta e a parte baixa",[28] Cassirer pede a um "amigo" que lhe mostre a situação e, para a tranquilidade geral, dá seu veredicto: a princípio, tudo em perfeita ordem!

Ele próprio está instalado "quase na parte mais alta do navio", para onde usa "um elevador para subir". A sensação de viajar ali é descrita por ele como "absolutamente irreal", visto que o navio desliza "com tranquilidade", algo que ajuda a "perder temporariamente toda a sensação de se estar em movimento".

Mesmo à noite, quando uma tempestade se agita no mar do Norte, tão intensa e poderosa que Toni Cassirer recebe em casa "ligações telefônicas chorosas de todos os amigos próximos", seu esposo lhe oferece mais um exemplo perfeito de resistência existencial:

[...] por volta das três da manhã fui acordado pelo choro do vento [...]. Você consegue imaginar o barulho de uma tempestade noturna lá em cima. Como não consegui pegar no sono de novo logo em seguida, li durante um tempo, fiquei cansado e só fui despertar às oito da manhã — um feito e tanto. Não tenho nem sinal de enjoo [...] apesar das ondas altas, o navio continua viajando com uma tranquilidade maravilhosa.[29]

Essas linhas comprovam mais uma vez que Cassirer é o impassível viajante de luxo entre os filósofos de alto-mar. Nenhuma tempestade, por mais forte que seja, consegue tirá-lo do sério, muito menos da sua trajetória.

Frankfurt: um caso sério

A primeira oscilação existencial de Cassirer parece ter acontecido apenas em junho de 1928, quando se aproxima o ápice internacional de seu trabalho. A Universidade Goethe, de Frankfurt, que assim como a Universidade de Hamburgo ainda é uma instituição jovem, em construção, envia-lhe uma proposta de nomeação condicionada ao desejo expresso (ou, melhor, exigência) de "reformular todo o departamento de filosofia".[30] Uma chance única, com muitas perspectivas. Além disso, bem remunerada. Cassirer informa imediatamente os responsáveis em Hamburgo da oferta recebida. Ainda em julho ele quer ter tomado uma decisão e encerrar as negociações com ambas as partes.

Há muita coisa em jogo. Principalmente para Hamburgo. Principalmente para Aby Warburg e a "tripulação" de sua biblioteca. Warburg, com certeza também preocupado com o progresso e a continuidade de sua própria atividade de pesquisa, decide-se por uma carta aberta no jornal *Hamburger Fremdenblatt*, intitulada "Ernst Cassirer: Por que Hamburgo não pode perder o filósofo Ernst Cassirer". Após a publicação desse apelo, que Warburg envia simultaneamente também como separata para "setenta personalidades influentes em toda a Alemanha",[31] a disputa pelo filósofo mais conhecido do país na época se tornou também uma questão pública, até política. Não demora muito até que os dois prefeitos entrem no processo com cartas-convite ("Venha para Frankfurt e nos ajude a conferir à Universidade de Frankfurt a posição e a importância das quais já gozam a posição geográfica única da cidade, sua tradição cultural, mobilidade intelectual e a liberdade de espírito da população").[32]

Warburg permanece ativo em todas as frentes, por exemplo, pedindo ao curador da Universidade de Frankfurt, Kurt Riezler, que reflita sobre a "violenta intervenção no enraizamento obstinadamente alcançado no solo difícil da costa do mar do Norte",[33] que significaria a partida de Cassirer. Financeiramente, a cidade de Hamburgo está disposta e tem condições de cobrir a oferta de Frankfurt; Warburg, idem. Mas será que isso é suficiente para manter Cassirer numa cidade que naquela época (como hoje em dia) é famosa por muitas coisas, mas não por excelência acadêmica?

Por esses tempos, Cassirer começa a descobrir, paulatinamente, que é muito mais que apenas um filósofo acadêmico. Ele encarna um símbolo fortíssimo de uma postura liberal, republicana, que não é patente entre as grandes mentes alemãs do período. Além disso — como neokantiano vivo mais importante, discípulo de Hermann Cohen e autoridade de prestígio internacional no que se refere às obras de Kant e de Goethe —, trata-se de uma das figuras de proa do patriotismo judaico-alemão. É quase irônico, nesse contexto, que Walter Benjamin, tendo fracassado de maneira retumbante em Frankfurt com sua tese de livre-docência, acabe encalhado em sua tentativa de aterrissar em Hamburgo. Hugo von Hofmannsthal entregou em Hamburgo pessoalmente a Panofsky o livro do amigo sobre o drama barroco, lançado pela Rowohlt. Sua recepção, igualmente transmitida por Hofmannsthal, foi tão rude que Benjamin sentiu necessidade inclusive de se desculpar longamente com seu portador por tê-lo envolvido numa tarefa tão infausta.

Como teria sido a trajetória de vida de Benjamin caso ele tivesse sido admitido no grupo de Warburg? Como outros membros desse círculo, no início dos anos 1930, ele provavelmente teria se exilado em Londres ou nos Estados Unidos, em vez de Paris. E assim não teria ficado na dependência financeira ou do patrocínio do futuro Instituto para Pesquisa Social (que era muito exigente em termos de trabalho), chefiado por Adorno e Horkheimer.

Porém mais interessante ainda para o transcorrer da futura filosofia em língua alemã é especular sobre o que teria acontecido caso Cassirer tivesse aceitado a nomeação em Frankfurt, a fim de reformular o seminário filosófico local segundo ideais absolutamente próprios. Será que a "teoria crítica" ou a Escola de Frankfurt teriam nascido lá com ele como figura central? Justamente aquela Escola de Frankfurt que, no início dos anos 1960, estilizaria como figura fundadora, quase santificada, ninguém menos que Walter Benjamin?

De todo modo, Cassirer — o timoneiro no oceano da multiplicidade de linguagens — permaneceu a bordo, permaneceu fiel a Hamburgo, permaneceu fiel a Warburg e também à sua própria essência afim da continuidade. No fim de julho de 1928, ele dá a conhecer sua decisão a todos os envolvidos. O ganho com isso — ou seria o presente? — é uma relevância ainda maior para a vida cultural e política de Hamburgo.

Simultaneamente às negociações para sua permanência, e é bem provável que as reforçando de maneira proposital, ele foi solicitado a discursar por ocasião dos dez anos da constituição de Weimar diante do Senado acadêmico de Hamburgo. Todos acharam a ideia excelente. Apenas a esposa, Toni, não quer participar do coro. Primeiro, porque isso ameaça adiar por duas semanas as tão sonhadas férias de verão em Engadin. Mas sobretudo porque, tendo em vista o clima político da época, ela — de saúde cronicamente fraca e, por esse motivo, ao contrário do marido, muito alerta para os perigos existenciais — considera imprudente, até perigoso, qualquer declaração por demais explícita. Ainda mais para um judeu-alemão. Ela pressente que uma tempestade de força até então desconhecida está se armando. Seu marido não compartilha dessa preocupação. E caso o fizesse, ele se sentia forte o suficiente para enfrentar mais uma vez a intempérie com a força protetora de seus espíritos prediletos.

Indivíduo e República

A fala era perspicaz. Tinha de ser. Afinal, o objetivo do orador, com seu cabelo grisalho e basto de docente e o talar acadêmico — que como todos os outros convidados cantou também a terceira estrofe da "Canção da Alemanha", hino do país —, era nada menos que colocar de ponta-cabeça, depois de 45 minutos, a narrativa contada na Europa inteira sobre a origem e a formação de um estado republicano de direito.

Para evitar um escândalo, era preciso fazer uma abordagem polifônica e cheia de sinais. Mais importante, porém, era apresentar apenas os mais nobres fiadores. Para Cassirer, trata-se dos mesmos de toda sua vida intelectual: Leibniz — Kant — Goethe. Segundo sua convicção, nenhuma cultura — ou pelo menos não a alemã — precisa mais do que isso a fim de se revigorar de maneira duradoura. E ele prossegue dizendo que um precipício da barbárie se abrirá onde essa herança intelectual for recebida com estranhamento e desdém.

O ceticismo com o qual inúmeros alemães enxergavam a República de Weimar não era motivado prioritariamente por sua questionável funcionalidade. É certo que nos quase dez anos de sua existência, até agosto de 1928, ela havia trocado inacreditáveis dez vezes de chanceler, mas justo nos dois ou três anos anteriores a economia tinha melhorado sem sombra de dúvida. A verdadeira relutância da grande nação que saiu perdedora da guerra tinha origem na memória cultural: a República democrática, assim se dizia à época, era uma ideia importada, enraizada nas nações vitoriosas: os Estados Unidos (Declaração da Independência, Declaração de Direitos), a França (Revolução Francesa) e também — com muito boa vontade histórica — a Inglaterra (Carta Magna). Até a Suíça entrava com um de seus mitos fundadores (Juramento de Rütli). Por sua vez, a Alemanha era nula na questão dos mitos criadores democráticos. Vista sob esse prisma, a constituição de Weimar não foi um presente, mas um acidente da própria história. Um tipo danoso de efeito colateral das tratativas do término da guerra, já bastante sobrecarregadas com as exigências de reparação do Tratado de Versalhes. Por essa razão, uma

Alemanha verdadeiramente autodeterminada poderia ser muitas coisas — a partir de sua história muito particular —, mas não exatamente uma República. Assim pensava também o presidente à época e antigo general marechal de campo Paul von Hindenburg. O problema com Weimar era, em primeiro lugar, a questão da autoimagem resultante da história. Uma ferida que Cassirer toca já no início de sua fala diante do Senado acadêmico de Hamburgo. Afinal, o que pensar de um filósofo caso ele não fosse também da opinião de que

> os grandes problemas histórico-políticos que dominam e movimentam nosso presente não podem ser simplesmente separados daquelas questões gerais básicas do espírito que a filosofia sistematicamente se coloca, cuja solução é motivo de batalha incansável no decorrer da sua história.[34]

Dessa maneira, uma importante parte do truque já estava resolvida. A história se transforma na história da filosofia e, mais especificamente, numa história que, como política, gira sempre ao redor das mesmas questões sistemáticas: qual a relação verdadeira do indivíduo com sua comunidade? E a da verdadeira autodeterminação com um uso livre, público, da razão? Como anda a situação dos presumidos direitos devidos, sem qualquer limitação, a todo ser racional? Para Cassirer, notadamente favorável a Weimar, todas são questões genuinamente alemãs, pelo menos no que diz respeito à filosofia da modernidade. Depois de o assunto estar enquadrado dessa maneira, um cuidadoso estudo das fontes revela com clareza absoluta que Gottfried Wilhelm Leibniz — um filósofo sistemático a quem até aquela data (e até hoje) nunca se imputou um pensamento especialmente próximo da democracia — é na verdade "o primeiro entre os grandes pensadores europeus que, na fundação de sua ética e de sua filosofia de Estado e do direito, defendeu, com absoluta ênfase e total firmeza, o princípio dos direitos fundamentais inalienáveis do indivíduo".[35]

Justamente o príncipe dos filósofos, Leibniz! Seria possível ter tirado, com a mesma plausibilidade, um gigante coelho alemão da cartola do chanceler Gustav Stresemann!

Cassirer, o mágico das fontes, mais que casualmente menciona também que a passagem citada — considerada desimportante pelos pesquisadores de Leibniz do passado — é oriunda de um tratado sobre a situação do direito de escravos e servos e, longe de questionar a prática em si, garante direitos mínimos imprescindíveis a esses indivíduos.

São necessários vários passos gigantes para, partindo desses direitos mínimos, chegar ao sujeito com direito a voto do moderno estado de direito. Segundo Cassirer, foi exatamente isso que aconteceu. O impulso de Leibniz influencia, a partir dali — passando por Wolff —, toda a filosofia política do continente; esta, por sua vez, passa por William Blackstone, filósofo britânico do direito e leitor de Wolff, e influencia também a Declaração de Independência americana de 1776, que sabidamente serviu de exemplo à Assembleia Nacional francesa.

Embora Cassirer não prove isso minuciosamente de maneira histórico-filológica, trata-se de uma convincente réplica narrativa alemã, que encontra naquele 15 de agosto de 1928 seu verdadeiro clímax inspirador em, claro, Immanuel Kant:

No texto kantiano *Ideia de uma história universal de um ponto de vista cosmopolita*, escrito em 1784, ou seja, cinco anos antes da revolução, o objetivo da história política da humanidade é a obtenção de uma Constituição completa interior — e, para esse objetivo, também exterior. Kant acrescenta: "Embora este corpo político por enquanto seja somente um esboço grosseiro, começa a despertar em todos os seus membros como que um sentimento: a importância da manutenção do todo; isso traz a esperança de que, depois de tantas revoluções e transformações, finalmente poderá ser realizado um dia aquilo que a natureza tem como propósito supremo, um *Estado cosmopolita* universal, como o seio no qual podem se desenvolver todas as disposições originais da espécie humana".* Ou seja, dez anos mais tarde, quando Kant diz em *A paz perpétua* que o primeiro artigo definitivo da paz perpétua é que a Constituição burguesa seja republicana em todos os Estados, trata-se apenas da repetição dessa sua própria exigência básica, não influência dos acontecimentos mundiais externos. Pois uma Constituição assim corresponde, segundo ele, à ideia do "contrato originário", no qual toda a legislação jurídica de um povo deveria ser baseada.[36]

A Constituição americana, a Revolução Francesa, a República de Weimar, todas fundamentadas de maneira nova, primariamente alemã! E não apenas elas, mas também a Liga das Nações, ainda altamente controversa no país, na qual apenas dois anos antes a Alemanha foi aceita após duras negociações. Trata-se de um pequeno número de magia histórico-filosófica de conteúdo discutível, mas apresentado naquela noite de maneira tão agradável e elegante por Cassirer que ninguém se deu conta. Pelo contrário, suas palavras foram aplaudidas como as mais incontestáveis, principalmente quando Cassirer chega à verdadeira moral histórica de sua palestra:

Minhas considerações pretendiam mostrar-lhes o fato de que a ideia da Constituição republicana como tal não é estranha no todo à história alemã das ideias, muito menos uma intrusa estrangeira; que ela cresceu no seu próprio solo e se

---

* Tradução de Rodrigo Naves e Ricardo R. Terra. In: *Ideia de uma história universal com um propósito cosmopolita*. São Paulo: Brasiliense, 1986. [N. T.]

alimentou de suas forças mais intrínsecas, das forças da filosofia idealista. [...] "O melhor da história", diz Goethe, "é o entusiasmo que ela suscita." Dessa maneira, a imersão na história da ideia da Constituição republicana não deve estar simplesmente voltada para o passado, mas ela deve fortalecer nossa crença e segurança de que as forças, das quais ela intrinsecamente cresceu, apontam-lhe o caminho também para o futuro e podem ajudar a construí-lo.[37]

Ele terminou de falar e desceu do pódio sob aplausos retumbantes. Aby Warburg, de natureza facilmente excitável, queria inclusive chamar o discurso de "introdução à Carta Magna da República alemã", pois é exatamente do que necessita naquele momento "esta pobre Alemanha atual, que ainda não conseguiu se preparar para sua fome de liberdade". Ele pede mais de uma vez permissão para a produção de uma separata.[38]

Apenas Toni Cassirer mantém o ceticismo mesmo nesse dia festivo. "Depois da festa na prefeitura de Hamburgo, não encontrei muitos 'impressionados', e os convencidos eram, como sempre, aqueles que queriam se convencer. Para sacudir a Alemanha daquela época eram necessários outros meios além daqueles que Ernst estava acostumado e que aceitava usar."[39]

Uma avaliação com a qual Walter Benjamin e Martin Heidegger concordariam sem ressalvas. Mas os Cassirer tomaram ainda na mesma noite o trem para as montanhas suíças. Dessa vez, rumo a merecidíssimas férias.

Em construção

Em outubro de 1927, Heidegger ainda está aguardando um anúncio inequívoco do ministério em Berlim. Embora *Ser e tempo*, nos poucos meses desde sua publicação, tenha recebido grande atenção e fosse festejado em todos os lugares como um verdadeiro acontecimento, a nomeação à cadeira vaga de Natorp em Marburg continua em suspenso. A carta redentora chega finalmente em 19 de outubro. Nesse dia, Heidegger está com o irmão em Meßkirch — após a morte da mãe, há alguns assuntos pendentes por lá —, enquanto Elfride permanece com os filhos no chalé. Há mais de três anos a família se alterna entre o endereço em Marburg e o chalé em Todtnauberg. Não é uma situação definitiva, visto que os meninos estão em idade escolar.

A nomeação como professor abre novos horizontes. "Percebi anteontem pela sua voz ao telefone o quanto você está contente. A decisão do ministro é um sinal bem-vindo da objetividade. Também o ministério deve estar sentindo alívio [...]. Agora que sou o sucessor da cadeira de Natorp, H.[usserl] tem mais um trunfo bem diferente nas mãos [...]. A tremenda felicidade heideggeriana parece ainda estar viva [...]. Agora poderemos respirar um pouco e nos permitir um pouco de alegria — porém, principalmente 'a casa' toma forma não nos planos, mas na possibilidade de sua concretização [...]",[40] escreve Martin em 21 de outubro de 1927 à sua Elfride. De acordo com o desejo do casal, Marburg é apenas um degrau necessário para o salto de volta a Freiburg, com a jubilação de Husserl prevista para o ano seguinte. Apesar de uma percepção muito precisa da autonomia herética de seu aluno exemplar, Husserl não deseja outro como sucessor senão Heidegger.

Tempo do demônio

Filhos nascidos, livro escrito... de acordo com a tríade de feitos que parece válida também para Heidegger, ele só precisa construir uma casa para preencher todas as exigências da vida. Até porque só então, aos 38 anos, ele começa a se sentir adulto de verdade. E em sua opinião, uma casa para chamar de sua só pode ser erguida na terra natal. Afinal, morar vem antes de construir, a relação com mundo da terra natal vem antes da visão de mundo escolhida. Mas o pensamento vem antes de qualquer coisa! Também nesse departamento novos impulsos despertam no inverno de 1927-1928, depois da escrita quase inebriante de *Ser e tempo*: "A pressão gigante da 'publicação' foi sucedida por um descanso — percebo que isso passou e o demônio volta a se remexer de maneira sinistra e a pressionar",[41] Heidegger relata de Marburg à mulher em 21 de janeiro de 1928. Elfride e os filhos estão morando à época com uma família de camponeses, como sublocadores, próximos ao chalé. Eles tinham decidido que matricular as crianças na escola em Marburg não valia mais a pena.

Sempre que o demônio do pensamento começa a se agitar em Heidegger, ele se sente impelido também a novas aventuras eróticas — ou o contrário. Eros e pensamento, para ele, como um homem de espírito grego, não apenas é uma coisa só do ponto de vista da história da filosofia como também tem a mesma origem existencial. Dessa maneira, incapaz de substituir o acontecimento que Arendt representou, Elisabeth Blochmann se torna mais uma vez objeto de sua excitação. Nesse meio-tempo, ela está vivendo em Berlim, onde trabalha como pedagoga, mas faz repetidas visitas a Heidegger no chalé (como também recebe visitas de Martin). O contato por carta se intensifica.

Apesar da intensidade com que o construtor de casas Heidegger compreende o acolhimento da família como fundamento que traz segurança à sua existência, a fuga aventuresca das amarras do casamento burguês permanece sendo igualmente necessária para ele. Uma dinâmica mutuamente condicionante de alicerçamento e rompimento, achado certeiro e busca aberta, na qual ele como filósofo reconhece a relação básica de uma existência verdadeiramente livre. Nesse sentido, o fundamento estava posto com a analítica do *Dasein* de *Ser e tempo*. É certo que o livro tinha se mantido fragmentário em sua forma publicada. Nem mesmo a primeira das duas partes estava terminada. Por não ter sido desenvolvida, a relação do *ser* com o *tempo*, que batizava a obra, permanecia obscura. Em essência, a parte publicada da obra não havia ultrapassado uma apresentação descritiva do estar-no-mundo daquela criatura que poderia colocar a questão sobre o ser: o ser humano. Mas essa "analítica do *Dasein*" servia como caráter preparatório. Desse modo, *Ser e tempo* era na verdade um Hamlet sem príncipe. Apenas o palco havia sido montado. A questão, como protagonista, não tinha aparecido. Em vez de *to be or not to be*, o que se estava perguntando com o "ser" permaneceu sem explicação.

No jargão terminológico, a "analítica do *Dasein*" — visto que tratava de uma "revelação das possibilidades internas da compreensão do ser" — tinha de seguir uma "metafísica do *Dasein*" própria.

No centro dessa metafísica, estariam sempre duas questões: I. De que maneira o ser humano compreende o "ser"? II. Qual a relação dessa compreensão com o tempo?

Em 1927 e 1928 (pressupondo outras manifestações do demônio), era preciso "provar a temporalidade como constituição fundamental do *Dasein* levando-se em conta o problema do ser e guiando-se por ele".

Também aqui, assim como em todas as investigações heideggerianas dessa fase, o caminho da ontologia fundamental (o que significa "ser"?) tinha de passar — de maneira supostamente indireta — pela compreensão concreta do ser pelo *Dasein* questionador. Não era o *Dasein* que devia ser derivado da natureza do ser, mas o contrário: o ser da natureza devia ser derivado do *Dasein* questionador. E numa observação mais acurada, isso estava profundamente marcado pela temporalidade.

Depois do ser

Na verdade, a compreensão do ser pelo *Dasein*, qualquer que seja a forma de determiná-la concretamente, sempre esteve presente! Ela sempre já está dada, apresenta-se numa totalidade como decifrada, independente de que tipo de ente concreto pode entrar no campo de visão de um *Dasein* (casas, pinheiros, cadeiras, cogumelos, martelos, pregos, bactérias, *quanta...*). Ou seja, em relação ao ser — ao contrário do ente concreto — é preciso investigar mais atentamente ao menos uma *pré-temporalidade* [*Vorzeitigkeit*]. Na dicção kantiana, trata-se do caráter de um a priori: "Na compreensão total do ente, o ser já está compreendido de antemão, a compreensão anterior do ser ilumina, por assim dizer, a toda compreensão do ente".[42]

Essa experiência da pré-temporalidade foi uma importante pista ontológica, ao menos para um questionador que pretende conhecer mais detalhadamente a relação de *ser* e *tempo*. Pois desde o início era preciso explicar a todo ser humano, às crianças inclusive: há uma diferença clara entre o ente [*Seiende*] e o ser [*Sein*]. Ente é tudo que se mostra e está para nós no mundo como algo concretamente determinado (casas, cachorros, cadeiras, martelos, pregos, *quanta...*) — ou seja: tudo! Entretanto existe, por assim dizer, em segundo plano, a questão que ainda soa sensata: no que ou pelo que o ser se distingue do ente? Trata-se da questão ontológica como mãe perene do filosofar: qual a importância desse "ser"? Ele também "é"? E se sim, é da mesma maneira que todos os entes, ou de maneira totalmente diferente? Heidegger chama isso de questão sobre a "diferença ontológica". E a única coisa que está absolutamente clara nessa diferença é que o ser sempre precede o ente; ou seja, a relação do ser com o ente é uma relação de diferença fundamental de caráter *temporal*. Dessa maneira, Heidegger, no seu papel de ontologista fundamental, pode continuar perguntando concretamente: em qual experiência concreta essa diferença é mais marcante para o *Dasein*?

Ou dito de outra forma: o questionamento sobre a essência da diferença ontológica em si, o questionamento metafísico sobre o sentido do ser, é o que faz o *Dasein* ser, por essência, o que é. Ou seja: o filosofar. Numa carta a Elisabeth Blochmann, diz: "Faz parte da essência do *Dasein* humano que ele, à medida que exista, filosofe. Ser humano *quer dizer* filosofar — e por esse fato se torna tão difícil a liberação da filosofia *autêntica* e *explícita*".[43]

Pois exatamente porque este mundo — a partir da natureza prévia do próprio ser — sempre é vivenciado como fundamentalmente inferido, aberto [*erschlossen*], a maioria das pessoas não se questiona (ou deixa de se questionar) sobre os verdadeiros motivos dessa abertura. Elas vivem numa abertura indiscutível e, portanto, não a questionam. Por exemplo, na forma de uma visão de mundo aceita ou de uma imagem de mundo religiosa, mítica, científica ou dialético-materialista. Mas elas estão presas principalmente à imagem cotidiana de mundo do chamado bom senso humano, no qual existem, via de regra, sujeitos e objetos, coisas da natureza e coisas da cultura, comestíveis e não comestíveis, úteis e irrelevantes, sagradas e profanas...

As suposições por trás de cada uma dessas imagens de mundo (muitas vezes chamadas também de "filosofias") não devem ser apenas transferidas da suposição implícita ao questionamento explícito (como, por exemplo, fez Ernst Cassirer). Antes, porém, é preciso agir como Heidegger, com mais radicalismo, e colocar a questão sobre o pano de fundo desses diversos panos de fundo internos com uma coerência máxima, sem reservas: trata-se de colocar a questão ontológica fundamental sobre a verdadeira razão para a existência de uma abertura prévia, sobre cujo fundamento, por sua vez, podem se formar as ciências, as imagens de mundo, as línguas e as formas simbólicas próprias. De maneira concreta: há um fundamento sobre o qual se baseiam todos os outros fundamentos que usamos para nós mesmos em nosso cotidiano de fazer e desfazer, reconhecer e agir, perguntar e responder? Essa é a verdadeira pergunta da metafísica, e a ontologia — a doutrina do ser — é o seu coração. O conceito de *fundamento* [*Grund*] domina todas as aulas, conferências e obras de Heidegger na fase imediatamente posterior a *Ser e tempo*. Por exemplo, a aula "Princípios metafísicos da lógica", dada no semestre de verão de 1928, ainda em Marburg, e também conferências como "Sobre a essência do fundamento", de 1929, a aula "Conceitos fundamentais da metafísica", do semestre de inverno 1929-1930, ou a interpretação de Kant publicada também em 1929, "Kant e o problema da metafísica", com seus quatro capítulos girando em torno do problema de uma "fundamentação da metafísica".

Fundamento e abismo

É evidente que a filosofia ofereceu inúmeros candidatos para constituir um fundamento metafísico primordial: por exemplo, Deus, ou as ideias platônicas, substâncias eternas, ou leis básicas puramente lógicas como a proposição de identidade (A = A). Ou ainda certas categorias básicas do pensar, extraídas da estrutura de proposições afirmativas capazes de ser verdadeiras, como em Aristóteles e Kant. Todos esses candidatos têm em comum a característica da eternidade ou da atemporalidade: eles deviam ser compreendidos como *prévios* ao ser humano e possivelmente independentemente deste. E não apenas depois de Heidegger, todos apontam para pelo menos um de dois problemas: ou sua existência não podia ser comprovada com os meios da finita razão humana e dentro dos limites de sua experiência (Deus, substância), ou permanecia obscura a relação intermediadora desse suposto fundamento primordial com aquele mundo no qual um *Dasein* vivo sempre já existiu e se mostra capaz de agir.

Por fim, o impulso de Kant, de deixar de lado a metafísica clássica e, principalmente, sua ontologia, para pesquisar sobre as categorias da razão humana que fazem com que o mundo seja nosso mundo (os objetos se orientam pelas categorias da razão e não o contrário), pressupõe, por sua vez, uma separação absoluta como dada: quer dizer, a separação entre sujeito consciente e objeto a ser conhecido. Mas, segundo Heidegger, era preciso primeiro expor essa separação em seu suposto caráter absoluto e real. A diferenciação entre sujeito e objeto não pressupunha aquela experiência da abertura primordial que o projeto kantiano tentou fundamentar com limites precisos?

De volta à origem

Como em seu ensaio de 1922 sobre Aristóteles, preparatório à analítica do *Dasein*, as pesquisas ontológicas stricto sensu de Heidegger em 1928 sobre a lógica e a metafísica apontam para uma *destruição* de toda metafísica ocidental. Pois o questionamento ontológico tradicional partia de pressupostos fundamentalmente errados. Ou deixava em aberto a questão de como seres finitos subordinados à temporalidade podiam chegar a uma concepção ou até um saber sobre objetos ou fundamentos que, como tais, não estão ligados à finitude e, portanto, à temporalidade. Ou trabalhavam, de maneira acrítica, com precondições que deviam primeiro ser questionadas sobre sua origem (separação sujeito-objeto, teoria do conhecimento). É preciso então, uma vez mais, retornar à origem do problema ontológico, à questão de Parmênides sobre o sentido do ser. Para Heidegger, porém, toda boa pergunta do *Dasein* se apoia na experiência de um estado de incerteza problemática para o *Dasein*.

Para voltar à verdadeira origem do filosofar, não seria preciso retornar, física ou culturalmente, cerca de 2500 anos na história (algo que não é possível para seres tão imersos na história como nós). Antes, é preciso gerar a experiência problemática específica que forma o verdadeiro fundamento desse questionamento! Ou seja, com Heidegger a metafísica do conceito (da substância, da lógica ou das categorias) se transforma numa *metafísica da experiência* — experiência do *Dasein* finito e que se sabe finito!

A experiência problemática específica, que está na base da questão ontológica para o *Dasein* vigilante, diz respeito à forma específica de uma temporalidade sempre em formação, na qual os seres humanos estão inseridos: ou seja, com a experiência de *sua* temporalidade, que corretamente descrita é também a experiência de sua finitude.

Essa experiência estava condicionada a momentos particulares, destacados da existência, nos quais a pergunta pelo ser aparecia — se colocava, se impunha — de maneira especial: segundo Heidegger, não somos nós que fazemos as perguntas. As verdadeiras perguntas se fazem a nós!

Mas que experiências são essas? Para Heidegger, mais uma vez são experiências de ausência de fundamento existencial, iminentes e intensas, ou até de um abismo existencial. Principalmente experiências de proximidade da morte. Principalmente experiências de angústia. Experiências do chamado da consciência.

O verdadeiro fundamento que está na base de nosso questionamento metafísico e, portanto, da própria metafísica, não é um fundamento, mas um abismo. Não é "algo" que traz segurança, mas antes o nada. Nossa existência autenticamente metafísica está fundamentada numa fundamental ausência de fundamento! Justamente por isso ela pode ser verdadeiramente livre e experienciável. Ela é ontologicamente abissal, como é também a existência de um *Dasein*.

Nesse sentido, os suportes ideológicos e filosóficos que os seres humanos produzem como seres culturais a fim de se apoiarem neles e neles se orientarem no *Dasein* — a fim de estar de maneira suportável neste mundo — desviam do *essencial* da existência. Eles são parte da aparência, não do ser. Apenas o olhar voltado para o abismo dá origem ao autêntico.

A experiência concreta do nada é a verdadeira condição da possibilidade de todo sentido do *Dasein*. Esse "nada", porém, "é" tão pouco quanto o "ser". Ambos não "são", segundo Heidegger, mas os "há" [*es gibt*] — como experiências para existências finitas, temporais.

Quem filosofa dessa maneira se choca — e Heidegger seria o primeiro a confessar — necessariamente "contra os limites da linguagem". Entretanto, apenas nesse choque o *Dasein* produz o que chamamos de sentido: a experiência de uma vida plena, livremente fundamentada e determinada.

Será que Wittgenstein o contradiz aqui? Pelo menos, ele não o fez explicitamente no Círculo de Viena. E por essa mesma época, Benjamin também não estava cantando a ode metropolitana ao acaso que proporcionasse um sentido, que no fundo de toda ausência de fundamento aguarda a abertura salvadora a uma outra maneira de ser, redimida?

Volta para casa

Portanto, Heidegger faz progressos. Pelo menos, ele continua avançando. Também profissionalmente. No início de 1928, os últimos obstáculos institucionais foram vencidos em relação à cátedra em Freiburg. Apenas poucos dias após sua nomeação, em 16 de abril de 1928, ele compra um terreno em Freiburg-Zähringen para a construção de uma casa — que deve estar pronta por ocasião do início da sucessão de Husserl, no semestre de inverno de 1928-1929. Elfride Heidegger fica responsável pelo projeto, pela coordenação da obra e pela decoração de interiores, assim como aconteceu por ocasião da construção do chalé em 1921. Heidegger nutre grande expectativa e está agradecido, ainda que o contraste evidente entre seu programa de uma total dasabitação metafísica e o aburguesamento completo da própria existência faça com que ele reflita a respeito: "Pensei muito sobre 'nossa casa' nesses dias — vamos renovar no coração também a antiga construção do nosso amor e enriquecê-lo. E lhe agradeço calorosamente toda a confiança depositada em mim. Sei que apenas devagar aprendo realmente a viver e vivo de acordo com o que a voz interna me diz claramente a todo tempo. Embora não possamos nos apoiar apenas em ajudas externas, ainda assim creio que nossa casa — visto que não é nada exterior, pois nasceu como obra de seu desejo materno — vai solidificar nossa união e a relação com os filhos de maneira totalmente nova. Só agora começa nossa viagem...",[44] Heidegger escreve em 27 de setembro de 1928 do chalé à empreiteira Elfride. Pelo menos de acordo com os padrões internos da família o resultado deve ser considerado positivo: um tanto de chalé, um tanto de casa familiar. Metade Floresta Negra, metade cidade; por dentro e por fora revestida de madeira. O maior cômodo, claro, é o quarto de estudos de Martin.

Jornada para o alto

Na opinião de Heidegger, justamente o enraizamento completo em Freiburg levará, como ponto de partida e verdadeiro fundamento de um desabrochar, a alturas e profundidades inéditas. E ele se torna mais concreto ao escrever a Elisabeth Blochmann durante o verão passado no chalé, enquanto a casa é construída: "Aos poucos vou me adequando a Freiburg, mas, como percebo diariamente nestes dias de descanso, trata-se de aprofundar as tarefas ou um se atrever em coisas que ainda me eram inacessíveis na primeira vez em Freiburg [...]. As últimas aulas em Marburg desse verão foram um novo caminho ou muito mais a descrição das trilhas que durante muito tempo eu só podia imaginar... Ela [a casa] deu certo sem qualquer imprevisto".[45]

Em se tratando da "libertação da filosofia" das estruturas da pura erudição, as direções então tomadas não demandam apenas novas trilhas, mas uma maneira diferente de caminhar. Afinal, um pensador como Heidegger não pode se limitar apenas a ir à frente como exemplo. Ele precisa se tornar aos seus ouvintes um verdadeiro líder do *Dasein*, que vivencia no próprio corpo as experiências absolutamente essenciais, as mais próprias do ser humano, as quais ele mesmo anuncia. Em outras palavras, o reconhecimento de Heidegger do evento do abismo e do nada como verdadeira e única condição da possibilidade do verdadeiro filosofar exige também uma nova compreensão do papel da docência da filosofia: ela precisa se reestruturar definitivamente de instrução à performance, da lição à conversão. O professor acadêmico tem de se tornar mestre; o conferencista, um guia do *Dasein* — e arrastar os outros para o nada. Para a frente, avante, sobre todas as falsas soluções discursivas e tentativas deformadoras de repassar essas mesmas soluções, para cair na profundeza radical da autenticidade. Tudo menos se prender na pura erudição, no discurso.

Para o carismático Heidegger, talvez seja esse o exercício mais fácil. Mas também o mais arriscado. Numa situação bem diferente da do patriota da Constituição Ernst Cassirer, Heidegger — como profeta da queda libertadora — dispõe naquele verão de 1928 de tudo de que necessita para "sacudir a Alemanha". O campo está preparado, o cargo foi conquistado, a casa está habitada — e logo a oportunidade se apresenta irresistivelmente favorável. Dois dias antes do Natal de 1928, ele escreve a Elisabeth Blochmann, já da casa nova: "Fui convidado para a conferência em Davos, em março. Já aceitei, inclusive pela perspectiva de fazer excursões na montanha".

VIII.
Tempo

1929

Heidegger e Cassirer no topo, Benjamin olha para o abismo e Wittgenstein descobre novos caminhos

Esquiando

Uma vez chegado ao final de sua subida, Heidegger ainda está "um pouco preocupado em como será". Dois mil e setecentos metros acima do mar: ele nunca esteve tão alto. Ar de montanha, rarefeito. Sua habilidade será mesmo suficiente, o equipamento trazido de Freiburg estará à altura das exigências? Ele precisa se provar, aqui e agora. Tarde demais para inseguranças e hesitações. *Hic Davos! Hic salta!* *

Ele está indo surpreendentemente bem. Depois dos primeiros deslocamentos, Heidegger percebe que, entre todos os participantes — mesmo aqueles com muito mais experiência nesse campo —, ele na verdade é "muito superior". Em meio à conferência de Davos, Heidegger escreve à mulher, Elfride, em 21 de março de 1929, que a estação de Parsenn, situada a oitocentos metros de altura desde o vale, é até então o ponto mais alto de sua estada nos Alpes suíços. Cassirer não pôde acompanhar o passeio. O colega, diz Heidegger, "ficou doente depois da segunda palestra, já veio com um resfriado". No seu lugar, entrou o curador da Universidade de Frankfurt, Kurt Riezler. O mesmo Riezler que menos de doze meses antes quis tirar Ernst Cassirer

---

* "Aqui está Davos! Salta aqui!" Referência a *"Hic Rhodus, hic salta!"*, que aparece na fábula "O fanfarrão", de Esopo, tornou-se fórmula para exigir a demonstração imediata de algo que pode ser facilmente provado. [N.T.]

de Hamburgo, acenando com uma *carte blanche* para uma remontagem completa do departamento de filosofia da sua instituição. Depois da recusa de Cassirer, o lugar foi ocupado por Max Scheler, cuja principal obra, *A situação do homem no cosmos*, foi publicada em 1928, nem um ano depois de *Indivíduo e cosmos na filosofia do Renascimento*, de Cassirer, e ainda antes do terceiro volume da *Filosofia das formas simbólicas*. Max Scheler morreu repentinamente, em maio de 1928.

Entre pessoas

Enquanto Cassirer está na varanda de seu quarto de hotel na companhia da mulher, Toni, enrolado em cobertas quentes de pele de camelo, aguardando a breve recuperação feito Hans Castorp na *Montanha mágica*, Heidegger passa cada minuto livre com Riezler, seu novo amigo do alpinismo, que acabou por lhe fazer ofertas acadêmicas, certamente não casuais: "Estou passando muito tempo com Riezler, ele me disse que espera agora que eu receba um chamado para Frankfurt — basta dar tempo ao tempo". Todo o resto havia decepcionado Heidegger com mais ou menos intensidade até aquele momento, sobretudo Davos em si, que "é terrível: um kitsch desmedido na arquitetura, uma mistura absolutamente desordenada de pensões e hotéis. E mais os doentes [...].[1]

No passado, quando leu em Marburg *A montanha mágica* juntamente com Hannah Arendt, a imagem que ele formou do lugar era melhor. O transcorrer da conferência e seus participantes também o haviam desapontado. Suas duas palestras sobre *A crítica da razão pura*, de Kant, que fez de improviso "durante mais de uma hora e meia, sem qualquer anotação", foram um "grande sucesso", principalmente porque ficou com a impressão "de que os jovens pressentem que as raízes do meu trabalho estão em algum lugar que o homem da cidade já não dispõe mais — e nem mais compreende".

Mas ele tem de notar, por fim, "o quão manhosos, sem constância nem instinto são os jovens. E não encontram mais o retorno à simplicidade do *Dasein*".[2] "Cassirer", ele acrescenta na sua segunda carta de 23 de março, "vai tentar se levantar hoje, de modo que o 'grupo de trabalho' só acontecerá na segunda ou na terça-feira."

Entre os "jovens" terrivelmente perturbados que frequentam as conferências de Heidegger e também de Cassirer em Davos não são poucos os que se tornaram grandes nomes da filosofia global do pós-guerra, como Emmanuel Levinas, Norbert Elias, Joachim Ritter, bem como o não mais tão jovem Rudolf Carnap. Como quase toda a nova geração da filosofia de expressão alemã e francesa, Carnap está especialmente impressionado com a participação de Heidegger: "Cursos de alto nível. Cassirer fala bem, mas é um tanto pastoral. [...] Heidegger é sério e objetivo; muito atraente do ponto de vista humano", ele anota no diário em 18 de março de 1929. Em 30 de março, outro registro: "Passeio com H. Discutimos. Sua posição: contra o idealismo, principalmente na educação popular. A nova 'questão sobre a existência'. Necessidade de redenção".[3]

Carnap também dá suas voltas ao redor do hotel da conferência com Cassirer, que está se restabelecendo. Discutem sobretudo quais cargos acadêmicos provavelmente devem ficar vagos a curto prazo. Há tempos que Cassirer mantém uma intensa correspondência sobre pesquisa com o mentor de Carnap em Viena, Moritz Schlick, e falavam sobre criar redes de contato, lamber botas, aumentar e cultivar panelinhas, reunir impressões e deixar marcas. Naquela época, tanto quanto hoje, essas ações são tão decisivas à carreira de um filósofo acadêmico quanto o pensar em si. Feliz daquele que sabe se movimentar nesse piso sempre bem encerado. Heidegger também vê as coisas por esse prisma: "Estou bem contente por estar participando — embora, no essencial, não haja nada que eu possa aprender; a mobilidade, o trato com as pessoas e uma certa segurança exterior acabam se fortalecendo".[4]

Realmente, aqueles dias passados no luxuosíssimo Belvédère devem ter sido a primeira estada de Heidegger num grande hotel de excelência absoluta. Justamente para esse ambiente tão sensível à etiqueta, vale o seguinte: apenas quando o "como fazer" está completamente dominado e aplicado, os tabus podem ser quebrados de maneira efetiva. Heidegger aprende rápido: "Sentindo um cansaço gostoso, nutridos por muito sol e pela liberdade das montanhas, mais a energia boa da longa descida ainda no corpo, deparávamos todas as noites, metidos em nosso equipamento de esqui, com a elegância dos trajes noturnos".[5]

De sua parte, Toni Cassirer se mostra irritada. Principalmente porque desfruta do privilégio mais que suspeito, em sua opinião, de ter sido colocada pelo rígido cerimonial ao lado de Martin Heidegger no grande salão de refeições. "O problema", ela se lembrou mais tarde, "foi saber como deveria passar os próximos catorze dias ao lado desse estranho inimigo, visto que essa era minha opinião sobre ele." Como o marido, Ernst, passou praticamente a semana toda de cama, ela fica "duas vezes por dia ao lado desse sujeito curioso, que decidiu desacreditar os feitos de toda a vida de Cohen e, se possível, destruir Ernst".[6]

As recordações de Toni Cassirer (escritas apenas em 1948 no exílio em Nova York e, portanto, certamente incrementadas com juízos de valor) de Davos são as únicas fontes confiáveis que falam de perceptível "inimizade" e "desejo de destruição" expostos abertamente. Os outros testemunhos disponíveis, sobretudo dos participantes ativos, reforçam, ao contrário (e ainda por cima de maneira concordante), a atmosfera de grande coleguismo e cordialidade. Mas existia desde o início — e todos os presentes sabiam — uma sombra sobre a conferência e, principalmente, sobre a disputa que se avizinhava entre Cassirer e Heidegger.

Véspera em Munique

Apenas um mês antes, em 23 de fevereiro de 1929, o sociólogo vienense Othmar Spann havia proferido a palestra "A crise cultural do presente" no auditório da Universidade de Munique durante um evento organizado pela "Liga pela juventude alemã". Durante sua fala, ele expressou tristeza pelo fato de "o povo alemão ter de ser lembrado da sua filosofia kantiana por estranhos"; entre esses "estranhos", ele incluía filósofos do naipe de Hermann Cohen e Ernst Cassirer. Nas palavras de Spann, "a explicação da filosofia kantiana por Cohen, Cassirer e outros [...] é muito deficiente", visto "que o verdadeiro Kant, na realidade metafísico, não é apresentado dessa maneira ao povo alemão".[7]

"A palestra do professor Spann", precisou o repórter do jornal *Frankfurter Zeitung* na sua reportagem de 25 de fevereiro de 1929, "foi essencialmente uma polêmica [...] contra a democracia [...]. Dirigindo-se brevemente mas com clareza ao ministro da Cultura prussiano, ele se posicionou a respeito da limitação da liberdade de pensamento dos estudantes, eruditos e artistas alemães e das ideias da democracia individualista e da luta de classes".[8]

A atuação de Spann em Munique se tornou um escândalo por mais de um motivo. Primeiro, a "Liga pela juventude alemã" era uma organização fundada por Alfred Rosenberg, que viria a ser o ideólogo-chefe do nazismo, para representar e difundir os objetivos políticos do NSDAP, o partido nacional-socialista. Mas a orientação universitária, tanto em Munique como em outros lugares, era a de não se abrir espaço para eventos de motivação política. Antes de Spann subir ao púlpito, Adolf

Hitler tinha entrado no salão "sob ruidosa ovação" de seus inúmeros "simpatizantes ornamentados com suásticas", para depois da palestra trocar com Spann "aperto de mãos e ostensiva reverência".[9]

Ou seja, a palestra de Spann era obviamente uma ofensa às diretrizes universitárias. Mas ela se alinhava de maneira explícita ao discurso proferido durante a Primeira Guerra Mundial por pesquisadores kantianos de tintas nacionalistas, principalmente Bruno Bauch, sobre a existência de uma linha de interpretação de Kant genuinamente alemã e outra judaica — discurso esse que em 1916 se voltou com força contra Cohen e o neokantismo de Marburg. A agitação no âmbito dos círculos filosóficos já tinha sido enorme à época. Cassirer havia ameaçado deixar a sociedade Kant caso Bauch não saísse imediatamente da diretoria, o que este último acabou fazendo. Repetia-se então uma descarga nacionalista-popular que beirava a infâmia — com o beneplácito da Universidade de Munique e o aplauso de Adolf Hitler — apenas quatro semanas antes de uma conferência de importância internacional que discutiria a questão kantiana "O que é o ser humano?", e na qual o palestrante Heidegger apresentaria sua leitura própria, de orientação claramente metafísica, da principal obra de Kant. Querendo os protagonistas ou não, a situação também trazia grande carga de tensão política.

Relaxem!

Por essa razão, não apenas Toni Cassirer faz o que está a seu alcance a fim de desanuviar a situação durante as horas em companhia de Heidegger:

> Então tive a ideia de enganar a raposa esperta — pois ele me pareceu ser assim. Comecei uma conversa ingênua com ele, como se não soubesse nada de suas antipatias, filosóficas

ou pessoais. Perguntei-lhe sobre todos os conhecidos em comum, principalmente do que ele sabia de Cohen como pessoa, e já ao fazer a pergunta antecipei um natural elogio. Espontaneamente, descrevi-lhe a relação de Ernst com Cohen; falei do tratamento vexatório que esse excepcional erudito tinha recebido enquanto judeu; contei-lhe que nenhum membro da faculdade de Berlim tinha acompanhado seu caixão. Falei-lhe, certa de sua aquiescência, até sobre muitas questões essenciais da vida de Ernst, e tive o prazer de ver essa massa dura amolecer feito um pãozinho mergulhado em leite quente. Quando Ernst levantou da cama, foi difícil para Heidegger manter a planejada postura hostil em relação a ele, de quem sabia de tantas coisas pessoais. Evidentemente que a gentileza e o respeito que Ernst lhe devotou tampouco facilitaram um ataque frontal.[10]

O próprio Heidegger também teme, antecipadamente, que tudo possa se transformar "numa sensação", na qual "eu, mais do que poderia apreciar quando estou pessoalmente presente, me torne seu centro". Sobretudo porque Cassirer se mostra decidido — provavelmente para evitar uma discussão direta sobre Kant — a enfatizar o *Ser e tempo* de Heidegger em suas palestras. Por outro lado, Heidegger, receando ficar muito em evidência, resolve se dedicar de todo à *Crítica da razão pura* de Kant, a partir de seus interesses ontológicos fundamentais. Ou seja, a dança tática havia começado bem antes da disputa em si. E a previsão era de que Heidegger a liderasse: tomando Kant como tema, ele confrontaria Cassirer no próprio terreno deste último, onde havia mais (ou tudo) a vencer. Ainda que a atmosfera não seja abertamente hostil, ela está muito carregada quando os dois se encontram às dez horas da manhã em 26 de março de 1929. Segundo a testemunha ocular Raymond Klibansky, eles estavam prestes a iniciar uma disputa — diante dos olhos e ouvidos da nova geração de filósofos de ambas as nações — que "em certo sentido colocava em jogo o futuro da filosofia alemã".[11]

Tempestade de palavras — A disputa de Davos

Cassirer inicia, decidido a primeiro tirar do caminho o tema do neokantismo, novamente tornado explosivo. "O que Heidegger entende por neokantismo? [...] O Neokantismo é o bode expiatório da nova filosofia. Para mim, porém, falta um neokantiano existente."[12]

Uma marca havia sido colocada. Principalmente porque o neokantismo nunca se tratou de um "sistema dogmático doutrinal, mas, antes, da direção da colocação da pergunta". E Cassirer prossegue, "devo confessar que encontrei em Heidegger aqui um neokantiano, como eu não esperaria encontrar nele". Nada mau para o começo. Primeiro: não sou neokantiano! Segundo: Se sou, Heidegger também o é!

Em seguida é a vez de Heidegger, que começa a citar nomes: "Cohen, Windelband, Rickert...". Ele não quer reconciliação, está claro. Por outro lado, Cohen é o orientador de Cassirer, Rickert o de Heidegger. Na realidade, ambos trazem o mesmo cunho. Do que se trata, afinal? Heidegger põe lenha na fogueira. A raiz do neokantismo é antes um apuro do que uma direção autônoma de pesquisa. E, até 1850, esse apuro era o seguinte: "o que sobra ainda da filosofia se a totalidade do ente foi dividida entre as ciências? Sobra apenas conhecimento da ciência, não do Ente". Isso cala fundo. E orienta o contra-ataque: a filosofia como mera empregada das ciências? Não será exatamente isso que Cassirer ambiciona com sua *Filosofia das formas simbólicas*, reconhecer os sistemas de conhecimento a partir de sua construção interna? Epistemologia em vez de ontologia? E Heidegger continua atacando, agora diretamente com Kant como testemunha principal: "Kant não queria nos dar nenhuma teoria da ciência natural, mas, antes, queria indicar a problemática da metafísica e, nomeadamente, a da ontologia". Em outras palavras: Kant não era neokantiano, mas ligado à ontologia fundamental. Como eu: Heidegger.

Nesse momento, Cassirer está claramente na defensiva. Afastar-se de Cohen? Naquele contexto, isso estava fora de questão. Então, o melhor é atacar Heidegger com Kant! O flanco aberto é o da ética, central para Kant. Nesse aspecto, Heidegger não propõe nada. Cassirer: "Se tomamos o todo da obra de Kant diante dos olhos, grandes problemas irrompem. Um desses problemas é o problema da liberdade. Este sempre foi para mim o verdadeiro problema principal de Kant. Como é possível a liberdade? Kant diz que essa pergunta, assim colocada, não se deixa compreender. Concebemos apenas a incompreensibilidade da liberdade".

Moral: Kant era metafísico, mas não a serviço da ontologia, e sim da ética! Trata-se do ser humano que age, finito, não do ser. E justo no caso da ética — Cassirer prepara um golpe —, há uma ruptura, uma investida produtiva em direção à metafísica: "O imperativo categórico deve ser de tal modo disposto que a lei constituída seja algo não só para homens, mas seja, isto sim, válida para todo ser racional em geral. Subitamente, aqui está esta transição notável. [...] A eticidade como tal leva para além do mundo dos fenômenos. Isto é tão decisivamente o metafísico, que nesse ponto ocorre agora uma ruptura".

Absolutamente claro: uma ruptura na esfera do finito para o infinito, da imanência para a transcendência. Heidegger não tem o que falar a respeito! E isso aponta para o verdadeiro problema do conceito geral de seu *Ser e tempo*, sua analítica geral do *Dasein*, sua ontologia fundamental. Na forma de uma pergunta: "Heidegger evidenciou que nosso poder de conhecimento é finito. Ele é relativo e condicionado. Assim, porém, surge a pergunta: como tal ente finito em geral chega ao conhecimento, à razão, à verdade? [...] como esse ser finito chega a uma determinação de objetos que, como tais, não estão atados à finitude?".

Esse é o verdadeiro problema da metafísica! Essa é a verdadeira questão de Kant. Também é a verdadeira questão de Cassirer. Mas será também a de Heidegger? Cassirer parte para o geral: "Heidegger quer abdicar dessa objetividade inteira? [...] Ele quer subtrair-se completamente a este ser finito ou, se não, onde está, para ele, a transposição a esta esfera?".

Boas perguntas. Verdadeiros gols. Heidegger está acuado. Ele tem de se defender com Kant. Ou pelo menos com o próprio Heidegger. Ética realmente não é sua especialidade, mas não há outro jeito: "Cassirer quer indicar que a finitude se torna transcendente nos escritos éticos. — No imperativo categórico reside algo que vai além do ser finito. Mas precisamente o conceito do imperativo como tal mostra a referência interna a um ser finito".

Verdade! Qualquer criança entende: Deus não precisa de imperativos, apenas os seres racionais finitos. Além disso, Deus não precisa de ontologia, essa também é um "índex da finitude", acrescenta Heidegger. Então não há nenhuma ruptura aí, muito pelo contrário. Heidegger passa a fazer uso de Kant: "Também, este ir-além a um ponto mais elevado é sempre um ir-além para o ser finito, para o criado (Anjo)".

Ano de 1929, Davos, e os dois filósofos mais importantes da modernidade alemã brigam em arena pública sobre imperativos categóricos para anjos? É isso. Mas o ponto decisivo para Heidegger é: "Também essa transcendência ainda permanece interna ao âmbito das criaturas e à finitude".

Ou seja, a transcendência de Kant é apenas imanente, que se curva de volta à finitude e por ela é limitada; por ela é verdadeiramente tornada possível! Heidegger está por cima nesse momento: se queremos compreender Kant, a metafísica, ou seja, a filosofia em si, a direção da pergunta tem de ser radicalmente invertida. A pergunta certa não é como se chega da finitude à infinitude. É mais importante compreender como se chega da transcendência do ente — e, portanto, de sua abertura prévia para nós, humanos — à finitude do *Dasein* como verdadeira origem do todo. Isso leva, é claro, diretamente à questão sobre o ser do *Dasein*. A pergunta exata então é: "Como é a estrutura interna do próprio *Dasein*? É finita ou infinita?". Todos na sala conhecem as respostas de Heidegger a respeito: a estrutura interna do *Dasein* é radicalmente finita, e suas possibilidades são determinadas de dentro para fora pela temporalidade. Este é o cerne de *Ser e tempo*.

Ainda nenhuma manifestação de Cassirer. Heidegger continua, portanto: "Agora, à pergunta de Cassirer pelas verdades eternas universalmente válidas. Se eu digo: a verdade é relativa ao *Dasein*, […] este enunciado é um enunciado metafísico: verdade enquanto verdade só pode apenas ser, e, enquanto verdade, tem apenas, em geral, um sentido, se o *Dasein* existe. Se o *Dasein* não existe, não há verdade, e então não há nada, em absoluto. Mas com a existência de algo como o *Dasein*, vem primeiramente a verdade no próprio *Dasein*". Para Heidegger, importa o seguinte: a verdade de afirmações individuais não é relativa ao que um determinado ser humano possa pensar, mas o conceito, a ideia da verdade em si refere-se essencialmente à finitude do *Dasein*, e apenas na finitude deste último encontra sua verdadeira origem. Para Deus não se coloca a pergunta pela verdade, nem para os elefantes ou os cachorros. A pergunta pela verdade só se coloca para o *Dasein*. Metafísica elaborada a partir do *Dasein*!

É difícil se defender contra isso. Mas o que dizer da suposta eternidade do conhecido? Heidegger continua a revolver: "Eu coloco a contraquestão: [...] De onde, pois, sabemos desta eternidade? [...] Esta eternidade não é apenas aquilo que é possível sobre o fundamento de uma transcendência interior do próprio tempo?". Transcendência interior do próprio tempo? O que Heidegger quer dizer com isso? Simples: o tempo, como algo que flui, aponta permanentemente para além de si próprio; exatamente aí está sua verdadeira essência para o *Dasein*: "na essência do tempo reside uma transcendência interior; que o tempo não é apenas o que possibilita a transcendência, mas, isto sim, que o próprio tempo tem em si mesmo um caráter horizontal; que eu, no porvir, tenho sempre um comportamento rememorante ao mesmo tempo que um horizonte de presença, futuridade e ser-do-sido em geral; que aqui se encontra uma determinação [...] do tempo, dentro da qual algo como a permanência da substância, pela primeira vez, se constitui".

No fundo, nada muito complicado. Para Heidegger, o tempo não é uma coisa externa ou um receptáculo, mas um processo na base de tudo que é experienciado. Mas só porque esse processo (por sua natureza, digamos) nega aquela dinâmica que o define propriamente, ou seja, seu constante fluir, então, como *Dasein*, imaginamos que exista algo como uma permanência duradoura, até eterna. Substâncias eternas são uma ilusão metafísica, um engano vindo do espírito do *Dasein*! Na verdade, apenas o processo em si é real. E esse processo não é coisa, muito menos eterna, mas "ele existe" [*es gibt ihn*]. E ele, por sua vez, "existe". Existe tudo o que está a transcorrer — que estará e que tiver estado. Ser *e* tempo.

Aliás, Bergson e Proust pensam de maneira semelhante. E Benjamin. E Husserl. E William James. E o irmão, Henry. E Alfred North Whitehead. E Virginia Woolf. E James Joyce. E Salvador Dalí. E Charlie Chaplin... A ideia molda o espírito da época dos anos 1920. Ela é filha dessa época! (Não há alternativa!) É preciso então, com toda radicalidade, tirar as conclusões metafísicas corretas. Heidegger está em seu elemento. Nenhuma palavra mais sobre Kant. Para ele, Heidegger, o que importa é simplesmente "evidenciar, com vistas à possibilidade do entendimento do Ente, a temporalidade do *Dasein*. E a propósito disso estão orientados todos os problemas. A análise da morte tem a função de, em uma direção, evidenciar a futuridade radical do *Dasein* [...]. A análise da angústia tem a única função [...] de preparar a questão: com base em qual sentido metafísico do próprio *Dasein* é possível que o homem em geral possa estar colocado diante de algo como o Nada? [...] Apenas quando entendo o Nada ou a angústia tenho a possibilidade de entender o Ser [...]. E apenas na unidade do entendimento do Ser e do Nada salta do *Porquê* a pergunta da origem. Por que o homem pode perguntar pelo *Porquê*, e por que ele deve perguntar?

É disso que trata a metafísica. A experiência do ser está ligada à experiência do nada. Ela dá a base sem base a todas as perguntas. Ela forma o ser humano como ser humano, é o que primeiro o faz existir verdadeiramente! O ser humano é o único ser que está aberto para essa experiência do nada na base do ser. Ou seja, uma origem eternamente questionadora. Transgressor apenas em suas perguntas infundadas, mas nunca em seus conhecimentos.

Ainda não se escuta nada da boca de Cassirer. Heidegger prossegue, avançando sempre mais. Ele contra-ataca com força também na questão da liberdade: "Cassirer diz: não compreendemos a liberdade, mas, sim, apenas a incompreensibilidade da liberdade. [...] Disto não se segue, porém, que, de certo modo, aqui permaneça um problema do irracional, mas, antes, porque a liberdade não é objeto da compreensão teórica, mas tanto mais um objeto do filosofar, isto não significa, então, outra coisa senão que a liberdade apenas é e apenas pode estar na libertação. A única relação à liberdade adequada no homem é o libertar-se da liberdade no homem".

A liberdade é então como uma verdade factual. E, por isso, ligada segundo sua essência não a uma lei atemporal predeterminada, mas, por fim, à decisão sem fundamento do momento, de se tornar independente. Isso ainda é Kant? De novo Kant? Kant autenticamente kantiano, essencialmente alemão, metafísico?

Um estudante que permaneceu anônimo tem piedade e traz Cassirer de volta ao ringue. Suas perguntas são muito fáceis. E miram diretamente o centro da questão.

Perguntas a Cassirer:

Qual caminho tem o homem para a infinitude? E qual é o modo como o homem pode participar da infinitude?

Em que medida a Filosofia tem a tarefa de tornar-se livre da angústia? Ou não tem ela a tarefa precisamente de entregar radicalmente o homem à angústia?

Todos na sala, também Cassirer, percebem que está na hora, ele tem de sair da sombra. Ele não hesita nem um segundo, dá tudo de si. Qual o caminho do ser humano à infinitude? "Não de outro modo que por meio da forma. Esta é a função da forma — que o homem, enquanto muda seu *Dasein* em forma, isto é, enquanto ele, agora, deve converter tudo o que é nele vivenciado em alguma forma objetiva, na qual ele se objetiva de tal modo que, com isso, não se torna, por certo, radicalmente livre da finitude do ponto de partida (pois este está, de fato, ainda relacionado a sua própria finitude), mas, enquanto isso resulta da finitude, leva a finitude para além, em algo novo. E isto é a infinitude imanente."

Eis o núcleo metafísico de sua filosofia das formas simbólicas: a concretização das próprias vivências em formas simbólicas cria um reino próprio, autônomo, que transcende as fronteiras da própria finitude e provavelmente até da finitude em si. Como, por exemplo, o reino da lógica, da matemática... os sistemas de formas simbólicas, criados por seres humanos como seres culturais, mas presumivelmente não limitado a eles em suas leis e em sua validade. *Ergo*: "ele [o ser humano] possui sua infinitude somente nesta forma. 'Do cálice deste reino espiritual, flui para ele a infinitude'. E o reino espiritual não é um reino espiritual metafísico; o autêntico reino espiritual é justamente aquele mundo espiritual criado dele [do ser humano] mesmo. Que ele o possa criar, é o selo de sua infinitude".

De novo, sempre em momentos extremamente complexos, a combinação Kant, Goethe, Schiller, Goethe, Kant. É suficiente? Não parece ser especialmente radical. E, em 1929, parece até um tanto prosaico. Mas, em todo caso, é idealismo consolidado, e de cunho "essencialmente" alemão (na medida em que esse conceito tenha realmente significado). Poderia ser verdade. Cassirer acredita nisso. Põe a cabeça a prêmio. Ele está ali, não sabe fazer diferente.

E em relação à angústia — e à filosofia: o que ele pensa? Cassirer junta forças, apruma-se: "É uma pergunta bastante radical, à qual se pode responder apenas com um tipo de confissão. A filosofia deixa o homem tornar-se livre apenas na medida em que ele pode tornar-se livre. Enquanto ela o faz, acredito, ela o liberta — certamente, em certo sentido — radicalmente da Angústia enquanto mera disposição. Acredito, mesmo de acordo com as exposições de Heidegger [...], que, propriamente, a liberdade pode ser encontrada apenas no decorrer do caminho da libertação progressiva, o que, também para ele, é um processo sem fim. [...] Eu gostaria que o sentido, a finalidade, de fato, a libertação, fosse tomado neste sentido:

'Lancem a angústia terrena de vós!'. Esta é a posição do idealismo, que eu sempre professei".

Tomar ar. Perplexidade. Expectativa. Como Heidegger vai reagir? No que consiste, para ele, a verdadeira tarefa da filosofia? No que consiste a verdadeira libertação, a ruptura? Uma resposta definitiva, certeira, todos devem saber, não é do seu feitio. Nem mesmo o perguntar em si. Para Heidegger, o ser humano é antes de tudo "em última instância [...] tão acidental que a forma mais elevada de existência do *Dasein* só se deixa reconduzir sobre os pouquíssimos e raríssimos momentos de duração do *Dasein* entre vida e morte; [tão acidental] que o homem existe apenas em pouquíssimos momentos da agudez de sua possibilidade, e de resto, porém, move-se no meio do seu Ente".

Então, trata-se na verdade desses momentos, também e justamente na filosofia. Por essa razão, Heidegger prossegue, "a pergunta pelo ser do homem unicamente tem sentido e direito se ela é motivada pela própria problemática central da Filosofia, que conduz o homem de volta para além de si mesmo e à totalidade do Ente, para tornar manifesto aí para ele, em toda a sua liberdade, a nadidade [*Nichtigkeit*] do seu *Dasein*. Uma nadidade que não é motivo para o pessimismo e para a melancolia, mas para o entendimento de que a atividade efetiva está apenas lá onde há oposição, resistência, e que a filosofia tem a tarefa de, do mais baixo aspecto de um homem que meramente utiliza o trabalho do espírito, em certo sentido, lançá-lo de volta à dureza de seu destino".

Teses como socos. Silêncio. Como sintetizar tudo isso? A sentença tende para que lado?

O que quer o filósofo Cassirer: como seres de cultura, criadores, lancem a angústia para longe, libertem-se, pela comunicação simbólica comum, das estreitezas e limitações originais dessa angústia!

O que quer o filósofo Heidegger: lancem a cultura para longe como aspecto baixo de seu ser, e submerjam como os arrojados [*Geworfenen*] sem fundamento que vocês são, cada um por si, na origem verdadeiramente libertadora de sua existência: ao nada e à angústia!

Davos, a disputa do século, a mônada de uma década. Tensionada de dentro para fora até a ruptura, ela oferece em 26 de março de 1929 duas respostas radicalmente diferentes para a mesma eterna pergunta: Qual a essência do filosofar? Ou: O que é o ser humano?

Até o eternamente bem-intencionado Cassirer não enxerga mais nenhuma possibilidade de um encontro: "Estamos em uma posição na qual pouco é realizado através de argumentos meramente lógicos". Heidegger sempre soube disso! No fundo, não se trata de argumentos, mas da ousadia do salto em si! Nada atrapalha mais essa coragem do que uma ponderação calma e desejo de consenso: "O mero mediar nunca fará avançar a nada produtivo". Então ele se afasta de Cassirer e oferece uma conclusão aos estudantes no recinto: "O que importa é que vocês levem consigo uma coisa da nossa discussão: não se orientem para a variedade das posições dos homens filosofantes, e que vocês não se ocupem com Cassirer e Heidegger; mas, isto sim, que vocês cheguem tão longe para ter percebido que nós estamos no caminho para tornar novamente séria a questão central da metafísica".

Ainda que eles — como é provável — não tenham compreendido tudo, cabia esperar que o tivessem percebido. A coisa. Ele. O abismo. E como o primeiro passo necessário do caminho à autenticidade total! Foi assim?

Sim, eles sentiram. Deram o primeiro passo abissal. Profundamente no interior. Ao menos, a maioria deles. Heidegger deixa a sala com a impressão de ter sido o vencedor.

Lamber feridas

Elfride é a primeira a perceber: "Acabei de sair de um debate de duas horas com Cassirer que transcorreu muito bem e que impressionou sobremaneira os alunos do ponto de vista do conteúdo [...]".[13] O julgamento de Heidegger alterou-se ligeiramente a partir de um maior distanciamento temporal, como mostra seu relato a Elisabeth Blochmann: "Cassirer foi extremamente elegante na discussão e quase amável demais. Desse modo, encontrei pouca resistência, o que impediu dar ao problema a necessária argúcia da formulação. No fundo, as questões eram difíceis demais para um debate público. O que fica, essencialmente, é que a forma da discussão e o modo de conduzi-la, como mero exemplo, poderiam gerar efeito".[14] Mais uma vez, fica patente: conduzir é o novo argumentar de Heidegger. Essa é uma conclusão-chave dos dias em Davos. Pelo menos para ele.

Realmente o evento não se tornou uma carnificina, nem mesmo uma batalha de verdade. As luvas foram mantidas, assim como a proteção das cabeças. O jornalista do *Neue Züricher*, em um tom um tanto entediado, reportou com decepção: "Em vez de assistir à colisão frontal de dois mundos, apreciamos no máximo os monólogos de um homem muito simpático e de outro muito intenso, que apesar disso se esforçou ao máximo para ser educado. Ainda assim, todos os ouvintes ficaram muito impressionados e se felicitaram por terem estado presentes".[15]

Em todo o caso, a jovem guarda dos estudantes achou o debate emocionante o suficiente para reprisá-lo, de maneira satírica, na noite de encerramento do encontro de Davos. Emmanuel Levinas, com cinza na cabeça, fez o papel de Cassirer. A fim de expressar teatralmente o absoluto tradicionalismo dos ideais de formação [*Bildungsideale*] idealistas de Cassirer, ele passou toda a encenação salpicando as cinzas que trazia nos bolsos de sua calça enquanto balbuciava: "Humboldt, *Bildung*, *Bildung*, Humboldt...". (Se há coisas pelas quais alguém se envergonha por toda sua vida, no caso de Levinas deve ser essa atuação.) Apenas dois meses mais tarde, em junho de 1929, é publicado *Kant e o problema da metafísica*,[16] de Heidegger — um desenvolvimento das teses apresentadas na forma de livro. Em 1932, Cassirer vai lidar mais uma vez por escrito com a interpretação de Kant feita por Heidegger, mas fora isso não foi mantida nenhuma outra declaração de sua parte a respeito do debate. É possível que não achasse o evento tão importante assim. De todo modo, durante toda a sua vida ele manteve silêncio a respeito. Depois do debate, Cassirer partiu de Davos com um grupo de alunos para Sils-Maria, numa excursão de um dia para visitar a casa de Nietzsche. Heidegger não se juntou a eles, preferiu continuar esquiando pelas encostas cobertas de neve.

Sentimentos primaveris

Nos últimos dias de março de 1929, quando Martin Heidegger faz sua segunda conferência sobre Kant no Grand Hotel Belvédère, em Davos, e Ernst Cassirer, acometido pela gripe, se levanta pela primeira vez da cama, Benjamin procura com afinco por um bom professor de hebraico. "Escreverei ao dr. Magnes assim que as aulas — diárias — tiverem começado", ele promete em 23 de março de 1929 a Gerhard Scholem, que há tempos espera impaciente em Jerusalém por notícias. Problemas sérios se repetem também naquela primavera, mas sem dúvida em menor número do que de costume. Pois em relação à trajetória profissional pontuada por fracassos de Benjamin, os doze meses anteriores tinham sido, de longe, os mais exitosos de sua vida adulta: tanto o ensaio sobre o drama barroco quanto o *Rua de mão única* foram lançados no fim de janeiro de 1928 em forma de livro, e mereceram da crítica uma recepção intensa, positiva em sua maioria. A revista *Die literarische Welt* e o jornal *Frankfurter Zeitung* — onde Benjamin estava em casa — teceram loas aos trabalhos. Mas também no jornal *Vossische Zeitung* e até na Áustria e na Suíça foram bem recebidos. Ninguém menos que Hermann Hesse tinha enviado à editora Rowohlt uma mensagem espontânea de satisfação para com *Rua de mão única*. Uma livraria berlinense próxima à Potsdamer Brücke decora toda a vitrine com as obras de Benjamin — ao lado de um busto seu de autoria de Jula Cohn. Ainda que as vendas em todo o país não passassem dos mil exemplares, no decorrer de um ano Benjamin se tornou um autor renomado e de reconhecido estilo próprio.

A ópera dos trezentos vinténs

Também seu papel de crítico se torna mais prestigiado. Ele passa a ser colaborador fixo tanto da *Die literarische Welt*, dirigida por Wille Haas, quanto do suplemento cultural do *Frankfurter Zeitung*, editado por Siegfried Kracauer, alternando-se entre eles. E olhando com um pouco mais de atenção, vemos que Benjamin é parte integrante, se não o centro irradiador de ideias, de uma turma própria de redatores de cultura que se dá a liberdade de apresentar as obras uns dos outros nas mídias em questão. Kracauer resenha Benjamin, Benjamin resenha Kracauer, Bloch resenha Benjamin, Benjamin resenha Bloch... Adorno, ainda sob o pseudônimo "Wiesengrund", também é membro fixo desse círculo.

Pela primeira vez na vida, Benjamin — que nesse meio-tempo também começou a escrever textos para a programação da rádio Hessischer Rundfunk — dispõe de algo como uma rede profissional, que lhe garante uma estabilidade financeira. Ele não mais oferece seus préstimos, desesperado, e vez ou outra chega até a recusar trabalho, altivo. Não precisa mais ficar mendigando por exemplares de leitura para escrever suas resenhas, mas os recebe automaticamente em casa. Por aqueles dias, ele se sente inclusive estabelecido o suficiente para ajudar amigos em necessidade, como Alfred Cohn (irmão de Jula Cohn), a entrar nas redações, não sem antes alertá-los da dureza inegável dessa forma de vida: "Ganhar mesmo que apenas trezentos marcos por mês com literatura é impossível antes de um tempo de espera de vários anos, e ainda assim nunca é um mínimo garantido".[17]

Benjamin sabe do que está falando. Mas agora, finalmente, parece que tudo está se movendo na direção certa. Rowohlt quer reunir suas melhores críticas num volume. Ainda há o ensaio sobre as *Afinidades eletivas*. Em breve, Kracauer se tornará correspondente em Berlim. Adorno e Bloch também aparecem com frequência cada vez maior na capital, onde Benjamin encontrou acolhida no círculo altamente exclusivo ao redor de Bertolt Brecht e Helene Weigel.

A estreia de *A ópera dos três vinténs* no Berliner Ensemble, no outono de 1928, marca definitivamente a consagração da arte dramática combativa de Brecht. Sobre o gênio da dramaturgia de apenas 31 anos de idade pairam, na Alemanha, grandes esperanças em relação à arte revolucionária. As forças de esquerda saíram claramente fortalecidas do ponto de vista político das eleições para o Reichstag de maio de 1928; o NSDAP, por sua vez, caiu para 2,59% dos votos. Os alojamentos comunistas — vivendo, coerentemente, na expectativa de uma revolução em breve — acreditam perceber com nitidez que algo está em marcha.

Por aqueles dias Benjamin também se considera cada vez mais parte do movimento. E também algo grande desperta nele: o demônio criativo começa a se alvoroçar mais e mais no sentido da luta de classes. A obra originalmente planejada como pequeno estudo sobre as "passagens" parisienses ganhou vida própria e domina toda sua produção literária: "O trabalho sobre as passagens parisienses assume feições cada vez mais enigmáticas, perturbadoras, e chora feito uma pequena besta nas minhas noites se não o mergulho, durante o dia, nas fontes mais remotas. Sabe Deus o que ele fará caso o liberte algum dia",[18] ele conclui em maio de 1928. Um ano mais tarde, nada havia mudado. O projeto exige sua dedicação quase exclusiva com pesquisas minuciosas na biblioteca estatal de Berlim. Ele está trabalhando no *Passagens*. Todos os outros textos e encomendas dessa época ficam subordinados ao projeto; no melhor dos casos, acabam saindo como produtos originais secundários.

A situação é a mesma em março de 1929, quando Benjamin está trabalhando em dois grandes ensaios para a *Literarische Welt*: um é dedicado à obra completa de Proust, "A imagem de Proust".[19] O outro, ao desenvolvimento do surrealismo contemporâneo desde 1919: "O Surrealismo: o último instantâneo da inteligência europeia".[20] É possível perceber, em cada linha, como o pensamento de Benjamin (e dos autores por ele estudados) encontra seus pontos de partida nas experiências da metrópole em permanente aceleração, que um ser humano do campo simplesmente não conhece dessa forma nem consegue entender.

Ambos os textos tornam-se no início daquele ano clássicos da produção benjaminiana. Isso quer dizer que também dessa vez os autores escolhidos são analisados por Benjamin à luz de suas próprias noções de vida e interesses de pesquisa da época.

Em 1929, esses interesses se orientam por quais questões? Pelas questões sobre a essência do tempo e, ligada a isso, uma possível mudança da finitude à eternidade. Pelas questões sobre as formas da decadência burguesa em situações de percepções e decisões conturbadas. Pelas questões sobre a liberdade, bem como sobre a possibilidade do verdadeiro (auto) conhecimento sob as reais condições da vida contemporânea nas grandes cidades.

As portas da percepção

Ou seja, exatamente a paleta temática de Davos, porém imbuída da literatura francesa, que possibilita a um crítico alemão — segundo Benjamin —, exatamente pela distância cultural, vislumbres especiais. Pois no que se refere a Proust e, sobretudo, ao Surrealismo, "o observador alemão... não está junto à fonte. Eis sua sorte. Ele está no vale. É capaz de avaliar as energias do movimento. Ele, como alemão, há muito está familiarizado com a crise da inteligência ou, melhor, do conceito humanista da liberdade, e sabe o desejo frenético que ele desperta de sair do estágio das discussões eternas e chegar a todo preço à decisão. Também teve de experimentar no próprio corpo sua vulnerabilidade extrema entre o front anarquista e a disciplina revolucionária, por isso para ele não há nenhuma desculpa caso considerasse o movimento, observado superficialmente, como algo 'artístico', 'poético'".

Nessa passagem, Benjamin se queixa dele mesmo em primeiro lugar. Pois no início dos anos 1920, esse era exatamente seu modo de ver os surrealistas e os dadaístas. À sombra do livro sobre o drama barroco, ele os compreendia como manifestações artísticas degeneradas de uma época perdida, decadente. Mas seus olhos foram abertos. O Surrealismo, na realidade, é um movimento social-revolucionário! As "obras do círculo lidam não com a literatura, mas com outro objeto: manifestação, slogans, documento, simulação, falsificação". O surrealismo não lida com "teorias", mas com "experiências". E, aliás, experiências muito cotidianas, que revelam que a coisificação *e* a alienação do sujeito capitalista da cidade grande estão tão avançadas que é como se as fronteiras entre senso e contrassenso, realidade e sonho, embriaguez e sobriedade, sono e vigília, arte e propaganda não pudessem mais ser traçadas de maneira clara.

Em outras palavras: o *realismo* verdadeiramente libertador, verdadeiramente revolucionário dos anos 1920 só pode ser, no princípio, *sur*-realista! Segundo Benjamin, o Surrealismo alcança seus objetivos quando consegue, pela formação da expressão mais imediata desse estado de inebriamento tornado cotidiano demais, abrir as portas a uma "iluminação profana".[21] Haxixe e outras drogas, que Benjamin experimenta desde 1928, e que naturalmente também têm importância para os surrealistas desde seu precursor Rimbaud, podem ser uma "pré-escola" dessa iluminação. Mas o verdadeiro inebriamento libertador, o verdadeiro caminho para o acontecimento que condiciona a revolução da "iluminação profana" está na entrega às experiências, tornadas drogas, da vida da cidade grande, aceleradas ao nível da loucura. Benjamin escreve em estilo panfletário: "Mobilizar as forças do inebriamento para a revolução, eis o que faz o Surrealismo em todos os livros e iniciativas [...]. Eles fazem explodir as poderosas forças da 'atmosfera' que estão ocultas nessas coisas. Como seria organizada uma vida que, num momento decisivo, se deixasse determinar pela última e mais popular canção de rua?".[22]

Sem fôlego à noite

Entretanto, Benjamin evita os pontos de exclamação necessários para o estilo de manifesto. Assim como ele não quer chegar a afirmar, em seu "A imagem de Proust", que com sua obra Proust mirava na revolução comunista mundial. Mas é evidente que a obra de Proust não trata de outra coisa senão uma busca pelo momento de "iluminação profana" no modo da lembrança eternamente recorrente:

O que Proust procurava de maneira tão frenética? O que estava na base desse esforço infinito? Podemos dizer que toda vida, obra, ato que contam nunca passaram do desdobramento impassível das horas mais banais, fugazes, sentimentais e fracas na existência daquele a quem pertenciam? [...] Também em Proust somos como convidados que, sob uma placa meio solta, atravessamos uma soleira para além da qual a eternidade e o inebriamento nos aguardam [...]. Essa eternidade, porém, não é platônica, não é utópica: é inebriante [...]. A eternidade da qual Proust revela aspectos é a do tempo entrecruzado, não a do ilimitado. Seu verdadeiro interesse é dedicado ao transcurso do tempo em sua forma entrecruzada, a mais real, e que reina de maneira mais sincera na lembrança (interna) e no envelhecimento (externo).[23]

E claro que todo o universo proustiano se mostra, principalmente porque se mantém de maneira permanente no limiar entre as mais profundas camadas de lembrança e a presença mais consolidada, como um mundo no qual não é mais possível distinguir, com precisão, entre sonho e realidade, fato e ficção, consciente e inconsciente, algo dado e algo imaginado, a mais completa dissimulação e a mais despida autenticidade: mesmo os momentos da mais verdadeira percepção e, portanto, libertação, continuam sob suspeita de ser nada além de efeitos incertos de uma busca por sentido ligada a sinais interiores e exteriores na base da criação. Dia e noite, vigília e sono, ser e estar... — as fronteiras foram borradas de maneira irremediável.

Iluminação a gás

Os trechos citados da fase metafísico-revolucionária de Benjamin de março de 1929 podem ser imaginados como contribuições diretas ao debate de Davos. Na verdade, seria preciso apenas inseri-los no registro do evento por meio da técnica de colagem que, no início de 1929, começa a despontar como princípio arquitetônico básico da obra *Passagens*, de Benjamin. Vejamos: enquanto Heidegger localiza sua confiança redentora do *Dasein* na angústia primordial, Benjamin a localiza na embriaguez dos paraísos artificiais; para ele, os ruídos agitados dos meios de transporte na hora do rush substituem a experiência da tempestade nos altos da Floresta Negra; o flanar sem rumo, a descida na pista de esqui precipício abaixo; a absorção pelas coisas externas, o retraimento na interioridade; a distração supostamente desordenada entra no lugar da concentração contemplativa; as massas desenraizadas, sem direitos, do proletariado internacional, no do povo enraizado no próprio país... Entretanto, ambos anseiam, com tudo o que são e dispõem, por uma mudança revolucionária, tanto Benjamin quanto Heidegger. A ordem é sair, sair da rua de mão única da modernidade! De volta à bifurcação, onde se tomou a direção errada. Os dois estão de pleno acordo também sobre quais fontes e tradições devem continuar sendo absolutamente evitadas nessa ambição: a cultura burguesa, as chamadas ordens básicas liberais, os princípios de moral hipócrita, o idealismo alemão do espírito; a filosofia acadêmica; Kant, Goethe, Humboldt...

Em 1929, se o pensador primordial Heidegger olhasse para trás de maneira a fazer um diagnóstico, ele enxergaria no começo do filosofar em si o "lugar" sagrado de um ainda possível despertar. Esse lugar fica no interior muito profundo do *Dasein*, assegurado atemporalmente pela natureza da temporalidade. O conceito da história de Benjamin, tornado materialista, não considera essa opção. Ele tem de apontar por si mesmo o início fatal, a verdadeira entrada na falsa aparência da história, tornando-o possível de ser vivenciado concretamente.

Em 1929, Benjamin acredita conseguir mostrar com exatidão, mais uma vez, quando, onde e como aconteceu a passagem ao espírito irreal e falsificador de sua época. Foi em Paris, a capital do século XIX. E isso não se deu na forma de uma pessoa ou de um livro, mas de uma nova forma de construção feita com ferro e aço: as passagens parisienses, como os gabinetes de curiosidades dos primórdios do capitalismo mercantil, eternamente banhados por uma luz crepuscular artificial. Em suas vitrines, todo o mundo disparatado dos produtos, as formas e os símbolos são oferecidos lado a lado para a observação crítica e, por fim, para a compra. Nem totalmente ambiente interno nem parte da imagem da rua, as passagens estão alocadas espacialmente como aqueles lugares fronteiriços que nivelam as diferenças básicas: meio caverna, meio casa, meio corredor, meio cômodo.

Aos indivíduos finitos que por elas flanam sem rumo, essas passagens — com suas vitrines sempre cheias, sempre diferentes — geram uma aparência de disponibilidade infinita que logo se estende para a percepção do mundo — e a anestesia. Se, no futuro, uma janela há de permanecer aberta como salvação, é preciso então percorrer as entranhas dessa constelação de passagens. O norte é dado pela questão: O que eram e o que são as condições materiais concretas para sua possibilidade? Eis o início do projeto:

A maioria das passagens parisienses surge na década e meia após 1822. A primeira condição para tanto é a conjuntura favorável do comércio têxtil. Os *magasins de nouveautés*, primeiros estabelecimentos que mantêm grandes estoques de mercadorias, começam a aparecer. [...] As passagens são um centro de comércio de mercadorias de luxo. Em sua exposição, a arte está a serviço do comerciante. Os contemporâneos não se cansam de admirá-las. Por um bom tempo elas despertarão o interesse de forasteiros. Um guia ilustrado de Paris afirma: "Essas passagens, uma invenção recente do luxo industrial, são corredores cobertos por vidro e revestidos de mármore que atravessam aglomerados inteiros de casas, cujos proprietários se uniram para tais especulações. Ambos os lados desses corredores, iluminados pelo alto, concentram as lojas mais elegantes, e eis que cada passagem dessas é uma cidade, um mundo em miniatura". As passagens são o cenário da primeira iluminação a gás. A segunda condição do surgimento das passagens é o início da construção com o ferro. O império viu nessa técnica uma contribuição à renovação da arquitetura no espírito da Grécia antiga.[24]

Assim começa o primeiro *exposé* da obra *Passagens*. E o fato de Benjamin aproveitar uma citação supostamente aleatória de uma publicação supostamente aleatória (quer dizer, de um guia de viagem) para deixar patente, logo no começo, as marcas filosóficas decisivas diz muito sobre a técnica de colagem usada na obra. Pois ainda que o autor desse artigo no guia de Paris, citado por Benjamin, não tivesse ele mesmo tido tal visão de conjunto — muito provavelmente não fosse essa sua intenção —, toda a história da metafísica está refletida na descrição oferecida. Ela é apresentada numa linguagem de revista, por assim dizer, e uma mão invisível lhe confere uma assombrosa sobrevida: exatamente como os jogos de sombra na caverna de Platão, os jogos com as mercadorias recebem, nos corredores espelhados das passagens, "a luz do alto", na forma de fogo artificial ("iluminação a gás"). Como na *Monadologia* de Leibniz, as passagens sem janelas mostram-se "um mundo em miniatura". E como segundo Kant (e naturalmente também Marx), tudo que sustenta esses vãos por aglomerados inteiros de casas — ou seja, eles mesmos apenas construções ilusórias — é o "desejo de especulação" de seus proprietários, que se "uniram" para esse objetivo ilusório e para nada mais.

Uma mônada textual dentro de uma mônada textual, montada com o objetivo único de tornar visível, por um momento fugaz, os modos inescrutáveis nos quais o tempo entrelaça as coisas entre si. Essa é a visão de Benjamin da realidade. Da escrita. Da memória como conhecimento.

O caráter autodestrutivo

No início de 1929, Benjamin enquanto pensador e resenhista está no ápice de sua vida criativa. O que não significa necessariamente que ele, como pessoa física, não estivesse metido por aquela época em diversas confusões, interligadas de muitas maneiras, de profundidade quase metafísica. É provável que Gershom Scholem tenha sido o primeiro a vislumbrar com toda clareza como a desgraça tomaria seu rumo ao receber, no início de agosto de 1928, a seguinte carta do amigo de Berlim: "Minha viagem à Palestina bem como a estrita observância da sequência didática indicada por Sua Excelência hierosolimita são fato consumado. [...] Agora, vamos aos detalhes objetivos: para começar, a data de minha chegada. Essa deve ser adiada talvez para meados de dezembro. Isso depende, primeiro, de que eu consiga concluir o trabalho das passagens ainda antes de deixar a Europa. Segundo, da possibilidade de no outono ver a minha amiga russa em Berlim. Ambas as coisas ainda estão em suspenso".[25]

É claro que no outono de 1928 o trabalho das passagens ainda não está pronto. Por essa época, ele está começando a deslanchar. Além disso, até março de 1929 Benjamin não terá feito quaisquer progressos com o hebraico. A data para sua viagem à Palestina também não está decidida, pois Asja Lācis estava em Berlim desde setembro de 1928 na qualidade de enviada oficial; melhor dizendo, estava "destacada" para o departamento de cinema da representação comercial russa. Além disso, na

395

condição de membro do "Teatro proletário", ela vinha com o expresso mandato de "fazer contato com a liga de escritores proletários".[26] Reich também está novamente no país, entretanto mora em Munique por conta do trabalho.

Quando Benjamin é informado da chegada de Asja, ele está de posse de mais uma notícia auspiciosa. Mesmo sem um segundo parecer de Cassirer (nem de outra pessoa com a mesma qualificação), o dr. Magnes, da Universidade Hebraica, havia liberado a verba para Benjamin frequentar um curso de hebraico em Jerusalém, incluindo os custos da viagem e da estada. Originalmente, esse dinheiro deveria ser pago em parcelas mensais, conforme o aproveitamento do curso. Scholem havia advogado nesse sentido em Jerusalém. Afinal, ele não somente conhecia Benjamin bem demais como também tinha sido seu afiançador desde o começo. Mas para grande surpresa tanto de Benjamin como de Scholem, durante a terceira semana da estada de Asja em Berlim, acontece o seguinte:

18 de outubro de 1928

Caro Gerhard,

muito agradecido, confirmo o recebimento do cheque do dr. Magnes no valor de M 3.042 70/100. Por favor, transmita-lhe meu mais sincero obrigado. Ele receberá notícias minhas em breve. Todo o resto daqui a alguns dias. Cordiais saudações,
Walter.[27]

Sem consultar Scholem ou ao menos informá-lo, Magnes enviou a soma total da bolsa — para Benjamin, o equivalente a um ano de rendimentos — de uma só vez, por meio de um cheque.

Duas semanas mais tarde, Benjamin já tinha alugado um apartamento espaçoso para morar com Lācis na Düsseldorfer-straße. Eles não aguentam ficar nem dois meses juntos ali, e apesar das desavenças que se sucedem a cada três dias, a relação continua e eles permanecem animados. Por fim, Lācis mantém o apartamento, Benjamin retorna à Delbrückstraße, para sua mulher, Dora, desempregada de novo, seu filho e sua mãe, acamada por um derrame cerebral. Pelo menos há dinheiro.

Nessa fase, é Lācis quem proporciona o contato de Benjamin com Brecht. E é Benjamin quem abre a Lācis novas perspectivas na vida intelectual e noturna de Berlim. É Lācis quem insere Benjamin na vida de uma revolucionária profissional ativa no ramo da cultura. E é Benjamin quem apresenta Lācis ao seu círculo cultural então poderoso. Piscator e Kracauer, Klemperer e Leo Strauss, Brecht e Adorno. Essas pessoas se encontram, conversam, discutem, planejam novos projetos. Juntas — logo o dr. Reich também integra o grupo — percorrem a contrastante vida noturna da verdadeira capital dos anos 1920: Berlim.

Tudo ou nada

Noite após noite há muito que experimentar e admirar por ali. Por exemplo, uma tal Josephine Baker produz epifanias de um modo muito peculiar. "Depois da meia-noite no Vollmoeller, no Pariser Platz, a fim de assistir a Baker. Juntou-se novamente um grupo curioso, no qual ninguém sabia quem era quem […]. Mulheres em todos os estágios de nudez, cujos nomes não se entende e das quais não se sabe se são 'namoradas', prostitutas ou senhoras de classe […]. O gramofone tocava antigos sucessos sem parar, a Baker estava sentada no divã, comendo, em vez de dançar, uma salsicha depois da outra ('hot dogs'). A princesa Lichnovsky, Max Reinhardt e Harden eram aguardados, mas não apareceram. Foi assim até as três, quando me despedi."[28]

No fim de outubro de 1928, Erwin Piscator convida para uma festa na sua casa: "Apartamento bonito, claro, decorado por Gropius, 'sóbrio', mas agradável, e as pessoas fazem boa figura lá dentro. Grupo bastante grande, de quarenta a cinquenta convidados, homens e mulheres, aumentando até a meia-noite; o evento parece ter sido uma homenagem ao diretor de cinema judeu-russo Granovski... Conheci Brecht".[29] São linhas de Benjamin? Não. Mas poderiam ser. Trata-se de trechos do diário do animadíssimo conde Harry Kessler, figura onipresente.

O jazz toca em todos os lugares, já também cantado em alemão pelos Comedian Harmonists. Por esses dias, Benjamin, Wiesengrund e seus amigos não conseguem chegar a um consenso sobre esse ponto musical intermediário entre "floresta tropical e arranha-céu" (Kessler).[30] Por outro lado, existe uma unanimidade no que se refere à arte cinematográfica russa: sem dúvida, ela é a medida de todas as coisas.

Benjamin apresentou Kracauer a Lācis, o que é bem-visto também pelos figurões do partido. Ela logo falará sobre o tema em Frankfurt. Mas antes falou em Berlim sobre dramaturgia soviética contemporânea:

Sugeri repetir a palestra num salão maior para os desempregados. Um salão enorme, estava cheio. Os desempregados ouviam com atenção. No meio da palestra, porém, fui interrompida. Diante da tribuna, na entrada, gritavam: "Fora com a agitadora moscovita vermelha!". Os seguranças do salão foram para cima dos intrusos — homens da SA. Começou uma briga — socos-ingleses em ação. Como que brotados do solo, garotos da Frente Vermelha* vieram até mim.

---

* A Aliança dos Combatentes da Frente Vermelha (Roter Frontkämpferbund) era a organização paramilitar sob a liderança do Partido Comunista da Alemanha durante a República de Weimar. [N.T.]

Eles diziam: Camarada, não tenha medo — mas você tem de ir embora imediatamente! Becher me pegou pelo braço e me arrancou do palco. Ele me levou — escadas acima, escadas abaixo, através de um pátio, por uma viela e mais um pátio. Nos sentamos a uma mesa e Becher pediu salsichas e uma cerveja. Ele disse que isso acontece com frequência. A SA aparece imediatamente onde há eventos comunistas. Mas a Frente Vermelha mete a mão na fuça deles.[31]

A bem da verdade, não se trata do mundo de Benjamin. Muito menos do seu estilo. Mas, "no geral", Lācis acrescenta às suas memórias, "agora Benjamin estava mais concentrado, mais forte com a prática, mais ligado à terra. [...] Naquela época, ele também encontrava Brecht com frequência. Benjamin me acompanhava quase sempre aos eventos públicos da Associação dos escritores proletários em galpões de trabalhadores...".

O amor opera verdadeiros milagres e reviravoltas. Pelo menos por alguns momentos ou em determinadas fases. É desnecessário dizer: não ajuda o aprendizado do hebraico. Entretanto, era essa a devida destinação do dinheiro que, em meados de maio, já havia sido substancialmente consumido.

Em 22 de maio de 1929, Benjamin relata a Scholem, orgulhoso, estar traçando suas "primeiras letras cursivas hebraicas". Ele está realmente tomando aulas e também encontra coragem (já se passou meio ano desde o recebimento do cheque) para, por fim, agradecer ao dr. Magnes. Mas as aulas duram apenas duas semanas. O professor, difícil de ser achado, tem de viajar. A mãe de Benjamin está muito doente. O que há para contestar nessa hora? Ele conhece a situação por experiência própria.

Mais uma vez ele se vê lançado de volta à Delbrückstraße. Em 6 de junho de 1929, escreve a Scholem, que está indignado: "Infelizmente não tenho como refutar, no que quer que seja, suas reprimendas; elas são absolutamente justificadas, e ando patinando nesse assunto com uma hesitação quase patológica, que infelizmente me acomete de tempos em tempos. Minha viagem no outono depende de minha situação financeira. De mais nada".[32]

A bolsa foi consumida. A situação financeira voltou ao precário estado normal. Naquela primavera, Benjamin consegue vencer sua "hesitação patológica" em apenas uma área. Asja recebera uma "ordem" para retornar a Moscou no outono. Apenas um casamento poderia fazer com que ela permanecesse em Berlim. Não se sabe se ele consultou Asja a respeito ou se tomou a decisão sozinho, mas o fato é que no fim da primavera de 1929 Benjamin entra com o pedido de divórcio de Dora. Motivo: conduta matrimonial desonrosa.

Já em agosto ele se muda — dessa vez, com todos seus pertences — em definitivo da Delbrückstraße. Sua biblioteca fica provisoriamente armazenada em caixas, e ele se acomoda na casa do amigo da vida inteira e colega de tradução Franz Hessel. O outono está pela metade. Se tudo tivesse transcorrido de acordo com as promessas feitas, Benjamin já estaria morando em Jerusalém há oito meses, no mínimo. Hora de uma nova carta para Scholem: "Não sei se lhe contei alguma vez que faz mais ou menos um ano que uma amiga, a sra. Lazis [!], se encontra na Alemanha. Ela estava prestes a voltar para casa, em Moscou, quando anteontem foi acometida novamente, ao que parece, de um ataque agudo de encefalite, e ontem, já que seu estado permitia, coloquei-a num trem para Frankfurt, onde Goldstein, que ela conhece e que já a tratou no passado, está aguardando. Eu também [...] logo irei para lá [...]. Nos últimos tempos trabalhei excepcionalmente muito, contudo não no hebraico".[33]

O neurologista Kurt Goldstein, aliás, é um dos amigos mais próximos de Ernst Cassirer. Mas isso já não interessa muito mais. As preocupações de Benjamin são outras. E outros projetos. Ele passa o outono de 1929 viajando entre Berlim e Frankfurt. E se encontra várias vezes com Theodor Wiesengrund Adorno, sua mulher, Grete Karplus, Max Horkheimer e Asja Lācis numa pousada na estância termal de Königstein. Lá, Benjamin lê para o grupo esboços da obra *Passagens*. Atualmente, esses fins de semana de conversas em Königstein são considerados os verdadeiros eventos fundadores da chamada Escola de Frankfurt, que depois da guerra haveria de dominar por cerca de cinquenta anos a vida intelectual alemã.

O andarilho

Com bermudas de flanela, calçados pesados de camponês e mochila de andarilho nas costas, o homem de aparência juvenil de imediato se destaca entre os participantes da conferência que acabaram de chegar. Provavelmente se trata de um aluno que se perdeu ao seguir as pistas de Robin Hood em Nottingham e que não sabe que aquele hotel está reservado apenas aos palestrantes. "Sinto muito, mas estamos em meio a um congresso de filosofia aqui", John Mabbott, professor de Oxford, tenta resolver a situação numa frase. E o forasteiro responde: "Sinto muito também".[34]

Wittgenstein tinha se debatido consigo mesmo até o último segundo para decidir se deveria comparecer ou não ao encontro anual da Sociedade Aristotélica — a mais importante agremiação dos filósofos britânicos profissionais. De todo modo, ele não vai apresentar o tema que havia anunciado ("Algumas observações sobre a forma lógica"). Embora tenha redigido um ensaio científico para a ocasião, o primeiro de sua vida, as questões ligadas ao tema depois das noites passadas em conversas com Frank Ramsey lhe parecem estar mais obscuras do que nunca. Melhor refletir livremente sobre o "Conceito do infinito na matemática" e ver o que o momento lhe oferece. Fora isso, o autor do *Tractatus* mais uma vez não tem nenhuma expectativa de ser minimamente compreendido pelos outros participantes. "Minha preocupação é que, não importa o que eu diga, na cabeça deles a coisa ou vai encontrar incompreensão ou gerar ainda mais confusão irrelevante."[35]

Foi o que ele havia escrito ao novamente amigo Bertrand Russell — nesse meio-tempo, oficialmente seu orientador — poucos dias antes, no tom habitual. Além de ter pedido, com urgência, que ele aparecesse por lá. Em vão, como ficará claro.

Livre de escolas

A palestra de Wittgenstein de 14 de julho de 1929 se tornará sua única apresentação em conferências durante toda a vida, assim como o *paper* redigido especialmente para a ocasião será sua única "publicação científica". Como Heidegger, ele não dá nenhuma importância a tais encontros nem a publicações de palestras. E tampouco deseja ter qualquer relação com manifestos, movimentos autodenominados ou até escolas no âmbito do pensamento e da política. Em Viena, Friedrich Waismann é responsável por conceber um livro em homenagem a Moritz Schlick com o título *A concepção científica do mundo: O Círculo de Viena*. Se possível, Wittgenstein também deve colaborar. Waismann faz uma consulta cautelosa. Não foi uma boa ideia: "Justamente porque Schlick não é um homem convencional, ele não merece ser ridicularizado, nem o Círculo de Viena, do qual é expoente, com falatórios bem-intencionados. Quando digo 'falatório', quero dizer todo tipo de autorreflexão presunçosa. 'Recusa da metafísica!' Como se isso fosse algo novo. A Escola de Viena tem de *mostrar* seus resultados, não *falar* deles... *A obra* tem de elogiar o mestre".[36]

Mostrar, não falar. Foi a partir dessa diferença básica que Wittgenstein fundamentou, em 1919, sua obra-prima. A importância dessa diferença ainda lhe parecia indiscutível, embora inúmeras outras vigas de seu *Tractatus* haviam se tornado profundamente discutíveis apenas seis meses após seu retorno para Cambridge. Estava muito claro que, afinal, ele não havia "resolvido no geral, de maneira definitiva" todos os problemas. Nem ele. Nem outros.

Problemas internos

Wittgenstein passa a duvidar cada vez mais da suposição outrora fundamental ao *Tractatus* de que uma proposição com sentido seria uma *imagem da realidade*. Será que todas as proposições com sentido refletem, sem exceção, um possível estado do mundo? O que dizer de uma proposição, por exemplo, como "A sequência dos números naturais é infinita"? Parece ter sentido, parece não ser trivial, parece ser verdadeira. Mas é possível imaginar um estado de mundo que mostre a verdade dessa proposição? Um tal estado de infinitude para seres finitos é concretamente imaginável? E, se tanto, o que significa "imaginável" nesse contexto? A existência de uma série infinitamente longa de números naturais é tão imaginável quanto, por exemplo, a existência de uma corda infinitamente longa? Ou "imaginável" em outro sentido? Ou talvez ela fosse "infinita" em outro sentido? São perguntas sérias, que quase não deixam Wittgenstein dormir nos primeiros meses em Cambridge. A pergunta metodológica sobre como tais diferenças no uso de palavras como "infinito" ou "imaginável" — das quais tudo depende, levando-se em conta o uso significativo de um conceito — poderiam ser resolvidas representa uma tortura equivalente. A exposição da única e unitária forma lógica de sujeito-predicado no suposto fundamento dessas proposições realmente bastaria? *Não*, não é tão simples assim, como Wittgenstein percebe irreversivelmente no verão de 1929. Nessa fase, ele se despede da única e última crença que a imagem de mundo de seu *Tractatus* realmente pretendia carregar: a crença na linguagem da lógica como a linguagem primária na base de nossa forma de vida.

De volta ao cotidiano

Ele logo reporta a Schlick e Waismann essa mudança central de seu pensamento, resultado essencial dos primeiros meses em Cambridge em 1929. Para ambos, uma novidade nada trivial, pois como "empiristas lógicos" do Círculo de Viena, agora oficial, eles depositam suas esperanças filosóficas de maneira mais resoluta do que Wittgenstein numa interação, que abrange toda pesquisa sensata, entre a linguagem básica lógica e a experiência controlada empiricamente. Wittgenstein, entretanto, está a caminho de outra direção. E ele comunica isso de maneira inequívoca:

> Antigamente eu acreditava que havia a linguagem de convivência, com a qual falamos todos de maneira usual, e uma linguagem primária, que exprime aquilo que realmente sabemos, ou seja, os fenômenos. [...] Quero agora explicar por que não sustento mais essa noção. Creio que essencialmente temos apenas uma linguagem e essa é a linguagem usual. Não precisamos primeiro inventar uma nova linguagem ou construir uma simbologia, pois a linguagem de convivência já *é a* linguagem, pressupondo que a livremos de todas as imprecisões nela contidas. Nossa linguagem é absolutamente satisfatória se tivermos em mente o que ela simboliza. Outras linguagens, além da linguagem usual, também têm valor [...]. Por exemplo, para representar as relações de inferência, uma simbologia artificial é muito útil. [...] Mas assim que nos dedicamos a observar os fatos verdadeiros, vemos que essa simbologia é muito

desvantajosa em relação à nossa linguagem real. Naturalmente é de todo errado falar de *uma* forma sujeito-predicado. Na realidade, não há *uma*, mas inúmeras delas.[37]

Até Schlick se mostra bastante surpreso. Ele pergunta a Wittgenstein se repudiar a ideia da forma puramente lógica como fundamento não o faria retornar direto àquele ninho de perguntas fundamentais repleto de contradições extremas, o qual Immanuel Kant atravessou em sua *Crítica da razão pura*.

Uma irrupção ao infinito e à eternidade seria compreendida sobre qual base? Pela base da experiência ou pela da forma, pela da decisão ou pela da lei? Qual o papel da linguagem humana nesse processo? E trata-se realmente apenas de uma linguagem? Como descrever a estrutura da experiência na base de todo sentido, e com quais métodos: físico-experimental, fenomenológico variado, descritivo cotidiano? Quais os critérios para a separação inequívoca entre ser e aparência, senso e contrassenso? E qual o papel do tempo nesse sentido, seja fisicamente mensurável, concretamente vivenciado ou mesmo o tempo da memória? Como num estado de embriaguez, durante o ano de 1929 Wittgenstein preenche vários cadernos com pensamentos que giram exatamente ao redor dessas questões de Davos. Elas dominam também as discussões com seus *sparrings*, Ramsey e Moore, Schlick e Waismann. Os amigos se mostram cada vez mais irritados e superexigidos com os desdobramentos altamente dinâmicos, quase diários, das teses de Wittgenstein.

Nápoles em Cambridge

O deus retornado também gerou profundo estranhamento social por suas aparições nos domínios dos apóstolos de Cambridge — bem como no grupo de Bloomsbury, ligado ao casal

Virginia e Leonard Woolf e razoavelmente próximo aos primeiros. Sem dúvida, em 1912 Ludwig já devia ser um tantinho "especial". Em 1929, porém, ele volta definitivamente no papel do dogmático dominador, do intransigente ou do reclamão azedo. Sobretudo o convívio com as mulheres lhe traz visíveis problemas, quando não constrangimento. Como companhia à mesa, ele não se mostra capaz de mais do que trocadilhos rasos. Nada muito divertido.

Embora Wittgenstein tivesse se encontrado várias vezes na casa de Keynes com Virginia Woolf, eles não conversaram. Pena. Para os dois. Mas, ao menos em questões como comunismo e realidade social concreta, um novo e inspirador amigo entra em sua vida. Trata-se do economista Piero Sraffa. Na condição de socialista convicto e amigo íntimo de Antonio Gramsci, Sraffa teve de fugir da Itália de Mussolini em 1928. Por intercessão de Keynes, ele encontra em Cambridge um novo porto científico. É a vigorosa cultura de embate e o atrevimento de Sraffa que incentivam Wittgenstein produtivamente nessa fase. Numa conversa, quando Wittgenstein insiste mais uma vez que uma proposição e aquilo que ela descreve devem ter a mesma forma lógica, Sraffa reage com um gesto habitual de sua terra natal. Ele esfrega os dedos debaixo do queixo e pergunta: "E qual a forma lógica *disso*?".[38]

Em termos de efeitos filosóficos, Sraffa é para Wittgenstein uma união de Nápoles com Brecht. Ele desmistifica seu pensamento sobre as bases da fala, aproxima-os de contextos mais concretos, abre-lhe perspectivas para a complexidade das ações simbólicas humanas, entrelaçadas múltiplas vezes e intrincadas. No prefácio à sua segunda obra principal, as *Investigações filosóficas*, Wittgenstein manifesta expressamente seu agradecimento a Sraffa pelas "ideias mais frutíferas deste trabalho".

Acumular recordações

Partindo da noção de que há apenas um sistema simbólico realmente primário para o ser humano — a linguagem natural do dia a dia —, a revelação dessa obra é o desejo da exploração esclarecedora da multiplicidade interna dessa linguagem e sua ligação ao contexto dado a cada vez. Pois, a princípio, está tudo em ordem com ela, pelo menos do ponto de vista filosófico e, portanto, inconteste. Com a condição, evidentemente, de que se seja capaz de se ter uma ideia o mais clara possível, abrangente, de todos os tipos e maneiras de seu simbolizar.

Então a suposição de que haveria problemas genuinamente filosóficos é, desse ponto de vista, nada além do resultado de uma confusão; nas palavras de Wittgenstein, um "enfeitiçamento de nosso entendimento pelos meios de nossa linguagem".[39] O processo filosófico do esclarecimento ou da cura deve, portanto, desenredar, apresentar e diagnosticar de modo constante e paciente. Seu principal método é relembrar em quais contextos quais palavras são usadas de maneira realmente significativa. O trabalho do filósofo é acumular recordações para uma finalidade determinada.[40] E a finalidade é chegar à clareza libertadora sobre o verdadeiro papel e o significado das palavras em nossa vida. Esse verdadeiro significado reside apenas no uso concreto, correto e, portanto, que confere sentido: "A significação de uma palavra é seu uso na linguagem".[41]

A cidade das palavras

Esse novo programa afeta também a estrutura formal da filosofia de Wittgenstein. Para ele, não vale mais a pena preencher com seu pensamento a forma estática, construída a partir de hierarquias e de caráter grosseiramente conciso de um tratado. Seu filosofar se afina mais ao gênero do diário intelectual ou das anotações de um *flâneur* tão espantado quanto interessado no detalhe. Esse é o caminho trilhado por Wittgenstein durante 1929. E seguindo esse caminho é que ele apronta, em 1945, suas *Investigações filosóficas*: como ele escreve no prefácio, "as anotações filosóficas deste livro são, por assim dizer, uma porção de esboços de paisagens que nasceram nestas longas e confusas viagens". Imagens de viagens, imagens de pensamento, surgidas no caminho investigativo através da própria multiplicidade do falar humano: "Os mesmos pontos, ou quase os mesmos", Wittgenstein escreve como que tomado pelo espírito do flanar benjaminiano, "foram abordados incessantemente por caminhos diferentes, sugerindo sempre novas imagens [...] de tal forma que pudessem dar ao observador um retrato da paisagem. Assim, esse livro é na verdade apenas um álbum".[42]

No fim das contas, diz Wittgenstein em sua segunda principal obra, um problema filosófico assemelha-se à sensação de que "me perdi, não sei o caminho". Por esse motivo, ele compara a linguagem com uma cidade confusa, de vielas estreitas entrecruzadas, na qual as pessoas se perdem muito facilmente (e talvez com muito prazer). Desse modo, a tarefa do filósofo é desenhar um mapa dessa cidade, para que o perdido (que, a princípio, é ele mesmo) descubra onde está na realidade e quais os caminhos que lhe estão abertos, para então continuar avançando de maneira autônoma e com clareza de direção. *Que o caminho louve o mestre!** O resto é propaganda. Ou destino.

A fim de ganhar uma imagem adequada da cidade, é preciso investigá-la primeiro com toda minúcia — e partir do lugar onde nos encontramos nela, questionando. Ninguém tem seu mapa na cabeça a priori, algo que, aliás, não adiantaria de nada. Afinal, essa cidade (das palavras) está em constante movimento

---

* Referência ao verso *"Soll der Werk den Meister loben!"* ["Que a obra louve o mestre"] presente no poema "Canção do sino", de Friedrich Schiller. [N.T.]

e mutação por conta do caminhar e do agir dos seres humanos que nela e com ela vivem. Passagens, ruas de mão única e becos surgem o tempo todo; também há aqueles que reconhecemos como tais apenas muito tarde, tarde demais. Para Wittgenstein — e concomitantemente para Heidegger, Benjamin e Cassirer —, a filosofia da modernidade que se inicia com Descartes é um exemplo da reconstrução profunda que determina toda a "imagem da cidade" de dentro para fora, com um brilho artificial exagerado. Algo como os automóveis e a eletricidade fazem nas nossas cidades hoje. Mas o progresso tem outra cara.

Contra a parede

Progresso — palavra de ordem que, segundo Wittgenstein, mais ofusca e confunde nossa cultura. Progresso, então, é exatamente o que nunca, de maneira alguma, pode haver na filosofia. Para tanto, ela teria de apresentar problemas verdadeiros, próprios. E também métodos próprios para resolvê-los. De acordo com Wittgenstein, ela não os possui. A filosofia dispõe da linguagem. E suas confusões. E a possibilidade sempre aberta de, por meio dessa linguagem, lembrar-se delas e delas se libertar. Isso é tudo. Nada neste mundo está oculto em si. Eis o novo caminho que Wittgenstein adentra, clarificando-o, no verão de 1929. E com o mesmo rigor apodíctico e precisão poética que já caracterizava o autor do *Tractatus*.

A imagem que Wittgenstein faz da linguagem pode ter se alterado radicalmente com seu regresso a Cambridge, mas sua visão dos objetivos e dos limites da filosofia permanece exatamente a mesma da época do *Tractatus*. Na realidade, não há problemas filosóficos. As percepções mais essenciais não podem ser expressas pela linguagem e muito menos decretadas, mas devem se mostrar e ser mostradas em execução autêntica. Os campos da ética, dos valores, da religião e do verdadeiro sentido da vida se constituem numa esfera de aparências fatimente incomprovável e, portanto, de afirmações sem sentido, diante das quais devemos nos calar, porque se referem a essas noções verdadeiramente decisivas.

Em novembro de 1929, Wittgenstein se dirige ao corpo discente de Cambridge com exatamente essas mensagens. A convite dos "hereges" — como o nome já adianta, ao lado dos apóstolos, a segunda união elitista da universidade —, ele faz uma palestra de divulgação de filosofia versando sobre ética para seu "Clube de ciência moral". Ele diz o seguinte aos jovens:

> Eu tinha a necessidade de ir contra os limites da linguagem, e isso é, imagino, o impulso de todos aqueles que um dia tentaram escrever ou falar sobre ética ou religião. Esse ir contra as paredes de nossa jaula é absolutamente inútil. Enquanto a ética nascer do desejo de dizer algo sobre o sentido último da vida, sobre o bem absoluto, sobre o valor absoluto, ela não pode ser ciência. Nosso saber não aumenta, em nenhum sentido, por meio daquilo que ela diz. Mas se trata da comprovação de uma vontade da consciência humana que, por minha vez, nada posso fazer senão respeitar e que a nenhum preço ridicularizaria...[43]

As experiências que essa tendência mais estimula lhe são muito familiares, as riquezas da sua vida:

> Quero descrever essa vivência para incentivá-los, na medida do possível, a se recordar de vivências iguais ou parecidas, de maneira a chegarmos a uma base comum para nossa investigação. Creio que essa vivência, quando a tenho, pode ser mais bem descrita com as palavras: me espanto *com a existência do mundo*. Então tendo a usar formulações do tipo: "Que estranho que haja algo assim" ou "Que curioso que o

mundo exista". Aqui vou citar mais uma vivência que também me é familiar e que talvez lhes seja igualmente conhecida. Poderíamos chamá-la da vivência da segurança *absoluta*. Refiro-me ao estado de consciência em que tendemos a dizer: "Estou em segurança quando nada pode me machucar, independentemente do que aconteça".[44]

Em seus melhores momentos, Wittgenstein consegue não apenas sentir, de maneira libertadora, esse estado espantado de segurança na existência como também transmiti-lo intelectualmente aos outros na figura de um guia. Como deve ter acontecido naquela noite, no verdadeiro nascimento de sua atividade como professor de filosofia em Cambridge.

Epílogo

MARTIN HEIDEGGER, como sucessor na cadeira de Husserl, dá em 24 de julho de 1929 sua aula inicial intitulada "O que é metafísica?". Nela, ele define o ser humano como "lugar-tenente do nada". Por ocasião do Ano-Novo, ele escreve para Elisabeth Blochmann: "Escolaridade compulsória e cientificidade errada e tudo aquilo que vem a reboque se desprenderam de mim. Decerto que a responsabilidade aumenta e muitas vezes me sinto muito sozinho com aquilo que acredito ter de fazer".

Três anos e meio mais tarde, em 1º de maio de 1933, Heidegger — como recém-nomeado reitor da Universidade de Freiburg — faz uma palestra chamada "A assertividade da universidade alemã". Então membro do NSDAP, num artigo de jornal que registrou sua nomeação, ele exorta o corpo discente alemão: "A regra de sua vida não são teoremas nem 'ideias'. O Führer e somente ele *é* a realidade alemã e sua lei, de hoje e do futuro".[1]

ERNST CASSIRER é eleito em 6 de julho de 1929, com ampla maioria, reitor da Universidade de Hamburgo. Seu discurso de posse em 7 de novembro de 1929 intitulou-se "Formas e transformações do conceito filosófico da verdade". O ato festivo foi perturbado por corporações estudantis nacionalistas. Aby Warburg não chegou a presenciar o evento, pois morreu subitamente em 26 de outubro de 1929.

Devido à "Lei da restauração da carreira pública" promulgada por Hitler, Cassirer é obrigado a abandonar sua carreira docente e, em 2 de maio de 1933, deixa Hamburgo na companhia da mulher rumo à Suíça. O casal nunca mais voltará à Alemanha. Seu último livro foi terminado no exílio nos Estados Unidos, como professor convidado da Universidade Yale, e se chama *O mito do Estado*.

WALTER BENJAMIN, muito abalado pelo previsível desfecho financeiro "terrível" de seu processo de separação, sofre uma grave crise nervosa em meados de outubro de 1929. Assiste ao crash da Bolsa de Nova York, em 24 de outubro, ao lado de Asja. E passa sozinho o Ano-Novo num hotel em Paris. Nunca mais terá residência fixa. Nunca terminará a obra *Passagens*. Nunca voltou a ver Asja Lācis. Nunca mais terá aulas de hebraico. Os dez anos seguintes serão passados sobretudo em Paris. As oportunidades de publicação de Benjamin diminuem sensivelmente com a ascensão de Hitler ao poder.

Na noite de 26 para 27 de setembro de 1940, Benjamin — fugindo de uma ameaça de deportação pelos nazistas — comete suicídio com morfina num hotel em Portbou, nos Pirineus, a poucas centenas de metros da fronteira espanhola. Sua mala de viagem contém um relógio, um apito, duas camisas, uma imagem de raio X, bem como um texto manuscrito intitulado *Sobre o conceito de história*.

LUDWIG WITTGENSTEIN passa as festividades natalinas de 1929 — bem como as dos anos seguintes até a anexação da Áustria pelos nazistas — em Viena, com os irmãos. Em janeiro de 1930, começa a lecionar em Cambridge. Pouco antes de sair de férias, um funcionário da universidade lhe pergunta qual o nome do seu próximo curso para registro na lista de matérias oferecidas.[2] Wittgenstein reflete durante um bom tempo.

Por fim, responde: "'Filosofia.' O que mais poderia ser?".

Agradecimentos

Ninguém deveria, ninguém consegue escrever um livro sozinho. Meu obrigado especial vai para:

Michael Gaeb e Tom Kraushaar, que acompanharam o projeto desde o início. Christoph Selzer, Yelenah Frahm, Dorothea Scholl e Christiane Braun, pela edição de texto e revisão.

Michael Hampe e Fritz Breithaupt, pelas conversas e toques essenciais.

Fabrice Gerschel e toda a equipe da revista *Philosophie Magazin*, pela liberdade e tolerância.

Os organizadores e participantes do grupo de trabalho Filosofia e Literatura (ETH Zurique), com o qual discuti partes do original.

O departamento de estudos germânicos da Universidade de Indiana, Bloomington, que no início de 2017 me proporcionou, como Distinguished Max Kade Visiting Professor, as melhores condições imagináveis de trabalho com o texto. Os estudantes do curso de graduação GER-G — 625 (The Explosion of Thought), por suas perguntas e argumentos.

Os grandes biógrafos dos meus quatro "mágicos"; Rüdiger Safranski (*Heidegger: Um mestre da Alemanha entre o bem e o mal*), Ray Monk (*Wittgenstein: o dever do gênio*), Thomas Meyer (*Ernst Cassirer*), bem como Howard Eiland e Michael W. Jennings (*Walter Benjamin: A Critical Life*). Durante a escrita suas obras foram companheiras constantes e inspiração perene.

Pia, Venla e Kaisa, que não apenas resistiram ao processo durante todos os anos, mas também o apoiaram.

Notas

I. PRÓLOGO — Os mágicos [pp. 13-41]

1. A descrição da defesa da tese e suas circunstâncias segue Monk (1991), pp. 255 ss.
2. Hale (1998) proporciona uma boa descrição da atmosfera entre os "apóstolos".
3. McGuinness e Wright (1980); (a seguir: Wittgenstein, *Briefwechsel*, p. 176).
4. Apud Monk (1991), p. 271.
5. Ibid., p. 272.
6. Para uma descrição detalhada da discussão e de seu contexto, ver Kaegi e Rudolph (2002).
7. Cassirer (2003), pp. 186 ss.
8. Friedman (2004).
9. Neske (1977), p. 28.
10. Apud Safranski (2001), p. 231.
11. GS, vol. IV-I, p. 237. Tradução brasileira de José Carlos Martins Barbosa. In: Walter Benjamin. *Rua de mão única: Obras escolhidas*, vol. II. 3ª ed. São Paulo: Brasiliense, 1993.
12. GS, vol. I-I, p. 227. Tradução brasileira de Sergio P. Rouanet. In: Walter Benjamin. *Origem do drama barroco alemão*. São Paulo: Brasiliense, 1984.
13. Para uma descrição detalhada dessa fase, ver Eiland e Jennings (2014), pp. 314 ss.
14. Apud Puttnies e Smith (1991), pp. 145 ss.

II. SALTOS — 1919 [pp. 43-77]

1. GS, vol. II-I, p. 171.
2. Ver Lubrich (2016), p. 29.
3. Cf. Eiland e Jennings (2014), p. 102.
4. GB, vol. II, p. 29.
5. GS, vol. I-I, pp. 7-122.

6. Ibid., p. 78. Tradução de todos os trechos citados de Marcio Seligman-Silva. In: Walter Benjamin. *O conceito de arte no Romantismo alemão.* 2ª ed. São Paulo: Iluminuras, 1999.

7. Ibid., p. 58.

8. Ibid., pp. 65 ss.

9. GB, vol. II, p. 51.

10. Apud Monk (1991), p. 171.

11. Wittgenstein, *Briefwechsel*, p. 96.

12. Cf. Waugh (2010), pp. 38 ss.

13. 8/7/1916, WA, vol. I, p. 169.

14. Ibid.

15. 2/8/1916, ibid., p. 174.

16. Apud Ott (1988), p. 107.

17. Ibid., pp. 106 ss.

18. Ibid., p. 114.

19. Safranski (2001), pp. 112 ss., reforça a importância central dessa aula para o percurso do pensamento de Heidegger. A apresentação oferecida aqui acompanha as linhas essenciais da intepretação de Safranski.

20. GA, vol. 56-57, pp. 3-117.

21. Ibid., pp. 63 ss.

22. Ibid., pp. 67 ss.

23. Ibid., p. 220.

24. Storck (1990), p. 14.

25. Cassirer (2003), pp. 120 ss.

26. ECW, vol. 7, p. 389.

27. Cf. Meyer (2006), p. 81.

28. ECW, vol. 6.

29. Para uma biografia da família, ver Bauschinger (2015).

30. Essa constelação é exemplarmente apresentada em Leo (2013).

31. Cassirer (2003), p. 120.

32. Documentado pela primeira vez no excepcional estudo de Schubbach (2016), pp. 33 ss.

33. ECW, vol. 18, p. 36.

III. LINGUAGENS — 1919-1920 [pp. 79-135]

1. Wittgenstein, *Briefwechsel*, p. 90.

2. Wittgenstein (2015), p. 158.

3. Fitzgerald (2000).

4. Descartes (1965), *Zweite Meditation* [Segunda meditação], 29.

5. WA, vol. I, PU, 309 (p. 378).

6. Ver especialmente Janik e Toulmin (1984).
7. Ver Bartley (1983), pp. 24 ss.
8. A descrição segue Monk (1991), pp. 182 ss.
9. Cf. Monk (1991), p. 182.
10. Heidegger (2005), p. 98.
11. Ibid., pp. 96 ss.
12. Ibid., p. 95.
13. Ibid., p. 99.
14. Ibid., p. 101.
15. GA, vol. 56-57, pp. 91 ss.
16. Heidegger (2005), p. 116.
17. Ibid., p. 112.
18. GB, vol. II, pp. 87 ss.
19. GS, vol. II-1, pp. 140-57.
20. GB, vol. II, p. 108.
21. Heidegger, GA, vol. I.
22. GB, vol. II, p. 127.
23. GS, vol. IV-1, pp. 7-65.
24. Ibid., pp. 112 ss.
25. GS, vol. IV-1, p. 7. Tradução de todos os trechos citados de João Barrento. In: Lucia Castello Branco (Org.). *A tarefa do tradutor, de Walter Benjamin: Quatro traduções para o português.* Belo Horizonte: Fale; UFMG, 2008.
26. Ibid., p. 12.
27. Ibid., pp. 13 ss.
28. Ibid., p. 16.
29. GS, vol. II-1, p. 144. Tradução de Suzana K. Lages e Ernani Chaves. In: Walter Benjamin. *Escritos sobre mito e linguagem (1915-1921).* Org., apres. e notas de Jeanne-Marie Gagnebin. São Paulo: Editora 34; Duas Cidades, 2011.
30. Scheler. In: Witkop (1922), p. 164.
31. Cassirer (2003), p. III.
32. Cassirer. "'Disposition' der 'Philosophie des Symbolischen'", p. 32, apud Schubbach (2016), p. 433.
33. ECW, vol. 12, p. 231.
34. WWS, pp. 175 ss.
35. Ibid., p. 101.
36. ECW, vol. II.
37. Ibid., p. 48.
38. Ibid., p. 49.
39. Ibid., p. X.
40. Original de 1919, p. 243, apud Schubbach (2016), pp. 355 ss.

IV. FORMAÇÃO — 1922-1923 [pp. 137-87]

1. Heidegger (2005), p. 124.
2. Biemel e Saner (1990), p. 33.
3. GA, vol. 62, p. 348.
4. Ibid., p. 354.
5. Ibid., p. 350.
6. Ibid., p. 358.
7. Biemel e Saner (1990), p. 122.
8. Heidegger (2005), p. 127.
9. Apud Cassirer (2003), p. 138.
10. Ibid., p. 132.
11. Ibid., p. 131.
12. Cf. Cassirer (2003), p. 126.
13. Cf. <http://www.warburg-haus.de/kulturwissenschaftliche-bibliothek-warburg/101>.
14. Apud Meyer (2006), p. 102.
15. Cf. ibid., p. 103.
16. WWS, p. 21.
17. Ibid., p. 24.
18. Cassirer (2003), p. 133.
19. WWS, p. 38.
20. Cassirer (2003), p. 146.
21. GB, vol. II, p. 182.
22. Ibid., p. 270.
23. Ibid., p. 274.
24. Ibid., p. 290.
25. Ibid., p. 173.
26. GS, vol. I-1, pp. 123-201.
27. Ibid., p. 134. Tradução de todos os trechos citados de Mônica Krausz Bornebusch, Irene Aron e Sidney Camargo. In: Walter Benjamin. *Ensaios reunidos: Escritos sobre Goethe*. São Paulo: Editora 34; Duas Cidades, 2009.
28. Ibid., p. 139.
29. Ibid., p. 154.
30. Ibid., pp. 164 ss.
31. Ibid., p. 185.
32. Ibid., pp. 169 ss.
33. Ibid., p. 188.
34. Ibid., p. 189.
35. Wünsche (1985), p. 202.

36. Ibid.
37. Ibid., p. 140.
38. Carta a Engelmann, 2/1/1921. In: Somavilla (2006), p. 32.
39. Russell (2017; orig. 1927).
40. Wittgenstein, *Briefwechsel*, p. 123.

V. VOCÊ — 1923-1925 [pp. 189-230]

1. Wünsche (1985), pp. 180 ss.
2. Wittgenstein, *Briefwechsel*, pp. 109 e 115.
3. Ibid., p. 126.
4. Ibid.
5. Apud Wünsche (1985), p. 195.
6. Wright (1975), p. 69.
7. Wittgenstein, *Briefwechsel*, p. 129.
8. Ibid., pp. 139 ss.
9. Ibid., p. 142.
10. Cf. SuZ, § 11. pp. 50 ss.
11. Warburg (1995), p. 55.
12. Sobre o contexto e o transcorrer do encontro, cf. Bredekamp e Wedepohl (2015). O presente trecho se baseia nessa obra.
13. Ver Cassirer (2003), p. 150.
14. Marazia e Stimilli (2007), p. 112.
15. Ibid.
16. Cf. Safranski (2001), pp. 156 ss.
17. Uma versão prévia deste capítulo foi publicada em: *Philosophie Magazin*, vol. 5, n. 17.
18. Arendt e Heidegger (1998), p. 14.
19. Ibid., p. 11.
20. Para uma descrição detalhada do relacionamento amoroso entre Arendt e Heidegger, ver Grunenberg (2016).
21. Arendt e Heidegger (1998), p. 31.
22. Sobre os conceitos filosóficos a respeito do amor formulados por Heidegger e Arendt, ver o extraordinário estudo de Tömmel (2013).
23. Safranski (2001), p. 163. Aqui, tradução (ligeiramente modificada) de Lya Luft. In: Rüdiger Safranski. *Heidegger: Um mestre da Alemanha entre o bem e o mal*. São Paulo: Geração Editorial, 2000.
24. GB, vol. II, p. 351.
25. Ibid., p. 370.
26. Ibid., p. 406.
27. Ibid., p. 445.

28. cf. GS, vol., IV-I, p. 308.
29. GB, vol. II, p. 448.
30. Lācis (1976), p. 46.
31. GB, vol. II, pp. 466 ss.
32. Ibid., p. 486.
33. GS, vol. IV-I, pp. 307-16.
34. Ver a respeito também o ensaio rico em ideias de Mittelmeier (2013).
35. GS, vol, IV-I, p. 309. Tradução de todos os trechos citados de José Carlos Martins Barbosa. In: Walter Benjamin. *Obras escolhidas III: Rua de mão única*. São Paulo: Brasiliense, 1993.
36. Ibid., p. 310.
37. Mittelmeier (2013), pp. 144 ss., é da mesma opinião.

VI. LIBERDADE — 1925-1927 [pp. 247-307]

1. Cf. aqui e nos seguintes: Mittelmeier (2013), pp. 52 ss.
2. Später (2016), p. 177.
3. Cf. Mittelmeier (2013), p. 52.
4. A avaliação que teima persistir de que preconceitos antissemitas tivessem tido um papel no caso Schultz é refutada com riqueza de fatos e de maneira muito convincente por Jäger (2017), a partir da p. 151.
5. Apud Jäger (2017), p. 153.
6. GB, vol. III, p. 14.
7. GS, vol. II-I, pp. 140-57.
8. GS, vol. I-I, p. 217. Tradução de todos os trechos citados de Sergio Paulo Rouanet. In: Walter Benjamin. *Origem do drama barroco alemão*. São Paulo: Brasiliense, 1984.
9. GS, vol. II-I, p. 142. Tradução de todos os trechos citados de Suzana Kampff Lages. In: Walter Benjamin. *Escritos sobre mito e linguagem (1915-1921)*. Org., apres. e notas de Jeanne-Marie Gagnebin. São Paulo: Editora 34; Duas Cidades, 2011.
10. GS, vol. I-I, p. 226.
11. Cf. aqui Heidegger, "Der Ursprung des Kunstwerkes", in: GA, vol. 5, pp. 1-74.
12. GS, vol. I-I, p. 217.
13. Ver como exemplo influente: Habermas (1991).
14. GS, vol. I-I, pp. 406 ss.
15. GS, vol. II-I, p. 155.
16. Cf. Benjamin. "Die Aufgabe des Übersetzers" ("A tarefa do tradutor"), in: GS, vol. IV-I, pp. 9-21.
17. GS, vol. I-I, p. 403.

18. GB, vol. III, p. 73.
19. Apud Mittelmeier (2013), pp. 36 ss.
20. GS, vol. I-I, p. 350.
21. GB, vol. III, p. 102.
22. Heidegger (2005), p. 140.
23. SuZ, § 4, p. 12. Tradução de todos os trechos citados de Fausto Castilho. In: Martin Heidegger. *Ser e tempo*. Campinas: Editora Unicamp; Petrópolis: Vozes, 2012.
24. cf. WA, vol. I, *Tractatus*, 6.4312.
25. SuZ, § 15, pp. 66 ss.
26. Ibid., pp. 68 ss.
27. Ibid., p. 69.
28. Biemel e Saner (1990) carta de 26/12/26, p. 71.
29. SuZ, § 40, pp. 187 ss.
30. Ibid., p. 189. Aqui, tradução ligeiramente modificada.
31. Biemel e Saner (1990), p. 47.
32. SuZ, § 50, p. 250.
33. Biemel e Saner (1990), p. 54.
34. Heidegger (2005), p. 147.
35. Kipphoff (1995), <http://www.zeit.de/1995/17/Das_Labor_des_Seelenarchivars>.
36. ECW, vol. 14.
37. A compreensão do Renascimento por Cassirer é exemplarmente mostrada em Schwemmer (1997), pp. 221-42.
38. ECW, vol. 14, p. 3. Tradução de todos os trechos citados de João Azenha Jr. In: Ernst Cassirer. *Indivíduo e cosmos na filosofia do Renascimento*. São Paulo: Martins Fontes, 2001.
39. Assumo este conceito de Michael Hampe (expresso numa conversa).
40. ECW, vol. 14, pp. 131 ss.
41. Koder e Wittgenstein (2000), p. 12.
42. WA, vol. I, PU, p. 237. Tradução de todos os trechos citados de José Carlos Bruni. In: Ludwig Wittgenstein. *Investigações filosóficas*. São Paulo: Nova Cultural, 1996. Coleção Os Pensadores.
43. Ibid., pp. 237 ss.
44. Ibid., p. 239.
45. Ibid., p. 243.
46. Ver principalmente Wünsche (1985), pp. 92 ss.
47. Ibid., p. 106.
48. Ibid., pp. 100 ss.
49. A descrição segue Wünsche (1995), pp. 272 ss.

VII. PASSAGENS — 1926-1928 [pp. 309-64]

1. Wittgenstein, *Briefwechsel*, p. 113.
2. Apud Sarnitz (2011), p. 57.
3. Wittgenstein (2015), p. 163.
4. Ver Monk (1991), p. 162.
5. Ver Janik e Toulmin (1984), p. 248.
6. Apud Sigmund (2015), p. 121.
7. In: Schilpp (1963), pp. 25 ss.
8. GA, vol. III, p. 68.
9. GB, vol. III, pp. 188 ss.
10. GS, vol. IV-I, pp. 83-148.
11. Ibid., p. 85. Tradução de Rubens Rodrigues Torres Filho. In: Walter Benjamin. *Rua de mão única*. São Paulo: Brasiliense, 2011.
12. GB, vol. III, p. 158 (de uma carta para Scholem de 29/5/1926).
13. Ibid., pp. 158 ss.
14. Ibid., p. 195.
15. Publicado como *Diário de Moscou*. In: GS, vol. VI, pp. 292-409.
16. GB, vol. III, pp. 221 ss.
17. GS, vol. VI, p. 312. Tradução de Hildegard Herbold. In: Walter Benjamin. *Diário de Moscou*. São Paulo: Companhia das Letras, 1989.
18. Ibid., p. 306.
19. Ibid., p. 317.
20. Ibid., p. 318.
21. Ibid., p. 359.
22. Ver Bloom (2014), p. 94.
23. Apud GB, vol. II, p. 305. Cf. a descrição geral da noite pelo ponto de vista de Scholem, in: Scholem (1975), pp. 172-5.
24. GB, vol. III, p. 346.
25. ECW, vol. 13, p. 1.
26. Cassirer (2003), pp. 163 ss.
27. Apud Blumenberg (1979), p. 73.
28. Ver Gumbrecht (2001), p. 187.
29. Cassirer (2003), p. 165.
30. Cf. Meyer (2006), p. 109.
31. Ibid.
32. Bauschinger (2015), p. 159.
33. Ibid., p. III.
34. ECW, vol. 17, p. 291.
35. Ibid., pp. 295 ss.
36. Ibid., p. 302.
37. Ibid., pp. 307 ss.

38. Ver Meyer (2006), p. 152.
39. Cassirer (2003), p. 181.
40. Heidegger (2005), p. 148 ss.
41. Ibid., p. 153.
42. GA, vol. 26, p. 185.
43. Storck (1990), p. 25.
44. Heidegger (2005), p. 157.
45. Storck (1990), pp. 25 ss.

VIII. TEMPO — 1929 [pp. 365-411]

1. Heidegger (2005), pp. 160 ss.
2. Ibid., pp. 161 ss.
3. Apud Friedman (2004), p. 22.
4. Heidegger (2005), p. 161.
5. Sorck (1990), p. 30.
6. Cassirer (2003), p. 188.
7. Apud Krois (2002), in: Kaegi e Rudolph (2002), p. 239.
8. Ibid., p. 244.
9. Ibid., p. 239.
10. Cassirer (2003), p. 188.
11. Apud Kaegi e Rudolph (2002), p. V.
12. Todas as citações originais são da transcrição impressa de Heidegger, GA, vol. 3, (pp. 274-96). Aqui, tradução de André Rodrigues Ferreira Perez, *Cadernos de Filosofia Alemã*, v. 22, n. 1, jan.-jun. 2017.
13. Heidegger (2005), p. 162.
14. Storck (1990), p. 30.
15. Apud Krois (2002), in: Kaegi e Rudolph (2002), p. 234.
16. GA, vol. 3.
17. GB, vol. III, p. 449.
18. Ibid., p. 378.
19. GS, vol. II-1, pp. 310-24. Tradução cotejada com o trabalho de Sergio Paulo Rouanet. In: Walter Benjamin. *Origem do drama barroco alemão*. São Paulo: Brasiliense, 1984.
20. Ibid., pp. 295-310.
21. Ibid., p. 298.
22. Ibid., pp. 307 e 300.
23. Ibid., pp. 312 e 319 ss.
24. GS, vol. V-1, S. 45. Tradução cotejada com o trabalho da tradutora Irene Aron. In: Walter Benjamin. *Passagens*. Belo Horizonte: Editora UFMG; São Paulo: Imesp, 2009.

25. GB, vol. III, pp. 403 ss.
26. Lācis (1976), p. 62.
27. GB, vol. III, p. 417.
28. Kessler (1961), p. 462.
29. Ibid., pp. 376 ss.
30. Cf. Blom (2014), pp. 286 ss.
31. Lācis (1976), p. 59.
32. GB, vol. III, p. 463.
33. Ibid., p. 483.
34. Apud Monk (1991), p. 275.
35. Ibid.
36. WA, vol. 3, p. 18.
37. Ibid., pp. 44 ss.
38. Apud Monk (1991), p. 261.
39. WA, vol. I, PU 109, p. 299.
40. Ver ibid., § 127.
41. Ibid., 43, p. 262.
42. Ibid., Prefácio, pp. 231 ss.
43. Wittgenstein (1989), pp. 18 ss.
44. Ibid., pp. 14 ss.

EPÍLOGO [pp. 413-4]

1. GA, vol. 16, p. 184.
2. Apud Monk, R. (1991), p. 289.

Lista de obras

Walter Benjamin

Walter Benjamin, *Gesammelte Schriften* (=GS). 7 volumes, org. de Rolf Tiedemann e Hermann Schweppenhäuser. Frankfurt: Suhrkamp, 1974-1989.

GS vol. I-1 / *Der Begriff der Kunstkritik in der deutschen Romantik / Goethes Wahlverwandtschaften / Ursprung des deutschen Trauerspiels.* Frankfurt: Suhrkamp.

GS vol. I-2 / *Über den Begriff der Geschichte.* Frankfurt: Suhrkamp.

GS vol. II-1 / *Frühe Arbeiten zur Bildungs- und Kulturkritik / Metaphysisch-geschichtsphilosophische Studien / Literarische und ästhetische Essays.* Frankfurt: Suhrkamp.

GS vol. II-2 / *Literarische und ästhetische Essays* (continuação) / *Ästhetische Fragmente / Vorträge und Reden / Enzyklopädieartikel / Kulturpolitische Artikel und Aufsätze.* Frankfurt: Suhrkamp.

GS vol. III / *Kritiken und Rezensionen.* Frankfurt: Suhrkamp.

GS vol. IV-1 / *Charles Baudelaire, Tableaux parisiens / Übertragungen aus anderen Teilen der "Fleurs du mal" / Einbahnstraße / Deutsche Menschen / Berliner Kindheit um Neunzehnhundert / Denkbilder / Satiren, Polemiken, Glossen / Berichte.* Frankfurt: Suhrkamp.

GS vol. V / *Das Passagen-Werk.* Frankfurt: Suhrkamp.

GS vol. VI / VI: *Fragmente vermischten Inhalts. Autobiographische Schriften.* Frankfurt: Suhrkamp.

Walter Benjamin, *Gesammelte Briefe* [Correspondência reunida] (=GB).

GB vol. II (1919-1924), org. de Christoph Gödde e Henri Lonitz. Frankfurt: Suhrkamp, 1996.

GB vol. III, (1925-1930), org. de Christoph Gödde e Henri Lonitz. Frankfurt: Suhrkamp, 1997.

Ernst Cassirer

Ernst Cassirer, *Gesammelte Werke* (=ECW), edição de Hamburgo, org. de Birgit Recki. Hamburgo: Meiner, 1998-2009.

ECW 6 / *Substanzbegriff und Funktionsbegriff*. Edição do texto e das notas de Reinold Schmücker. Hamburgo, 2000.

ECW 7 / *Freiheit und Form*. Edição do texto e das notas de Reinold Schmücker. Hamburgo, 2001.

ECW 10 / *Zur Einsteinschen Relativitätstheorie: Erkenntnistheoretische Betrachtungen*. Edição do texto e das notas de Reinold Schmücker. Hamburgo, 2001.

ECW 11 / *Philosophie der symbolischen Formen. Erster Teil: Die Sprache*. Edição do texto e das notas de Claus Rosenkranz. Hamburgo, 2001.

ECW 12 / *Philosophie der symbolischen Formen. Zweiter Teil: Das mythische Denken*. Edição do texto e das notas de Claus Rosenkranz. Hamburgo, 2002.

ECW 13 / *Philosophie der symbolischen Formen. Dritter Teil: Phänomenologie der Erkenntnis*. Edição do texto e das notas de Julia Clemens. Hamburgo, 2002.

ECW 14 / *Individuum und Kosmos in der Philosophie der Renaissance. Die platonische Renaissance in England und die Schule von Cambridge*. Edição do texto e das notas de Friederike Plaga e Claus Rosenkranz. Hamburgo, 2002.

ECW 16 / *Aufsätze und kleine Schriften 1922-1926*. Edição do texto e das notas de Julia Clemens. Hamburgo, 2003.

ECW 17 / *Aufsätze und kleine Schriften 1927-1931*. Edição do texto e das notas de Tobias Berben. Hamburgo, 2004.

ECW 18 / *Aufsätze und kleine Schriften 1932-1935*. Edição do texto e das notas de Ralf Becker. Hamburgo, 2004.

ECW 23 / *An Essay on Man: An Introduction to a Philosophy of Human Culture*. Edição do texto e das notas de Maureen Lukay. Hamburgo, 2006.

Ernst Cassirer, *Wesen und Wirkung des Symbolbegriffs* (=WWS). Darmstadt, 1956.

Ernst Cassirer, textos do espólio

Disposition 1917 / "Philosophie des Symbolischen" (determinação geral) de 1917 Ernst Cassirers Papers, GEN MSS 98, Box 24, Folder 440 e 441.

Folha 1 — 241 / Material e trabalhos prévios sobre "Philosophie des Symbolischen" Ernst Cassirer Papers, GEN MSS 98.

Manuscrito 1919 / Manuscrito sem título de 1919.

Ernst Cassirers Papers, GEN MSS, Box 25, Folder 476 até 480.

Martin Heidegger

Martin Heidegger, *Gesamtausgabe* (= GA). Ausgabe letzter Hand, 102 volumes, Vittorio Klostermann, Frankfurt.

GA 1 / *Frühe Schriften* (1912-1916).

GA 2 / *Sein und Zeit* (1927), publicado pela primeira vez como separata de *Jahrbuch für Philosophie und phänomenologische Forschung*, vol. VIII, org. de Edmund Husserl. Aqui citado conforme *Sein und Zeit*, 17ª ed. Tübingen: Max Niemeyer, 1993.

GA 3 / *Kant und das Problem der Metaphysik* (1929), contém entre outros também "Davoser Disputation zwischen Ernst Cassirer und Martin Heidegger" (pp. 274-296), aqui citado conforme *Kant und das Problem der Metaphysik*. Frankfurt: Klostermann Rote Reihe, 2010.

GA 19 / *Platon, Sophistes* (semestre de inverno de 1924-1925).

GA 20 / *Prolegomena zur Geschichte des Zeitbegriffs* (semestre de verão de 1925).

SuZ / *Sein und Zeit*. Tübingen: Max Niemeyer, 1993.

GA 26 / *Metaphysische Anfangsgründe der Logik im Ausgang von Leibniz* (semestre de verão de 1928).

GA 29-30 / *Die Grundbegriffe der Metapyhsik: Welt — Endlichkeit — Einsamkeit* (semestre de inverno de 1929-1930).

GA 56/57 / *Zur Bestimmung der Philosophie; 1. Die Idee der Philosophie und das Weltanschauungsproblem* (semestre extraordinário de 1919); *2. Phänomenologie und tranzendentale Wertphilosophie* (semestre de verão de 1919); *3.* Anexo: *Über das Wesen der Universität und das akademische Studium.*

GA 62 / *Phänomenologische Interpretationen ausgewählter Abhandlungen des Aristoteles zur Ontologie und Logik* (semestre de verão de 1922); Anexo: *Phänomenologische Interpretationen zu Aristoteles (Anzeige der hermeneutischen Situation).*

GA 94 / *Überlegungen II-VI* (cadernos pretos 1931-1938).

Ludwig Wittgenstein

Ludwig Wittgenstein, *Werkausgabe* (=WA). Frankfurt: Suhrkamp.

WA vol. 1 / *Tractatus logico-philosophicus; Tagebücher 1914-1916; Philosophische Untersuchungen* (=PU). Frankfurt: Suhrkamp, 1984.

WA vol. 2 / *Philosophische Bemerkungen*. Organizado a partir do espólio por Rush Rhees. Frankfurt, 1984.

WA vol. 3 / *Wittgenstein und der Wiener Kreis, Gespräche aufgezeichnet von Friedrich Waismann*. Frankfurt: Suhrkamp, 1984.

WA vol. 4 / *Philosophische Grammatik.* Frankfurt: Suhrkamp, 1984.

WA vol. 5 / *Das Blaue Buch, Eine philosophische Betrachtung* (*Das Braune Buch*). Frankfurt: Suhrkamp, 1984.

Ludwig Wittgenstein, *Vortrag über die Ethik und andere kleine Schriften.* Org. de Joachim Schulte. Frankfurt, 1989.

Ludwig Wittgenstein, *Wörterbuch für Volkschulen.* Viena: öbv, 1977.

Referências bibliográficas

ADORNO, T. W. *Über Walter Benjamin: Aufsätze, Artikel, Briefe*. Frankfurt, 1990.

_____. *Die Transzendenz des Dinglichen und Noematischen in Husserls Phäno-menologie: Thema der Doktorarbeit*. Frankfurt, 1924.

_____. Kracauer, S. *Briefwechsel 1923: 1966*. Frankfurt, 2008.

APEL, K.-O. *Transformationen der Philosophie*. Vol. I e II. Frankfurt, 1973.

ARENDT, H. *Benjamin — Brecht: Zwei Essays*. Munique, 1971.

_____. *Ich will verstehen: Selbstauskünfte zu Leben und Werk*. Org. de Ursula Ludz. Munique, 1996.

_____. *Der Liebesbegriff bei Augustinus*. Berlim; Viena, 2003.

ARENDT, H.; JASPERS, K. *Briefwechsel 1926-1969*. Org. de Lotte Köhler e Hans Sauer. Munique, 1985.

ARENDT, H.; HEIDEGGER, M. *Briefe 1925-1975*. Org. de Ursula Ludz. Frankfurt, 1998.

BARTLEY, W. W. *Wittgenstein: ein Leben*. Munique, 1983.

BAUDELAIRE, Charles. *Die Blumen des Bösen*. Frankfurt, 1966.

BAUSCHINGER, S. *Die Cassirers: Unternehmer, Kunsthändler, Philosophen — Biographie einer Familie*. Munique, 2015.

BIEMEL, W. *Martin Heidegger in Selbstzeugnissen und Bilddokumenten*. Reinbek, 1973.

BIEMEL, W.; SANER, H. (Orgs.). *Martin Heidegger / Karl Jaspers: Briefwechsel 1920-1963*. Frankfurt, 1990.

BLOCH, E. *Geist der Utopie*. Frankfurt, 1969.

BLOM, P. *Die zerrissenen Jahre, 1918-1928*. Stuttgart, 2014.

BLUMENBERG, H. *Schiffbruch mit Zuschauer*. Frankfurt, 1979.

_____. *Beschreibung des Menschen*. Frankfurt, 2006.

BREDEKAMP, H.; Wedepohl C. *Warburg, Cassirer und Einstein im Gespräch*. Berlim, 2015.

BREITHAUPT, F. *Der Ich-Effekt des Geldes: Zur Geschichte einer Legitimationsfigur*. Frankfurt, 2008.

BRENNER, H. (Org.). *Asja Lācis: Revolutionär im Beruf — Berichte über proletarisches Theater, über Meyerhold, Brecht, Benjamin und Piscator*. Munique, 1971.

CARNAP, R. *Scheinprobleme in der Philosophie*. Berlim, 1928.

CARNAP, R. *Logische Syntax der Sprache.* Viena, 1934.

_____. *Der logische Aufbau der Welt.* Hamburgo, 1961.

_____. *Mein Weg in die Philosophie.* Stuttgart, 1993.

CASSIRER, T. *Mein Leben mit Ernst Cassirer.* Hamburgo, 2003.

CAVELL, S. *Die Unheimlichkeit des Gewöhnlichen und andere philosophische Essays.* Frankfurt, 2002a.

_____. *Die andere Stimme: Philosophie und Autobiographie.* Berlim, 2002b.

_____. *Der Anspruch der Vernunft.* Frankfurt, 2006.

CLARK, C. *Die Schlafwandler: Wie Europa in den Ersten Weltkrieg zog.* Munique, 2013.

COHEN, H. *Kants Theorie der Erfahrung.* Berlim, 1871.

_____. *Logik der reinen Erkenntnis.* Berlim, 1902.

DESCARTES, R. *Meditationen: Mit sämtlichen Einwänden und Erwiderungen.* Hamburgo, 1965.

DILTHEY, W. "Der Aufbau der geschichtlichen Welt in den Geisteswissenschaften". In: *Gesammelte Schriften*, vol. 7, Stuttgart; Göttingen, 1992.

EILAND, H.; JENNINGS, W. *Walter Benjamin: A Critical Life.* Cambridge (MA), 2014.

EILENBERGER, W. "Die Befreiung des Alltäglichen: Gemeinsame Motive in den Sprachphilosophien von Stanley Cavell und Michail Bachtin". In: *Nach Feierabend, Züricher Jahrbuch für Wissenschaftsgeschichte 2.* Zurique; Berlim, 2006.

_____. *Das Werden des Menschen im Wort: Eine Studie zur Kulturphilosophie M. M. Bachtins.* Zurique, 2009.

_____. "Das Dämonische hat mich getroffen". *Philosophie Magazin,* Berlim, vol. 5, n. 17, pp. 48-51, 2017.

FARIAS, V. *Heidegger und der Nationalsozialismus.* Frankfurt, 1989.

FELSCH, P. *Der lange Sommer der Theorie: Geschichte einer Revolte (1960-1990).* Munique, 2015.

FERRARI, M. *Ernst Cassirer: Stationen einer philosophischen Biographie — Von der Marburger Schule zur Kulturphilosophie.* Hamburgo, 2003.

FIGAL, G. *Heidegger zur Einführung.* Hamburgo, 2016.

FITZGERALD, M. "Did Ludwig Wittgenstein have Asperger's Syndrome?", *European Child and Adolescent Psychiatry,* vol. 9, n. 1, pp. 61-5, mar. 2000.

FÖRSTER, E. *Die 25 Jahre der Philosophie: Eine systematische Rekonstruktion.* Frankfurt, 2012.

FREDE, D. "Die Einheit des Seins — Heidegger in Davos — Kritische Überlegungen". In: Kaegi, D.; RUDOLPH, E. (Orgs.). *Cassirer — Heidegger: 70 Jahre Davoser Disputation.* Hamburgo, 2002.

FREGE, G. *Funktion, Begriff, Bedeutung.* Göttingen, 1962.

_____. *Logische Untersuchungen.* Göttingen, 1966.

FREGE, G. "Briefe an Ludwig Wittgenstein aus den Jahren 1914-1920". Org. de A. Janik, *Grazer Philosophische Studien*, n. 33-34, pp. 5-33, 1989.

FRIEDLANDER, E. *Walter Benjamin: Ein philosophisches Porträt*. Munique, 1995.

FRIEDMAN, M. Carnap. *Heidegger, Cassirer: Geteilte Wege*. Frankfurt, 2004.

FULD, W. *Walter Benjamin zwischen den Stühlen*. Frankfurt, 1981.

GABRIEL, M. *Warum es die Welt nicht gibt*. Berlim, 2015.

GADAMER, H.-G. *Philosophische Lehrjahre: Eine Rückschau*. Frankfurt, 1977.

GEBAUER, G.; GOPPELSRÖDER, F; VOLBERS, J. (Orgs.). *Wittgenstein: Philosophie als "Arbeit an Einem selbst"*. Munique, 2009.

GEIER, M. *Der Wiener Kreis*. Reinbek, 1999.

_____. *Martin Heidegger*. Reinbek, 2006.

GLOCK, H.-J. *Wittgenstein-Lexikon*. Darmstadt, 2000.

GOMBRICH, E. H. *Aby Warburg: An Intellectual Biography*. Londres, 1970.

GORDON, P. E. *Continental Divide: Heidegger, Cassirer, Davos*. Cambridge (MA), 2010.

GRUNENBERG, A. *Hannah Arendt und Martin Heidegger: Geschichte einer Liebe*. Munique, 2016.

GUMBRECHT, H. U. "Every Day World and Life World", *New Literary History*, 1993-4, pp. 745-61, 1993.

_____. *1926: Ein Jahr am Rand der Zeit*. Frankfurt, 2001.

HABERMAS, J. *Philosophisch-politische Profile*. Frankfurt, 1987.

_____. *Erläuterungen zur Diskursethik*. Frankfurt, 1991.

_____. "Die befreiende Kraft der symbolischen Formgebung — Ernst Cassirers humanistisches Erbe und die Bibliothek Warburg". In: FREDE, D.; SCHMÜCKER, R. *Ernst Cassirers Werk und Wirkung: Kultur und Philosophie*. Darmstadt, 1997.

_____. *Nachmetaphysisches Denken II: Aufsätze und Repliken*. Frankfurt, 2012.

HALE, K. *Friends & Apostles: The Correspondence of Rupert Brooke and James Strachey — 1905-1914*. New Haven; Londres, 1998.

HAMPE, M. *Gesetz und Distanz: Studien über die Prinzipien der Gesetzmäßigkeiten in der theoretischen und praktischen Philosophie*. Heidelberg, 1996.

_____. *Erkenntnis und Praxis: Zur Philosophie des Pragmatismus*. Frankfurt, 2006.

_____. *Die Lehren der Philosophie*. Frankfurt, 2015.

HAVERKAMP, H.-E. *Benjamin in Frankfurt: Die zentralen Jahre 1922-1932*. Frankfurt, 2016.

HEIDEGGER, G. (Org.). *Mein liebes Seelchen: Briefe Martin Heideggers an seine Frau Elfride 1915-1970*. Munique, 2005.

HENRICH, D. *Werke im Werden: Über die Genesis philosophischer Einsichten*. Munique, 2011.

HERTZBERG, L. *The Limits of Experience*. Helsinki, 1994.

HITLER, A. *Mein Kampf: Eine kritische Edition*. Munique; Berlim, 2016.

HOBSBAWM, E. *The Age of Extremes: 1914-1991*. Londres, 1995.

HORKHEIMER, M.; ADORNO, T. W. *Dialektik der Aufklärung*. Frankfurt, 1991.

HUMBOLDT, W. v. *Schriften zur Sprache*. Stuttgart, 1995.

HUSSERL, E. "Zur Phänomenologie des inneren Zeitbewußtseins (1893-1917)". In: BOEHM, R. *Husserliana X*. Haia, 1966.

HUSSERL, E. *Die phänomenologische Methode: Ausgewählte Texte I*. Stuttgart, 1990.

_____. *Phänomenologie der Lebenswelt: Ausgewählte Texte II*. Stuttgart, 1992.

ILLIES, F. *1913: Der Sommer das Jahrhunderts*. Frankfurt, 2012.

JANIK, A.; TOULMIN, S. *Wittgensteins Wien*. Munique; Viena, 1984.

JÄGER, L. *Walter Benjamin: Das Leben eines Unvollendeten*. Frankfurt, 2017.

JASPERS, K. *Psychologie der Weltanschauungen*. Berlim; Göttingen; Heidelberg, 1960.

_____. *Philosophische Autobiographie*. Munique, 1978.

_____. *Notizen zu Martin Heidegger*. Org. de Hans Saner. Munique, 1989.

JECHT, D. *Die Aporie Wilhelm von Humboldts: Sein Studien- und Sprachprojekt zwischen Empirie und Reflexion*. Hildesheim, 2003.

JONAS, H. *Das Prinzip Verantwortung*. Frankfurt, 1984.

KAEGI, D. "Jenseits der symbolischen Formen: Zum Verhältnis von Anschauung und künstlicher Symbolik bei Ernst Cassirer", *Dialektik*, I, pp. 73-84, 1995.

KAEGI, D.; RUDOLPH, E. (Orgs.). *Cassirer — Heidegger: 70 Jahre Davoser Disputation*. Hamburgo, 2002.

KERSHAW, I. *Höllensturz: Europa 1914 bis 1949*. Munique, 2015.

KESSLER, H. *Tagebücher 1918-1937*. Frankfurt, 1961.

KIPPHOFF, P. "Das Labor des Seelenarchivars", *Die Zeit*, 17, Hamburgo, 1995.

KLAGES, L. *Der Geist als Widersacher der Seele*. Bonn, 1972.

KLAGGE, J. *Wittgenstein: Biography and Philosophy*. Cambridge, 2001.

KODER, R.; WITTGENSTEIN, L. *Wittgenstein und die Musik*. Innsbruck, 2000.

KREIS, G. *Cassirer und die Formen des Geistes*. Frankfurt, 2010.

KROIS, J. M. *Cassirer: Symbolic Forms and History*. New Haven, 1987.

_____. "Semiotische Transformation der Philosophie: Verkörperung und Pluralismus bei Cassirer und Peirce", *Dialektik*, 1, Hamburgo, pp. 61-71, 1995.

KROIS, J. M. "Warum fand keine Davoser Disputation statt?", in: KAEGI, D.; RUDOLPH, E. (Orgs.). *Cassirer — Heidegger: 70 Jahre Davoser Disputation*. Hamburgo, 2002.

LĀCIS, A. *Revolutionär im Beruf*. Munique, 1976.

LANGER, S. K. *Philosophie auf neuem Wege*. Frankfurt, 1984.

LEITNER, B. *Die Architektur Ludwig Wittgensteins — Eine Dokumentation*. Viena, 1995.

LENIN, W. I. *Materialismus und Empiriokritizismus*. Berlim, 1967.

LEO, P. *Der Wille zum Wesen: Weltanschauungskultur, charakterologisches Denken und Judenfeindschaft in Deutschland — 1890-1940.* Berlim, 2013.

LEWIN, K. "Der Übergang von der aristotelischen zur galileischen Denkweise in Biologie und Psychologie". In: *Kurt-Lewin-Werkausgabe*, vol. 1, *Wissenschaftstheorie*. Org. de A. Métraux. Berna; Stuttgart, 1981, pp. 233-71.

LOTTER, M. S. *Die metaphysische Kritik des Subjekts: Eine Untersuchung von Whiteheads universalisierter Sozialontologie.* Hildesheim, 1996.

LÖWITH, K. *Heidegger: Denker in dürftiger Zeit.* Göttingen, 1960.

_____. *Mein Leben in Deutschland vor und nach 1933.* Stuttgart, 1986.

LUBRICH, O. "Benjamin in Bern", *UniPress der Universität Bern*, 167, 2016.

LUKÁCS, G. *Geschichte und Klassenbewußtsein: Studien über marxistische Dialektik.* Neuwied; Berlim, 1970.

_____. *Die Theorie des Romans: Ein geschichtsphilosophischer Versuch über die großen Formen der Epik.* Nördlingen, 1994.

LYOTARD, J.-F. *Das postmoderne Wissen: Ein Bericht.* Graz; Viena, 1986.

MALCOLM, N. *Erinnerungen an Wittgenstein.* Frankfurt, 1987.

MARAZIA, C; STIMILLI, D. (Orgs.). *Ludwig Binswanger, Aby Warburg — Unendliche Heilung — Aby Warburgs Krankengeschichte.* Zurique, 2007.

MAYER, H. *Der Zeitgenosse Walter Benjamin.* Frankfurt, 1992.

MCGUINNESS, B. F.; VON WRIGHT, H. (Orgs.). *Luwdig Wittgenstein: Briefwechsel mit B. Russell, G. E. Moore, J. M. Keynes, F. P. Ramsey, W. Eccles, P. Engelmann und L. von Ficker.* Frankfurt, 1980.

MCGUINNESS, B. F. *Wittgensteins frühe Jahre.* Frankfurt, 1988.

MEYER, T. *Ernst Cassirer.* Hamburgo, 2006.

MITTELMEIER, M. *Adorno in Neapel: Wie sich eine Sehnsuchtslandschaft in Philosophie verwandelt.* Munique, 2013.

MONK, R. *Ludwig Wittgenstein: The Duty of Genius.* Londres, 1991.

_____. *Wittgenstein: Das Handwerk des Genies.* Stuttgart, 1994.

MOORE, G. E. *Philosophical Papers.* Londres, 1959.

MÜLLER-DOHM, S. *Adorno.* Frankfurt, 2003.

NEDO, M.; RANCHETTI, M. *Ludwig Wittgenstein: Sein Leben in Texten und Bildern.* Frankfurt, 1983.

NEIMAN, S. *The Unity of Reason.* Nova York, 1994.

NESKE, G. *Erinnerungen an Heidegger.* Tübingen, 1977.

NEURATH, O. *Gesammelte philosophische und methodologische Schriften.* Viena, 1981.

OTT, H. *Martin Heidegger: Unterwegs zu seiner Biographie.* Frankfurt, 1988.

PAETZOLD, H. *Ernst Cassirer.* Hamburgo, 1993.

PALMIER, J.-M. *Walter Benjamin: Lumpensammler, Engel und bucklicht Männlein — Ästhetik und Politik bei Walter Benjamin.* Frankfurt, 2009.

PEIRCE, C. S. *Phänomen und Logik der Zeichen.* Frankfurt, 1983.

PEIRCE, C. S. *Schriften zum Pragmatismus und Pragmatizismus.* Frankfurt, 1991.

PEUKERT, D. J. K. *Die Weimarer Republik: Krisenjahre der klassischen Moderne.* Frankfurt, 2014.

PINSENT, D. *Reise mit Wittgenstein in den Norden: Tagebuchauszüge, Briefe,* Viena; Bolzano, 1994.

PLATÃO. *Der Staat.* Munique, 1991.

PÖGGELER, O. *Der Denkweg des Martin Heidegger.* Pfullingen, 1983.

POOLE, B. "Bakhtin and Cassirer — The Philosophical Origins of Bakhtin's Carnival Messianism", *The South Atlantic Quarterly,* vol. 97, n. 3-4, 1998. pp. 537-78.

PUTTNIES, H.; SMITH, G. (Orgs.). *Benjaminiana.* Gießen, 1991.

QUINE, W. v. O. *Wort und Gegenstand.* Stuttgart, 1980.

RANG, F. C. *Deutsche Bauhütte: Ein Wort an uns Deutsche über mögliche Gerechtigkeit gegen Belgien und Frankreich und zur Phhilosophie der Politik.* Leipzig, 1924 (reimp.: Göttingen, 2013).

RECKI, B. (Org.). *Philosophie der Kultur — Kultur des Philosophierens: Ernst Cassirer im 20. und 21. Jahrhundert.* Hamburgo, 2012.

RHEES, R. (Org.). *Ludwig Wittgenstein: Porträts und Gespräche.* Frankfurt, 1987.

RICKERT, H. *Die Philosophie des Lebens: Darstellung und Kritik der philosophischen Moderströmungen unserer Zeit.* Tübingen, 1922.

RORTY, R. *Kontingenz, Ironie und Solidarität.* Frankfurt, 1989.

_____. *Der Spiegel der Natur: Eine Kritik der Philosophie.* Frankfurt, 1992.

_____. *Eine Kultur ohne Zentrum.* Stuttgart, 1993.

RUSSELL, B. *The Principles of Mathematics.* Londres, 1903.

_____. *Autobiographie II — 1914-1944.* Frankfurt, 1973.

_____. *Warum ich kein Christ bin.* Berlim, 2017.

SAFRANSKI, R. *Ein Meister aus Deutschland: Heidegger und seine Zeit.* Frankfurt, 2001.

SARNITZ, A. *Die Architektur Ludwig Wittgensteins: Rekonstruktion einer Idee.* Viena, 2011.

SAUSSURE, F. de. *Grundfragen der allgemeinen Sprachwissenschaft.* Berlim, 2001.

SCHELER, M. *Wesen und Wirkung der Sympathie.* Bonn, 1926.

_____. "Ordo Amoris". In: *Schriften aus dem Nachlass I, Zur Ethik und Erkenntnislehre.* Org. de Maria Scheler. *Gesammelte Werke X.* Bonn, 1986.

SCHILPP, P. (Org.). *The Philosophy of Ernst Cassirer.* La Salle, 1949.

_____ (Org.). *The Philosophy of Rudolf Carnap.* La Salle, 1963.

SCHOLEM, G. *Walter Benjamin: Die Geschichte einer Freundschaft.* Frankfurt, 1975.

_____. *Briefe: 3 Bände,* Org. de I. Schedletzky e T. Sparr. Munique, 1994-1999.

SCHUBBACH, A. *Die Genese des Symbolischen: Zu den Anfängen von Ernst Cassirers Kulturphilosophie.* Hamburgo, 2016.

SCHULTE, M. (Org.). *Paris war unsere Geliebte.* Munique, 1989.

SCHWEMMER, O. *Ernst Cassirer: Ein Philosoph der europäischen Moderne*. Berlim, 1997a.

_____. *Die kulturelle Existenz des Menschen*. Berlim, 1997b.

_____. "Zwischen Ereignis und Form". In: KAEGI, D.; RUDOLPH, E. (Orgs.). *Cassirer — Heidegger: 70 Jahre Davoser Disputation*. Hamburgo, 2002. pp. 48-63.

SIGMUND, K. *Sie nannten sich der Wiener Kreis: Exaktes Denken am Rande des Untergangs*. Wiesbaden, 2015.

SIMMEL, G. *Goethe*. Leipzig, 1921.

_____. "Kant und Goethe", *Georg-Simmel Gesamtausgabe*, vol. 10. Frankfurt, 1995. pp. 119-66.

SOMAVILLA, I.; UNTERKIRCHNER, A.; BERGER, C. P. (Orgs.). *Ludwig Hänsel — Ludwig Wittgenstein: Eine Freundschaft*. Innsbruck, 1994.

_____(Org.). *Wittgenstein: Engelmann, Briefe, Begegnungen, Erinnerungen*. Innsbruck; Viena, 2006.

_____(Org.). *Begegnungen mit Wittgenstein: Ludwig Hänsels Tagebücher 1918/1919 und 1921/1922*. Innsbruck; Viena, 2012.

SPÄTER, J. *Siegfried Kracauer: Eine Biographie*. Frankfurt, 2016.

SPENGLER, O. *Der Untergang des Abendlandes: Umrisse einer Morphologie der Weltgeschichte*, vol. 2, Munique, 1922.

STORCK, J. W. (Org.). *Martin Heidegger / Elisabeth Blochmann: Briefwechsel 1918-1969*. Marbach, 1990.

TAYLOR, C. *Die Quellen des Selbst*. Frankfurt, 1999.

THOMÄ, D. (Org.). *Heidegger-Handbuch: Leben — Werk — Wirkung*. Stuttgart, 2005.

TÖMMEL, T. N. *Wille und Passion: Der Liebesbegriff bei Heidegger und Arendt*. Frankfurt, 2013.

TRABANT, J. *Traditionen Humboldts*. Frankfurt, 1990.

TIHANOV, G. *The Master and the Slave: Lukács, Bakhtin and the Ideas of Their Time*. Oxford, 2000.

VOSSENKUHL, W. (Org.). *Ludwig Wittgenstein: Tractatus logico-philosophicus — Klassiker auslegen*. Berlim, 2001.

VYGOTSKIJ, L. S. *Denken und Sprechen*. Weinheim, 2002.

WARBURG, A. M. *Das Schlangenritual*. Berlim. 1995.

WAUGH, A. *Das Haus Wittgenstein: Geschichte einer ungewöhnlichen Familie*. Frankfurt, 2010.

WATSON, P. *The German Genius: Europe's Third Renaissance, The Second Scientific Revolution and the Twentieth Century*. Londres, 2010.

WEININGER, O. *Geschlecht und Charakter: Eine prinzipielle Untersuchung*. Berlim, 1980.

WHITEHEAD, A. N.; RUSSELL, B. *Principia Mathematica*, 3. vol. Cambridge, 1910-1913.

WHITEHEAD, A. N. *Die Funktion der Vernunft*. Stuttgart, 1984.

WITKOP, P. (Org.). *Deutsche Leben*. Berlim, 1922.

WITTE, B. *Walter Benjamin*. Reinbek, 1985.

WITTGENSTEIN, H. *Ludwig sagt...* Org. de Mathias Iven. Berlim, 2006.

_____. *Familienerinnerungen*. Org. de Ilse Somavilla. Innsbruck; Viena, 2015.

WITTGENSTEIN, L. *Briefe an Ludwig von Ficker*. Salzburg, 1969.

WIZISLA, E. *Benjamin und Brecht*. Frankfurt, 2004.

_____. *Begegnungen mit Benjamin*. Leipzig, 2015.

_____ (Org.). *Benjamin und Brecht: Denken in Extremen*. Frankfurt, 2017.

WRIGHT, G. v. (Org.). *Ludwig Wittgenstein: Letters to C. K. Ogden*. Oxford, 1975.

WÜNSCHE, K. *Der Volksschullehrer Ludwig Wittgenstein*. Frankfurt, 1985.

WUNDT, W. *Probleme der Völkerpsychologie*. Leipzig, 1911.

_____. *Die Nationen und ihre Philosophie: Ein Kapitel zum Weltkrieg*. Leipzig, 1916.

ZIEGLER, P. *Between the Wars 1919-1939*. Londres, 2016.

Índice onomástico

A

Adorno, Theodor Wiesengrund, 105, 219, 249, 251, 267, 347, 386-7, 397, 401
Aragon, Louis, 337
Arendt, Hannah, 22, 214-8, 229, 237f., 270, 355, 368
Aristóteles, 142-3, 145, 147, 156, 273, 359-60
Agostinho, Santo, 217, 298-9

B

Baker, Josephine, 397
Ball, Hugo, 46
Bauch, Bruno, 372
Baudelaire, Charles, 36-7, 48, 114-5, 122, 143, 161, 252, 266, 344
Becher, Johannes R., 399
Benjamin, Dora, 32, 41, 108, 166, 220, 240f., 400
Benjamin, Stefan, 47-8, 240
Benjamin, Walter, 32-41, 45-53, 69, 108, 110-24, 135, 143, 161-77, 182, 185-6, 218-30, 233, 240f., 249-69, 273-4, 282, 287, 294, 297, 300, 324-41, 347-8, 353, 362, 378, 385-92, 394-401, 409, 414
Berg, Alban, 249
Bergson, Henri, 378
Bing, Gertrud, 290

Binswanger, Ludwig, 204-5, 209
Binswanger, Ludwig (o velho), 204
Binswanger, Robert, 204
Black, Dora, 192
Blackstone, William, 351
Bloch, Ernst, 109, 230, 328, 386-7
Blochmann, Elisabeth, 70, 355, 358, 363-4, 384, 413
Bohr, Niels, 326
Bollnow, Otto F., 25
Born, Max, 327
Braumüller, Wilhelm, 88
Brecht, Bertolt, 36, 40, 344, 387, 397-9, 406
Breton, André, 337
Buda, 319
Bulgákov, Mikhail Afanásievitch, 333
Bultmann, Rudolf, 211-2
Buñuel, Luis, 337
Buxbaum, Eduard, 304

C

Caeser, Friedel, 97, 101, 107
Carnap, Rudolf, 27, 318, 320, 369
Cassirer, Anne, 124
Cassirer, Ernst, 22-6, 29-33, 35, 39, 70, 72-7, 114, 121-2, 124-9, 131-5, 148-60, 164, 167-8, 170-1, 177, 182, 186, 202-4, 206-8, 211, 232f., 238-9f., 244-5f., 261, 271, 285-92, 294-5, 297, 300, 341-53, 358, 364, 367

Cassirer, Ernst (*continuação*) 369, 371-7, 379-85, 396, 400, 409, 413
Cassirer, Georg, 124
Cassirer, Heinz, 124
Cassirer, Toni, 24, 150, 154, 158-9, 164, 178, 238f., 345, 370, 372
Chanel, Coco, 337
Chaplin, Charlie, 378
Chomsky, Noam, 133-4
Cohen, Hermann, 47, 74, 211, 347, 370-5
Cohn, Alfred, 387
Cohn, Jula, 166, 177, 226, 337, 386-7
Cornelius, Hans, 219, 250-2

D

Dalí, Salvador, 378
Darwin, Charles, 28
da Vinci, Leonardo, 291, 293
Descartes, René, 83, 95, 99-100, 104-5, 123, 273, 287, 409
Dos Passos, John, 337
Dostoiévski, Fiódor Mikháilovitch, 38
Duns Escoto, João, 111-3

E

Ebert, Friedrich, 296
Einstein, Albert, 21, 28, 133
Elias, Norbert, 369
Engelmann, Paul, 84, 179, 311-3, 315
Espinosa, Baruch de, 18, 123, 181-2

F

Feigl, Herbert, 318
Fichte, Johann Gottlieb, 38, 49

Ficker, Ludwig von, 55, 88, 95
Fitzgerald, F. Scott, 337
Fitzgerald, Zelda, 337
Forster, Edward Morgan, 194
Franco, Francisco, 296
Frege, Gottlob, 54, 84, 87, 114, 117, 322
Freud, Sigmund, 28, 86-7, 101, 297
Friedman, Michael, 25

G

Gadamer, Hans-Georg, 211
Gelb, Adhémar, 252
George, Stefan, 166
Giraudoux, Jean, 337
Goethe, Johann Wolfgang von, 7, 9-10, 23, 25, 72-3, 75, 126, 137, 165-7, 169-71, 173-7, 219, 314, 333, 345, 347, 349, 353, 381, 392
Goldstein, Kurt, 400
Górki, Maksim (Aleksei Maksímovitch Pechkov), 223
Gramsci, Antonio, 406
Granovski, Alexei Miháilovitch, 398
Gropius, Walter, 398
Gundolf, Friedrich, 166
Gutkind, Erich, 162-3, 221-2, 224

H

Haas, Willi, 386
Haidbauer, Josef, 305-6
Harden, Maximillian, 397
Hartmann, Nicolai, 211, 270-1
Hegel, Georg Wilhelm Friedrich, 166
Heidegger, Elfride (nasc. Petri), 61, 97, 99-100, 107, 139-41, 147, 209, 216, 269, 284, 354-55, 362-3, 367, 384
Heidegger, Fritz, 106-7, 151, 290

Heidegger, Hermann, 107, 236f.
Heidegger, Jörg, 236
Heidegger, Martin, 21-6, 29-33, 36,
    39, 43, 59-64, 66-71, 79, 96-108,
    112-4, 119, 121, 123-4, 135, 137,
    139-48, 156, 158, 164-5, 167-8,
    170, 176-7, 182, 185-6, 189, 202-3,
    209, 211-8, 229, 232f., 236-7f.,
    243-5f., 247, 256, 261, 269-87,
    289, 294, 297, 300, 303, 309,
    322, 341, 353-5, 357-65, 367-79,
    381-5, 392, 402, 409, 413
Heisenberg, Werner, 295, 326-7
Hemingway, Ernest, 326, 337-8
Herbertz, Richard, 34, 53
Herder, Johann Gottfried, 118
Hesse, Hermann, 386
Hessel, Franz, 338, 400
Hindenburg, Paul von, 296, 350
Hitler, Adolf, 210, 296, 372, 413-4
Hofmannsthal, Hugo von, 35, 86,
    341, 347
Hölderlin, Friedrich, 166
Horkheimer, Max, 251, 347, 401
Humboldt, Wilhelm von, 70, 118,
    128-9, 385, 392
Hume, David, 18, 123
Husserl, Edmund, 22, 62-4, 70, 100,
    112, 114, 117, 139, 141-2, 250, 278,
    354, 362, 378, 413

J

Jahoda, Ernst, 88
James, Henry, 378
James, William, 378
Jaspers, Karl, 140-2, 146-8, 162, 164-6,
    168, 175-6, 211, 217, 271, 275, 278,
    280, 283, 285
Johnson, William Er, 193, 201

K

Kafka, Franz, 296
Kahr, Gustav von, 210
Kant, Immanuel, 18, 23, 26, 28-31,
    33, 49, 64, 72-5, 126, 128-9, 168,
    202, 253, 257, 272, 298, 314, 321,
    347, 349, 351-2, 359-60, 368, 371-7,
    379-81, 385, 392, 394, 405
Karplus, Grete, 401
Kepler, Johannes, 208, 286, 292
Kessler, Harry Graf, 398
Keynes, John Maynard, 15-6, 22,
    192-4, 198-200, 406
Kierkegaard, Søren, 59, 67, 123, 176,
    178, 211, 260, 322
Klages, Ludwig, 71
Klee, Paul, 161
Klemperer, Victor, 397
Klibansky, Raymond, 373
Klimt, Gustav, 236f., 312
Koder, Rudolf, 187, 194, 296
Copérnico, Nicolau, 292
Kracauer, Siegfried, 249-50, 267,
    386-7, 397-8
Kraus, Karl, 86-8, 297, 311
Krebs, Engelbert, 60, 62
Kundt, Wilhelm, 306

L

Lācis, Asja, 32, 225-8, 230, 241f., 269,
    325, 329, 395, 397-9, 401, 414
Le Corbusier, 316
Leibniz, Gottfried Wilhelm, 349-51,
    394
Lênin, Vladímir Ilitch (Uliánov), 37,
    46, 193, 327, 331
Levinas, Emmanuel, 369, 384-5
Lichnowsky, Mechthilde, 397
Lindbergh, Charles, 289

Loos, Adolf, 311, 316
Löwith, Karl, 211
Lukács, Georg, 166, 267
Luxemburgo, Rosa, 76

M

Mabbott, John, 401
Mach, Ernst, 86, 98, 297
Magnes, Judah Leon, 340, 385, 396, 399
Mahler, Gustav, 86
Mann, Thomas, 25
Marx, Karl, 229, 250, 327, 394
Mauthner, Fritz, 86
Meyerhold, Vsevolod Emilevich, 333
Mill, John Stuart, 123
Moore, George Edward, 15-8, 20-1, 114, 181, 198, 405
Münchhausen, Thankmar von, 338
Musil, Robert, 86
Mussolini, Benito, 210, 406

N

Natorp, Paul, 148, 211, 271, 354
Neurath, Otto, 318, 343
Newton, Isaac, 28, 128
Nietzsche, Friedrich, 28, 123, 343, 385
Nin, Anaïs, 337
Novalis, 49

O

Ogden, Charles Kay, 194-7

P

Panofsky, Erwin, 35, 290, 347
Parmênides, 360
Peirce, Charles Sanders, 114
Picasso, Pablo, 337
Pinsent, David, 192
Piscator, Erwin, 397-8
Planck, Max, 326
Platão, 20, 83, 271, 286, 394
Proust, Marcel, 36, 38, 230, 268, 329, 332, 338, 378, 388-91

R

Ramsey, Frank, 194-5, 198-9, 401, 405
Rang, Florens Christian, 221-2
Reich, Bernhard, 75, 225, 230, 330-6, 387, 396-7
Reinhardt, Max, 397
Rickert, Heinrich, 36, 112, 374
Riezler, Kurt, 346, 367-8
Rilke, Rainer Maria, 88
Rimbaud, Arthur, 390
Ritter, Joachim, 290, 369
Rosenberg, Alfred, 371
Russell, Bertrand, 15, 17-20, 54, 81, 84, 86-7, 89-92, 94, 114, 179-80, 192, 198, 316, 322, 402

S

Safranski, Rüdiger, 217, 415
Salomon-Delatour, Gottfried, 35, 219-20, 266
Saxl, Fritz, 151, 154-5, 204, 206, 290
Scheler, Max, 28, 124, 368
Schelling, Friedrich Wilhelm Joseph, 38, 49

Schlick, Moritz, 317-9, 322, 369, 402, 404-5
Schoenflies, Arthur Moritz, 219
Scholem, Gershom (Gerhard), 40-1, 46-8, 53, 108, 110, 112-3, 161, 165, 220, 224-5, 251-2, 266, 269, 339-41, 385, 395-6, 399-400
Schön, Erich, 166
Schopenhauer, Arthur, 123, 322
Schultz, Franz, 219-20, 251
Sohn-Rethel, Alfred, 250, 267
Sócrates, 123
Spann, Othmar, 371-2
Spengler, Oswald, 64, 71
Sraffa, Piero, 406
Stein, Gertrude, 326, 337
Stern, Laurence, 328
Stern, William, 76-7, 341
Stonborough, Jerome, 312
Stonborough, Thomas, 312
Stonborough-Wittgenstein, Margarethe "Gretl", 236, 312
Strachey, Lytton, 194
Strauss, Leo, 211, 397
Stresemann, Gustav, 210, 351

T

Tagore, Rabinadranath, 319
Tolstói, Liev Nikoláievitch, 55, 59, 178, 303, 322
Tzara, Tristan, 46, 337

U

Uliánov, Vladímir Ilitch *ver* Lênin

V

Vollmoeller, Karl Gustav, 397

W

Waismann, Friedrich, 402, 404-5
Warburg, Abraham "Aby" Moritz, 35, 151-4, 202-9, 239f., 285-7, 290, 292, 341, 346-8, 353, 413
Warburg, Mary, 206
Weber, Alfred, 162, 166
Weber, Max, 166
Weigel, Helene, 387
Weininger, Otto, 71, 88
Weißbach, Richard, 114, 161, 222, 230
Whitehead, Alfred North, 378
Williams, William Carlos, 337
Wind, Edgar, 290
Windelband, Wilhelm, 374
Wittgenstein, Helene, 234
Wittgenstein, Hermine, 83-4, 234f., 312
Wittgenstein, Johannes, 57
Wittgenstein, Konrad "Kurt", 57
Wittgenstein, Ludwig, 15-22, 26-7, 39, 53-9, 67, 69, 71, 81-97, 101, 104, 114, 119, 121, 123-4, 134, 144, 168, 178-86, 191-7, 199-202, 231f., 234-5f., 256, 258, 261, 264, 274, 295-307, 311-23, 335, 341, 362, 401-11, 414-15
Wittgenstein, Margarethe, "Gretl" *ver* Stonborough-Wittgenstein, Margarethe
Wittgenstein, Paul, 58, 234f.
Wittgenstein, Rudolf, 57
Wolff, Christian, 351
Woolf, Leonard, 194, 405
Woolf, Virginia, 194, 378, 405

Créditos das imagens

Ludwig Wittgenstein Archive Cambridge, Michael Nedo. Proprietária original: Clara Sjögren, Viena: pp. 231, 234, 235 [acima], 235 [abaixo].

Ludwig Wittgenstein Archive Cambridge, Michael Nedo. Proprietário original: Thomas Stonborough, Viena: p. 236 [acima].

Deutsches Literaturarchiv Marbach (DLA): pp. 232 [acima], 236 [abaixo], 237 [abaixo], 239 [abaixo] (NL Henning Ritter), 240 [acima] (arquivo Suhrkamp).

akg images: pp. 232 [abaixo] (Bildarchiv Pisarek), 233 (Imagno), 235 [ao centro] (F. Frith Collection).

ullstein bild: pp. 237 [acima] (ullstein bild — akg), 238 [acima], 239 [acima], 242 [acima] (todas: ullstein bild — ullstein bild), 246 (Photo 12).

Dokumentationsbibliothek Davos: pp. 238 [abaixo], 243, 244 (todas: arquivo particular dr. Henning Ritter), 242 [abaixo], 245 (ambas: Fotosammlung Müller).

Akademie der Künster (ADK) / Walter Benjamin Archiv, Berlim: pp. 240 [abaixo] (Foto: Joel Heinzelmann), 241 [acima] (Asja Lācis, por volta de 1924).

Wikimedia Commons / Galerie Bassenge (www.bassenge.com): p. 241 [abaixo].

A tradução desta obra foi apoiada por
um subsídio do Instituto Goethe.

Zeit der Zauberer © 2018 Klett-Cotta — J. G. Cotta'sche
Buchhandlung Nachfolger GmbH.
Publicado mediante acordo com Literary Agency Michael Gaeb em conjunto
com seu agente representante Villas-Boas & Moss Agência Literária.

*Todos os direitos reservados. Nenhuma parte deste livro pode ser reproduzida
ou transmitida em qualquer forma ou por qualquer meio eletrônico ou
mecânico, incluindo fotocópia, gravação ou qualquer outra modalidade
de armazenamento e gravação sem a permissão por escrito do editor.*

Todos os direitos desta edição reservados à Todavia.

Grafia atualizada segundo o Acordo Ortográfico da Língua
Portuguesa de 1990, que entrou em vigor no Brasil em 2009.

capa e ilustração
Laurindo Feliciano
tratamento de imagens
Carlos Mesquita
preparação
Mariana Donner
índice onomástico
João Gabriel Domingos de Oliveira
revisão
Valquíria Della Pozza
Huendel Viana

1ª reimpressão, 2019

Dados Internacionais de Catalogação na Publicação (CIP)

——

Eilenberger, Wolfram (1972-)
Wolfram Eilenberger: Tempo de mágicos: A grande
década da filosofia: 1919-1929
Título original: *Zeit der Zauberer*
Tradução: Claudia Abeling
São Paulo: Todavia, 1ª ed., 2019
448 páginas

ISBN 978-65-80309-08-5

1. Literatura alemã 2. Ensaio 3. Não ficção
I. Abeling, Claudia II. Título

CDD 834

——

Índice para catálogo sistemático:
1. Literatura alemã: Ensaio 834

todavia
Rua Luís Anhaia, 44
05433.020 São Paulo SP
T. 55 11. 3094 0500
www.todavialivros.com.br

fonte
Register*
papel
Munken print cream
80 g/m²
impressão
Geográfica